大雅

为一种品格注脚

拜德雅
Paideia
人文丛书

风险社会学

[德]尼克拉斯·卢曼(Niklas Luhmann) | 著

孙一洲 | 译

广西人民出版社

目　录

- 总　序 -

重拾拜德雅之学

1

中国古代，士之教育的主要内容是德与雅。《礼记》云：“乐正崇四术，立四教，顺先王《诗》、《书》、《礼》、《乐》以造士。春秋教以《礼》、《乐》，冬夏教以《诗》、《书》。”这些便是针对士之潜在人选所开展的文化、政治教育的内容，其目的在于使之在品质、学识、洞见、政论上均能符合士的标准，以成为真正有德的博雅之士。

实际上，不仅是中国，古希腊也存在着类似的德雅兼蓄之学，即 paideia（παιδεία）。paideia 是古希腊城邦用于教化和培育城邦公民的教学内容，亦即古希腊学园中所传授的治理城邦的学问。古希腊的学园多招收贵族子弟，他们所维护的也是城邦贵族统治的秩序。在古希腊学园中，一般教授修辞学、语法学、音乐、诗歌、哲学，当然也会讲授今天被视为自然科学的某些学问，如算术和医学。不过在古希腊，这些学科之间的区分没有那么明显，更不会存在今天的文理之分。相反，这些在学园里被讲授的学问被统一称为 paideia。经过 paideia 之学的培育，这些贵族身份的公民会变得“καλὸς κἀγαθός”（雅而有德），这个古希腊词语形容理想的人的行为，而古希腊历史学家希罗多德（ Ἡρόδοτος ）常在他的《历史》中用这个词来描绘古典时代的英雄形象。

在古希腊，对 paideia 之学呼声最高的，莫过于智者学派的演说家和教育家伊索克拉底（ Ἰσοκράτης ），他大力主张对全体城邦公民开展 paideia 的教育。在伊索克拉底看来，paideia 已然不再是某个特权阶层让其后嗣垄断统治权力的教育，相反，真正的 paideia 教育在于给人们以心灵的启迪，开启人们的心智，与此同时，paideia 教育也让雅典人真正具有了人的美德。在伊索克拉底那里，paideia 赋予了雅典公民淳美的品德、高雅的性情，这正是雅典公民获得独一无二的人之美德的唯一途径。在这个意义上，paideia 之学，经过伊索克拉底的改造，成为一种让人成长的学问，让人从 paideia 之中寻找到属于人的德性和智慧。或许，这就是中世纪基督教教育中以及文艺复兴时期，paideia 被等同于人文学的原因。

2

在《词与物：人文科学考古学》最后，福柯提出了一个“人文科学”的问题。福柯认为，人文科学是一门关于人的科学，而这门科学，绝不是像某些生物学家和进化论者所认为的那样，从简单的生物学范畴来思考人的存在。相反，福柯认为，人是“这样一个生物，即他从他所完全属于的并且他的整个存在据以被贯穿的生命内部建构了他赖以生活的种种表象，并且在这些表象的基础上，他拥有了能去恰好表象生命这个奇特力量”[1]。尽管福柯这段话十分绕口，但他的意思是很明确的，人在这个世界上的存在是一个相当复杂的现象，它所涉及的是人在这个世界上的方方面面，包括哲学、语言、诗歌等。这样，人文科学绝不是从某个孤立的角度（如单独从哲学的

1　米歇尔·福柯：《词与物：人文科学考古学》，莫伟民译，上海三联书店，2001，第 459–460 页。译文有所改动。

角度，单独从文学的角度，单独从艺术的角度）去审视我们作为人在这个世界上的存在，相反，它有助于我们思考自己在面对这个世界的综合复杂性时的构成性存在。

其实早在福柯之前，德国古典学家魏尔纳·贾格尔（Werner Jaeger）就将 paideia 看成是一个超越所有学科之上的人文学总体之学。正如贾格尔所说："paideia，不仅仅是一个符号名称，更是代表着这个词所展现出来的历史主题。事实上，和其他非常广泛的概念一样，这个主题非常难以界定，它拒绝被限定在一个抽象的表达之下。唯有当我们阅读其历史，并跟随其脚步孜孜不倦地观察它如何实现自身，我们才能理解这个词的完整内容和含义。……我们很难避免用诸如文明、文化、传统、文学或教育之类的词来表达它。但这些词没有一个可以覆盖 paideia 这个词在古希腊时期的意义。上述那些词都只涉及 paideia 的某个侧面：除非把那些表达综合在一起，我们才能看到这个古希腊概念的范阈。"[2] 贾格尔强调的正是后来福柯所主张的"人文科学"所涉及的内涵，也就是说，paideia 代表着一种先于现代人文科学分科之前的总体

---

2 Werner Jaeger, *Paideia: The Ideals of Greek Culture. Vol. 1*（Oxford: Blackwell, 1946）, p.i.

性对人文科学的综合性探讨研究，它所涉及的，就是人之所以为人的诸多方面的总和，那些使人具有人之心智、人之德性、人之美感的全部领域的汇集。这也正是福柯所说的人文科学就是人的实证性（positivité）之所是，在这个意义上，福柯与贾格尔对 paideia 的界定是高度统一的，他们共同关心的是，究竟是什么，让我们在这个大地上具有了诸如此类的人的秉性，又是什么塑造了全体人类的秉性。paideia，一门综合性的人文科学，正如伊索克拉底所说的那样，一方面给予我们智慧的启迪；另一方面又赋予我们人之所以为人的生命形式。对这门科学的探索，必然同时涉及两个不同侧面：一方面是对经典的探索，寻求那些已经被确认为人的秉性的美德，在这个基础上，去探索人之所以为人的种种学问；另一方面，也更为重要的是，我们需要依循着福柯的足迹，在探索了我们在这个世界上的生命形式之后，最终还要对这种作为实质性的生命形式进行反思、批判和超越，即让我们的生命在其形式的极限处颤动。

这样，paideia 同时包括的两个侧面，也意味着人们对自己的生命和存在进行探索的两个方向：一方面它有着古典学的厚重，代表着人文科学悠久历史发展中形成的良好传统，孜孜不倦地寻找人生的真谛；另一方面，也代表着人文科学努力在生命的边缘处，寻找向着生命形式的外部空间拓展，以延伸我们内在生命的可能。

3

这就是我们出版这套丛书的初衷。不过，我们并没有将 paideia 一词直接翻译为常用译法“人文学”，因为“人文学”在中文语境中使用起来，会偏离这个词原本的特有含义，所以，我们将 paideia 音译为“拜德雅”。此译首先是在发音上十分近似于其古希腊词语，更重要的是，这门学问诞生之初，便是德雅兼蓄之学。和我们中国古代德雅之学强调“六艺”一样，古希腊的拜德雅之学也有相对固定的分目，或称为“八艺”，即体操、语法、修辞、音乐、数学、地理、自然史与哲学。这八门学科，体现出拜德雅之学从来就不是孤立地在某一个门类下的专门之学，而是统摄了古代的科学、哲学、艺术、语言学甚至体育等门类的综合性之学，其中既强调了亚里士多德所谓勇敢、节制、正义、智慧这四种美德（ἀρετή），也追求诸如音乐之类的雅学。同时，在古希腊人看来，“雅而有德”是一个崇高的理想。我们的教育，我们的人文学，最终是要面向一个高雅而有德的品质，因而我们在音译中选用了“拜”这个字。这样，“拜德雅”既从音译上翻译了这个古希腊词语，也很好地从意译上表达了它的含义，避免了单纯叫作“人文学”所可能引生的不必要的歧义。本丛书的 logo，由黑白八点构成，以玄为德，以白为雅，黑白双色正好体现德雅兼蓄之意。同时，这八个点既对应于拜德雅之学的“八艺”，也对应于柏拉图在《蒂迈欧篇》中谈到的正六面体（五种柏拉图体之一）的八个顶点。它既是智慧美德的象征，也体现了审美的典雅。

不过，对于今天的我们来说，更重要的是，跟随福柯的脚步，向着一种新型的人文科学，即一种新的拜德雅前进。在我们的系列中，既包括那些作为人类思想精华的**经典作品**，也包括那些试图冲破人文学既有之藩篱，去探寻我们生命形式的可能性的**前沿著作**。

既然是新人文科学，既然是新拜德雅之学，那么现代人文科学分科的体系在我们的系列中或许就显得不那么重要了。这个拜德雅系列，已经将历史学、艺术学、文学或诗学、哲学、政治学、法学，乃至社会学、经济学等多门学科涵括在内，其中的作品，或许就是各个学科共同的精神财富。对这样一些作品的译介，正是要达到这样一个目的：在一个大的人文学的背景下，在一个大的拜德雅之下，来自不同学科的我们，可以在同样的文字中，去呼吸这些伟大著作为我们带来的新鲜空气。

代译序

克劳斯·亚普

尼克拉斯·卢曼的《风险社会学》的中译本如今付梓，距离这部作品当初问世已接近30年。本书在卢曼的作品体系中似乎只占据一个旁支的位置。相对于那些关于社会、宗教、艺术、法律、科学和经济的大部头，有关风险的写作事实上是针对20世纪下半叶风险和灾难（塞韦索二噁英泄露、沙利度胺丑闻与切尔诺贝利核电站事故）在生态上产生的特定讨论所作的文章，而在现代社会主题（生态、伦理、社会运动等）的语境中，卢曼并没有对这些主题漠不关心。事实上，就像提前为他的后期作品做铺垫一样，卢曼首先建构了一种区别，以填补风险讨论中的理论空白。这一空白介于有关“自反的现代性”（乌尔里希·贝克）的那些雄心勃勃的作品与很多处于另一种极端上的经验取向的作品之间。前者所处理的风险概念通过技术（细胞技术）、科学（基因研究）与生态风险（气候）和日常经验中的危险相挂钩，而后者则引入了诸如风险与不确定性（弗兰克·奈特）这样的区别。

这一空白介于理论上近乎脆弱的概念与无法指明方向的经验研究之间，而卢曼当时试图以区分的方式来填补这一空白。不能说这一尝试是完全无效的，但同样不能说他的意图完全实现了。在社会学的系统理论与社会理论中，风险研究仍以专题形式占有一席之地。就此而言，人们很难诟病这一尝试本身，因为迄今为止仍缺乏雄心勃勃的作品进一步填补这一理论空白。

除了为社会功能系统写作的大部头外，在卢曼为特定社会学所撰写的所有作品中，我们也都能发现系统理论的基本概念。在当时发展（且直到今天仍具有权威性）的风险社会学主流所使用的风险概念中，危险和不确定的日常感觉（贝克的理论）与介入的可能性和受害程度等这些专家行话之间形成了鲜明的对比。

当这一风险社会学主流发展成为一种美式建构主义时，其理论上的活跃程度仍然有限，而卢曼则求助于风险与危险的区别。这产生于沟通行为的自反性与外反性之间的区别，也来自系统与环境的区别：风险来自对自身决定的可能的缺陷进行归因，而危险则来自对受波及者的外部决定之缺陷进行归因。这并非概念的杂耍，人们可以借此认识到，决定者如此这般进行归因，是为了让风险计算的问题终究能够在现实的当下，将尚未实现的未来之当下与对其自身重要的决定之结果联系起来。而人们也意识到，受其他人决定所波及的人事实上是向外部归因，比如为了能够提出抗议而进行归因。这正是卢曼的风险社会学之核心，因为一方面，这一区别与满足于对风险和安全之区别（类似弗兰克·奈特的风险与不确定性之区别）的（日常）研究的主流之间保持了一定距离；另一方面，卢曼从此开始为风险决定的时间维度和社会性维度组织起他最核心的一组区别。

时　间

不同于旧世界，在功能分化的社会中存在一个新旧之间的结构差异，而这一体验最可能首先出现在过去与未来的差别中。当下的决定指向一个未来，而未来又反过来取决于一个当下，在这个当下可能的未来被做出决定。这一循环状况并不涉及理性计算，并导致风险在未来之当下被视为不同于过去之当下的他物——而不同之处仅仅是因为人们已经做出了决定。这样，因为做出其他决定的可能性已经被排除，人们就有理由对决定感到后悔：决定理论将之视为后决定追悔。

但追悔之前决定的人也将他的未来视为风险。风险与安全的区别将自身表达为一阶观察，这种观察不能看到（彻底的）安全是无法实现的。但观察一阶观察者的二阶观察者却可以看到，风险的“另一面”不是安全，而是危险。换言之，也许存在着将某事称为安全的观察者。但这一评价并没有客观的出发点，因为对这一评价而言，过去和未来之间视野的区别是基础性的，而这一区别又是跟随着其视野本身而改变的。比如，切尔诺贝利事故前后的核电站、石棉丑闻前后的火力发电或沙利度胺丑闻前后的怀孕止痛剂。但即使不存在诸如利益损失这样轰动的公众事件，决定也总是有风险的。即使进展顺利，也没有明显的缺陷，但是人们也已经放弃了决定之前存在的可能性。在决定之后，人们只能缅怀已经逝去的可能性。

这就排除了客观地决定评估正确性的可能性，而对这一可能性的排除就成为“处理不确定”的一个核心问题。所有决定行为都会造成风险与危险的区别。总有人受到他人的决定所影响，特别是因为这所涉及的并不是客观事实，而是归因。因此，卢曼可以说，风险问题在客观上是任意普遍化的。社会丧失了法律（“责任”）、经济（“所有权”）和政治的制度化（“阈值”）曾赋予的安全，正是因为在风险的状况下，这些安全所必需的共识不再是既定的。而这也适用于专家间的沟通，他们徒劳地许诺安全，而在危险的模式下只能看到不确定性。此外，比如在使用基因技术的问题中，共识只是或多或少可能或不可能的（很可能是后者！）。作为时间约束形式的风险为这个完全自我产生的现代社会带来了不可控制性这一特点，而对法律和经济而言，这曾经是不可想象的。

抗　议

这种不可控制性还表明了决定者和受波及者之间的冲突，双方不能就共同点达成一致，因为他们将互斥的两种归因模式化。虽然作为风险调节器的法律与经济都是不可或缺的，但当涉及危险时，法律和经济都无能为力，例如核辐射或市中心的大工地，在这些情况下决定者都将之视为自己负责控制的风险。根据当地决定者的可能性从危险的视角出发被视为外部决定的所有沟通接触，受波及者将之归因于其环境。这不仅涉及技术、环境或健康，也涉及社会。即使宗教忏悔也是有风险的（其中的关键词是“迁移”和“整合”），如果这被归结为一个决定的话。

总的来说，一方是风险，而另一方是危险。只要社会的注意力在涉及风险时仍然系于法律和经济，这似乎都不是问题。女性在决定中将“男性”视为危险，这直到 20 世纪才为人所知，并且不能在法律上或经济上受到监管。这是一个“社会性问题”，在其社会影响范围内，社会的社会性分裂之深度被风险 / 危险或决定者 / 受波及者的区别充分体现出来。这种区别的严重性也很惊人。到目前为止，大多数试图弥合它们的尝试都失败了。参与、伦理和风险沟通（Otway/Wynne 1989）都无法弥补那些沟通着波及性的不信任。通常情况下，情况恰恰相反，尤其是当决定者难以识别时，诸如重大化学事故、生态灾难或全球经济危机。

出于所有这些原因，一种普遍甚至相互的拒绝似乎正在加固。正是这种广义的拒绝（包括专家的理性），受波及和决定的不确定性为开展抗议行动提供了理由。无论核电厂建造得多么安全，无论人们如何让银行规避投机性亏损，（不确定的）危险视角都会在这一努力中显现出来。抗议活动创造了一种区别，即抗议和对立面之间的区别，即使在现实和社会性双重不确定性的前提下，人们也可以以此为出发点。然而，由于越来越难以确定决策者（参考课征金融交易税以

协助公民组织 [Attac] 或女性运动），这些要求正在逐渐成为“政治上的诉求”。这些“新社会运动”的新颖之处在于，他们对权利和再分配不感兴趣，而是关注他们成了他人风险决策的受害者。这反映在大众媒体（形形色色抗议者的戏剧性登场）的相应关注中，以及对科学主题进行描述的意愿。

观　察

在对 1990 年代研究状况的概括中，克拉克和肖特（1993）抱怨“风险社会学”这一特殊学科没有统一的理论。事实上，到今天为止也基本如此。对贝克作品偶然但也非常犹豫的调整并未得出有关风险问题的全面理论。如果一种科学理论期待在涉及日常概念时具有高度解释力，那么在统一理论的语境中，系统理论的概念当仁不让。只有系统理论的概念才能从有害而危险的日常直觉中解救风险概念。这是通过联系风险概念与决定概念，接着借助风险与危险之间的基本区别来实现的。这种区别预设了二阶观察，即观察观察者如何归因。人们所观察的不是对象，而是观察者。因此，人们可以自己计算何时达到灾难阈值，什么是可能的，什么是不可能的；哪些代价是内在的，哪些是外在的等。这种观察方式用微观和中间层次的观察妨碍了理论的宏观层次（功能系统），在所有这三个层次上都操练了二阶观察，而在功能分化和高系统复杂性的前提下，这是不可避免的。

为了能够稳定这些条件下的行动能力，卢曼提出了“理解”意义上的沟通中断，这意味着规避或中断风险自反的形式，而作为二阶观察的风险自反甚至很难应付制动调节：决定者与受波及者之间（哪怕临时的）调节协议，诸如有关垃圾焚烧设备的运转温度；不顾高度不确定性而让人为干预成为可能的强烈意识形态。在这些情况下，为了重新获得在不确定性前提下的行动能力，相互理解也会被普遍接受。一种风险社会学式的、同时也可能是由理性所担保的缔结形式不会认同这种安排。在将未来视为风险的观察中，被卷入其中的观察者不能避免悲剧性的选择，因为就像观察者自身所观察的那样，这些选择都是从中自我产生的——而这也适用于其他观察者。

人们可能会问，如今风险社会学是否已经超过了这种“研究前沿”。关注“风险社会学”这一学科的作品并不多。其中之一则阐释了社会学宏大理论和经验研究之间的“鸿沟”。它更建议使用“对不确定性的决定”，而把科学家视为“社会政治参与者”和风险的“现实维度”。因为“宏大理论”的低产，这都处于“参与者理论”的视角下。如果不是按照概念，而是按照研究机会给出建议，那人们不应该许诺太多。如果人们看一看相关的《风险研究期刊》，就可以证实这一与“宏大理论”相对的体力活所具备的理论前景。有关有限群体（比如土耳其的职业司机）的风险感知和冒险倾向的报告占据了主流。这样避免对风险社会学概念和对经验事实的相应研究进行（“宏大理论式”）反思也不能完全免于风险，因为这样就错过了以反思形式自我挽回的机会。

作者系比勒菲尔德大学社会学系教授

译　例

本书译自德文原版，并沿用了原书的脚注体例，原文中的若干关键术语和非德语内容均以括号标出原文。作者在原文中以斜体形式表示强调的内容在译文中均改为楷体。由于作者偏好在脚注中对参考文献进行点评，故译文将参考文献的书（篇）名译出，原文及出处保留在括号内，并按照如今通行的著录规范对原文书名做斜体标注。译者的注释亦放于脚注中，且仅限于解释出现次数较少的系统论术语和标注作者所引用的文献中已知的中译本信息，供读者参考。本书引用中文译著时，若遇到误译或不当翻译，本书译者参照其外文原文进行了优化翻译，但为尊重原书译者，本书仍列出引文出处。此外，基于卢曼的系统论术语极为特殊，对这些术语的解读又大都见于卢曼的其他作品，特在此选取若干本书的关键概念进行简明解释：

系统（System）　有别于系统之外的环境，具有内在封闭性。这种封闭并非存在意义上的互不关涉，而是一种出于观察的权宜之计。观察者可以重新划分观察对象（系统）和对象之外的背景（环境），但这种划分是前提性的。在不影响系统的自我持存的情况下，环境对系统的影响也在系统论的研究范围之内。系统必须是自我决定的，只是以内在逻辑对环境做出反应。而在系统内部，我们无法仅以系统中元素之间的关系来描述系统，因而系统论的研究对象乃是个别元素之间交互关系得以组织的形式。

自生（Autopoiesis）　马拉图纳用以指代生物系统以产生自身所必需的组成部分来自我维持的机制，对应的是外生的（allopoietisch）非生命系统。后被卢曼引入社会学之中。

自我套用（Autologie）　系统以其观察对象时所使用的区别进行自我观察。

观察（Beobachtung）　借一个区别来进行标示的行为。一阶观察是对系统运作的观察，而二阶观察是对观察的观察（二阶观察同时也是一阶观察）。

决定（Entscheidung）/ **波及**（Betroffenheit）　一组对立概念。当（负面）结果产生时，总是会被归咎于某个原因，其中内因的施动者就是决定或决定者。而结果也会影响到与这个决定无关的群体，即（风险的）波及和受波及者。在造成事实的诸多原因中，决定者不一定是始作俑者或受到（负面）影响，而受波及者未必真的无关于产生结果的原因，这组概念只在社会所构建的想象性因果联系中互斥。

社会的（gesellschaftlich）与**社会性的**（sozial）　这两个同义词在日常语境下可以通用，但在卢曼的理论中其意指并不相同。前者指属于作为总体的整个社会，而后者则指的是具有社会性的特征。社会是一个社会性系统，但经济、法律乃至私人沟通同样也是社会性系统。

沟通（Kommunikation）　对卢曼而言，这是一个自我指涉的系统。作为开放系统的个体可以参与其中交换意见，但系统的自主性并未受到影响。沟通会持续地产生沟通，但作为卢曼和哈贝马斯论战的核心概念，卢曼并不认可沟通具有足以打通诸系统的规定性。

指涉（Referenz） 划分区别并对区别的一面进行标识的行动。自我指涉是一个区别借其中一面来自我指认的行动，被指认的“我”需要以另一面的“非我”作为前提。与之相对的是“外在指涉”。

递归（Rekursivität） 持续地将运作结果作为继续运作的基础。

安全/确定性（Sicherheit）与**不安全/不确定性**（Unsicherheit） 在德语中，这对词对应两种含义，本书根据语境对其进行翻译，但在原文中，这两重含义一直同在。

归因（Zurechnung） 将事实作为结果而回溯到某个决定。而所谓风险，正是将负面结果和错误决定嫁接起来的因果性想象，归因的过程通常遵循的是社会性范式。

风险社会学

Soziologie des Risikos

导　言 1

批判社会学的根本特征是不满足于仅仅描述存在于社会中的规律性。诚然，借助诸如统计学方法并揭露统计学数据中的“潜在结构”（latent structures）[1]来扩张可认识的规律性领域是批判社会学的任务之一。但倘若人们要询问社会自身如何解释与处理对规范的偏离、事故、意外等的话，那么他们就必须更进一步。人们越是不得不指望规范的过程，生活的上述黑暗面以及所有期待落空的失望就会越发显著。比如，官僚主义便恰好发展出一种反对模式偏离的极端敏感性。而对处于高度威胁的环境之下并为生存而抗争的部落社会而言，取悦神祇、寻找替罪羊及为出乎意料的不幸而献祭牺牲，都是一笔可观的语义学支出。这种尝试之强度甚至常常会过激，这恰恰暴露了保护这种总是棘手的规律性要付出怎样的代价，因而就像在臆想的非理性领域中所见的那样，暴露了理性这个也许完全不充分的概念是如何得到维护的。恰好由

1　即文化信念的共同性。维持“潜在结构”是帕森斯理论中社会系统所必须满足的四个基本功能之一。——译者注

于规范形式的破裂因未被预料到而必须被标记为意外，人们才不能听凭其解释停留在意外层面，它必须显露出自身的规则，一种仿佛是次要的规律性。[2]灾祸是如何被解释和对待的？这个问题也包含着重要的批判潜力——所谓批判，并非是在呼吁拒斥这个建立在如此这般灾祸之上的社会这一层意义上
2 的批判，而是在一种强化的、非自明的区分能力这一层意义上的批判。这关系到规范形式的另一面——而且只有借助规范形式另一面的提示，这些形式才能被视为形式。[3]

在当下社会中，风险被如此频繁地言说，如果人们因循这些思考，便能弄清其规范形式。这并不是说，风险从属于日常生活的规范方面（这当然也是适用的）。更确切地说，问题在于我们能够从我们的社会试图以风险的形式来理解灾祸的这一规范进程中提取出什么。比如，如今人们大都接受了上帝只会行善，而恶魔即使没有失去其存在的话，也至少

2　顺便一提，这是如今一类社会人类学研究主题的典型：《阿赞德人中的巫术、神谕与魔法》（E. E. Evans-Pritchard, *Witchcraft, Oracles and Magie Among the Azande*, Oxford 1937）简短的德文翻译版，参见 Frankfurt 1978。

3　人们在《机构沟通研究：系统方法学与方法论视角》（Michael Giesecke, *Die Untersuchung institutioneller Kommunikation: Perspektiven einer systemischen Methodik und Methodologie*, Opladen 1988）中可以找到对规范形式、规范形式分析这些术语的不同理解。

失去了其宇宙论功能。在此之后，社会既不再以魔法或巫术的形式理解灾祸，也很少再以宗教的形式来理解灾祸。

引人注目的是，即使不考虑“风险”这个词，诸如无序、灾难、混沌这类灾祸概念也在科学语言中冒头。无论是否能够将灾祸安放于一种略显复杂的数学中并将之常态化，人们都不能因此将其轻蔑地搁置一旁。但很明显，这关系到一种没有宗教的解释，一种在技术上生效并在理性的可能性条件下，特别是在未来对决定的依赖性中观察规范的解释。人们可以自问，规范如何还是规范性的？而最近乌尔里希·贝克试图用这些问题来刺激那些在法兰克福聚集的社会学学者。[4] 但在喧闹日益沉寂之后，所有能观察到的传统仍然很少严肃地思考规范性，这意味着规范与偏离的差异消失了，或者我们已然戒除了用这些区别去观察社会，因为这样的观察将不再有所斩获。

更中肯的问题在于，当人们将规范 / 偏离这组区别（无 3
论在语义学上如何加以矫饰）作为观察当今社会的工具时，

4 参见《法兰克福汇报》1990 年 10 月 19 日刊登的报告《工业社会的自我废除》(„Die Industriegesellschaft schafft sich selber ab“, *Frankfurter Allgemeinen Zeitung* vom 19. 10. 1990)。

能够从中看出什么？而具体就我们的风险这一主题而言，当人们谈及风险时，哪些对理性、决定、技术、未来或时间的理解已经被完全预设了？或者更为基本地说，当我们将这个曾经只与航海家、采蘑菇的人或其他身临险境的团体有关的词汇，视为一个不可预防和回避的普遍性问题时，我们如何理解我们的社会？现如今，（对社会福祉而言）什么是必要的？相应地，什么又是偶然的？在规范的实现中，社会又是如何让其行动与未来相协调的？这个未来没有定数，而是由或多或少的大概率事件或小概率事件所构成。此外，当社会性共识在一个未来的视野内可见时，当所有人都知道其他人只能以大概率事件 / 小概率事件的形式言说未来时，那些在未来的视野内可见的社会性共识（或者只是一个被用于当下沟通的权宜之计）又是如何达成的？

首先值得注意的一点是：若个人一般只关注频率适中的可能性，无视小概率事件，并将特别大概率的事件（比如人们并不量入为出）规范化[5]，那么如今人们在风险意识领域所发现的偏离事实，首先便是那些极端不可能发生却会产生灾

5 比如，参见玛丽 · 道格拉斯的《风险的可接受性》(Mary Douglas, *Risk Acceptability, Social Sciences*, New York 1985, insb. S. 29 ff.)。

难性后果的事件。仅仅解释技术本身包含了这样的可能性是不够的，因为这种可能性比传统社会中的自然灾害、瘟疫等终究要大得多。解释更应该着眼于如今被视为触发性原因的人或组织（即决定），反之亦然。更确切地说，去沟通其对立面。不开玩笑地说，人们可以要求满意地克服这些危险。 4
极端小概率但会导致严重损害的困扰，首先在心理上就是小概率的，这可以用沟通来解释，也就是用社会学加以解释，并在一个完全规范、可信的假设现实之背景下得到解释——未来取决于现在采取的或已经采取并不可更改的决定。[6]

极端小概率这一夸张提法本身就是极端小概率的，自然会产生后果。我们所看到的主要后果是，那些站得住脚的共识与用于沟通的理解，在这种情况下，其前提条件都土崩瓦解了。面对这样的现实该如何行动，以及这种风险的可替代性，这些都尚无定论。而致力于以理性计算为决定奠基的努

6 “沟通”只是一个笼统的解释，有待于进一步润色，在此只略做说明。当其他内容没有新闻价值时，大众媒体的选择性便在事件发生时，显眼地扮演了一个提供特定小概率性的角色，这不仅在日常事故的语境中如此，而且在规范化的小概率事件中都已众所周知。差异度更高的分析之关键同时也是通过“沟通”加以解释的。比如，参见《从风险中学习：消费者与工人对危险信息的反应》（W. Kip Viscusi/Wesley A. Magat, *Learning about Risk: Consumer and Worker Responses to Hazard Information*, Cambridge Mass. 1987）。这篇研究发现消费者不同于工人，对有关特别小概率的风险的信息有过度反应。

力至今非但毫无结果，而且最终将有损于对方法和程序理性的要求。

当风险研究一如既往地、即使只是部分地关注风险的理性计算时[7]，现实早已展现出其他特征。风险沟通自身已变成自反的，因而也变成普遍的。拒绝接受风险或要求拒绝风险甚至都变成一种冒险的行为。而每当人们认为冒险行为可能导致灾难时，便以拒绝计算作为回应。争论的焦点几乎都是灾难的阈值何在。无论如何这个焦点都难以达成共识。倘若人们只能找到替罪羊，便可以将沟通道德化。[8]这便会引起风险的反对者开始讨论“未来的世世代代”。甚至这些“世世代代”将会在何种程度上成为我们意义上的人类，这一点都不明朗，而且即使在严格的伦理论辩与理据也仍有争议的情况下[9]，对于一些领域而言，反对者的这种说辞仍有说服力。这些领域将人们无论如何都避之唯恐不及的更多灾难纳入考虑范围，同时将之从计算中抽出。确保灾难不要发生，这种

7　对合理计算的妥协当然只限于依赖语境的“有限理性”（bounded rationality）；或当人类吸取教训之后，知道在计算他者时对实现被建立的模型并不能抱以过高的期望。

8　“道德上令人反感的行为必然有受害者”，请阅读道格拉斯（Douglas a. a. O. S. 11）。

9　参见《对未来世代的责任》（R. S. Sikora/Brian Barry [Hrsg.], *Obligations to Future Generations*, Philadelphia 1978）及其所引发的讨论。

伦理是如此普遍化，以至于人们将之强加于每个人，并在道德上予以过高估计。而只有在人们不只考虑自己，还考虑别人，甚至考虑尚未出世的人时，道德才能得到强化。即使如此，人们也可以争辩，这一行为仍囊括了许多无法预料但也许近在眼前的风险。但当人们以道德进行辩论时，便会导致人们放弃理解的决心。

无须否定，这场争论被夸大了，但以理性 / 非理性这一模式加以描述则是完全不得当的，因为这仅仅是争论的一个要素而已。就像还存在魔法与女巫的时代一样，连灾祸观察与现实的关系都如此少地受到拷问。这场争论被自然科学所遮蔽。而来自化学工业的特殊垃圾有毒这一点，就像辐射、半衰期、臭氧层的保护功能等一样，很少受到质疑。正是这些让问题在社会学意义上变得有趣，也正是这一点能让人察 6
觉到，社会如何以其总是令人深信不疑的灾祸语义学来反映其规范性。因此，社会学研究不能绕过这一点，不能仅仅是部分地理解甚或放任一边，任这场争执自行解决。如果人们接受这是以处理规范形式分析为出发点（没有人必须承认这一点，因为研究也可以从其他区别开始），那么任务便只在于更准确地弄清楚所发生的一切。

这首先要求对风险概念进行详细叙述，并详细分析这一概念和其所涉及的事实，及其在社会系统的新发展中占有一席之地的理由。要回答这个问题，我们必须从如下主题出发：社会的未来对决定的从属性有所增长，如今深深地支配着对未来的想象，而所有能像自然一样约束着所发生的一切的那种“存在形式”（Wesensformen）的概念，都已经被放弃了。技术及其既定的能力意识已然占据了自然的领域，而猜测与经验则暗示出，这一切更有可能颠覆性地而非建设性地发生。人们对这一切都会失败的担忧急速增长，他们怀着这种担忧将风险归因于各种决定。

在这一分析中，决定与（更准确意义上的）技术这两个概念举足轻重。更重要的是，我需要提前点明这一分析不涉及心理与物质（机械类）事实。这一社会分析专注于沟通问题。沟通，而非其他，社会自身正是以这一行为，作为一个社会性系统“自生地”生产与再生产。[10] 毋庸置疑，在社会系统的环境中，事实上存在着能够被称为意识或机器的一类观察者。但当人们从社会系统的系统指涉出发时，这一事实

10　详情参见《社会性系统：一种一般理论的大纲》(Niklas Luhmann, *Soziale Systeme: Grundriß einer allgemeinen Theorie*, Frankfurt 1984)。

只被作为这一系统的环境加以考量。意识是沟通必不可少的前提，但绝不仅限于沟通。[11] 而对技术而言，这里则（只） 7
言说两重意义——沟通的技术（文字居首要地位）与沟通的主题。那么当人们说现代技术“是冒险的”时，这只是一个（实用但必要的）缩略表达方式。只有关于技术的沟通与决定技术是否投入使用的沟通是冒险的，后者尤甚。而借助于决定，我们完全不考虑进行中的意识过程，而同样只关注沟通，虽然此处是从在备选项之间选择归因的沟通开始的。

在此，这一对接下来的研究进行介绍的论述先于主干。我们要从社会系统中观察世界，并将沟通当作实现这一观察的真实行动加以接受。因为参与沟通，就必须将自身理解为其自身对象的部分，这只是这一出发点的一个“自我套用的”后果。同样，这也意味着对一个特定的、起着简化作用的风险概念在理论技术上进行决定的危险非但不能避免（也绝不是将之当作“真相”而加以钝化），而且需要加以接受。

11　我已在别处准确地表达过“结构性耦合”（strukturellen Kopplung）（译按：系统彼此互为环境，进而在不影响系统自主性的情况下互为前提）这个概念了。参见《意识如何参与沟通？》（Niklas Luhmann, Wie ist Bewußtsein an Kommunikation beteiligt?, in: Hans Ulrich Gumbrecht/K. Ludwig Pfeiffer [Hrsg.], *Materialität der Kommunikation*, Frankfurt 1988, S. 884–905）与《社会的科学》（Niklas Luhmann, *Die Wissenschaft der Gesellschaft*, Frankfurt 1990, S. 11 ff.）。

一、风险的概念

I.

如今，在不同专业乃至不同学科中，人们都在讨论风险。经济学研究已经介入风险计算的传统统计处理中。这应当归功于弗兰克·奈特（Frank Knight）天才构思的重要推动。[1] 在起源上，这关系到通过吸收不确定性的功能来解释企业收益。这个点子并不新颖，人们业已在费希特解释地产与等级差异的关系时见过了。不过，在现代经济学的语境下，这个点子却能够以一种敏锐的方式勾连宏观与微观经济学理论。然而，自从奈特区分了风险与不确定性后，这却固化为一种教条，导致这场概念的革新被指责为概念的误用。但其他学科完全不涉及企业收益的根据，也与市场理论与企业理论之间的异同无关。为什么这些学科要从经济学源头中汲取风险

1　参见《风险、不确定性与利润》(Frank Knight, *Risk, Uncertainty and Profit*, Boston 1921；中译本参见弗兰克·H. 奈特:《风险、不确定性与利润》，安佳译，商务印书馆，2006)。

这一概念呢？

决定论与博弈论的应用已带着各自的争论介入数据理论之中。比如，期待与优惠的有意义的主观化程度问题。而与此相反，心理学学者与社会心理学学者则断言，如果人类将价值寄托在被统计学学者视为“合理的”谓项之上，事实上人类无法计算他们必须如何行动。有的人会说他们会犯“错误”，还有人会说他们是按日常方式行事。无论如何，偏离显现出结构与趋势。这条裂缝愈演愈烈，就像学科之间发生了一场大陆板块漂移。现如今人们知道，超市的家庭主妇与巴西的街头孩童能够做出最高效的计算，但却不是以他们在校园所学到的或未曾学到的那种方式计算。[2] 人们也知道，价值能够量化，而结果却是量化之后无法再次

2　参见《街头数学与校园数学》(Terezinha Nunes Carraher/David William Carraher/Analúcia Schliemann, Mathematics in the Streets and in Schools, in: *British Journal of Developmental Psychology*[1985], S. 21–29),《日常生活中的数学概念》(Terezinha N. Carraher/Analúcia D. Schliemann/David W. Carraher, Mathematical Concepts in Everyday Life, in: G. B. Saxe/M. Gearhart [Hrsg.], *Children's Mathematics*, San Francisco 1988, S. 71–87),《量化的价值》(Jean Lave, The Values of Quantification, in: John Law [Hrsg.], *Power, Action and Belief: A New Sociology of Knowledge?*, London 1986, S. 88–111)以及《日常生活的意识、数学与文化》(*Cognition in Practice: Mind, Mathematics and Culture in Everyday Life*, Cambridge England 1988)。

识别出其真正的意义。[3]不但个人没法这么做或并无成效，而且在那些有人承担负有理性责任的角色，并期待着以特别的谨慎与担当和风险打交道的地方，组织管理也没法量化地计算风险，或者无论如何都不是以常规的决策论来拟定对策。[4]但倘若如此的话，那么以其概念性考量量化计算的风险理论，又有何意义呢？难道这只是以特定的道德方法去建立一个每个人都能确定他们无法满足要求的模板吗？——幸好其他人也同样满足不了风险理论的要求。无论如何，对任何专业与学科而言，与量和量的实践相关性打交道都至关重要。

就像人们如今所见的那样，在这些一般由主观的应用期望所引导的量化计算的模型之中，仍有一项重要的改进势在必行。 11
我们可以将之称为灾难阈值（Katastrophenschwelle）。只有在结果不触及把（当然也不太可能发生的）不幸作为灾难来感知的门槛时，人们才会最终接受这样运算的结果。于是，以自然经济劳作的农业能大量避免风险，因为饥饿、种

3 可参考许多有关此类话题的表述，比如《协调人与环境》（Eric Ashby, *Reconciling Man with the Environment*, London 1978）。

4 参见《管理学视角下的风险与冒险》（James G. March/Zur Shapira, Managerial Perspectives on Risk and Risk Taking, *Management Science* 33[1987], S. 1404–1413）及其中的经验研究。

子损失与生产延续的不可能性持续地威胁着他们。[5] 人们在货币经济条件下也发现了与此对应的结果：必须考虑资金流问题的企业相比那些不受这些问题的既定风险所纠缠的企业，更缺乏应对风险的准备。[6] 或许人们也必须考虑到，设立不同的灾难阈值取决于其被卷入风险时，是决定者还是受波及者。[7] 这就让“这种计算足以独自面对个别状况”这一共识难以令人信服。

但这并非全部。与此同时，社会科学也发现了风险的问题，但在某种程度上说，这并不是在自己的一亩三分地中发现的，而是因为在其相邻领域中这一问题并未得到足够的培

---

5 一个宽泛的概要可参见《部落社会的风险与不确定性》（Elisabeth Cashdan [Hrsg.], *Risk and Uncertainty in Tribal Societies*, Boulder 1990）。更进一步的研究，比如《贫穷农民之间的安全与冒险：一个巴西案例》（Allen Johnson, Security and Risk-Taking among Poor Peasants: A Brazilian Case, in: George Dalton [Hrsg.], *Studies in Economic Anthropology*, Washington 1971, S. 143–150）、《大米与风险：低收入农场主中的决策》（James Roumasset, *Rice and Risk: Decision-Making among Low-Income Farmers*, Amsterdam 1976）、《风险、不确定性与农业发展》（ders. et al. [Hrsg.], *Risk, Uncertainty, and Agricultural Development*, New York 1979）、《巴西东北的温饱农场主们的风险态度》（John L. Dillon/Pasquale L. Scandizzo, Risk Attitudes of Subsistence Farmers in Northeast Brazil: A Sampling Approach, *American Journal of Agricultural Economics* 60 [1978], S. 425–435）。

6 参见《斯堪的纳维亚航运的风险偏好》（Peter Lorange/Victor D. Norman, Risk Preference in Scandinavian Shipping, *Applied Economics* 5 [1973], S. 49–59）。

7 进一步的分析留待本书第六章。

植与浇灌。文化人类学学者、社会人类学学者与政治学学者都坚定地断言，风险评估与对风险接受的准备不仅是一个心 12 理问题，而且是一个社会性问题。人们要么像与其休戚相关的团体所期待的那样行事，要么像被社会化了一样行事——这种社会化既符合又有别于通行的含义。[8]虽然首先只有理论争论的关心，但这一立场的背景乃是对风险问题之范围的一个更好理解，而这个问题首先是由现代社会的技术与经济问题刺激产生的。借此，问题被拖向了前台：谁或者什么决定着是否（并以哪些现实视角与时间视角）将之视为风险。在有关风险计算、风险感知、风险评估、风险认可的那些蔚然成风的讨论中，如今又附加了选择重视还是忽视风险的问题。

8　此外还有更挑衅的：《风险与文化：论在技术与环境危险间选择》（Mary Douglas/Aaron Wildavsky, *Risk and Culture: An Essay on Selection of Technological and Environmental Dangers*, Berkeley 1982），《根据社会科学的风险可接受性》（Mary Douglas, *Risk Acceptability According to the Social Sciences*, London 1985）。更进一步则参见《风险的社会与文化建构》（Branden B. Johnson/Vincent T. Covello [Hrsg.], *The Social and Cultural Construction of Risk: Essays on Risk Selection and Perception*, Dordrecht 1987）；《在技术风险中解释选择》（Lee Clarke, Explaining Choices Among Technological Risks, *Social Problems* 35 [1988], S. 22–35）强调介入的组织利益；《风险讨论：对风险定义的社会阐释》（Christoph Lau, Risikodiskurse: Gesellschaftliche Auseinandersetzungen um die Definition des Risikos, *Soziale Welt* 40 [1989], S. 418–436）强调兴趣者与受波及者的视角区别；《风险感知的理论：谁害怕什么又是为什么》（Aaron Wildavsky/Karl Drake, Theories of Risk Perception: Who Fears What and Why, *Daedalus* 119/4 [1990], S. 41–60）。

而学科的专业研究又会发现，并不存在偶然问题，而是可陈述的社会性要素操纵了选择的过程。

但这些努力一直都以个体的出发点为前提。这就调整了心理研究的成果。心理研究的结果也常常呈现出，个人在日常生活语境中低估风险是极其典型的。比如，因为此前一切顺利，人会在不曾经历过的情景中高估控制能力或低估伤害
13 范围。那么人们可以问，如何达成增强风险意识的沟通。[9]这一对社会语境与行动的囊括无疑导致了对心理认知的必要拓展，并确实得出了一个对各种情况下个人在不同社会情景中作出不同反应的可信解释。这些知识不断增长，但人们最终还是到达了一个不得不质问个体决定的归因（是理性的、直觉的，还是习惯的，等等）是否站得住脚的临界点。或者是否人们并不应该依赖于尝试严格的社会学路径，因为这种路径只在沟通的意义上把握风险现象——当然这也包括个体所遭遇的诸多决定之间的沟通。

9　比如，相关研究存在于产品广告的风险警示领域，参见《从风险中学习：消费者与工人对危险信息的回应》(W. Kip Viscusi/Wesley A. Magat, *Learning About Risk: Consumer and Worker Responses to Hazard Information*, Cambridge Mass. 1987)。还有多方面的尝试，艾滋病风险影响性行为也与此有关。人们一般会猜测，在此一项信息政策会比明显的教学意图更有机会。见于道格拉斯(Douglas a. a. O. [1985], S. 31 f.)的更多提示。纯粹的信息在一定程度上证实了自我想象并留待于他的抉择，而此外发生并始终针对个人的一切则发挥着“家长式”的作用，过高地估计个体会采纳违反自身偏好的建议。

即使不采取这样的极端立场，社会学最终还是开始关注风险问题，或至少开始言说风险这个词。社会学找到了一个新的机会，给自己的旧瓶装上了新酒：向社会示警。[10] 这一功能固然在此刻尚未得到反思，但我们所指的是：社会学并未反思其自身的角色。即使社会学知道，风险都是被赐予的：那么这又是为什么，且是如何做到的呢？一个充分的理论反思至少必须识别出"自我套用的"成分，这些成分总是干预着观察者对观察者进行观察。被社会学所指认的所有经历与行为的社会局限性，都因时因地制宜（mutatis mutandis）， 14
对其自身也该如此。社会学家不能从外部观察社会，而是在社会中进行操作，而社会学也应该意识到这一点。社会学也许会为时兴的话题问诊把脉，也许会支持抗议运动，也许会描写现代技术的危险向度或向无法恢复的环境破坏示警。但其他人也同样如此。目前有待于增加的是，有关所有社会行为选择性的理论，包括对这些行为的观察，更包括决定着这些行为的结构自身。对社会学这个非常专业化的立场而言，

10　请参见《风险社会：新的现代性之路》(Ulrich Beck, *Die Risikogesellschaft: Auf dem Weg in eine andere Moderne*, Frankfurt 1986；中译本参见乌尔里希·贝克：《风险社会：新的现代性之路》，张文杰、何博闻译，译林出版社，2018)。

风险这一主题在此从属于一种现代社会的理论，并打上了其概念装置的烙印。但并不存在这样的理论，以及引领着大多数社会学理论家的经典传统，它们对诸如经济、技术、风险这样的主题浅尝辄止，并对自我指涉的问题完全缄口不言。

我们无法从此探讨跨学科的一般难点。存在项目层面的合作，也存在被人们称为“跨学科”专业的研究领域，比如控制论与系统论。风险研究能够代表更大的可能性。然而，首先引人关注的是大量学科与专业参与所导致的负面结果。不存在能够满足科学要求的风险概念。很明显，参与其中的各个专业都满足于任由当下自身的理论语境所引导。因此，人们必须对各个学科乃至跨学科合作都抱有这样的疑虑：其所言说的东西究竟是否明确。很明显，人们还没有从认识论根据出发，抵达风险的事实，而下一步才是发现与研究这一事实的阶段。概念性建构了所讨论的对象。[11] 外部世界自身

11　在此，这不应被解读为一种认识论“观念的”或“主观的”视角的自白。这只是想说科学（及其对应的社会同理）必须弄清自我指涉与外部指涉之间区别的自身操作，以便持续不混淆其诸多研究对象。作为一个如此（内部条件性的与革新中的持续性的）区别实践的结果，才“存在”对科学观察者完全客观的事实，这可以被称为“风险”。只是其中绝不保证一个被对象的大多数观察者一致认可的同一性与理解，随着社会中的系统差异及其子系统的发育，这样的认可会减少。

并不认识风险，也不认识区别、期待、评估、可能性等——除非是其他系统环境中观察系统的自身产物。

人们一旦试图界定风险概念，便立刻陷入了迷惑之中，并获得了一个印象：视线连自身的保险杠都没法越出。甚至相关文献连一次都没有恰当地理解这个问题。[12] 风险概念经常被定义为一个“程度”[13]，但若这只关系到一个测量问题， 16
那么人们就不足以看透这些小题大做都在忙些什么。测量问题是惯例的问题，而无论如何测量的风险（即测量误差）有

12 《定义风险》(Baruch Fischhoff/Stephan R. Watson/Chris Hope, Defining Risk, *Policy Sciences* 17 [1984], S. 123–139)摆动在两个层次的例子之间：风险概念的规定与具体风险的测量。《风险分析或风险评估：对一致定义的建言》(Lawrence B. Gratt, Risk Analysis or Risk Assessment: A Proposal for Consistent Definitions, in: Vincent T. Covello et al. [Hrsg.], *Uncertainty in Risk Assessment, Risk Management, and Decision Making*, New York 1987, S. 241–249)在讨论一系列定义的尝试后提供了自己的定义：“人类生命、健康、财产或环境所不想要或对其不利之事的潜在实现。”(244 页，248 页)但，这又是什么的后果呢？而且人们难道不能拿其他东西去涉险吗，比如声誉？

13 比如《技术危险的对比风险分析》(Robert W. Kates/Jeanne X. Kasperson, Comparative Risk Analysis of Technological Hazards, *Proceedings of the National Academy of Science* 80 [1983], S. 7027–7038 [7029])中的界定：危险在我们的用法中是威胁着人类及其所重视的事物(财产、环境、后裔等)的，而风险则是危险的测量。这一测量理论的视角被大量展开并刺激了许多科学论文。可以瞥一瞥《认知心理学与风险的评估》(Helmut Jungermann/Paul Slovic, Die Psychologie der Kognition und die Evaluation von Risiko, in: G. Bechmann [Hrsg.], *Risiko und Gesellschaft*, Opladen [im Druck], Ms. S. 3)。

别于被作为风险而称量的东西。这样的例子正肆意滋生，而吊诡的是，精密科学居首。它们似乎假定准确性必然以计算的形式表现出来，而日常语言的使用则可以漫不经心。

虽然一般来说，人们不应在定义问题上花费过多的精力。定义只充当界限，而非对象的合适描述（更谈不上解释）。但无论如何，若连究竟要处理哪些对象都不清晰的话，那么人们便无法开展研究。而无论对错，社会学学者们应该被设想为这样的人：不管主题如何随着风尚、观点、买主与社会关注点而变化，他们都能为不明确提供可能性。于是我们便有足够的理由，首先着眼于划分风险研究的对象范围。

II.

面对类似的问题，传统的高雅文化就发展出了完全不同的处理技术，因而不需要一个词语去涵盖如今我们用风险加以理解的内容。不言而喻，人类一直以来都要与未来的不确定性打交道。然而人们主要仰仗预言的实现，这种实现虽然不能达到可靠的确定性，但无论如何它都保证了自身的决定不会惹恼神明或其他超然力量，从而确保了与神秘命运之间

的联系。[14] 当用罪来解释灾祸如何发生时，罪的语义学复合体（对违背行为的宗教指令）在很多面向上都提供了一种功 17
能性等价物。[15] 早在古代东方的航海贸易中，就存在类似的风险意识及其对应的司法机构[16]，这些机构虽然一开始就很难与占卜、呼唤保护神等区分开来，但它们在法律上，特别是在出资人与航海家的角色分工上，仍然直接充当了保险功能，直到中世纪都以此相对持续地发挥着航海贸易与航海保险法规的作用，甚至在非基督的古典时代都缺乏一个完全发育的决定意识。因此，直到从中世纪到早期现代的漫长过渡时期，人们才开始言说“风险”。

---

14 比如《风险分析与风险控制：一种历史视角》(Vincent T. Covello/Jeryl Mumpower, Risk Analysis and Risk Management: An Historical Perspective, *Risk Analysis* 5 [1985], S. 103–120)便非常轻率地立论：确定性是基于宗教宣导与权威。然而人们在美索不达米亚与中国最初的书写文化中读出高度复杂的语言系统之演化，不确定绝对没有在这些演化中被排除，但其在演化发展中被移植了，特别是被转移到更为繁复的知识中，书写的记录、需要解读的含混或矛盾与并非最后一个自我实现预言的形象(典型的就是俄狄浦斯)，警示着在旨在规避灾祸预言的计算中要将灾祸的预言也计算在内，因为人们恰恰在规避之中触发了预言的条件。更多相关材料见于《预言与理性》(Jean-Pierre Vernant et al., *Divination et Rationalité*, Paris 1974)。

15 参见《作为一种庭辩资源的风险》(Mary Douglas, Risk as a Forensic Resource, *Daedalus* 119/4 [1990], S. 1–16 [4ff.])。

16 参见《乌尔的航海商人》(A. L. Oppenheim, The Seafaring Merchants of Ur, *Journal of the American Oriental Society* 74 [1954], S. 6–17)。

这个词的词源已然不可考，许多人猜测源自阿拉伯语。人们在欧洲的中世纪契据中找到了这个词，但这个词被印刷出来，似乎首先见于意大利与西班牙。[17] 目前尚且缺乏对这
18 个词更详细的词源学与概念史研究[18]，而相对明确的是，首先这个词相对罕见，并出现在迥异的专业范围内。重要的应用领域是航海与贸易。航海保险是有计划的风险控制的一个早期案例[19]，但不仅如此，人们也在合同中发现了诸如“风险与运气”（ad risicum et fortunam...）、“为了安全与风险”（pro secŭritate et risico...）或“如遇风险，一切归主”

---

17 对英文而言，《牛津英文辞典》（*The Oxford English Dictionary*, 2. Aufl. Oxford 1989, Bd. XIII, S. 987）最早的引用出现在17世纪下半叶。而对德语而言，《德语外来词词典》（*das Deutsche Fremdwörterbuch* [Hrsg. Hans Schulz, später Otto Basler], Berlin 1977 Bd. 3, S. 452 f.）则见于16世纪中叶。但人们必须注意的是，文艺复兴时期的拉丁语此前已经长时间使用 risicum 这个词，德意志地区同理，因此这些证据不如说只说明了是否并如何用德语加以刊印而已。

18 在图像史与符号史研究中存在一个备选方案。详见《轻型马车的正车轮外倾：风险意识的尝试》（Hartmut Kugler, Phaetons Sturz in die Neuzeit: Ein Versuch über das Risikobewußtsein, in: Thomas Cramer [Hrsg.], *Wege in die Neuzeit*, München 1988, S. 122–141）。

19 值得注意的是这些合同的法律类型。由于在民法传统的诉讼权语境中诉讼的名目和起因（nomen et causa）是必要的，人们不能简单地创造新的合同类型。因此人们便追溯到罗马时代，那时就已出于这些目的而滥用打赌的形式。在一个不确定事件的随意性上，人们能就发生与否下注，也可以转嫁为现实担忧的案例。详见《中世纪晚期航海保险实践中的估算与危险》（Karin Nehlsen-von Stryk, Kalkül und Hazard in der spätmittelalterlichen Seeversicherungspraxis, *Rechtshistorisches Journal* 8 [1989], S. 195–208）。

（ad omnem risicŭm, pericŭlŭm et fortŭnam Dei）等表达，以此协调谁在案件中承担损失。[20] 也许随着印刷术的发展，风险这个词并未局限在这些领域，而是在1500年左右有所扩展。比如西庇奥·阿米拉托（Scipio Ammirato）便写到，谁传播谣言，就冒着被质问其源头的风险（rischio）[21]。乔万尼·博泰罗（Giovanni Botero）则写道："没有风险就没有收入"（Chi non risica non guadagna），并遵循古老传统将这一格言与自负、鲁莽的计划划清界限。[22] 安尼巴东·罗梅伊(Annibale Romei)则指责道:"不想为他的宗教冒风险(non voler arrischiar la sua vita per Ja sua religione)。"[23] 而在1545 19
年9月15日卢卡·康提勒（Luca Contile）给克劳迪娅·托

20　详见《中世纪远程商人的职业意识》(Erich Maschke, Das Berufsbewußtsein des mittelalterlichen Fernkaufmanns, in: Carl Haase [Hrsg.], *Die Stadt des Mittelalters* Bd. 3, Darmstadt 1973, S. 177–216 [192 ff.])与《保险业产生时代中保险的真实性质》(Adolf Schaube, Die wahre Beschaffenheit der Versicherung in der Entstehungszeit des Versicherungswesens, *Jahrbücher für Nationalökonomie und Statistik* 60 [1893], S. 40–58, 473–509 [42,476])。

21　《论秘密》(*Della Segretezza*, Vinezia 1598, S. 19)。

22　《论国家理性》(*Della Ragion di Stato* [1589], zit. nach der Ausgabe Bologna 1930, S. 73)关于对鲁莽、狂妄的道德批判渐渐消失，请参见 Kugler a. a. O. (1988)。

23　《演讲》(*Discorsi*, Ferrara 1586, S. 61)。

洛梅伊（Claudia Tolomei）的信中[24]，人们找到了这样的表达："去信赖那些异国人甚至野蛮人是有风险的（vivere in risico di mettersi in mano di gente forestiere e forse barbare）。"因为现存语言存有用以表达危险、冒险、偶然、幸运、勇气、恐惧、探险（aventure）[25]等的词语，人们相信，需要使用一个新的词语，以说明现有词汇不足以准确表达的问题情况。此外，这个词溢出了其原始语境，比如在引文"不想为他的宗教冒风险"中，因而要根据这些清一色的偶然发现为这个新概念重新奠基并不容易。

在这些限制的前提下，我们假设眼前的问题在于，只有当人们拿什么下注时，很多收益才会被满足。因而这不涉及成本问题，人们能够提前计算成本，并有可能因失算而损失利益。相反，这涉及决定——当人们希望能够避免损失发生时，人们就像事先能预料那样，事后会追悔莫及。自从忏悔被制度化以来，宗教便试图以各种手段把罪孽变成追悔。很

24 引自《14—18 世纪的贵族观念》（Claudio Donati, *L'idea di Nobiltà in Italia: Secoli XIV-XVIII*, Roma 1988, S. 53）。

25 最后提到的两个词如今几乎与"风险"同义，参见《中世纪德国经济中的恐惧与探险概念》（Bruno Kuske, Die Begriffe Angst und Abenteuer in der deutschen Wirtschaft des Mittelalters, *Zeitschrift für handelswissenschaftliche Forschung* N. F. 1 [1949], S. 547–550）。

明显，风险计算关系到忏悔最小化程序的世俗对应物。无论如何，这都关系到在时间过程中不稳定的态度：先如何如何，接着如何如何。那么，这也无论如何都关系到用时间来计算。而在宗教与世俗视角的区别中，也存在着由帕斯卡提出的知名的信仰计算（Glaubenskalkül）这一张力[26]：无神论者的风险无论如何都太高了，因为灵魂拯救被摆上了赌桌。而与此相比，信徒的风险仅是完全多余的屈膝，似乎无足轻重。

这条扼要的线索给人留下一个初步印象，在背景中 20
驱动着概念发明的复杂问题，仅仅用概念发明并不足以说明。这不仅关系到根据保险的预估进行单纯的成本计算，这也关系到在所有追求有价值事物时所付出的努力中的节制（modestas, mediocritas）与正义（iustitia）这些经典伦理准则。这不关涉理性那似乎永恒的形式，一个理智的静止社会才以这些形式运算，让生命维系在优点与缺点、完满与败坏的混合中，过多的好事也可能会招致恶果。这不只关系到一种以元规则（Metaregel）表达理性的尝试，要么是优化的规则，要么是折中的规则，即尝试以一致性来理解好与坏的区

26 《沉思录》(*Pensées* Nr. 451 nach der Zählung der Ausgabe der Bibliothèque de la Pléiade, Paris 1950, S. 953 ff.)中帕斯卡谈到了冒险(hazard)与冒险者(hazarder)。

别，而这些一致性又反过来被表达为好的（适当的）。这也无关于当应用好与坏的公式时，人们用以解决矛盾的烦恼故事。这也不只关系到一个临界的修辞游戏，去发现好的负面和坏的正面。[27]因此，也要拒斥老派的道德说教，这些说教都只教导我们在各种生活情况下应该如何应对，可在这些情况中时间变迁（varietas temporum）总是与人际间的好坏品质相混合并占有一席之地。虽然当使用风险这一术语时，所有这些老派的方式又一次被强化了，比如在王侯及其顾问的训导或在国家理性（Staatsräson）的概念中。但与此同时，在这一语义学形式的戏剧化中，人们认识到问题点已然与他们渐行渐远。在此引用黎塞留的座右铭："一件被推测为应该不会发生的坏事，很难不发生。原则上说，如果想
21 要避免这件坏事，人们就会遭遇更多不可避免的坏事和更为严重的后果（Un mal qui ne peut arriver que rarement doit être présumé n'arriver point. Principalement, si, pour l'éviter, on s'expose à beaucoup d'autre qui sont inévitable et de plus grand

27　有关的例子请参见《反论，即共同意见之外的看法》(Ortensio Lando, *Paradossi, cioe sententie fuori del commun parere,* Vinegia 1545; ders., *Confutatione del libro de paradossi nuovamente composta,* in tre orationi distinta, o. O., o. J.)。

consequence）。”[28] 其理由可能在于，事情能够出于太多理由而以不可能的方式被搁置，人们无法用一个理性计算全盘加以考虑。这一座右铭在现代技术与现代社会的经济问题所引发的各种后果上，切入了当代政治争论的中心。尽管黎塞留完全没有使用风险概念，但这还是给予这一概念完全不同的价值。但又是哪些价值呢?

仅靠词源学无法得出进一步的信息。但它也给出了一些线索，首要的便是理性要求陷入了与时间之间日益棘手的关系中。两者都表明，这关系到决定，尽管人们不能充分地认识未来，但人们是以决定与时间相连，虽然未来也一次都不是人们通过自身决定所创造的。自培根、洛克与维柯以来，在关系的可行性中，信任的权重日益增加；而人们广泛地接受了知识与可生产性（Herstellbarkeit）相关。这一非分之想在一定程度上以风险概念来自我修正，一如其以另一种方式并用新发明的可能性计算来自我修正那样。看起来这两个概念似乎都能保证当事情被搁置时，人们能够正确地行事。只

28 引自版本《黎塞留亲王的格言》（*Maximes de Cardinal de Richelieu*, Paris 1944, S. 42）。其持续的现实意义，参见《有限的知识与保险防护》（Howard Kunreuther, Limited Knowledge and Insurance Protection, *Public Policy* 24 [1976], S. 227–261）。

要人们学会避免错误，这两个概念都能让决定免遭失败。相应地，安全（securitas）的意义也在发生变化。当拉丁传统以此表达一个主观上忧虑自由的心境或者特别是在灵魂救赎（acedia）上漫不经心的负面价值时，法语中 sûrete 这一概念的意义则是客观的安全（接着又补充了具有主观含义的
22 securite）[29]：仿佛在面对一直不确定的未来时，必须找到确定的决定基础。这一切让能力的领域与要求都大大延展了，而传统上宇宙论的限制、存在的恒定与自然的神秘，都被新的区别所取代，可这些区别又陷入合理计算的领域。迄今为止，人们对风险的理解都诉诸于此。

如果人们质疑这一对理性化传统的理解，便会得到一个言简意赅的答案：尽可能地避免损失。因为这一最大化受到行动可能性的强烈约束，人们必须容忍行动，而这就意味着“冒险”，只要对损失可能性的计算与可能发生的损失值看起来有理有据，冒险便会造成原则上可以避免的损失。直到今天，人们依然还会通过损失值与损失可能性的乘法来弄清

29　参见《安全》（Emil Winkler, *Sécurité*, Berlin 1939）中的许多证据。同样参见对近现代的意义转变的研究《作为社会学与社会政治问题的安全性：对高度差异社会中一个价值观念的研究》（Franz-Xaver Kaufmann, *Sicherheit als soziologisches und sozialpolitisches Problem: Untersuchungen zu einer Wertidee hochdifferenzierter Gesellschaften*, Stuttgart 1970）。

风险。[30] 换言之，这关系到理性行动领域的控制伸展，这也非常类似于在经济中，那种没有充分利用理性行动的机会，只用自有资本工作并从不借贷的经济行为。出于这些目的，便足以根据不同决定的结果采取不同的利用功能与可能性分配，而决定自身则根据其结果的不同被描述为冒险的。一个从这一点出发的风险概念是可有可无的，并在这一理论计划中完全无处安放。

那么理性化的传统也有足够的根据，而在这个层次上去反驳它也是不恰当的。特别是在如今的条件下，避免风险便意味着避免理性。尽管如此，还留有一丝隐忧。人们普遍指责理性化传统，并未看到其所未见之物："……未能考虑到
在表述问题的方式中固有的盲目（failing to take account of the 23
blindness inherent in the way problems are formulated）。"[31] 但如果人们想要观察理性化传统如何观察的话，则必须摈弃其

---

30 但人们也会听到批评的声音，不仅见于应用相关数学的方面。参见《视角中的风险》（Sir Hermann Bondi, Risk in Perspective, in: M. G. Cooper [Hrsg.], *Risk: Man-made Hazards to Man*, Oxford 1985, S. 8–17）。

31 《理解电脑与认识：设计的新基础》（Terry Winograd/Fernando Flores, *Understanding Computers and Cognition: A New Foundation for Design*, Reading Mass. 1987, S. 77. Vgl. auch S. 97 ff.）也同样如此。

对问题的理解。人们必须保留这个问题，却要尝试理解其不能看到其所不能见之物。人们必须把理论转移到二阶观察的层次。然而，这便提出了概念建构的要求，而无论是跨学科的讨论语境还是词源学或概念史都不足以引出一个充分的表达。

III.

在二阶观察的层次上进行对观察的观察，要求在概念建构上特别谨慎。我们从每个观察者都必须使用区分这一点出发，否则便不能描述其所想观察的对象。只有在描述对象的区别这一基础上，描述才有可能，而区别则提供了描述区别之一面或另一面的可能性。这些准则遵循了乔治·斯宾塞·布朗（George Spencer Brown）[32]的形式计算，因而当我们意指分为两面并要求行动（与时间）的区别时，会偶尔提及“形式”——要么是为了压缩同一性而重复对其中一面的描述；要么是出于穿越界限，并从另一面开始下一步行动。一般的出发点要么是因果理论的，要么是数据方法论的，我们以前

32　参见《形式的法则》（*Laws of Form*, zitiert nach dem Neudruck New York 1979）。

述的出发点取而代之，因为我们试图研究观察，而观察无外乎对区别的描述。

关于一阶观察与二阶观察的区别，还需要一个更进一步的引导。每个观察者都需要区别，以标记一面或另一面。而 24
从一面过渡到另一面是需要时间的。因此，观察者不能同等地观察两面，虽然每一面都同时是另一面的另一面。当观察者使用某一区别单元时，他也不能观察这一区别单元，因为如果要加以观察的话，他必须为此用这一区别做出区别，也就是使用另一个区别，而后一个区别也同理。简而言之，观察者不能自我观察，虽然作为系统的观察者有时间去转换区别，并因而在二阶观察的意义上进行自我观察。

此外，我们还必须区别两种不同种类的区别。其一指的是有别于其他一切的区别，没有区别的另一面作为解释。出于我们研究的目的，我们可以称之为客观区别。[33] 在对客观区别的观察中，客观区别的描述与区别一起发生，这两重操

---

33 当然存在很多客观概念的其他变体。重要的是，我们没有停留在主客观的区分上，因为这一形式的选择（即所谓主观形式）在我们想在文本里作为“概念”所呈现的对象中毫无地位，它终究将成为作为“客观的”观察工具的概念，并将问题带入“主体间性”这一不可解问题的情况中，无力对观察者的观察进行恰当的描述，大概会迷失在观念质疑、相对主义、实用主义、多元论、对话理论等的荆棘丛之中。

作只能重叠地（uno actu）发生。与此相反，另一种区别则要考虑到区别的另一面，比如男女、对错、冷热、善恶、扬抑。出于简略，我们称这种区别为*概念区别*。客观区别与概念区别都是对观察者取决于区别的建构。但概念区别与观察者的距离比客观区别要远，因为概念区别将区别与作为观察操作的描述之间的距离拉得更远，并要求一个相区分的区别。

那些在历史上随后登场的事实被“风险”这个新词所囊
25 括，其关联性也许系于这个概念容纳了大多数区别，即它能被描述为一个统一体。这不简单关系到一阶观察者的世界描述，其中有些是积极的，有些是消极的；有些是确定的，有些是混沌的。毋宁说，这关系到一个多重偶然性现象的建构，这一现象为不同观察者提供了不同视角。

一方面，未来的损失可能发生，也可能不发生。从已然确定的现在出发，未来是不确定的，唯一可以确定的是未来的现在要么符合预期，要么不符合预期。只是人们现在还不知道会如何。但人们知道，自己或其他观察者将在未来的现在知道事情会如何，且与现在有何不同，而很可能彼此也会做出不同判断。

另一方面，未来会发生的一切又取决于现在采取的决定。

因而只有在决定至关重要、不采取决定便会招致损失的时候，人们才谈及风险。决定者自身是否将风险视为其决定的后果，也就是说归因于决定者，这对概念而言并不重要（但这是一个定义问题）；至于这一切是何时发生的，无论是决定时、决定后，还是损失发生时，这都对概念无关紧要。对我们在此提出的这一概念而言，起决定作用的只有偶然的损失自身是偶然的（kontingent），即或可避免或可造成的。同样地，可以想象不同观察者的视角对于决定是否接受风险有不同的看法。

换言之，概念指涉了一种高级的偶然性安排。借助康德的概念，人们可以用他的时间关联言说偶然性图式（Kontingenzschema），或者用诺瓦利斯的“图式的总单元”（Alleseinheit des Schemas）来言说。[34] 事实上，两个时间的 26
偶然位置——事件与损失，都仅仅被作为偶然事件（而非作为事实！）捆绑在一起，虽然这并不一定让观察者在意见上产生分歧。时间的偶然性挑起了社会性的偶然性，而这一复

34　参见《1795/1796 年的哲学研究》(Philosophischen Studien 1795/96 nach der Zusammenstellung der Ausgabe von Hans-Joachim Mähl und Richard Samuel, *Werke, Tagebücher und Briefe Friedrich von Hardenbergs*, Bd. 2, Darmstadt 1978, S. 14)：“图式与自身相互影响。万物各居其位只是由于其他事物。”

数性并不能在本体形式中废除。人们当然能够在是否应该决定上达成一致，但这是理解上的事，并非知识上的事。复数性一旦消融在时间与社会性的诸多差异中，便无法回到世界知识的清白无辜之中。天国之门依然紧闭。这一切都是通过风险这个词所表达的。

被我们称为偶然性图式的东西，滥用了中介的意义，而在这个中介意义中所有经历与沟通必须找到形式。人们能够将意义定义为一个中介，这个中介被引述其他可能性的过剩而生产出来。[35] 所有意义终究都是以现实性与潜在性的区别为基础的。[36] 现实总是一如既往，而在世界上总是同时存在其他现实性。[37] 因为所有系统都现实地执行（或不执行）其行动，任意性从来都不是随意释放的。[38] 但在可能性的意义建构领域，视角的多样性可以增加，相应地，寻找形式也变

---

35 详见《社会系统：一种普遍理论的大纲》(Niklas Luhmann, *Soziale Systeme: Grundriß einer allgemeinen Theorie*, Frankfurt 1984, S. 92 ff.)。

36 这也是一个可以反过来介入自身的区别。因为在可能的模式中，现实自身就是可能的(并非不可能的)，同时在可能性中展示了另一种可能的现实化。

37 参见《共时性与同步》(Niklas Luhmann, *Gleichzeitigkeit und Synchronisation, in ders., Soziologische Aufklärung Bd. 5: Konstruktivistische Perspektiven*, Opladen 1990, S. 95–130)。

38 冒险的决定也是决定，可以作为现实事件来观察，在与其他事件的共时性这一前提下，一切事件都如其发生的那样发生。

得更难了。人们能就此认识到规避风险的可能性增加了，要 27
么当人们宣称未来损失不可能的时候，在安全上增加；要么当人们在一个决定上否定损失的可归因性时，在危险上增加；要么借助于诸如已知 / 未知风险或沟通的 / 非沟通的风险这样的次级区别。那么，在一个情境逻辑的问题中，必须详细叙述否定的使用。[39] 但所有这一切的发生，及其中显示的这些在观察的第二或者第三层次上过渡的实践效果，都有一个前提，这一前提便是不管以何种方式否定风险，这本身就是一个风险。

然而到此为止，风险概念的有效应用之前提尚未得到足够的澄清。这个词意味着什么？哪些区别的哪些方面？当人们想为科学应用而准确阐述这个词的时候，概念暗示了哪些否定的可能性（即哪些区别的其他哪些方面）？如果人们想知道，当一个（二阶）观察者将一个观察视角描述为风险的时候，他指的是什么，那么他们必须先确定风险概念在哪些区别的框架下描述一面（而非另一面）。换言之，当一个观察者将观察描述为风险的时候，我们质疑其所遵循的形式，

39　相应问题与一种用以处理的多值逻辑的必要性，参见《风险与观察》（Elena Esposito, *Rischio e Osservazione*, Ms. 1990）。

并总是用“形式”理解一个将两面区分开的边界与切口，而人们必须确定从其中哪一面出发开展下一步行动。

很明确，前文所概述的理性化传统虽然提供了一种形式，但并未提供风险的概念。这一传统将诸如尽管应用了合理机会还要尽可能地避免损失这类问题，转译成了计算的指令。于是便产生了最优 / 非最优的形式，以及不同计算方式的次级区别所构成的整个阶梯式瀑布。再说一遍：问题的意义及其特殊的现代性不应被低估，反而应该加以强调。但我们并
28 未从中找到一个形式足以提供风险概念。

人们发现，把风险概念规定为安全的对立概念这种提法已然广为流传。[40]这在政治修辞学中有一个好处，那便是当人们反对过度冒险时，这看起来就像是记挂着安全这一被普遍重视的价值。这急剧（乃至过于急剧）地导致了渴望自身安全的提法，但鉴于既定的世界状况（前人云：只要在月亮下面），人们又必须参与风险。因而风险形式变成了不可喜 / 可喜之间区别的变体。安全专家有一种有些讨巧的说辞。他们的职业经历告诉他们，绝对的安全是无法达到的。有些

40 参见《希望与恐惧之间：风险心理学》(Lola L. Lopez, Between Hope and Fear: The Psychology of Risk, *Advances in Experimental Social Psychology* 20 [1987], S. 255–295 [275 ff.])。

事情总会发生。[41] 因此，他们使用风险概念去精打细算地详细阐释其致力于安全的努力及其理性可达到的范围。[42] 这对应着风险分析从决定论式向概率式过渡。关于消费者保护的文献也与此类似。[43] 这确认了一个已然蔓延的趋势，风险被定义为计算过程中的一个量。人们可以以一种社会学的眼光承认，安全概念指的是一种社会虚构，那么人们就可以研究在社会沟通中什么被无可争议地当作安全的，以及这些虚构在相反的经验中是何等的稳固（比如机场既定的转机时间）。[44] 29
作为风险的对立概念，安全在这个概念丛中是一个空的概念，就像健康概念在患病 / 健康的区别之中一样。它只起自反概

41　对于这一点，人们爱说，这是因为人类的不充分性。

42　比如《安全执行视角下的风险》（E. N. Bjordal, Risk from a Safety Executive Viewpoint, in: W. T. Singleton/Jan Hoven [Hrsg.], *Risk and Decisions*, Chichester 1987, S. 41–45）。同样详见《重大的技术危险潜力：风险分析与安全性问题》（Sylvius Hartwig [Hrsg.], *Große technische Gefahrenpotentiale: Risikoanalysen und Sicherheitsfragen*, Berlin 1983）。

43　详见《消费安全规章：给生命与肢体标价》（Peter Asch, *Consumer Safety Regulation: Putting a Price on Life and Limb*, Oxford 1988, z.B. S. 43）：把对所有消费者事故与受伤的预防做到"零风险"，这既不现实也不是一个有用的目标。说得对！但接下来呢？

44　同时对公众意见敏感性的调整也扮演了一个角色。比如见于《风险分析中社会科学的机会：一个工程师的视角》（Chris Whipple, Opportunities for the Social Sciences in Risk Analysis: An Engineer's Viewpoint, in: Vincent T. Covello et al. [Hrsg.], *Environmental Impact Assessment, Technology Assessment, and Risk Analysis: Contributions from the Psychological and Decision Sciences*, Berlin 1985, S. 91–103）。

念的作用。或者也作为社会需求的阀门概念，根据变动的要求等级左右着风险计算。事实上，风险 / 安全这一对观察图式，便在原则上赋予了从风险的着眼点来计算所有决定的可能性。所以在将风险意识普遍化上，这一形式有着无可争议的功劳。因此，自 17 世纪以来安全主题与风险主题相辅相成，这毫不意外。

这些思考导向了一个问题，是否存在一种情况，人能在风险与安全、冒险的与安全的备选方案中进行选择，甚或必须进行选择。这一问题迫使我们需要在概念性上有一种更尖锐的态度。总是有人频繁地宣称拥有这一可能性。[45]表面上“安全的”备选方案暗示了双重安全性，不会产生损失且失去了可能实现冒险的变体的机会。但这一论点是误导性的，因为失去的机会自身甚至是不确定的事情。人们是否会通过放弃机会而损失什么，这尚在未定之中；而人们是否后悔于“安全的”变体之优先性，这也是个开放的问题。当然，如果完全没有把握机会，并未建立冒险的因果序列，这也是个完全

45　针对管理决定，比如可以参见《冒险：不确定性管理》(Kenneth R. MacCrimmon/ Donald A. Wehrung, *Taking Risks: The Management of Uncertainty*, New York 1986, S. 11)等。虽然作者对机会损失的概念非常熟悉(参见 S. 10 等)。

无法回答的问题。然而一个变体的风险给整个决定状况都上 30
了色。人们完全不可能以安全为由放弃一个不确定的好处，因为放弃可能完全一无是处（但人们目前还完全不知道）。虽然人们能够放弃被涉及风险的区别所引导，比如在原始宗教或以任何方式开展的“偏激”行动的语境下，但当人们考虑风险的时候，一个决定所有戏码的每个变体，也就是所有备选的方案都是有风险的，如果只与不抓住可见机会的风险为伍，那些机会可能会被证明是有利的。

安全专家以及所有责怪自己为安全做得不多的人，都是一阶观察者。他们相信事实，而当他们争论或协商的时候，这通常建立在同一事实（这是同一个“壁龛”，马图拉纳会如是说）的不同阐释或不同要求上。[46] 人们要求更多、更好的信息，抱怨那些想要通过隐瞒信息而阻碍他者的行为，并给出其他解释或提出反映客观世界的更高要求[47]——就好像存在一种“信息”，人们可以得到或得不到一样。如前文所说：

46　对此，《风险的语言：对职业健康的冲突视角》（Dorothy Nelkin [Hrsg.], *The Language of Risk: Conflicting Perspectives on Occupational Health*, Beverly Hills Cal. 1985）这份材料令人印象深刻。

47　比如参见《争议知识：工人面对危险信息》（Disputed Knowledge: Worker Access to Hazard Information, in: Nelkin a. a. O., S. 67–95）。

对一阶观察者而言，这些是真实的世界。但对二阶观察者而言，问题在于是什么让不同的观察者在考虑同一个事物的时候，产生了完全不同的信息。

为了能够公道地处理两种观察层次，我们将赋予风险概念另一种形式，虽然这要借助于风险与危险的区别。区别的前提是假设（并以此区分于其他区别）存在与未来损失有关的不确定性。这有两种可能：其一，可能的损失被视为决定
31 的后果，也就是归因于决定，那么当我们谈及风险时，所谈的便是决定的风险；其二，可能的损失被视为外部的推动，也就是归因于环境，那么接下来我们来谈危险。

在风险研究这一领域汗牛充栋的文献中，风险与危险的区别似乎无足轻重。[48] 理由有多重。我们已经提及了在概念问题中的漫不经心，也有一部分语言上的理由。在大量英语

48　通常风险与危险是同义的，或者重叠使用。“风险选择是拥有危险因素的选择。”比如参见洛佩斯（Lopez, a. a. O. [1987], S. 264）。《风险：风险预估与风险控制理论的哲学导读》（Nicholas Rescher, *Risk: a Philosophical Introduction to the Theory of Risk Evaluation and Management*, Washington 1983）虽然区分了铤而走险（running a risk）与冒险（taking a risk）（参见 S. 6），但这些区别也鲜有人使用。吉登斯在《现代性的后果》（Anthony Giddens, *The Consequences of Modernity*, Stanford Cal. 1990, insb. S. 34 f.）中明确地加以拒斥，认为风险也是危险，涉及未来的损失，无关于决定者的意识。事实上，确实不应该取决于作为纯粹精神现象的意识。但尽管如此，人们还是必须区分有决定与没有决定的损失，不管是谁来实行这一因果归因。

书写的文献中，风险（risk）、危害（hazard）、危险（danger）很早便被使用，并大都被当作同义词来使用。[49] 虽然人们是否会在充满危险的环境中自愿或不自愿地铤而走险[50]，或者说，人们是否会相信自身行动的后果是受控制的或不受控制的，这一点对于风险感知与风险认同的重要意义广为人知，但这只被一些变量所描述，这些变量是人们接受并能够在事
实上证明的，它将影响风险感知，更确切地说，它是影响风 32
险准备的变量。在此，这并不关系到风险概念的形式规定。按照此前建议的那种方法论，这要借助规定对立概念并以此设立区别的区别。

就像风险与安全的区别一样，风险与危险之间区别的建立也是不对称的。在这两种情况下，风险概念都指向一种复杂的事实，至少在现代社会，这很常见。对立面只作为自反概念发挥着以风险概念解释事实中偶然性的功能。这在风险 / 安全中被视为一个计量的问题，而在风险 / 危险的情况下，

49 在《风险分析：视野与限制》(Ortwin Renn, Risk Analysis: Scope and Limitations, in: Harry Otway/ Malcolm Peltu [Hrsg.], *Regulating Industrial Risks: Science, Hazards and Public Protection*, London 1985, S. 111–127 [113])中，人们找到了所期待的概念澄清：“风险分析是对个人与社会的潜在危险的界定……”

50 讨论始于《社会收益对技术风险》(Chauncey Starr, Social Benefits versus Technological Risk, *Science* 165 [1969], S. 1232–1238)。

只有在风险的情形中，决定（即偶然性）才有分量。人总是暴露在危险中。当然，自身的行动也有分量，但这只是在被置于涉及损失的情况下才有分量（如果某人走了另一条路，瓦片就不会落到他脑袋上）。另一种临界状况是，当人们在两种相似的备选方案间选择的时候——比如选择航班，而选中的那一架坠毁了。在此，人们同样很少将决定视为风险，因为人们没有为了特定的好处而愿意冒险，而只是必须在两个或多或少同等价值的问题解决方式间进行选择，因为人们只能实现其中之一。要归因于决定必须满足特定的条件，即备选方案之间在导致风险的可能性方面有可以辨别的区别。

当风险被归因于决定时，会导致一定的后续决定，一系列（或者一个“决定树”）的分叉，这些分叉再次提供了冒险的决定的可能性。第一重区别是：损失是否还在通常的成本框架内（即在“盈利区”内），只增加了认可付出的成本，或者是否导致了一种人们在回首时为决定感到遗憾的情况。[51]

51　最近人们讨论“后决定意外”或“后决定追悔”，并将典型的官僚做派描述为预感到后决定意外并在所有情况下都加以避免的尝试（如前文所述，这将导致不充分利用合理机会）。参见《在不确定性下做决定时的后悔》（David E. Bell, Regret in Decision Making Under Uncertainty, *Operations Research* 30 [1982], S. 961–981）；《对决定后悔的风险溢价》（David E. Bell, Risk Premium for Decision Regret, *Management Science* 29 [1093], S. 1156–1166）可以看到数学程序；《做决定与后决定意外》（J. Richard Harrison/James G. March, Decision Making and Postdecision Surprises, *Administrative Science Quarterly* 29 [1984], S. 26–42）与接下来的讨论。我们会回到这一点。

只有为了这种可能后悔决定的情况，才要发展风险计算的整 33
套机制。我们很容易认识到，这一理性的形式有利于一个悖论的展开，并为此提供证据，这个悖论就是：一个错误决定仍然是对的。[52]

在风险与危险的模式之中，对安全（厌恶风险或避免危险）的关注依然是前提性的，但并未被“标记”出来，因为这一关注是被自我所理解的。[53] 风险与危险的区别赋予了对两方面进行标记的可能性，但这并非是同时进行的。对风险的标记让危险被遗忘，而对危险的标记也让收益被遗忘，收
益正是做出冒险决定所可能获得的。在传统社会中，危险更 34
容易被标记，而在现代社会中，直到现在，风险更容易被标记，

52　人们可以反驳，这一表达并未考虑做决定与损失发生之间的时间区别。这是正确的，但同样正确的还有，时间进程的不对称反过来又解决了这个矛盾。对一个精细的风险计算而言，其对组织而言是典型的，然而却是不充分的，因为这能被要求反过来反映时间差异。换言之，人们如今已经确定，人们在损失发生的时间节点已经能说人们做了正确的决定，虽然从损失角度对这个决定很后悔。又换言之，这关系到元规则的复杂，尽管决定评估并不连续，元规则还是确保了决定的连续性。一个对等的机制当然就是终生聘用。

53　涉及区别一面的标记 / 不标记之语言学元区别，参见《语义学》第一册（John Lyons, *Semantics* Bd. 1, Cambridge Engl. 1977, S. 305–311）。在这场讨论中人们想象，这样的一面始终不被标记出来，因此也不需要特别描述。标记是一种手段，唤起人们注意问题所在。

因为这关系到对机会的更好利用。然而，这是否会被保留下来，或者说实际情况是否必须被描述为不同层面的决定者与受波及者总是标记同一个区别，并由此陷入冲突？因为每一方都对自身注意力与其他人如何看待自己有着不同的安排，这些仍然是问题。

这一点暗示已然让人们在将风险 / 安全图式转换成风险 / 危险图式时所能获得的好处变得明确。这一形式转换的重要优势在于应用了归因这一概念，因为这一个概念属于二阶观察的层次。这一概念拥有漫长的史前史，首先是在法学与国民经济学中。在此还有一个正确归因的问题，比如案犯的行为或诸如土地、工作、资本或组织这类生产要素的增值行为。[54] 只有“二战”之后开始的社会心理学归因研究 [55] 达到了二阶观察的层次，当然，尽管其并未使用这一概念及其认识

---

54 这方面的概况，参见《归因》(Hans Mayer, Zurechnung, *Handwörterbuch der Staatswissenschaften*, Bd. VIII, 4. Aufl., Jena 1928, S. 1206–1228)。

55 最有根据的首推弗里茨·海德(Fritz Heider)，借助海德我们不仅联系起法学与国民经济学的问题(在此人们想到了马克斯·韦伯)，也联系起格式塔心理学对因果关系感觉的研究。参见《人际关系心理学》(Fritz Heider, *The Psychology of Interpersonal Relations*, New York 1958)。同样参见《社会科学的方法教程》(Felix Kaufmann, *Methodenlehre der Sozialwissenschaften*, Wien 1936)，其中对归因的重要叙述(S. 181 ff.)并未纳入英文版，因此并未产生影响(海德了解这一点)。

论与方法论的成果。如今人们能够观察到，其他观察者是如何进行归因的，比如是否归因于自己的内部或外部，或归因于他人；是否归因于持续或变化的因素，归因于结构或事件，
归因于系统或环境。在这一研究传统中，归因方式是因地制 35
宜的，而人们尝试找出制约归因方式的要素（个人特征、层级、情境特征、诸如老师 / 学生这样的角色状况等）。最后一步是自我套用的结果，即洞察到这些相互关系是与一些条件相互影响的归因，而这些条件对二阶观察者来说都是有特征的。因为即使二阶观察者也是观察者，但其自身也会陷入其所观察对象的领域之中。

人们让风险与危险之间的区别取决于归因，这绝不意味着听凭观察者的偏好去将对象归为风险或危险。我们已经提及了一些临界状况，特别是在现代，针对差异的决定者并不存在可见的明确标准，或无论如何都无法处理利益与可能损失的不同可能性。另一种情况有更重大的意义。恰恰在生态上避免的损失跨越了一个门槛，一个在生态平衡上不可逆转的改变或灾难常常完全不被归因于个人决定。观察者宁愿争论“份额”，比如在汽车尾气是否对森林破坏负有责任或负有多大责任这种问题中。然而，即使如此，有人也不可能把

启动发动机划分为冒险的决定。人们必须同样创造一个能够归因的决定，比如决定不能禁止开车。换言之，在决定效果的计算中，在长时间的作用中，决定不再是可识别的，在高度复杂与不再能追溯的因果关系中，存在着一些条件能够触发显著的损失，却无法归因于决定，虽然很明显，没有决定，这样的损失是不可能发生的。[56]只有当备选项之间的选择看
36 起来可以被设想并被猜测的时候，才能够将之归因于决定，而决定者在个别情况中是否看到风险与备选项，这并不重要。

人们在这些约束的框架下认可风险概念，而这一概念并不描述那些不取决于其是否观察或如何观察本身的事实。[57]是否将一个对象视为风险或危险，这仍是开放的。而如果人们想知道如何划分，就必须对观察者进行观察，如有必要的话，还要致力于有关其观察的调节理论。尽管区别的两面在既定社会中可信度不同，但它能被应用于所有尚未确定的损

56 《不确定性与社会：一种社会风险研究的论据》(Wolfgang Bonß, Unsicherheit und Gesellschaft–Argumente für eine soziologische Risikoforschung, Ms. Nov. 1990)中将之与二阶危险联系起来。

57 在此顺便一提，这在认识论领域并未导向一个理想主义的立场，而是导向了一个构成主义的立场。参见《作为构成的认识》(Niklas Luhmann, *Erkenntnis als Konstruktion*, Bern 1988)与《社会的科学》(Niklas Luhmann, *Die Wissenschaft der Gesellschaft*, Frankfurt 1990)。

失，比如地震摧毁房屋、荼毒人类、人们受到车祸或疾病的影响、婚姻不和睦或人们从余生完全无物可用能够学到什么等这些可能性。从受经济学训练的眼光而言，损失也可以存在于收益的缺乏之中，或存在于人们曾投资的期待之中：有人买了一辆柴油驱动车，而马上就加税了。原则上所有损失都可以通过决定来规避，并以此将之归为风险，比如从地震区搬走、不开车或者不结婚等。而当期待的收益缺席被算作损失的时候，整个未来便作为未来落入了风险与危险的二分法之中。因此，我们事实上任意对这些概念进行了普遍化处理。这可能存在一些临界情况。一颗陨石坠落的危险及其灾难性后果就是一个例子，人们只能因此低估其可能性，因为反正人们也不能做什么对其加以防范。此外，这个例子告诉我们，现代社会将危险视为风险，并只能将风险严肃对待。无论如何，所有利益都能以这一方式被两分地看待，只要它被如此观察。因此，我们将风险主题引向这个问题，它看起来就并不存在于事实向度。毋宁说，就像我们所详细展示的 37
那样，它存在于时间向度与社会性向度的关系之中。

最后，我们再一次对比风险 / 安全与风险 / 危险这两种形式，便会从此得出一个重要的洞见，能够为当下公众对讨论风险主题的重视抽去一些不必要的热度，并帮助这场讨论获取一些更规整的形式。可以说，对两种区别而言，都不存在无风险的行为。对其中一种形式而言，并不存在绝对的安全[58]；对另一种形式而言，当人们终究要做出决定的时候，人们无法规避风险。因为任何人在不空旷的弯道遵循别人的建议不去超车，他都要冒着在没有车辆对向行驶的情况下尽可能地不开快的风险。人们可能会计算想要什么，也可能在很多情况下得出了明确的结果。但这只是对决定的帮助。这并不意味着，当人们终究要做出决定时，就能规避风险[59]。不言而喻，在现代世界中不决定也是一个决定。

当不存在保证没有风险的决定时，人们必须放弃通过越来越多的研究与知识从风险过渡到安全的希望（一阶观察者仍抱有这一希望）。实践的经验教给我们的恰恰相反：人们知道得越多，便越知道人们不知道什么，这才造就了风险意识。人们计算得越理性，开启越复杂的计算，眼前便有越多

58 人们必须容忍例外。死亡就是这样的例外。因此严格来说没有死亡的风险，而只有一种寿命缩短的风险。谁视“生命”为最高价值，就应该好好建议他说“长寿”。

59 详见《寻找安全》(Aaron Wildavsky, *Searching for Safety*, New Brunswick 1988)。

边边角角涉及未来的不确定性，并因此存在风险。[60] 由此来看，风险视角随着知识的分化平行地发展，这丝毫不奇怪。现代 38
风险社会并不仅仅是要求对技术实现后果感知的产物，它早已在研究的可能性与知识的扩展中生根发芽了。

IV.

在本章的结尾，我们还必须简略浏览预防这个问题，预防准确地以一种特定方式作为决定与风险之间的中介。

预防这一概念一般被理解为对不确定的未来损失所做的准备，要么是降低损失发生的可能性，要么是降低损失的程度。不论在危险的状况下，还是在风险的状况下都可以展开预防。对于不能归因于自身决定的危险，人们可能自我武装。人们练习使用武器，为紧急状况保存一定的货币储蓄或结交必要时可以求助的朋友。但这样的安全策略仿佛是顺便做的。这些行为都是出于在这个世界上生活的不确定性。

然而，当其与风险有关的时候，情况在一些重要的面向

60　对于理性与风险的这一对冲，参见《社会学的风险研究》(Klaus P. Japp, *Soziologische Risikoforschung*, Ms. 1990)。

上有所不同，因为预防影响着对风险的准备，并以此影响着损失发生的前提条件之一。如果人们拥有合法保障，就更愿意介入结果不确定的过程。如果存在抗震的建筑方式，人们就更愿意决定在地震高发区筑房。在人们能确保安全的情况下，银行是很乐意贷款的。对于核电站的选址而言，人口迅速疏散的可能性并非是不重要的视角（因此长岛的计划才搁浅了）。但是受限于准备要素，降低与提高风险的范围远远超出这个范围。一如人们从经理人的风险行为研究中所了解的那样，当事人倾向于高估其对进展的控制，但是进展事实上充满损失，这样的案例并不少见，当事人甚至通过拒斥现
39 有数据而获取其他更有利的预估来增强信心。[61] 换言之，人们会为“进程是可控的”这一假想积极求证。

人们可以将这种行为描述为风险分配策略。决定首先考虑的是第一风险，却被第二风险所阻截、填充、稀释，因为第二风险同样也是一种风险，同样能够在一些情况下有所增加。风险的增加与稀释能够存在于预防措施完全不必要的情况下：为了保持健康，人们日复一日地在林间慢跑，最终却

---

61 参见《对风险与承受风险的管理视角》(James G. March/Zur Shapira, Managerial Perspectives on Risk and Risk Taking, *Management Science* 33[1987], S. 1404–1418 [1410f.])。

死于坠机。或者预防措施被证明在因果链上毫无效果，或者这一切仅仅是一个有用的鼓励假设。风险分配的风险仍然是一种风险。

第一风险与预防风险一样，都涉及风险评估与风险接受的问题。但彼此的依赖性让事实很复杂乃至于无法预料。若人以其他方式看待预防风险，并很乐意加以接受的话，那可能是很好的，因为这能充当抵抗主要风险的保证。人们寻找并找到了一种辩护风险（Alibirisiko）。人们认识到风险与技术设备有关，因此便乐意相信那些因风险控制而受雇的人或其他累赘。

最终，在此讨论的问题也有政治的一面。[62] 对可接受的风险的政治预估而言，安保技术以及所有其他为了在不幸情况下降低损失可能性或降低损失的设置都将扮演一个显著的角色，而相比于对主要风险的意见分歧，协商空间更可能处在安保技术与设备的领域内。但正是这些让政治进入一个圆 40
滑的地带。这并非只是引发了主题的政治化的常见低估或高

62　参见《对社会风险的评论》(David Okrent, Comment on Societal Risk, *Science* 208 [1980], S. 372–375)，该文建立在一份作者对美国国会议院的科学、研究与科技委员会的鉴定上。

估，而更是一种扭曲，人们是基于其想得到的结果来估计主要风险可控与否。所有风险预估都停留在与语境相关联的层次上。存在一种抽象的风险偏好与厌恶，既非心理的也不属于统治性的社会性条件。但当引导风险评估的语境自身是另一个风险的时候，又会发生什么？

我们最终必须在这一关联中特别是在政治视角中，再一次思考风险与危险的区别本身。而只有当自然灾害意义上的危险来临时，预防的疏忽才变成了风险。相比于风险[63]，很明显，人们在政治上更容易与危险保持距离，甚至在危险状况下损失可能性或损失程度比风险情况下要更大的时候也是如此，而且甚至很可能与预防在种种情况下如何可靠地生效，或预防将花费什么成本这两个问题关系不大（但这有待于谨慎的研究）。甚至当存在针对两种情况的预防时，主要问题是否是评估危险或是否是风险归因，这仍然是有关系的。据报，瑞典政治正确地（politisch opportun）用直升机疏散了大量拉普兰人，因为在此期间在这一区域正在进行导弹试验，尽管直升机坠毁的可能性与损失范围要比在这片地广人稀的

63　奥肯（Okren）就用美国峡谷的工业风险与洪水风险的例子讨论过这个问题，参见本章的脚注 62。

地域中个人被掉落的导弹残片击中的可能性都大得多。但其中一种可能性被政治公开地预估为风险，而另一种可能性（也非常没道理地）只被视为危险。

二、作为风险的未来

I.

对时间的想象不可能不依赖于观察的对象。作为对时间关系的观察与描述，这些想象是时间性的观察与描述。这意味着这些想象取决于社会，社会就时间进行沟通并为此发展出适用的形式。鉴于文化与语言研究的状况，我们可以预设很多东西。但也许这一视角的激进性与理论关联仍有必要澄清。仅仅给这个问题贴上“相对主义”或“历史主义”的标签是不够的。毋宁说，当已经无法统一地描述时间现象时，至少可以尝试去澄清时间的发生学问题。

不同社会适用不同的时间模型，更确切地说，是使用对时间的不同空间隐喻，首先要讨论的是线性与环状的时间想象之间的区别。然而，所有试图将整个文化纳入其中一种模型的尝试（特别是埃及与以色列是线性的，而希腊是环形的）都在经验上失败了。很明显，为了构想时间，一个社会不只

需要简单的空间隐喻[1]，还需要区别，也许是从一个特定发展状态开始的多种区别，即一个对诸多区别的区别。对此几乎
42 不可避免地会想到“之前 / 之后”这组仍属于感觉领域的区别。但这导致了一个问题：那个介于之前与之后之间的差异单元的时间是什么？这一问题的答案必须通过一个更进一步的区别加以介绍。在古典欧洲传统中，这是通过运动的概念来承担的，这被视为一个区别的一面，而这一区别则被表达为运动 / 非运动、变化 / 不变、时间 / 永恒。这种结构让人们推演时间成为可能，即将之前推演成一个广泛的过去，又将之后推演成一个广泛的未来，诚如奥古斯丁所言，陷入了永恒时间的暗影（occultum）中。

如今人们知道，这有赖于文化的精心之作。在古埃及，人们并未找到对应的东西[2]，而即使当时间被归类为持续与

1 其意义首先体现在描述了一种更为宏大、距离经历的时间点更遥远的空间 / 时间关系，仿佛这关系到能够将类似空间的可接近性 / 不可接近性归为遥远时代。详见很多人种学与语言史的研究，比如《北美与古代欧洲的语言与历法中的空间与时间》（Werner Müller, Raum und Zeit in Sprachen und Kalendern Nordamerikas und Alteuropas, *Anthropos* 57 [1963], S. 568–590）。

2 详见《古埃及思想中时间的两幅面孔》（Jan Assmann, Das Doppelgesicht der Zeit im altägyptischen Denken, in: Anton Peisl/ Armin Mohler [Hrsg.], *Die Zeit*, München 1983, S. 189–223）。

须臾的时候，也存在许多不同的阐释。因此，我们有许多理由去质疑，现代社会是否还能用这一形式阐释其时间语义学，特别是在时间图式被带入与宗教符码、与内在性（时间[tempus]）和超越性（永恒[aeternitas]）之间的区别紧密联系乃至近乎对等的情况下。

所有现存的时间语义学都在这种程度上解体。对此，为了能够找到一个出发点，我们在此抓紧一点，即发生的一切都是同时发生的。[3]这也意味着，发生的一切都是第一次且最后一次发生。虽然观察者能发现相似性，认识到反复，并区分之前与之后（比如弄清时间距离或为效果寻找原因），但这只是借助于对其有用的区别，并处于自身（观察）行动时其他的一切同时发生这一严格的前提条件下。翻译成系统理论的术语，这就是说，一个系统的环境总是与其系统同时存 43
在，既不前也不后。因此，过去的环境仿佛停滞不前，而系统的现在变成了环境的未来（或反过来），这都是不可能发生的。因而时间在简单行动的层面上并没有什么分量。发生的一切之所以发生了，都是因为出于其同时性，环境始终是

3 详见《共时性与同步》（Niklas Luhmann, Gleichzeitigkeit und Synchronisation, in ders., *Soziologische Aufklärung* Bd. 5, Opladen 1990, S. 95–130）。

无法达到的。因此在这个层面上，所有系统都形成了一个行动封闭的系统。这些系统只能做出自己接下来的行动，而这一行动又同时与既定环境共舞。换言之，在这一基本行动的层面上，并不存在同步的问题。所有系统都是自然地同步。这适用于所有系统，因为没有系统可以独立于基本行动而存在。无论一个系统要求自身何等迅捷、何等忙碌、何等复杂、何等精巧，都无法逃避这一基本共时性的规律。[4]

这一对行动之所以能够发生的严格限制，还带出了另一个出发点。递归的行动（行动封闭的）系统指向其总是达到的自身状态。系统以此使自身行动对准其（直接的）过去。系统不能捕捉到其未来，那么系统便在未来中倒退了。但是，只有在其能左右记忆并以此计算持续行动的能力范围内，阻碍的非持续性才会出现。而就像双目视野纵深为了能够消除自身视线的非持续性而进行制造一样，更为复杂且即将生成的记忆在过去与未来的双重视线形式中制造了时间纵深。虽然所发生的一切同时发生，但一个记忆辅助的行动不能将其

4　在此我们对爱因斯坦是否成功消解了这些前提持开放态度。我们只要记住，只有当人们预设了一个观察者，且这个观察者被称为神或其他充当共时性总则的实存方式时，搞清楚对人们来说有什么意义时，才能讨论这个问题。

所考察的一切同时存储，因为这将导致无法忍受的重叠、
混乱、非持续与迷惑。所以，为了能够将这一自我生产的 44
凌乱分门别类，系统通过记忆配备了时间区别。事件的之前与之后相区别，最终为高度复杂的系统赢得了一种可能性，使其能在过去之镜中窥视未来，并通过过去与未来的区分加以定向。

然而，这样所获取的对观察容量的扩展，并未改变行动的事实状况与前提条件。共时性这一无弗远近的法则也适用于区别行动，这有一重特殊的意义。我们曾在第一章中讨论过，区别作为一个形式的标记，预设了两面同时是既定的。我们已然含蓄地表达过，这同样适用于共时性与非共时性的区别。系统不仅能以其行动简单地生产差异（就像太阳温暖了地球），还拥有区分的可能性，并以此与时间产生特殊关系。而这正是接下来思考的出发点。

与区别两面的共时性一样，区别行为需要人们说明人们所指的是区别的哪一面，并从这一面开展下一步的行动。人们不能说，两者都要，那么这便失去了区别的意义，回到了人们描述“两者”时用有什么来区别两者。因此，用斯宾塞·布朗的术语来说，区别（distinction）与指涉（indication）只是同一个行动。但是这个行动附带着自身高度复杂并对观察者

而言矛盾的时间结构。因为为了从一面（指涉的那一面）到另一面，人们需要行动，那么人们也需要时间。人们必须穿过能区分两面并构成形式的边界，就此而言，另一面总是共时的而又非共时的。它同时也是共同组成形式的要素。而在对形式的操作性地使用（我们称之为“观察”）中，它并不同时被使用，就此而言，它又是非共时的。异质性（Andersheit）的范畴是一个时间形式。因此，库萨的尼古拉关于非他者（Non-aliud）的思考也是对神的无时间性的思考，但这只能
45 被分开表述，因为关于时间（tempus）与永恒（aeternitas）之间区别的时间形式已经被分隔了。

因为所有时间想象都要求区别，即使只是之前与之后这对初步区别，仅仅如此就已经预设了时间，即使只是以非共时性的共时性这一悖论形式。因此，所有时间语义学都开始于时间的悖论，并只通过这一悖论展开的形式来自我区别，要么是以之前与之后这一不可逆转的非对称；要么是以一种诸如线性、环形的空间隐喻，而这终究要诉诸运动；要么是以诸如持续与须臾、既成与潜力[5]来描述时间的特定区别，这

5 参见《古埃及思想中时间的两幅面孔》（Jan Assmann, Das Doppelgesicht der Zeit im altägyptischen Denken, in: Anton Peisl/ Armin Mohler [Hrsg.], *Die Zeit*, München 1983, S. 189-223）。

终究要诉诸的是过去与未来。因此，所有时间语义学的历史与文化相对性都应当被承认，但它绝非一种不需要进一步说明的时间理论之终极版本。这只关系到这一悖论展开的不同形式，这种展开归根到底不外乎区别的悖论，一个两面形式之统一体。[6]

II.

时间的悖论所展开的形式是不能被任意选择的。毋宁说，是大多数区别及其逻辑上的不可推导性让时间语义学与社会结构相互协调成为可能。这种形式同样提供了机会，能够以这种方式适应意义建构的结构限制，并以此获得可靠性。将我们引向主题的这一理论背景的，则是现代社会把未来想象成风险。那么正是在风险这一形式中（或借助这一形式）所能够确定的诸多区别，充当了时间的去悖论化。这将我们从 46
所有非共时性（包括现在与未来的非共时性）都是同时的并只能是同时的这一事实上引开。

6　关于为了基本矛盾（二律背反）而替代可连接区别这个主题，参见《系统间的冲突：论哲学分歧的基础与暗示》（Nicholas Rescher, *The Strife of Systems: An Essay on the Grounds and Implications of Philosophical Diversity*, Pittsburgh 1985）。

在这一新历史研究的强化视角之下，社会用以自我描述的时态结构在向现代的过渡期剧烈变化，特别是 18 世纪下半叶。[7] 想弄清这一变革中具体有什么是更为困难的。但如果说时间描述是从环状向线性过渡，那肯定是错的。在一个“开放”的未来中看待这一变革，同样是可疑的，因为人是否终结于天堂或地狱，这始终是开放的问题。同样，关于终结或无终结的时间维度的讨论，这至少是个陈旧的争议，至少在新时代没有人相信时间终有一天会走向终结。那么用“时间的终结”来讨论也只是让时间与非时间的区别日益陈腐，因而也不足以如实描绘新时期特定的时间意识。

我们将从如下主题开始尝试：在新时代，过去与未来的差异引导了时间语义学，并承担了这一语义学对变革的社会结构的适应。

很明显，这不意味着过去与未来的区别如今才被发现，同样不意味着未来的概念如今才产生出来。[8] 但在所有如今使

---

7 只要参见《过去的未来：论各历史时期的语义学》(Reinhart Koselleck, *Vergangene Zukunft: Zur Semantik geschichtlicher Zeiten*, Frankfurt 1979)。

8 也许人们可以承认，这是语言的单一化所实现的。说到未来，人们如今不再如此频繁地想到接近的事物，到来(à venir)变成了将来(avenir)等。

用的与时间相关的区别中，要提供与同时进行的社会结构转型相协调的时间想象，过去与未来的区别看起来最为合适。

时间语义学的要求有所改变，这部分地归功于印刷术，部分地归功于大多数功能系统的分化。两种改变合力给时间 47
施加了复杂的压力。首先，很明显，如今印刷已经让手头同时拥有了许多知识，因此产生了新的选择与分类的必要性。确保持续性的机制，也就是系统在操作上可使用的记忆，承载了太多，为了再次获得秩序，必须找到更有力的现实区别与时间区别。因此，系统概念大约从1600年登台亮相。此外，特别为印刷而生产新知识在如今已经有其意义了，而过去这只是为了防止遗忘而进行知识再生产的成果而已。另外，各功能系统如今也反映出不同的时间维度。商人的时间不是僧侣的时间，在政治意图中必须保密的时间也并非为了认知而需要一种新理论的时间。如今日历与时钟测量着回程的位置，人们能够在其中讨论同样的时间，而之前这首先是被用于确定发生的确切时间。[9]

9 参见《时间的标准化：一种社会史视角》(Eviatar Zerubavel, The Standardization of Time: A Sociohistorical Perspective, *American Journal of Sociology* 88 [1982], S. 1–23)与《隐蔽的节奏：社会生活中的日程与日历》(Eviatar Zerubavel. *Hidden Rhythmus: Scheludes and Calendars in Social Life*, Chicago 1981)。

人们在古代已经讨论过服饰风尚的转变。而大约在 16 世纪末却出现了一个新的专门概念对此进行概括——时尚（la mode，与 le mode 接近）。这也被用于描述宗教态度、语言习惯、菜肴烹饪的品类或游学。人们用“时尚”阐释的现象是在时间上分隔的、但在其有效期内却拥有强制性的意见与习惯，并涵盖了与主题有关的所有领域。这反过来又有必要聚焦于考虑功能系统中的角色差异。[10] 越来越多的人认识到，复杂性必须被成功建立起来（在 18 世纪中叶，这甚至被用于创世本身），而从复杂性的时间秩序（不仅仅是事实秩序）中有所
48 收益。[11] 这一类案例不胜枚举。其结果是产生了过去和未来世界与社会状态之间想象的矛盾与体验的矛盾。传统欧洲的本质宇宙论崩溃了，一切都陷入运动与主宰运动的自然法则之中，曾被短时间内视为不可改变的牛顿法则便首当其冲。[12]

10　与此相关，请特别参见《拉布吕耶尔与道德的历史性：“论风尚”的注脚》（Ulrich Schulz-Buschhaus, La Bruyère und die Historizität der Moral: Bemerkungen zu De la Mode 16, *Romanistische Zeitschrift für Literaturgeschichte* 13 [1989], S. 179–191）。

11　请参见《复杂性的时间化：新时代诸时间概念的语义学》（Niklas Luhmann, Temporalisierung von Komplexität: Zur Semantik neuzeitlicher Zeitbegriffe, in ders., *Gesellschaftsstruktur und Semantik*, Bd. 1, Frankfurt 1980, S. 235–300）。

12　大约在 19 世纪末，布特鲁（Emile Boutroux）也提出了这个问题。参见《论自然法的偶然性》（*De la contingence de lois de nature* [1874], der 8. Aufl., Paris 1915）。

同样在18世纪下半叶，得益于对历史新兴趣的触动，时间自身也变成自反的。之前，时间被视为永恒，一个名为上帝的观察者能够从整体时间（Gesamtzeit）中同时对其加以观察。如今，每一个将整体时间划分为过去与未来的现在都反映着整体时间，而观察者则是人类。这适用于每一个现在，也就是不依赖于时代的现在，但是在每一个现在中显现的整体时间并不相同，即过去与未来（即无可能性的时间与充满可能性的时间）的分布也不同。那么在每一个现在的过去中，人们以其特别的过去或将来看到过去的现在。在现在的未来中，人们以相应的视角看到了未来的现在，即将如今眼前的现在视为不可改变的过去。[13] 因此，人们可以在现在中预先回顾未来，并可以从未来回顾即将过去的现在，而人 49
们如今已经知道，回忆的现在并不等同于如今实际的现在。“他将其阐明的现在深深地置入了未来的、遮蔽的过去之中。”

---

13 人们已经可以在新历史学之前初步找到这种时间结构，首先是在灵魂关怀之中，这种关怀指出他的罪，他必须在现在担忧其灵魂救赎，也就是必须在生活中不停厌恶自己的罪，因为永恒开始于死亡（！），接着不再会有改变。而对灵魂救赎最有效的悔恨的可能性也以这种方式时间化，因为在罪中其为人们完全不曾真的悔恨而倒退。这一时间维度中的张力自然导致了对现实要求的一定降低，至少对耶稣会来说是如此。比如参见《时间与永恒的平衡》（Jean Eusebe Nierembert, S. J., *La balance du temps et de l'éternité*），引自意大利语与西班牙语的法语翻译（Le Mans 1676）。

阿尔巴诺（Albano）在让·保罗的《泰坦》中如是说。[14] 人们用今天的术语猜测，这是多么大的“压力”啊。无论如何，时间在时间中自我反映，而正是这一切特别吸引我们，而这都是基于过去与未来的基本区别。

强化过去与未来之间分歧的是，过去虽然能回忆起特定的事件，但未来无法这样预感。每个试图详细叙述因果性的尝试都会陷入更大的困难中。从来没有哪一件发生的事是有赖于个别事件的。从来都只有事态的耦合，因而不确定性随着分析所力争达到的敏锐而成倍增长。即使当因果关系不明确的时候，人们至少在过去的维度中知道发生了什么。而在未来的维度中，却缺乏这种确定性，从生活实践的角度看，确定性让因果分析可有可无。而同样因为这个原因，一种关注因果性的观察方式加剧了过去与未来之间的分歧——特别是在“因果法则”这一过渡提法变得可疑之后。

但如果如今标准的过去和未来之间的区别（Unterscheidung）与过去和未来之间的所有差异（Differenz）都兼容，那么现在又变成了什么呢？通行的过去、现在、未来之三分

14　引自让·保罗《全集》（Jean Paul, *Werke* [Hrsg. Norbert Miller], Bd. II, 4. Aufl. München 1986, S. 322）。

法遮蔽了这个问题。这仍然指向了运动的直观概念，指向了“时间之流”或黑格尔的“进程”（Prozess）范畴。但时间的统一单元并非一个运动的统一体，或者无论如何人们至少要在一定程度上从这个想象中释放出来，而以精神的自我实 50
现、进步或前达尔文进化理论的意义等任何方式将这一运动作为统一体来描述，这将不再可能。作为结果，人们必须让现在远离时间的两面形式，远离过去与未来的区别。[15] 浪漫主义者或多或少意识到了这一点。“不！”《泰坦》中写道：“我们没有现在，过去必须在没有现在的情况下诞下未来。”[16] 而人们在诺瓦利斯那里读到：“因此一切回忆都是悲伤的，一切预感都是喜悦的。”[17] 其结果是现在被经历为忧郁的快乐，

15　这一决定的困难体现了在 19 世纪和 20 世纪都没有出现过一种令人信服的关于现在的理论，尽管所有人都致力于此。参见《德语文学中“时间维度的转向”》（Ingrid Oesterle, Der „Führungswechsel der Zeithorizonte “ in der deutschen Literatur, in: Dirk Grathoff [Hrsg.], *Studien zur Ästhetik und Literaturgeschichte der Kunstperiode*, Frankfurt 1985, S. 11–75）。

16　引自《让·保罗三卷本全集》（Jean Paul. *Werke in drei Bänden* [Hrsg. Norbert Miller], 4. Aufl. München 1986, S. 478）。

17　参见《花粉》第 109 首，引自《全集》（Novalis: *Werke, Tagebücher und Briefe Friedrich von Hardenbergs*, hrsg. von Joachim Mähl und Richard Samuel, Darmstadt 1978, S. 227–285 [283]；中译本参见诺瓦利斯：《诺瓦利斯作品选集》，林克译，重庆大学出版社，2012，第 215 页）。

它因此是悖论式的。那些借助于过去与未来之区别来观察时间的观察者，把现在当作了立足点，那么也因此必须将自身的观察做排中律的处理。当人们如此公式化地对待时间，现在便是时间的不可见性、观察的不可观察性。人们当然可以将之理解为时间线，但对线的划界却是独断的。只要测量技术允许，人们便可以缩短或通过过去与未来的界限将之重新标记。但这并没有原则上的改变：当人们借助于过去与未来的区别来观察时间的时候，现在成为观察的盲点，在时间这个概念中“无处不在却无立锥之地”。或者我们也能说，这是时间中共时性的表达。

51 这也让风险的预估受制于现在。风险预估可以像时间中的现在一样移动，也可以像过去与未来的时间维度中的现在一样自我反映。那么对于一个确定的预估而言，便不再有客观的立场了。根据是否发生损失或是否进展顺利，人们在事后做出不同预估。人们在事后不再能理解，为何人们会在一个过去的现在中如此谨小慎微或义无反顾地做决定。另一个现在从未来中凝视着我们，在这个现在中我们事后会以安全对目前的风险形势做出不同的判断，但我们将如何判断犹在未定之中。时间自身生产了这一预估差异，而相反不存在一种始终是现在的计算将之校准。换言之，这属于风险的风险（Riskanz），预估随着时间而改变。风险计算是一种历史机制的一部分，总是起始于其既定状态，与采纳或否决风险紧密相关，事后的判断修正甚或通过预见这一切发生的可能性，仍是不确定的。这一处于现代的、双重情态化的时间结构中的要求，在过去、现在与未来的现在之间做出区别，并总是不考虑现在的过去与未来维度，这有利于一种不再与理性计算相关联的反思。它必须考虑很多可能的系统状态。

III.

这种仍很泛泛的思考允许我们对风险的阐释做进一步猜测。为此我们要先改变一下题设。通过构思一个过去与一个未来，现在被构造成时间规定，这虽然是一种约束（Beschränkung），但为了连接过去与未来，这种约束却是必要的。[18]但为什么不把这一约束直接理解为这个同时且不可影响的世界中的现实，而要理解为风险，也就是信息缺失 52
情况下决定的必要性呢？

---

18 或如诺瓦利斯所说，“寻常的当下通过限制来连接过去和未来”（出处同脚注 17）。

看起来这与过去和未来之间清晰分明的断裂有关。[19]当未来有很大可能不同于过去（而又是什么让这个区别如此戏剧化）且在现在是无时间的时候，在未来中如何实现从过去的跨越呢？是盲目吗？我们看到，人们至少试图避免这一结果，或将之贬低为“决定论”。但在所有为有序执行而做出的抵抗努力中，作为不可克服的剩余保留下来的，正是被我们称为风险的东西。

人们可以就这一点关注前几个世纪的理性历史，这始于“法律不是真实创造的，而是权威创造的”（auctoritas, non veritas facit legem）（霍布斯）。这一关注是值得的，但也会从我们的主题中偏离。无论如何，对理性的诉求恰好随着人们认识到不再有足够的时间处理必要的信息而减少。而论证的理论在这一点上失败了，至少哈贝马斯与其他代表人物不再希望宣称论证的迅捷是一种变相的批判。

无论如何，在向现代的过渡中，决定的从属以及未来的关注价值都有所增加。生命历程中许多事情之前或多或少都是自生的，可如今都需要决定，而这一切都处于诸多选择可

19 很明显这是一种彼此局限性的循环联系。所以问题终究被推脱到进化论，人们无法得出独立的原因。

能性的巨大背景下，所以有巨大的信息价值。这不可避免地要首先思考其与技术发展的关系，及其与生产可能性的增长之间的关系。但这只是所发生的一部分，还是相对晚才发生作用的一部分。不同于人们所猜测的那样，生产技术发展与科学发展的关联少于与相应市场以及资本储备发展（包括债务储备）的关联。但存在很多其他情况。人们会考虑，比如 53
国家制定的法律（或与此相应的，法官为社会转型而改造普通法）对未成文的当地习惯法的入侵——这一过程在16世纪业已在欧洲开始。或者随着医学的化学与生物认识的发展（从人们对肿瘤的思考中可以发现，这并不一定指治疗技术），疾病在一定程度上从长期的危险变成了与生活方式紧密相连的风险。[20] 随着婚姻及之后非正式的亲密关系摆脱了社会约束，这些关系的失败会被人们预先考虑为一种风险。反过来，为了避免这一点，需要一种“激情”形式的爱情，这种形式

20　从医学史上看，这个问题并不新颖。一直以来饮食习惯、奢侈品消费、性行为等都被当作疾病的成因来讨论。变化的是数据上有效（不一定符合个例）的知识在何种程度上确保这一联系，或甚至能加以澄清。这一方面缓解了来自宗教或社会偏见的风险感知，另一方面也意味着医生在不计算对应的遵循意愿这一情况下，以警告或预防建议干涉日常生活（或至少这些都成为他们的责任）。这意味着，关系到健康的风险感知与决定重负，转移到日常生活中。

被视为不可抵抗的。问题越来越演变成一个特定伴侣的自我决定，每个人都会处于必须言说自己所欲之物是否是好的这一处境之中。[21] 在传统文学中，只要婚姻不完全由父母包办，
54 就会被视为一个男性的问题。[22] 如今性别平等已很普遍，而这一风险也为两性所共同分担。

接下来人们也可以关注货币经济的条件，鉴于变动的价格，所有经济行为都变成了风险：投资也好猜测也罢，财产的卖出也好不卖也罢，一个职业的、雇主的选择也好或者反过来个人的安置也罢，最后还包括信用的给予与接收。[23] 这摆脱了来自家庭传统的职业选择，并变成了一种独立于出身与继承的决定。倘若如此的话，所有学习过程中终究也存在

---

21 详情请参见《旧爱新欢：离婚与调整》(Willard Waller, *The Old Love and the New: Divorce and Readjustment* [1930], Neudruck Carbondale 1967)。

22 鉴于找到一个好老婆(听话、不爱吵架、持家有道、严守贞洁)的极端不可能性，文学大量地讨论了男人终究如何能被引导去满足上帝的意志并结婚。详情请参见《自然神秘奇迹之书》(Levinus Lemnius, *De miraculis occultis naturae libri* III, Antwerpen 1574, IV. XIII, S. 410)；《113 个政治问题》(Melchior Iunius Wittenbergensis, *Politicarum Quaestionum centum ac tredecim*, Frankfurt 1606, Pars II, S. 12)；《完美的婚姻契约：论其必然性，及其中幸福生活的手段，或颂扬抵抗男性恶意诽谤的女性》(Jacques Chaussé, Sieur de La Ferrière, *Traité de l'excellence du marriage: de sa necessité, et des moyens d'y vivre heureux, ou l'on fait l'apologie des femmes contre les calomnies des hommes*, Paris 1685)。

23 请参见《信息与市场经济中的风险》(Dirk Baecker, *Information und Risiko in der Marktwirtschaft*, Frankfurt 1988)。

一个与风险有关的决定，即人们是否使用所学之物，还是像教育家所说的那样，只是需要“教育”（Bildung）。

这些扼要提到的改变展示了一种新现实的社会范围。当然，新颖之处并不在对社会关系进行有计划塑形的可行性之中。人们只需要回忆古典时代的城建史[24]便能明白，鉴于高度的复杂性与可能性空间，我们在这方面较之古人非但不突出，反而更为逊色。新颖之处唯独且完全在于决定潜力的延展，在其强化的分支与极其巨大的备选财富中。转译成已经提出的概念性的话，这就导致了危险的变形变为风险的变形。
越来越多的情况被视为诸决定的后果，不管是人所遭遇的， 55
还是人所欲求的，都被归因于决定。很多都存在于对过去被理解为自然事实与过程的东西进行了高度机械化与高度个体化这双重介入。但人们也要考虑保险机构，人们可以将这个机构理解为危险与风险的变形，特别是无力确保的风险。这与有关目标可达成性的巨大确定性毫无关系。相反，人们应该表达为，目的概念自身的“去目的化”（entteleologisieren）。

24　可以大略地看一看《希腊城邦的形成：亚里士多德与考古学》（John Nicholas Goldstream, The Formation of the Greek Polis: Aristotle and Archaeology. *Vorträge der Rheinisch-Westfälischen Akademie der Wissenschaften* G 272, Opladen 1984）。

对目的与意图（即“最终化”[Finalisierung]）的假设只是在观察无法预料系统行为的情况下出于对观察的简化（即使对动物乃至复杂的数据处理机器也是如此）。[25] 在此，社会普遍保障的合理标准几乎无用武之地，比如在人们之前称为“风俗”（Ethos）的那层意义上。也许代表风险的职业标准像以前一样，比如那些在手术中的医生的风险，或那些在预期承重量之下建筑物的牢靠程度。在股票交易市场或银行中，人们会压缩一般性经历，将之符号化地表达为一种代表风险的边界，或为顾客对风险交易进行分级。把此处提及的问题用理性 / 非理性这一向度来描述是错误的。但以这种方式所达到的，只是与题设关系有限的关联，因此必须放弃诸如“伦理”这种暗示整体社会义务的标题。那些对问题的“伦理”解答所发出的呼声随处可见，在这种情况下不过是补偿性的要求。

如果必须越来越多地归因于决定，这便几乎不自觉地强化了过去与未来的差异。一阶观察者（包括决定者自身）笃信决定产生了这些差异，因此他们会被高估为理性的。一个
56 二阶观察者并不以为然，但他也能看到，决定的归因让过去

25　参见《过错与理性：科学与神话的互相批判》（Henri Atlan, *A tort et à raison: Intercritique de la science et du mythe*, Paris 1986, S. 85 ff.）。

与未来的差异变得可见，换言之，使得人们较之过去看到更少的持续性与更多的非持续性。法国大革命是否改变了社会关系并改变了什么，这犹在争论之中[26]，但毋庸置疑的是，作为观察，对这一决定及其后续决定的观察拥有巨大的影响，特别是如今将过去与未来（“宪制上的”）的社会秩序之间的分歧置入花哨绚烂的关注之下。人们生活在一个前所未见的不同社会构成之中，这一切已然不可更改。

但现代社会的结构性现实仍然完全不可见，更不用提其现实化的结果。人们只能指向一些希望，这些希望发生在废除等级上正当的差异之后，也就是与诸如自由与平等这类价值概念相关联的希望。一如我业已引述过的诺瓦利斯，首先遭遇这一双重裂缝并将问题主观化的正是浪漫主义者们，他们看到，忧郁的过去与欣喜的未来——但他们并未视现在为决定。社会结构发生的改变究其根本是不可观察的，得益于这一改变，未来赢得了对过去的优先权。与此同时，著名的意识形态论争被点燃了，首先是关于革命自身，自从 1820

26　对此的大量文献可以参见《法国大革命：连续性的变革》(Rolf Reichardt/Eberhard Schmitt, Die Französische Revolution–Umbruch oder Kontinuität, *Zeitschrift für historische Forschung* 7 [1980], S. 257–320)。

年代开始，出现了越来越多关于业已开始的工业化的后果。如今统一的陈述形式通过争论得以保存，并寻找到新的主题：生态、女性地位、新种族、区域自治等。在其中总是明确地存在一种要求，要将现在理解为决定或理解为决定的疏忽。让我们回到这一点。

眼下感兴趣的只有一个抽象的关注点：因为人们不能够
57 认识未来（否则这便不是未来），也因为基于如今社会之新颖结构，人们无法描述他们所生活的这一社会，这产生了一个未来与社会的独特共生现象，也就是说时间维度与社会性维度之特定不确定性的共生现象。其结果是看上去未来似乎只能从可能性的中介中被感知，也就是说，未来的所有特征都能被感知为或多或少是可能或不可能的。[27] 对现在而言，这意味着：没人可以享有对未来的认识或确定未来的可能。在社会的共同生活中，人们必须放弃这种权威。在 19 世纪和 20 世纪，人们仍然尝试着以语义学方式驾驭这一时间维

---

27 一份值得注意的证明通过法律系统中的变革，了解了这一主题，涉及被允许的、但实际上是伤害性行为的责任。《风险控制的新法律结构》(George L. Priest, The New Legal Structure of Risk Control, *Daedalus* 119/4 [1990], S. 207–227) 总结了过去的趋势：对个人可归因责任与可证明的因果性的严格要求已经被放弃了，而这已经满足抬高一次损失可能性的可能责任。

度与社会性维度的共生现象，并以这种方式确保预见的秩序，无论是因果律的或辩证的，通过计划的或通过进化的，还是附有对进步的特定信任或完全不确定的方向的设想，附有对革命（突然的）或改良主义（小规模的）的界限的设想。为了给现在找到共识的决定基础，人们经常致力于可能性计算。然而，其计算恰恰在这一功能上失败了，特别是在社会性面向上。这体现在对时间或空间维度之可能性的描绘上。甚至当人们知道，一座核电站要 200 万年才爆炸一次，但仍有可能明日复明日地爆炸。甚至当人们知道，车要在公路上开 1200 万公里才发生一起死亡事故，你也许仍会在下一个转角处遇到车祸。在社会性评估中，对个别情况的计算让维度的所有可能性都是开放的，很明显，风险的评定则取决于人们 58
是否认为不幸即将发生或可能在整个流程的终点才出现。

19 世纪和 20 世纪世界的统一系于时间维度与社会性维度的联盟，这一联盟受益于两者的次级差异性，并同时建立在合理的耦合之可能性上，这种可能性要么是通过可认识的规律性，要么是通过数据计算。但在世纪末我们不禁要问：我们的世界是否仍然如此？我们能这么继续下去吗？

三、时间约束：现实与社会性方面

I.

本章让我们得以回溯关于感官体验与行为的不同维度的那些极其普遍的假设。[1] 其原因在于，风险概念描述的乃是未来问题化的一种形式，也就是与时间打交道的一种形式。我们可以猜测，这一形式的实践无法不考虑现实主题与社会后果。因此，我们将首先介绍观察与描写感知的三个维度，这三个维度是各自被对其特别的区别所建构出来的。那么，感知的信息加工之时间维度、现实维度与社会性维度是在区别之区别的层面上获得的，这同时也暗示了一个历史的问题。这些维度分隔的规模与所剩余的，或确切地说，首先通过分隔才产生的相互暗示的处理，都被理解为社会演化的结果。

人们能够借助于特定的区别，将这一感知维度描写为对

1　进一步的阐释参见《社会性系统：普遍理论大纲》(Niklas Luhmann, *Soziale Systeme: Grundriß einer allgemeinen Theorie*, Frankfurt 1984, S. 111 ff.)。

世界观察的形式。对“世界”的观察意味着，这与特定事物或事件无关，而是确保普遍“世界性的”可用性（这可能会被否认，比如时间维度便借助于“永恒”这一范畴）。当借助之前 / 之后这组区别来关注某物的时候，时间维度便被使
60 用了。现实维度允许观察借助于“形式”，这就意味着区别，而这种区别是在特定对象的标示中被预设的。因为要让区别的实践自身成为可能，对我们来说最重要的是系统与环境的区别。当自我（Ego）与他者（Alter）的区别被使用的时候，社会性维度便作为可分离的观察方式产生了。这并不像人们以前想的那样，是关于人之间的关系，这些关系在人自身方面事实上又被描述为物（res）、生物（animales），等等。这关系到为了沟通过程而进行的初步复制（Duplikation），每个个体总是以两种姿态参与了沟通，既作为自我也作为他者。[2]

出于风险分析的目的与对相关（我们可以称之为功能上等价的）事实的测试，我们将从时间约束（Zeitbindung）的

2 《对象》(Ranulph Glanville, *Objekte*, Berlin 1988)联系控制论对控制过程中循环性的分析，完全将之当作观察对象的必要形式。剩下还提到了社会系统的一种必要的对话性或相互性。这与热心的系统理论反对者的所有猜测都不同，当现象学只能将社会描述为现象，而论证理论只能致力于衍生的问题，特别是共识与分歧的次要区别时，一种在概念上对社会的激进理解在系统理论中登台亮相了。

概念出发。[3]这一从语言理论中吸收、在此被普遍化使用的概念描述了一个问题和一个出发点，用以对比彼此不同却在这一点上功能等价的各种问题解决方法。时间自身虽然没有被联系起来，但却通过赋予事件以结构价值来将事件关联起来。更为准确的分析是，一旦事件发生，它便流逝了。它并没有持续（否则我们便在谈论短暂的状态），但连接操作能将其反复，就此产生了双重效果。一方面，必须为事件界定一个意义，以便人们能够将这种反复当作反复加以认识；另一方面，反复总是发生在不同的情境中，一个附加的学习效果便出现了：人们不仅能在卧室睡觉，而且自从有电视机之后， 61
人们还能在客厅睡觉。[4]在我们的语境下，时间约束的概念意味着在系统持续的自我更新这一自生过程中生成结构，也就是说，它并非简单地指涉一段时间内实际状态（原子、太阳、臭氧空洞等）的发生。时间约束的社会问题，如今看起来好

3　据我们所知，这个概念出自《科学与健全：非亚里士多德系统与一般语义学简介》(Alfred Korzybsky, *Science and Sanity: An lntroduction to Non-aristotelian Systems and General Semantics* [1933])，引自第四版(der 4. Aufl., Lakeville Conn. 1958)。

4　斯宾塞·布朗(a. a. O. S. 10)区分了“压缩”(condensation)与“确证”(confirmation)，这是根据替代原则¬ ¬ ⇆ ¬ 是从左往右还是从右往左，同样也根据多重等价符号被一个所替代(压缩)或反过来一个被多重等价符号所替代(确证)。在这一计算数学语境中，前文中提到的提高影响在此不用考虑。

像占有着社会性意义，也就是改变形式并影响着社会性分配。人们很容易明白，在这一范畴下的冒险行为失败了。但也有其他极其知名、在社会史上极其久远、在机构上也极其发达的事例。我们考虑调动稀缺商品的规范与制度，也就是在考虑法律与经济。在本章中，我们将对比时间约束的不同形式。

II.

法学传统是以规范生效的视角来看待法律问题，而规范的功能则是让合法与非法的区别变得可决定。换言之，人们必须首先了解哪些规范是生效的，才能决定哪些行为合法、哪些行为非法，这样处理法律问题毫无争议。这足以将法律系统与其他系统（比如政治或宗教系统）区分开来并加以运转。然而，从比较规范视角、稀缺视角与风险视角来说，这尚不充分。

62 在一个即将满百年的传统之意义上，用区分效力问题与本体问题、规范与事实来区分对法律问题的法学处理与社会学处理，这仍是不够的。我们必须寻找其他理论基础。[5] 出于

5 请参见《法的社会学观察》(Niklas Luhmann, *Die soziologische Beobachtung des Rechts*, Frankfurt 1986)。

我们的目的，适当的摘录已经足够了，在此只涉及通过法律去认识时间约束的特别形式。

从应用的角度来看，规范是决定的规则，（就像所有规则一样）并不仅仅适用于一种情况。从效力的角度来看，规范是有根据的规则，其生效的基础是根据自然、道德、正当价值等终究能在实证法自身中被寻找、觅得与批判的时代论调。从功能的角度来看，这关系到时间约束的各种形式。预期被一种规范所巩固，即使在不同于预期的情况下也是如此。对规范的违反并不是预期错误，而是操作错误。人们虽然会在预期的事实层面上犯错，却不会在预期的规范层面上犯错。换言之，违规并非规范改变的动机，也非学习的动机，而是将预期[6]压缩为动机，一遍又一遍地验证（动机）。

在此，需要对先前章节引述的概念性做一点额外的解释。规范是时间约束的形式，虽然是特别复杂的形式。[7]它投射出

6 这一表述是效法斯宾塞·布朗，出处参见本章的脚注 4。人们在涂尔干的社会学文献中也能找到类似表述。

7 因此人们也不能假设，在所有原始社会中都已经存在规范。在社会发展的早期阶段不可能区分行为的质量与独立于质量而生效的规则。这不意味着（就像偶尔被归咎于）不存在法律。但法律只能在行为的质量上才能认识，所以既不是孤立的，也没有发展出其独特形式。

63 对未来的预期，虽然是一个非自明的（有条件的、可能失望的）预期。在自明的领域（比如，要克服空间距离是要花时间的）并不存在规范形成。连偶然性也是不可避免的。必要时不存在法（Necessitas non habet legem）。预期失望的危险被以规范的形式加以消解（展开、确认），即在符合与违背的行为之间的区别上加以消解。这一区别的意义在于能够通过形式的两面，即通过把符合与违背的行为当作形式来自我证实。而正是这一点区分了这一区别与其他区别，特别是那些在失望时过度高估学习的区别。[8]

如果从规范图式来观察，风险仅仅存在于对规范的违背之中。为了强调这一点，规范配有外部（法律的）与内部（道德的）约束力。在此，规范所伴随的风险投射也高估了违规行为。一旦其以规范图式来观察自身行为，那么便会感到自己的行为很冒险。规范自身被预设为无风险的结构，甚至在

8 只要再次指出，这一阶段可以就此给出联系的形式。比如人们可以期待，在特定情况下人们必须学习，不坚持满足其期待。或者，规范的期待必须反过来被认知地学习，直到把相应知识掌握到完全专业化；人们把规范的变化（比如通过立法）当作认识问题来处理，并相应开展学习，这也可以规范化。这种期待模式的交错同样展现了我们目前所熟悉的法律文化是一个漫长演化中高度复杂的后期阶段，因此不能将关系到“价值”的结构正当化。

法律完全被实证化的地方，人们还会看到，只要规范仍生效，规范便是生效的。如果其缺点被证实或优先性发生改变，规范也会被改变。但只要它仍生效，顺着它走便没有风险。

但结构产生于操作，操作乃是时间点连接的事件。因此，规范并非理性自我阐释的结果，而是在已被结构决定的自 64
生系统中形式生成的结果。各种事件诱发了预期，这些预期被进一步归因于境况而被遗忘，或人们只记得与境况相关的部分。在特定的情况下，预期也可以被普遍化，并为了对抗失望的危险而被保护起来。如今我们要关注的问题在于，这一切的发生不能没有现实与社会性方面的规定。这些预期必须得到一种形式，以便人们能反复认识，并能够区别出符合与违背的行为。此外，人们也有社会性问题，虽然他者可能有一些完全不同于打算遵循规范或打破规范的东西，但自我的预期与他者的行为方式还是以合法 / 非法的模式加以联系，也许他者的所作所为只是一时兴起，为了满足一个需求，或为了引人注目等。那么，规范化的时间约束所产生的效果，便拥有了现实方面与社会性方面，而只有并只要当这些效果都受到重视，人们才可以将从中诞生的形式称为法律。[9] 换言之，当系统与时间相联系的时候，这个选择性系统便会在内容与社会形式上发挥效果，如此这个系统才是可能的。法律就是这样组合性选择的结果之一。

一旦区别的机制是可用的，一个法律系统便脱颖而出，同时也被压缩成一种独特的法律文化。一个对此而言不可或缺的前提是，合法 / 非法的双重符码能够在系统法律规范与行为方式的所有变革中持续存在，而这一系统有别于其他系统之所在，正是这一切都涉及“合法或非法”这个问题。那么，一个如此这般的系统以其自身行动收集经验、自我纠正乃至过度自我纠正，这正是通过更进一步的自我雕琢和人们进一步发展的各种区别（比如所有与占有、租用与租赁、错误之间平衡的不同形式），这些区别仍只有专家在他们的意义与
65 实践结果中才是可理解的。这反过来要求传授法律，这种传授也造就了之后被罗马人称为“制度”的东西，并将先前作为斗争手段而发展起来的诉讼权（actiones）转变为系统中相互协调的概念。关于对法律上合适的形式的使用，也就是只

9　在这层意义上人们能够言说在时间、事实与社会上一致的期待普遍化。参见《法社会学》（Niklas Luhmann, *Rechtssoziologie*, 2. Aufl. Opladen 1983, S. 94 ff.；中译本参见尼克拉斯・卢曼：《法社会学》，宾凯、赵春燕译，上海人民出版社，2013，第 129 页）。

有通过自主化，才能从外部改变法律系统，也只有在这层意义上，法律系统才是自治的。然而，这一切都没有改变出发点的前提，正是这一前提让这样的自我演化成为可能——既不改变反事实地生效的规范在失望问题上确立的形式，也不影响由二元符码造成的（非此即彼的）刚性（Starrheit）所带来的社会断裂。这种断裂意味着在争议中只有一面是合法的，所以另一面必须是非法的。[10]

这一合法时间约束的社会向度通常被（特别是法哲学家中的理性爱好者们）错误地表达，或至多表达得极其肤浅。这与共识问题无关，与弄清观察者所能确定的理性标准也无关，无论人们是否认可共识。所有这些想法都不能代表二阶观察者。但自从 18 世纪以来，对物质强迫及其对应执行力的常见控诉与这些结论一样浅薄，这种结论描述了一个现实，没有“正确的终点”，而只有暂时的时间约束。更为可信的倒是将问题描述为一个主权问题，就像 16 世纪和 17 世纪常见的那样。一个更值得考虑的范例是罗慕洛斯（Romulus）

10　可以以此对比希腊悲剧的典型手法。在希腊悲剧中，正是对自身法的感知或非法的惩戒导致了一系列行为，在其中法同时是非法的，直到雅典石山的最高法院（Areopag）规定，用一种方法区分法与非法。这种方法必须用政治（国家）方式加以保证并将政治社会与家庭社会区分开来。

与雷慕斯（Remus）的案例。[11] 罗马城也因此得到了一堵墙。
66 这便出现了一个问题，人们能否越此雷池一步。罗慕洛斯对此加以禁止。这逼迫雷慕斯决定是服从还是不服从。结果显而易见，这座城叫罗马而非雷慕。人们无法在不限制他者活动的情况下设定规范。每一种时间约束都有其社会性成本。只要人们不考虑社会是结构决定的系统这一历史事实，所有进一步的问题就都是次要的，既无法描述也无法回答。

过去的时间约束规范的规范化具有比今天更广泛的影响。人们也可以设想自然法，这意味着将其建立在规范的自然概念之上。[12] 这一方面是因为法律系统之强烈的差异化，另一方面也是因为自然科学，使得这一自然的概念被打碎了。在这一点上，人们根据传统，根据规范生活方式之优点的可认识性，或根据几百年来的法学经验（人造理性！）加以论证。但人们还是有不可解决的问题，在个别案例中，只有当

11 请参见马基雅维里的《论李维前十书》（Niccolò Machiavelli, *Discorsi sopra la prima Deca di Tito Livio I*），引自作品集（Opere, Milano 1976, S. 148 ff.）。

12 法学家特别是法哲学家至今仍在讨论“自然法”，这一点必须特别标注。这关系到一种并不与通常自然概念相协调的语言用法，法学家以其遮蔽了其职业的剩余风险。

其他人也不遵循规范的时候，不遵循规范才看起来很合理。[13] 如果从一个人类学意义上个体的理性理解出发，不衡量各自的优缺点便接受法律规范，仅仅满足于时间约束的社会性成本，这看起来似乎并不合理。人们如今用搭便车的比喻来评论这个问题。如果人们无视这一扩张趋势，那么规范中苛刻成分的问题将仍然存在，这指的是那些将各种情况下可欲且有利的行为都视为违法的规定。

自然概念或普遍化传统的功能部分地被统计学所接受，这种统计学则致力于寻找不符合个别情况，却适用于大范围 67
与整体的佐证。这些功能部分地充斥着实证法的惰于改变（Änderungsträgheit），部分地充斥着无视持续违规的状况而对规则效力的固执。所以，人们放弃了为生效寻找理据，满足于要求行为限制并在足够的范围内执行规定。

这样的限制可以被视为自身复杂性的建立与一种特别功能系统的独特动力学的前提。但无论多么复杂、迟缓、发散，无论将非理性翻转过来的理性或在两个方向上同样达到极端

13 参见休谟对这一主题（并不非常令人信服）的处理（David Hume, *A Treatise of Human Nature Book III*, Part II, Section I, II, Everyman's Library, London 1956, Bd. 2, S. 184 ff.）。参见《边沁与普通法传统》（Gerald J. Postema, *Bentham and the Common Law Tradition*, Oxford 1986, S. 134 ff.）。

值的理性多么值得大书特书，不可改变的是，法被压缩为一种时间约束的特别形式，它解决了其对应问题（无论人们怎么评价个别法律与决定）并忽略了时间约束的其他问题。因此，我们完全不能对合适的法律形式能够解决风险问题抱有期待，只要风险问题还是时间约束的问题。而在风险的情况下，人们不可能去联系一个他们如今便能确定他者将如何行动的未来。人们无法将风险逐出门外。

如果指望法律能够预设风险，那么这只能以一种方式发生，那便是以是非判断将之去时间化（detemporalisieren）。或换言之，诸如判决效力或法律效力这样的符号必须被“有约束力地”置入，而不用考虑未来是否会证明决定是对是错。这恰恰是对规范判定的典型顾虑，让我们如今能够知道，人们能在未来坚持哪些期待。

然而，如果以决定所预见的结果来为决定设立边界，这便违背了中立原则。虽然它能在形式上产生效果，但在其根据中却混进了自相矛盾的寄生物。所以，一方面决定持续生效，因为它预见到特定的未来后果，或特定的未来至少可以为决定辩护——在立法层面与司法层面都是如此；另一方面，
68 效力的符号表明了这两者并无关系，即使未来与预期迥异，

未来证明决定是错误的，决定还是会生效。在此，虽然法律可以通过新决定的程序来施加帮助，但这并不能改变——回过头去看——变更的决定是建立在错误的预期上，决定在法律上的后果如今已经是已然流逝的过去，不能再被认可。

结果判定（Folgenorientierung）是如今为决定辩护之时使用最多，甚至唯一掷地有声的原则。[14] 对此的所有批判都遭到拒斥。如今没有人会站在康德的一边，相信："对感觉而言，经验中行为的后果只能教会我们愉快或不快，并以此

---

14 请参见《司法结果判定："政策分析"与社会控制论——对克服法律系统中结果判定的方法与组织的思考》（Thomas W. Wälde, *Juristische Folgenorientierung: „Policy Analysis" und Sozialkybernetik: Methodische und organisatorische Überlegungen zur Bewältigung der Folgenorientierung im Rechtssystem*, Frankfurt 1979）与《法律结果与真实结果：考虑结果能在法规形成与概念形成中扮演什么角色？》（Gertrude Lübbe-Wolff, *Rechtsfolgen und Realfolgen: Welche Rollen können Folgenerwägungen in der juristischen Regel-und Begriffsbildung spielen?*, Freiburg 1981）。同样在普通法的法学学说中更多指向个别决定的讨论已经明确地把握了问题，并部分地对限制内在于法律结果的需求做出反应，但作为补充这拉近了同样并非不成问题的"习惯道德"。比如参见《法律论证与法律理论》（Neil MacCormick, *Legal Reasoning and Legal Theory*, Oxford 1978）、《结果》（Bernard Rudden, Consequences, *Juridical Review* 24 [1979], S. 193–201）、《法律决定及其后果：从杜威到德沃金》（Neil MacCormick, Legal Decisions and Their Consequences: From Dewey to Dworkin, *New York University Law Review* 58 [1983], S. 239–258）。如今一种对法律的经济分析理论恰恰是在美国普通法的苗圃中得到滋养的，一个先前在理论上相对供应不足的领域与对结果计算的禁令在起作用，把争议转移到这一计算方法的问题上。就此以一种极其激进的方式在真正有风险的地方寻找理性。

提供智慧的准则。但并不能从中理解法与义务的概念。”[15]用康德的话说，法律实践的附带后果这一事实及其实用的智
69 慧是不可忽视的。但从逻辑上看，这导向了法律的一个矛盾的根据；而从社会学角度看，这是一个征兆，意味着法律被指望用于接受与加工那些打碎规范性形式的风险。

转向结果判定及其成问题的想象性未来或多或少地影响了所有法律。[16]但此外还是存在一些特别的问题，人们能就此直接观察到风险指向对法律的入侵。比如，责任法及其框架下的无过失责任（Gefährdungshaftung）。问题在于，一个行为若被允许，即是合法的，但在存在损失的情况下仍然要承担补偿损失的责任。[17]这一立法的理由是，在现代的关系

15 参见《自然法教科书》（Johann Gottlieb Buhle, *Lehrbuch des Naturrechts*, Göttingen 1798, Nachdruck Brüssel 1969, S. 51）。

16 在刑法中当然存在保留权力，比如参见《在刑法注释中考虑结果》（Winfried Hassemer, Über die Berücksichtigung von Folgen bei der Auslegung der Strafgesetze, *Festschrift Helmut Coing*, München 1982, S. 493–524）。

17 参见经典专题《无过失责任的基础与发展：关于赔偿责任的改革及其在一般司法的思想中的再分类的论文》（Josef Esser, *Grundlagen und Entwicklung der Gefährdungshaftung: Beiträge zur Reform des Haftpflichtrechts und zu seiner Wiedereinordnung in die Gedanken des allgemeinen Privatrechts*, München 1941），针对新的环境政策则可以参考《环境风险与责任调整：在立法政策方面》（Michael Klöpfer, Umweltrisiken und Haftungsregeln–Rechtspolitische Aspekte, in: *Zeitschrift für Umweltpolitik und Umweltrecht* 11 [1988], S. 243–258）。

中，若不这样规定的话，人们会禁止越来越多的行动，也就是必须违法行事，即使在典型的未预料到损失的过程中也是如此。换言之，这关系到一个可能的施害者免于却也放弃了计算其风险。然而，这样便触动了合法 / 非法这一泾渭分明的符码，并限制了其指导价值。相比于诸如“损失归所有者承担”（casum sentit dominus）或“行使自己权利者，不害任何人”（qui suo iure utitur neminem laedit）这样的传统教条，人们如今必须面对合法利益的碰撞，这些利益都无法被浮泛地归为合法或非法，而是取决于损失发生或未发生这一偶然。而先前的合法利益与双方损失平衡的问题之间的碰撞，这一
特殊问题很少有例外[18]，风险问题对作为先前的临界状况的 70
法律的入侵具有非常普遍的意义。就像结果判定一样，人们对此也留下了一个印象，即通过法律的形式来对未来进行想象，法律被过分高估了，并且它依然在致力于寻找一种一定

18 一个知名的例外是征用法。在市民法中更为意味深长的还有紧急状态法。对于后者（考虑到类似应用的可能性），请参见《法律行为中的合法利益冲突与损失替代义务》（Rudolf Merkel, *Die Kollision rechtmäßiger Interessen und die Schadensersatzpflicht bei rechtmäßigen Handlungen*, Straßburg 1895）。值得注意的是，这种情况下已经给出对“利益衡量”必要性进行详细讨论的动机（a. a. O. S. 49 ff.），仿佛在法律无法用区别合法与违法行为的严格形式做决定的时候，法学很少可以准确表达的衡量方式总是（如今过度地）发挥作用。

程度上可以判决的形式。鉴于问题的情况，我们回到这个问题，政治是否并该如何在法律形式下，通过重铸来摆脱自身的风险，或至少延缓到法律规章再度问题化的时间节点上。[19]

III.

在稀缺的情况下，这就关系到一个完全不同的未来问题，因此也关系到一种完全不同的时间约束。只要满足需求的手段极其稀缺，人们确保满足的途径便不仅是为了今天，还是为了明天与后天。但稀缺本身便意味着占了（古典的术语是 occupatio）别人的道。如果明天开始，把道让给他人却可以占另一条道的话，这一切还可以容忍。但每个人越是尝试让自我在长时间内摆脱稀缺，就意味着对他者来说既定量中的稀缺便越强。就此而言，如果人们将稀缺理解成一个社会性
71 问题，那么稀缺便成了一个悖论：稀缺越少（对其中一人而言），稀缺便越多（对其他所有人）。[20]

19　参见本书第八章第 5 节。

20　详见《社会的经济》(Niklas Luhmann, *Die Wirtschaft der Gesellschaft*, Frankfurt 1988, S. 177 ff.; 中译本参见 N. 卢曼:《社会的经济》，余瑞先、郑伊倩译，人民出版社，2008，第 124 页)。

而这尚未耗尽问题的循环性与增值能力。当人们发展异地贸易并担忧销售市场的时候（比如毛皮交易），先前当地商品用以自我供应是绰绰有余的，如今却变得稀缺，因为如今人们以此牟利，即去除了其稀缺。当人们转移到有组织的工业生产时，必须关心资本，这意味着将之从消费中抽取出来。如此便产生了持续的新稀缺，包括机会的矛盾稀缺，去做人们完全不愿做的事，也就是去工作。从这一点描述经济的变革特别是货币经济的变革，便是过剩与稀缺的增殖。

社会上的稀缺是一个社会性问题。人们是在商品数量的边界这一现实维度上体验到这个问题的。但如果不是存在非均匀分布的可能性，且不平等的增加（诸如自古以来便确定的所有权理论）并非合理，那么人们还是能够理解，因为这提供了发现与利用社会经济潜能的更好可能性。相比于法律状况，稀缺状况下的时间约束提供了更强的社会张力，虽然时间约束负责建构一种复杂、有效、根据自己标准的合理社会秩序。

关联着稀缺问题而发展起来的机制，便是所有制。就此人们首先联想到这是一个法律概念，而在欧洲大陆的法学传统中，甚至会联想到一种定义非常狭窄、近乎赤裸的占有，有别于使用权、需求等，而在这些限制内则是一个作为权限概念而扩展的概念。对我们的思考而言，这遮蔽了规范性的时间约束与有关稀缺的时间约束之间的基本差异。自中世纪晚期以来，处置权（dispositio）成为所有权概念的核心状态，
72 而非对物的使用与享受的权力。稀缺矛盾在一定程度上嵌入了所有权概念，因而所有权的主要意义变成了能够获取、转让与委托。这样这一机制才适应了货币经济，同时也产生了一种独特的经济理性，这与货币或财产的所有权上的有 / 无形式相关，并在这一对立之上进行持续的自我控制。为此，法律的结构转型也不可避免，但结果并不是存在于与立法深思熟虑地打交道中的法学理性，而是在过剩与稀缺的矛盾这一语境下，在一种未来预料的巨大改善的意义上的经济理性。

特别是早期现代社会曾在两个面向上将自己理解为法律机制——统治（dominium）与主权（imperium），这便为 19 世纪社会与国家的分离做好了准备。[21] 如果做一个世界性的比较的话，那么我们便能从中看出这表现了在经济与政治

21　关于 17 世纪和 18 世纪作为社会正当性神话的所有权理性，参考《一开始不存在非法》，收录于《社会结构与语义学》第三卷（Niklas Luhmann, Am Anfang war kein Unrecht, in ders., *Gesellschaftsstruktur und Semantik* Bd. 3, Frankfurt 1989, S. 11–64）。

问题的关系中，法律规范到了极不寻常的程度。一般情况下，人们都预设是家庭（而非法律）确保了所有权。中国就是一个典型的例子。但即使在古典时期，人们都非常强调经济（oîkos）与政治（pôlis）的区别，哪怕他们并没有将这一区别归因于法律形式。暂且不介入这一问题的细节，我们只要抓住时间约束的两种形式之间的异质性，特别是社会性后果问题上的区别。那么这就造成了区别，无论人们是否感受到他人所预判的规范的设定并做着通过参与而正当化的美梦，或无论人们是否在他人日进斗金时忍饥挨饿。

如今社会学家仍倾向于给这一社会发展的后果命名，而18世纪和19世纪的欧洲社会已经自我命名了——要么是“市 73
民社会”，要么是“资本主义社会”。这些概念部分地被用以度量层积社会的陈旧模型，部分地被用以过度强调诸如资本形成的必要性这样的个别要素。从理论上来说，这些概念作为历史概念并无多大帮助。但在我们的语境中，重要的仅仅是适当地了解其中的革命性成就，这构成了与我们相关的现代社会之结构性规定。即通过法律国有化而产生的管理潜力的强力扩张，以及同样通过所有权的货币化而产生的经济可能性的巨大扩展。这两种情况都被置入了一种技术上占优的二元符码化。政治力量（其符码是：管理 / 被管理，而在管理的这一面则是执政 / 在野）被作为法治国家（Rechtsstaat）而加以改造，结果是法变成了政治意志转化的技术工具，但同样也充当了这一意志的纽带，反过来只要在法律中，任何个人便能利用国家权力去实现其合法要求。与此相平行的便是所有权的货币化，这不再只取决于有 / 无这对符码，也取决于在经济交易的背景下，人们是否决定支付一个特定价格。这次二元符码化将所有的所有权置于流动的可支付形式，并首先让消费或投资成为可能，不仅可以消费或投资已有的财产，还可以消费或投资信用。这导致富裕者（富裕的人、富裕的国家）的债务储备急剧增加，也赋予了理性计算领域的经济可能性，这种可能性是之前无法达到的。[22]

这样的调整与财政化的结果是不能被直接看见的，如今
74 它则导致了风险政策与使用相关的法律手段和财政手段相关联，也就是说，为了调解或预防过度冒险行为而立法，或为了更不冒险但也许更昂贵的科技，或为了相应研究、保险与

22　因为我们频繁谈及理性计算，在此应该记住，这并不意味着理性计算没有造成过错误。恰恰相反！但联系到错误的固执（resilience）会增加，首先是在那些极大的组织中，尤其包括我们称为“国家”的组织。

补偿而采取货币手段。恰恰由于这些手段的成果斐然，这一切的发生极其可观。然而，我们的主题是在风险中处理完全不同类型的时间约束，所以人们也应该首先掌握这一问题的新颖之处。

IV.

在 18 世纪，伦理上的功利主义借助于对行为可能性的特定假设，既挣脱了宗教，也挣脱了 17 世纪道德学（science de moeurs）的心理学并发症。最重要的假设是，存在一个行为可能性的巨大领域，人们可以在其中自行其是却不伤及他人。在这个领域中人们可以以道德上无可挑剔的方式行动。这个领域借助于契约自由得以扩展，而所允许的伤害并不算在内。契约发挥了对可能缺点进行补偿的作用（比如通过财产支付），它同样也是行为领域内共识最大化的形式，在行为领域内，行动的优点与缺点在社会中不平衡地分布着。这样的整体安排当然预设了对未来优点与缺点的可预见性，并被针对错误而展开的常见法学技术所补充（契约申诉、解约、执行的不可能性、契约落空、缔约意志的解释等）。也存在一些形式可以用来考虑未来不同于预期这种情况。但这些附加机制像例外一样支撑着一项原则，即存在着巨大的行动可能性领域，如我们今天所说，人们在这个领域中能够按照帕累托最优[23]（pareto-optimal）行动。现代宪法的所有自由保证都建立在同样的前提之上。社会的理性重点以此被转移到
75 个体行动与协调合作之中。这不再被预设为人类的自然本性。而诸如旧社会秩序改革这类的革命化，其意义恰恰在于让社会机构适应这一原则，而非像以前一样，将之视为人类自然本性的表达，仿佛亘古不变一般。

但这一被“自由的、自由主义”（liberal, Liberalismus）之名所掩盖的前提是否完全站不住脚？是否不存在每个人无须伤及他人便可以自行其是的情况？

随着一场从道德理论（伦理）向政治的独特转移，人们在“家长制”这一关键词下发现了类似的讨论。[24] 这里的问题在于，当不涉及其他人的时候，政治的任务是不是保护

23　资源分配的一种理想状态，即在人与资源既定的情况下，无法在没有其他人受损的前提下再改善某些人的境况。——译者注

24　参见《家长制》（Rolf Sartorius [Hrsg.], *Paternalism*, Minneapolis 1983）与《家长的干预：善意的道德界限》（Donald Van De Veer, *Paternalistic Intervention: The Moral Bounds of Benevolence*, Princeton 1986）。

个体免遭自己伤害。难道这不是意味着将个体视为未成年人吗？[25] 但是如今，因为所有人都是受保护的，拥有在紧急情况下获得帮助的权利，这看起来并不存在纯粹自我伤害的情况。此外，若某处总是出现成问题的行为、病理学行为、非理性行为，乃至只是讨人厌的行为，至少社会学要找出其社会原因并不难。

我们回忆一下：行为与行为后果是归因问题，通过归因才是可见的。但当社会结构发展导致归因习惯与归因敏感性发生改变的时候，又会发生什么呢？先前决定从未出现在社会的观察视野中。如果决定在此出现了，又会发生什么呢？如果自明性被消解，而必须被决定所替代，又会发生什么呢？

直到最近，对这里所暗示问题的讨论才受到另一个视角 76
的引导。这首先关系到一种生产能力，关系到社会关系的可行性（Machbarkeit），关系到可规划性与这一可能性的界限。[26] 在现代社会 300 年的经验中，可行性中的信念在矛盾地同时

25 家长式政治在哪里风行，那儿就常常是人类还需要解放的论调大行其道，这并非偶然。

26 人们同样在关于技术与其他风险的文献中，发现了这一关切与可行性。比如《与不确定性打交道：解释社会的可塑性》（Adalbert Evers/Helga Nowotny, *Über den Umgang mit Unsicherheit: Die Entdeckung der Gestaltbarkeit von Gesellschaft*, Frankfurt 1987）。

增长（首先要感谢技术的发展）与降低（首先基于政治经验）。靠着预测生存的整个科学特别是国民经济，都仍然如此强大，如果预测不符合，就必须以新的预测加以修改，若还不符合，便再进行修改，直到符合为止。同样，政治科学不能放弃将政治理解为一个目的导向的（zielorientiert）行为，虽然越来越多的问题出现在不曾预料的附带结果中。[27] 我们可以将这一关注方式描述为一阶观察，并赋予其自身主观性的权力，那么人们便能看到这一点。然而，从二阶观察的视角来看，生产、计划、行为都是一次归因的人造产物与被观察的结果，人们能够以这种思路联系到题设，而这在一阶观察中是不可能的。

行为者相信，他们能对他们的意图负责，并将行为结果置于掌控之下。所以他们设定规范，插手稀缺商品的分配。接着便出现了一系列针对失败的解释：错误、复杂性、第三方干预或甚至真正的意图在计划阶段已经出现阻碍。再重复一次，对于一阶观察者（即行为者本身）来说，这也许是可

---

27 批判性的讨论，参见《政治调控》（Niklas Luhmann, Politische Steuerung: Ein Diskussionsbeitrag, *Politische Vierteljahresschrift* 30 [1989], S. 4–9）以及夏普弗（Fritz Scharpf）对此的进一步回应。

以接受的。一个不舒服的世界总是能给出令人舒服的解释。而在二阶观察的层面上，人们不仅看到这一切，还会将接下 77
来的所有一切当作他人的决定加以观察。这可能导致目标的分歧，并就此转向政治，这一点众所周知。对我们的主题而言，另一方面更为重要。一个决定者的观察者看待决定的风险，会不同于决定者本人，而之所以如此，仅仅是因为他自己并未处于决定情况下，并未遭受同样的决定压力，不用以同样的速度做出反应，特别是，他并不分享与决定者自身同样程度的决定红利。

一阶观察者能见其所见。二阶观察者能看到一阶观察者如何观察，观察到什么。行动者看到的情况包括诸多机会与条件，所以才一如他所行动的那样去行动。二阶观察者看到了行动者的个人特征与他所理解情况的方式之间的关系：忙乱、忧虑、神经质、鲁莽、考虑周详或甚至深陷于社会的压力、顾虑与利益网络之中。社会心理学的归因研究首先重点强调这一行动者 / 观察者的差异[28]，然而随着研究的继续又必

28　参见被人广为引述的《行为者与观察者：行为原因的扩散感知》(Edward E. Jones/ Richard E. Nisbett, The Actor and the Observer: Divergent Perceptions of the Causes of Behavior, in: Edward E. Jones et al., *Attribution: Perceiving the Causes of Behavior*, Morristown N. J. 1971, S. 79–94)。

须加以修正，因为太多变量共同发挥作用，也因为抽离迥异的情况类型去概括出社会心理学的规律性是非常成问题的。无论如何，在视角的分歧中仍存在一种认识，而为了直面一个不确定、尚未规定的未来，人们总是要在当下（这意味着同时地、同样不可沟通地）采取某种视角。一定程度上，当人们感到未来是取决于决定，而决定又是冒险时，这一视角差异会更加强烈地发挥作用。我们假设，这一视角差异以一种无法被沟通填补的方式产生，因为沟通的参与者既在行动
78 也在观察——当着观察者的面言说，或在可以言说时沉默，从中产生的这些信息又只能有极小一部分反过来变成沟通的对象。在牢固结构化的社会秩序以及过去与未来关系变数极少的情况下，这一问题只发挥很小的作用。规范化与稀缺道德足以为人们直接提供指导。[29]那么人们只有不多的场合能根据动机来观察他人。[30]人们几乎可以说，人们不需要动机，

---

29 参见《农业社会与有限商品的图景》(George M. Foster, Peasant Society and the Image of Limited Good, *American Anthropologist* 67 [1965], S. 293–315; ders., *Tzintzuntzan: Mexican Peasants in a Changing World*, Boston 1967)。

30 从这个语境来看，忏悔的制度化是一个重要且影响深远的例外。参见《忏悔社会学与制度化自白的其他形式：自我主题化与文明进程》(Alois Hahn, Zur Soziologie der Beichte und anderer Formen institutionalisierter Bekenntnisse: Selbstthematisierung und Zivilisationsprozeß, *Kölner Zeitschrift für Soziologie und Sozialpsychologie* 34 [1982], S. 408–434)。

目的就足够了。直到17世纪文学以及之后的小说中才展现出完全不同的景象。那么，各种目的的选择及其自然正确性的缺失便成为问题。

这些思考把我们带入了主题，即风险的时间约束形式对一种新颖的情况做出反应，在这种情况下，时间维度与社会性维度的张力关系抛出了新颖的问题。这当然不意味着，规范与稀缺的调整失去了其意义。这只是附加了一种问题形式，这一问题形式不再能满足于建立在法律与经济上的精微答案。从表面上看，这是一种（常常过度地）对法律、所有权、货币以及所有不平衡的理性进行批评的自我表达，仿佛所有这一切都可以通过一次革命或者其他方式加以废除一样。更现实地来说，要怀疑这种期望，但同时也要清楚地看到传统形式的生效界限，并聚焦于当今社会中各种未来视角与时间约束形式的新颖之处。

人们总是能够建立规范与稀缺调节，值得争议的是相应 79
的理论需求却衰竭了。对一种社会秩序的需求提供了一种终极的、赋予意义的视角，即使在人们疏远了靠宗教赋予意义之后，也同样如此。尝试建立规范联系与稀缺调节的各种理论可以建立在对应契约的明显优点之上。[31] 风险的未来形式看起来暗示了一种完全不同的现实性关系，因此人们既不能将之安放在规范化上，也不能将之安放在分配秩序上。风险并不反映秩序需求，而是反映一种不幸。这与一种对生态问题的强烈感觉联系在一起，绝非偶然，这也就是社会能够通过自身的行为在其环境中自我建立到何种程度的问题。不存在一个终极机构可以让人卸下被称为“风险”的不确定性，即使是“不可见的”机构也不存在。只存在差异、区别、形式，人们能以此表达这种不确定性。事实可能是，在这一业已呈现出来的语义学发展中，这一差异 / 偶然性 / 不确定性的并发症，将破坏与消解那些仍在使用中的规范性的和功利主义经济式的理论依据。

31　也许关于这一思想最值得注意的文稿，既不是建立在宗教阐释之上，也不是建立在社会契约之上，甚至绝不是建立在共识之上，而是只建立在容易理解的优点之上。参见休谟的《人性论》(David Hume, *A Treatise of Human Nature* Book III, Part II, Section II, a. a. O. Bd. 2, S. 190 ff.)。这里的原则是“戒取他人的所有物”(S. 196；中译本参见休谟：《人性论》，关文运译，商务印书馆，1980，第 540 页)，也就是稀缺的调节。对休谟来说，这同时也是所有规范性调节的基础。但这里预设了一个显而易见的前提，即社会协调问题的答案已经近在眼前或甚至已经在社会中被实行了。但在风险认同中人们不能做出同样的预设。

V.

比较研究则有理由把问题表达得更为抽象。从时间受到社会成本、不公正与不平等的束缚这一点来看，人们能够既 80
从历史也从现实来比较社会系统的结构组成。相比常见的并在历史中更多被回溯到的时间约束之结构形式，出现了一种新的、无法被归类的并因此——也许仅仅因此才——受到理性怀疑的新形式：风险接受的形式。

人们通过接受风险获得了机会，否则这些机会便会白白流走。首先这不是特别令人激动的规定。就像看上去那样，这取决于行动者是否勇于进取。只有当社会构成自身接受了这一功能，并建议、迫使自我接受风险且加以普遍化，或甚至吸收了潜藏在许多模糊的个别决定中的风险时，这个问题才在一定程度上获得了其社会理论意义。

这样的结构发展潜藏于平等与自由的委婉庇护之下，并受其助长，人们并未观察到传统的理性工具是如何无力满足处理接下来问题的需求。平等意味着，为不平等的生成辩护，并将之视为一个决定，更确切地说，通过决定加以阻碍。自由意味着，将之设定为个体与社会能够以可以容忍的方式彼此相处的前提。因此，自由的意识形态包含了一个对风险进行社会调整的隐蔽规划。直到技术发展的生态风险这一轰动情况的产生，社会在多大程度上受到被自身释放甚至强迫的东西的影响，才引起了人们的注意。

在这方面，风险是针对未来规划的一种完全特别的形式，未来则必须被可能性 / 不可能性的中介所决定。法律规范的确立或对稀缺商品的占有为未来确保了一些特定的东西，但其本身及其现实化在大多数时候也会遭受危险。相反，人们恰恰是以风险的形式利用了未来的不确定性，也同样利用了自身的无知，这是为了能够赋予现代一种可以通过未来的现在加以确证或反驳的形式。未来只能以一种或另一种方式变成现在，但无论如何只能以一种特定的方式变成现在，未来
81 也就被赋予了一种虚构的形式，仿佛绝不会发生，也就是可能 / 不可能的形式。这才创造了一个供当下许诺的回旋余地，同时也是供社会对这种许诺理解或不理解的回旋余地。人们期望自己与他人认同可能性 / 不可能性的规定，而一个附加的论据是，面对未知的未来，完全没法用其他办法达成认同。人们只能冒险地做决定——或者等待。而这种风险形式意味着，等待也是一个冒险决定。

总结一下这些简短的思考：我们可以将“风险”理解为在可能/不可能的中介形式下生成的一种形式。这一中介自身是一个两面形式，让从一面到另一面的过渡更为容易。人们可以提高或降低满足可能性/不可能性的要求，对某人来说满足，对他人来说可能不满足。就像可能性的整体概念一样，每一种尺度都是虚构的，因此也是无约束力的——只要尺度与关于未来的陈述有关。同样因为这个原因，在这一中介中确定形式是相对轻松的，因为人们可以确定，没人已经生活在未来，因此没人更加了解。这种轻松绝不意味着，要达成共识或对预料风险达成共识是轻松的。因为以可能性的中介轻松地达到形式耦合，不仅有利于想要沟通分歧的人，同样也有益于想达成共识的人。这一社会性维度的整体情况提供了一个大的平衡，或至少给不同于规范或稀缺的情况提供了其他位置，这种耦合才能固定下来。这既无关正当化（Legitimation）也无关分配（Verteilung），因此当关系到以风险形式塑造时间约束的特征时，人们应该避免这些术语。

四、观察的风险与功能系统的符码化

I.

未来是无法观察的。亚里士多德曾经对此发问，如何可能以真伪这样的知识符码来判断未来呢？答案显而易见：人们必须让判断留在未定之中。虽然真 / 伪这组二元符码是普遍的，但对未来突发事件(contingentia)的决定如今尚未做出。[1]这偶尔被阐释为第三种逻辑价值的必要性，也就是未决定的价值。[2] 人们也可以宣称，区别现在的未来（预测的时间）与

---

1 参见《解释篇 9》(*De interpretation 9*)(译按：篇中亚里士多德以"明天的海战" [18b20-25; 19a23-39] 为例，试图说明为什么存在未来或然事件，即在何种意义上，尽管"明天有一场海战"这个判断必然或真或假，但是明天并不必然地有或者没有一场海战。这个问题的产生和古代哲学家们对模态概念的时间性理解相关。)及其后的作品，特别是中世纪文学(de futuris contingentibus)。

2 首要的便是波兰逻辑学派的刺激，特别是卢卡西维茨(Lukasiewicz)。请参见《三值逻辑与未来偶然性》(Arthur N. Prior, Three Valued Logic and Future Contingents, *Philosophical Quarterly* 3 [1953], S. 317–326)；《"多值"逻辑理论》(Gotthard Günther, Die Theorie der „mehrwertigen" Logik, in ders., *Beiträge zur Grundlegung einer operationsfähigen Dialektik* Bd. 2, Hamburg 1979, S. 181–202)。

未来的现在（事件发生的时间）是必要的。然而，这一般在传统中被简单地视为人的一个认识缺陷。另外，这个问题也并不迫切，因为偶然（contingentia）只关系到独一（singularia）（比如一场海战），而不关系到事物的种与属，也不关系到宇宙本质的结构。

而在现代，首先这个问题看起来就不像一个非常值得担
84 忧的问题。在知识尚不充分的地方，人们便依赖意志与能力。可决定性的缺乏被可调节的过程所平衡。霍布斯仍依照着旧的范式：未来的一切要么被判定为真，要么被判定为假。只要我们不用做出这些决定，我们便称之为偶然的。那么，这便关系到权力与行为能力。[3]但当问题正好处于被解决的地方，特别是必须做决定的地方，又该如何呢？[4]因此未来是不可确定的，不仅因为发生的一切取决于许多已知和未知的要素，尤其还因为未来与决定过程自身彼此联系在一起，也就是取

3 相应章节，请参见《身体》（*De corpore*）第十章“关于力量与行动”，引自霍布斯的拉丁文作品（Thomas Hobbes, *Opera Philosophica quae latine scripsit* [ed. Molesworth], Neudruck Aalen 1961, S. 115 f.）。

4 关于亚里士多德认为决定自由缺乏一种充分理论，参见《亚里士多德的逻辑与时间》（Charles Larmore, Logik und Zeit bei Aristoteles, in: Enno Rudolph [Hrsg.], *Zeit, Bewegung, Handlung: Studien zur Zeitabhandlung des Aristoteles*, Stuttgart 1988, S. 97–108）。但决定自由的假设给出了答案吗？毋宁说是提出了一个问题。

决于当下如何决定。[5]

鉴于行为（或自由）的理论出路不够充分，我们追溯到观察的概念，这个概念高于认识与行动，其所意味的不外乎利用区别去标示其中的一面（而非另一面）。[6]每个区别都有两面，不多不少。在这个相当形式化的层面上已经出现了双重风险。其一是区别的选择，也就是说用一个特定的两面形式排除其他区别。比如，人们询问是否发生了一场海战而非是否发生了一次歉收。另一个风险是标示区别的一面（而非另一面）。两个风险相互锁定（斯宾塞·布朗将其不可分割 85
性当作在一个区别中标示的动机来使用，而这个区别则是其计算的统一操作者）。那么，这一切都取决于区别的类型：海战而非陆战，海战而非海上贸易。如果人们为可能的海战做陆战的准备，这将是灾难性的（波斯人的错误！），但如果人们认为这是海上贸易也同样如此。为了避免此类在区别中选择一面而非另一面的风险，一个观察者能做什么？特别

5 众所周知，预言实践的智慧教义试图用讲述诸如俄狄浦斯神话来排除决定的从属特点。俄狄浦斯神话这类故事体现了预言的命运恰恰是人们因试图规避命运而做出的决定所导致的。

6 之前已经在本书第一章第 3 节讨论斯宾塞·布朗的“形式的法则”时谈过这个概念。

是观察者如何避免选择一个不让他去标示出关键所在的区别之风险呢？社会学家又如何避免受到资本与劳动的区别所引导的风险，特别是当现实有可能已经很久完全不再取决于这组区别的时候？[7]

人们可以说，答案能在区别之间的区别中找到，但反过来这又只是二阶观察层面的问题。因为各个区别之间的区别与标志也是区别与标志，也就是观察。因此，风险存在于操作结构中，这种结构被我们称为观察。更确切地说，存在于区别与标示之间不可放弃的统一性中；在这种统一性中，所有的标示都必须被置入区别的语境，而人们必须在选择所有的区别的时候考虑标示。所以人们发现自己总是处于形式的一面，在此形式不过是跨越其边界的可能性而已。陆战还是海战，这是个问题。生存还是毁灭亦然。这都取决于人们如何区别人们所区别的东西。但将问题从什么向如何过渡并不能解决我们的问题，只是通过自我套用地自我指涉巩固了这一问题。即使区别的区别也是区别。

7　参见《社会的经济》中“资本与工作：区别的问题”（Niklas Luhmann, Kapitel und Arbeit: Probleme einer Unterscheidung, in ders., *Die Wirtschaft der Gesellschaft*, Frankfurt 1988, S. 151–176；中译本参见 N. 卢曼：《社会的经济》，余瑞先、郑伊倩译，人民出版社，2008，第 105–123 页）。

因此我们必须非常泛泛地从观察的风险出发。这从属于一个区别，这一区别要求从一面而非另一面开始操作，即使 86
另一面同时存在。一开始风险可能看起来很小，因为区别提供了跨越其所标记的边界的可能性。但为了跨越需要人们的进一步操作，还有时间！在滞留与跨越之间，人们应该何去何从？

人们也可以说，观察者必须总是盲目地使用基本的区别。那么谈及风险便是成问题的，因为在我们的措辞中，概念已经预设了一个决定。但是一旦系统拥有二阶观察的可能性——对现代社会及其功能系统而言，在任何情况下人们都能这么假设——那么很明显，人们不能看到其所不能看到的东西；人们受到了其每次使用（因为不可能不区别就观察）的区别的支配，人们只能通过拒斥或认同另一个区别才能逃出罗网，而后一个区别也起同样的作用。而在对观察的自我套用的观察这一层面上，区别变成了风险，而且是一个没有观察者能避免的风险。

II.

出路并不在于为达成确定性而不顾一切代价去做所有事情。这要求超自然的助力，而且人们又必须能决定去哪获取这一助力。而作为答案所呈现出来的东西，则指向了相反的方向。这得依据对问题的认同与加工，依据风险的递增与鉴定。换言之，人们必须与区别合作，而非反对区别。人们可以在现代功能系统的二元符码中找到适用的模型，特别是在这些符码高度技术化的情况下，也就是在这些符码发挥着类似逻辑上对称的交换关联（Umtauschrelation）的作用，并以此提供着一种就负面价值的准－确定选项的情况下。以科学能提供的确定性而言，非真即伪。

87 现代社会以二元符码化的形式认识高度特别的形式，将风险行为拔高、规范化、语境化，因此人们也能将观察归因于特定的符码系统，认识到在哪个风险网络中活动，在哪个风险网络中不活动。甚至当在一种二元符码的语境中处理事实的时候，所暗示的不只有情况的正面价值，还有情况的负面价值。一桩生意可能有利可图，但也可能带来损失；一项研究或真或伪，能够促进声望或在这一点上成就有限。考虑到两种可能性，二元符码将其使用领域虚拟化了。单从符码来看，人们必须假定机会的平衡分布，因为不存在第三种价值能与一面或另一面相联，这一面又能将重量转移。一旦一组符码制度化且行为开始归因于此，这一平衡分布便会失去平衡。这就产生了重量的不平衡。借此，系统被塑造得倾向于利用初始便有利于正面价值的机会。所以只投资预先看来有利可图的计划，就此收集的经验便被以规划的形式反复利用，这一规划则许诺符码价值的正确分配。系统开始学习，并借助于所学之物更有效率地学习。但所有此类努力都取决于符码。这种努力预设了一个符码化系统作为经验应用之可能性的前提条件。这种努力也像规划自身一样少地从一种系统转为另一种。

打破平衡产生了不可逆性。这仅仅意味着它导致过去与未来之间的平衡被进一步打破。[8] 只有在这一前提下，未来才不同于过去，也只有如此风险才是可以想象的。随着社会的 88
分化与语言的符码化，这一合规律性根据语言是否接受或拒斥意义要求而产生了一种社会史。当内在于社会系统的二元

8　众所周知的一个主题《从存在到形成：自然科学中的时间与复杂性》(Ilya Prigogine, *Vom Sein zum Werden: Zeit und Komplexität in den Naturwissenschaften*, dt. Übers. München 1979)。同样参见《出自混沌的秩序》(Ilya Prigogine, Order out of Chaos, in: Paisley Livingston [Hrsg.], *Disorder and Order: Proceedings of the Stanford International Symposium* [Sept. 14–16. 1981], Saratoga Cal. 1984, S. 41–60)。

符码功能系统被分化，这一过程以一种更分离、更迅捷的形式反复出现。对于符码的正面价值、法律、真实性、所有权、体制固定化的权力姿态的选项产生了连接能力，并以此产生了历史。对于各自负面价值的选项则反映了对此生效的前提条件，产生了偶然性，并因此对未来开放。借此，系统原则上必须遭受风险，也不停地遭受风险，只能与其偏爱的价值合作，但这一切都有一个前提条件，那便是要求负面价值也在发挥作用。这绝不保证，过去之事原地停留，而未来一如过去一样——这忽略了不可逆性！

更进一步，对符码系统而言，它绝不会走到尽头。这在原则上是非目的论（ateleologisch）的系统。因为对系统在其自生（Autopoiesis）的递归网络中产生的个别行动而言，总是又会存在正面或负面价值的选项，而只有在预见进一步行动下才能做出决定。这关系到那些系统中每个终点同时也是一个起点的系统——关系到弗斯特（Heinz von Foerster）意义上的非凡的（历史）机械。[9] 但这有一个后果，即对风险评

9 参见《一种社会管理语境下的自我组织原则》(Heinz von Foerster, Principles of Self-Organization in a Socio-Managerial Context, in: Hans Ulrich/Gilbert J. B. Probst [Hrsg.], *Self-Organisation and Management of Social Systems: Insights, Promises, Doubts, and Questions*, Berlin 1984, S. 2–24 [6])。

估而言，不存在规定的时间向度。封闭系统的未来是开放的，因此必须准许其存在的风险在原则上无法计算。

符码是抽象且普遍应用的区别。虽然区别表达了一个正面
价值与一个负面价值，但并不包括对正确分配的建议，要么是
正面的价值，要么是负面的价值。比如，真相并不是真的标准，
而所有权也不存在标准问题，无论值得与否。只有在对积极与 89
消极选项坦诚这一前提条件下，一个社会性系统才能以一组符
码自我鉴定。如果这发生了，那么便意味着系统将所有以自身
符码为导向的行动识别为自己的行动，并对其他行动都加以拒
斥。那么系统与符码便是紧密相连的。符码是一种系统用以区
别自身与环境并组织自身操作完整性的形式。

另一方面，一如我们所感觉的那样，对决定的这一开放性导致风险的自我准入（Sich-Einlassen）。在考虑其中一种或另一种价值的问题中，系统无法保持中性，因为系统以决定产生了对自身操作的连接能力。只有当诸如合法或非法、真或伪、患病或健康等这些问题得到决定或至少是可决定的之时，系统才能从中得出结果，并以此在系统内行使与此相连的确定性红利（Bestimmtheitsgewinn）。系统只有如此才能知道，自身能建立一种秩序，以界定与排除系统内的接下来的事物。

反过来，系统无法控制的环境一直是一个冒险的决定。

区分二元符码的功能系统为其排除了外在于系统的决定标准。而这仍然起作用是因为一些实际的尝试，试图在“伦理”的乔装下将这些标准重新带入讨论。所以，一个符码化的系统以特定的方式把自己抛掷出来，而这首先意味着找不到理由不使用其符码——诸如不研究一个政治上吸引人的主题，不治愈一场疾病，或当一个法律问题已经浮现时，不审视其合法与否。很明显，社会有很多重要理由这样拒绝其符码，但这些理由在功能系统内部是无法起作用的，或只以一种内部编码的形式出现，比如其作为一种政治问题的教义，首先出现在马伯里诉麦迪逊案中（Marbury v Madison），也就是以最高法院判决的形式出现。

但这样一个处在不放过一次机会原则之下的系统，如何
90 才能以理性自我保持呢？很明显，对理性决定的典型期待，首先被别的尝试所取代，包括批判地提高其形态、减少前提或最终以理性决定的形式描述风险。我们已经在结果判定的法律实践中讨论过这样的情况。[10] 如果人们更进一步，就会

10　参见本书第三章第 2 节。

猜测避免风险的优先性取代了先前的理性决定的优先性。[11] 那么原则就是：像能够与对机会感知相协调那样接受如此少的风险，并期待他者采取相应态度。

从所有这些要点来看，二元符码化可以被理解为系统操作风险性的一种内在递增。符码系统是被解放的系统，可以自由地在其符码的两种价值之间抉择，并不用提前决定其能处理的主题。但在同样的过程中，系统也被迫做出决定，或在实际情况尚未充分阐释时搁置决定，并以一种或另一种形式接受风险。

然而，负担这种普遍权限的形式是一个非常特殊的形式。存在许多彼此之间明显相区别的符码，很少受到来自决定程序的干预，并被系统当作并未预见的“偶然”来处理。因此科学上真的知识不需要是在收益上可利用的价值（而反过来也存在经济上有利可图的工艺是通过之后被证伪的理论所开发出来的[12]）。在审判中得理的人，仍然可能会生病。好的 91

11 参见《理性或风险？》（Dirk Baecker, Rationalität oder Risiko?, in: Manfred Glagow/Helmut Willke/Helmut Wiesenthal [Hrsg.], *Gesellschaftliche Steuerungsrationalität und partikulare Handlungsstrategien*, Pfaffenweiler 1989, S. 31–54）。

12 关于此类情况以及许多技术发展最终对科学的依赖，参见《技术与应用科学》（Mario Bunge, Technology and Applied Science, *Technology and Culture* 7 [1966], S. 329–347 [334]）。

考试成绩绝不能保证职业生涯。一个主题也以跨越系统边界来变换符码，并因此得到新的评价。只有当规范沟通可以区分个别符码，并以此区分个别功能系统的时候，这样的系统才能起作用，而我们的社会也正是一个这样的系统。在普遍主义与特殊性的联结中[13]，存在一个在现代社会中典型的结构特征，这个特征受迫于功能差异，虽然不足以压制地方自治主义者（无论人种学的、国家主义的或教派共同体的），但足以让其看起来是成问题的。[14]

只要这一结构规定还在，便给予现代社会的风险承担一种独特的秩序。一方面，二元符码化增加了所有操作的风险性，而另一种价值总是能被考虑的，回顾时也总是曾被考虑的。另一方面，这一原则将风险性划分为各自符码的两种价值——至少在决定时是如此。可证伪性的著名要求（波普尔）宣称：真命题只与科学相关，只有当人们接受风险时，命题

---

13 这是按照帕森斯的“模式变量”理论来表达的。这一理论的完整大纲，请参见《再谈模式变量》(Talcott Parsons, Pattern Variables Revisited, *American Sociological Review* 25 [1960], S. 467–483)，新版出版于《社会学理论与现代社会》(*Sociological Theory and Modem Society*, New York 1967, S. 192–219)中。

14 在此不能处理这个主题。我们只要记住，这种部落国家主义在固有困难、感情联系与备选项目上的缺乏甚至能够被轻易激发出来，不管能不能与附加的宗教规定联系在一起，而在世界范围内操作的功能系统也能如此轻易接受风险。

才会是伪的。其他情况就完全不允许。科学迫使自身冒险地前行，但前提是自身能决定何为真何为伪。

尽管系统具有完整性，但也完全能够施加传递效应。一 92
届政府如果输掉一场重要的诉讼，这可能是灾难性的。但是否会影响到下次选举，并不属于法律问题，而是属于政治系统内的政治评估问题。社会以此放弃了传统的多重保障与多功能组织，比如负责所有个体生活的家庭及其关系网，或对所有关系都有辐射作用的道德（连道德也变成了特殊符码，附带着提升的风险与有限的风险）。这一放弃就其本身而言，又触发了不可预见的风险，这种风险在一个系统中的个别情况下是可以被接受的风险，却能对其他系统施加不可预见的影响——人们可以想想在微观物理与化学生物学领域科学进步对经济与政治的一系列后果。

换一种方式表达：社会通过普遍化与特殊化鼓励其符码化在功能系统内部接受风险。同时，社会也拆除了一些保障，过去这些保障首先存在于家庭中，并因而存在于层级结构中；社会听任一次中心上并不可控的演化所产生的后果。这能否运转良好，取决于个别功能系统能否忍受其他功能系统的风险决心，并用自己的手段加以平衡。并非不重要的是，所有这些情况都提供了理由，来解释未来为何对我们而言是不透明的，而又是为何它出现在一种很可能不再可控的损失发展之视角下。

五、高科技的特殊情况

I.

如今风险主题如此醒目，以至于社会都自称为风险社会，这首先要回溯到各个领域内急速的技术发展，包括物理、化学、生物领域。相比于其他个别因素，技术可能性的巨大扩展对吸引公众关注风险的贡献更大。相反，之前对新技术的拒斥受到大量理由所支持，包括宗教、道德、意识形态或权力关系这些相关理由，而如今这些理由一开始就出现在风险这个面向上，而这些风险都是人们在容许引进新技术时必然出现的。[1]

对此，一种略显浅薄的解释宣称，在可能的收益与可能的损失上都达到了新的、量化的大秩序。如果人们对比蒸汽

---

1 这当然不意味着，对风险感知与风险认同的量化研究让一种对新技术的社会认同的充分预言成为可能。请参见《超出被认同的风险：关于技术的社会接受性》(Harry J. Otway/Detlof von Winterfeldt, Beyond Acceptable Risk: On the Social Acceptability of Technologies, *Policy Sciences* 14 [1982], S. 247–256)。

机的收益与蒸汽可能爆炸的风险，收益与损失的关系看起来似乎转移到了缺点这一面，类似的主题在 19 世纪屡见不鲜。很明显，人们如今命名为“高科技”的东西[2]带来了真正的改
94 变。然而，就此引发的决定者与受波及者之间对立的戏剧化，对澄清这种关系效果甚微。这只关系到量的摆动吗？但如此的话，与其他事情相比（比如道路交通的严重伤亡数量），对特定量的偏好需要的若不是一种社会学解释，那便是一种心理学解释。鉴于科学知识在技术转化中的发展，首先要验证的是，我们是否能持续掌握科技概念，并以此记录过去到现在的现象。

从这一问题开始，我们确定在技术概念中观察哪些，不观察哪些，而这也决定了哪些原因与效果相互归因，哪些又不相互归因。就像已经在风险概念中所做的那样，我们从设

---

2 我们使用“高科技”而非“大型科技”（Großtechnologie）的表达，是为了与另一种分析相区别，这种分析就比如电话网络或交通网络，首先是强调网状结构，对风险主题兴趣甚微。首先参见《能量之网：西方社会的电气化，1880—1930》（Thomas P. Hughes, *Networks of Power: Electrification in Western Society, 1880-1930*, Baltimore 1983）；《大型技术系统的发展》（Renate Mayntz/Thomas F. Hughes [Hrsg.], *The Development of Large Technical Systems*, Frankfurt 1988）；《“大型科技系统”：技术发展与社会转型联系的一个范例》（Peter Weingart, „Großtechnische Systeme“ –ein Paradigma der Verknüpfung von Technikentwicklung und sozialem Wandel?, in ders. [Hrsg.], *Technik als sozialer Prozeß*, Frankfurt 1989, S. 174–196）。

定形式开始，也就是强调从一面（而非另一面）标记技术概念的区别。

从与自然的区别来理解技术是一个老传统。自然（phýsis）是自我产生并自我过渡的。技术则是一个客体或一种状态的产生，它偏离于自然的自我产生。不同于自然，技术产生的作品在存在上被认为是存在意义上中性的（seinsindifferent）。如果自然在规范过程中被扰乱，就错过了其完美状态。但技术的作品可以是存在，也可以是不存在的。对欧洲思想的开端而言，这些差异是一个宗教问题，而能被归因于人力的东西，则不能被很好地归功于宇宙自身（在原因 [αἰτία] 的意义上进行归功）。[3] 这一差异随着创世时人与耶稣的关系而被减 95
弱。但直到近代以来，这一差异仍保留在对技术理解的指导方针中。在中世纪晚期到近代早期的过渡中，发生了一场深刻的改变，那便是人们的兴趣从“什么”变成了“如何”。[4]

---

3 参见《技艺：从柏拉图到伊壁鸠鲁的希腊思想纪念碑》（Margherita lsnardi Parente, Techne: Monumenti del pensiero greco da Platone a Epicuro, Firenze 1966）；《艺术与德性：智者和柏拉图主义的德性知识》（Jörg Kube, *Τεχνη und αρετη: Sophistisches und Platonisches Tugendwissen*, Berlin 1969）。

4 参见《技术的区别与技术社会学单元》（Wolfgang Krohn, Die Verschiedenheit der Technik und die Einheit der Techniksoziologie, in: Weingart a. a. O. S. 15–43 [insb. 24 ff.]）。

美丽新世界不再只是一个宗教愿景的对象与实践确证的问题，而是一个路径问题：应该如何实现。这与希腊－希腊化－罗马的技艺意识之间的断裂很难界定（只要想想修辞学），但总的来说，这首先是印刷导致的，作为一门技术，印刷乃是“如何实现”这个问题之新颖激进性的主要推动力。在这一基础上，早期文艺复兴恢复希腊－罗马技艺的目标，被实现新知识与新产品的目标所取代。为了仍然能够有信心地实施操作，人们首先将技术理解为对自然的功能联系的复制（培根），或平行于上帝创造原型的行动（洛克）。这就忘却了宗教问题。[5]但因为关系到技术与自然对立的问题，为了能够掌握对立面，自然就在审美与感伤的意义上被提高了。这一思想自身就与技术类似，比如在诺瓦利斯的“外在于空间的一系列连续隔绝”（Freyes successives Isolieren außerm
96 Raum）之中。[6]直到现代构造主义的认识论，技术与自然的

5 这并不意味着我们赞同所谓基督教推动了技术发展而忽略了自然的重要性。作为宗教的基督教最多拒绝宣称技术会导致诸神的挑衅与狂妄自大等。基督教不再让自然区别于技术，而是在与神恩的区别中理解技术，因此仅仅是赋予了技术以自由。

6 参见《1795/1796 年哲学研究总览》（Zusammenstellung Philosophische Studien 1795/96 der Ausgabe von Hans-Joachim Mähl und Richard Samuel, *Werke, Tagebücher und Briefe Friedrich von Hardenbergs*, Darmstadt 1978, Bd. 2, S. 12）。

区别才从原则上被质疑，至少在其认识论领域内是如此。[7]

今天仍能感受到传统所赋予的这一形式所导致的后果。今天被归为“经典”的对技术的思考，要么属于人文科学，要么属于社会科学，因为这些努力都是从诸如精神或行为这类概念出发的，虽然离弃了技术与自然的陈旧对立，但以这些努力所设定的区别仍不足以理论性地把握与统合技术现象。[8] 因此，更加新颖的忧虑通过冒险的技术占据了一块理论上的处女地。那些要求反对技术风险的人将自己理解为自然的捍卫者（他们无视自然的严寒、辐射活动、荒芜与贫瘠）。结果是双方都出现了概念所驱使的僵化。区别变成了争议。自然的捍卫者觉得自己是在号召抵抗技术的入侵。人们已经在塞尚笔下铁路横穿风景的画面中，深刻地认识到自然保卫者的宣言。所以看起来侵犯自然仿佛比忽略这样的侵犯更为冒险——鉴于目前的技术发展状态，这几乎是一个不再值得

7　参见《什么是服务于“人为”自然新系统科学的认识论？》(Jean-Louis Le Moigne, Quelle épistémologie pour une science des systèmes naturels „qui sont avec cela artificiels “?, *Revue internationale de systémique* 3 [1989], S. 251–271)，也可以联系《人工的科学》(Herbert A. Simon, *Sciences of the Artificial*, Cambridge Mass. 1969)。

8　概要参见《社会学与机械：对一种“现实的”技术社会学的建议》(Bernhard Joerges, Soziologie und Maschinerie: Vorschläge zu einer „realistischen“ Techniksoziologie, in: Weingart a. a. O. [1989], S. 44–89)。

辩护的好处[9]；而土豆的培育与收获，特别是通过生物培植方式，比借助于基因改造的生物体看起来更“自然”。一种方式比其他方式要更不冒险得多，这可能是好事，但不能用自然将
97 其正当化。因为最终自然能在进化的过程中产生许多基因构造上不同的生物体，但几乎不可能在一片土地上密集地生长大量土豆。这就是说我们讨论技术的风险时不能联系技术 / 自然这组区别，这意味着，我们要关注技术概念的另一种形式。

这将我们引向一个完全不太遥远的想法，在形式内部，被称为技术的，是一种因果性中介内的功能简化。[10] 人们也

9 参见《对开放用遗传技术影响生物体的法律调控：不确定条件下决定的一个范例》(Karl-Heinz Ladeur, Rechtliche Steuerung der Freisetzung von gentechnologisch manipulierten Organismen: Ein Exempel für die Entscheidung unter Ungewissheitsbedingungen, *Natur und Recht* 9 [1987], S. 60–67 [64f])中作者的批判。

10 随着技术理解的响应扩张，其他媒体会轻而易举地被包括在内。请参见在“行为形式化”这一普遍概念框架下的对比(Joerges a. a. O., 1989, S. 65 ff.)。人们只要想想，经济的计算技术就预设了所有进入计算的因素都以货币识别并被(依赖市场的)价格所决定。这与可比较的程序都预设了在之前章节中评论的二元符码，一种在两种价值间的目光的反复，这通过排除第三种价值来减轻，并在这一意义上将系统操作技术化。而考虑风险分析的技术自身时，也会联系其对价值的量化等价物特别是货币等价物的极其人为的假设。在此问题不再像通常想象的那样，存在于道德是否允许上——关于这个问题请参见《风险中的价值》(Douglas MacLean [Hrsg.], *Values at Risk*, Totowa N. J. 1986) ——而是在于如果这是一种技术，那么简化是否能起作用以及在必要情况下人们如何能够确定其是否起作用。因为风险研究自身很少像企业一样遭遇支付难题，收入与产出不对称。

可以说，在简化的领域内部建立起了紧密的（在一般情况下周期性地发挥作用）耦合，但这一切只有广泛地排除外部要素的干扰才有可能。[11] 因此，人们也可以将技术理解为一种操作领域中广泛的因果性闭合。[12] 那么技术化的结 98
果或多或少是一种因果关系的孤立，它带来了以下结果：过程可控，资源可计划，错误（包括损耗）可认识、可归因。总的来说，人们拥有投入技术的可能性，并不意味着人们已经这么做了，人们只要考虑这一可能性的经济条件。但当有可能的时候，人们也能够从孤立特定的因果过程中获利。

对技术的这一描述并不特别意外，也很少受到争论。当人们关注形式的另一面，即持续的因果过程的内在复杂性

11 相反，自然恰恰利用了松弛的耦合的好处，如今被越来越高看，并被当作一种组织原则提出。参见《在现存系统中的坚持与松弛的耦合》（Robert B. Glassman, Persistence and Loose Coupling in Living Systems, *Behavioral Science* 18 [1973], S. 83–98）；《作为松弛的耦合系统的教育组织》（Karl E. Weick, Educational Organizations as Loosely Coupled Systems, *Administrative Science Quarterly* 21 [1976], S. 1–19）；《组织过程》（ders., Der Prozeß des Organisierens, dt. übers. Frankfurt 1985, S.163 ff., 335 f.）。这再一次体现了技术不能被理解为自然的模仿，而是恰恰相反。

12 《实验、技术以及知识与力量之间的本质联系》（Hans Radder, Experiment, Technology and the lntrinsic Connection Between Knowledge and Power, *Social Studies of Science* 16 [1986], S. 663–683）阐明了科学实验与技术实现之间的异同。

时，才能如此评判这个新的表述。用斯宾塞·布朗的术语来表达就是，针对技术所自我描绘的形式外在一面。因此为一个目的而选择手段（或者一个针对现存手段的目的）的经典问题被挪到了第二位。同样因此，被热烈讨论的“目的理性”（Zweckrationalität）也失去了很多意义。关注理性的其他形式变得不那么重要，要么是描述性的（马克斯·韦伯），要么是投身于此（尤尔根·哈贝马斯）。技术形式完全失去了成为一种合理性形式的地位，那么设定另一种对立的（非技术的、非工具的、非战略性的）理性形式也变得不那么重要。理性的形式（决定这些形式的区别）必须被分门别类地讨论。技术是一种（成功的、或多或少成功的、失败的）装置。在现代社会中增加的技术使用以及根据技术模型（包括自然法、方法论、在其他条件都不变的情况下 [ceteris paribus] 的因果）
99 来描述世界并不意味着对社会的理性进行判决。如果无法区别这两方面变成了特定的欧洲理性模型，那么人们只需要证明其消解，而不需要转向讨论无统治（herrschaftsfrei），比如海德格尔式的动词性声学（Verbalakustik à la）或远东神秘主义。

如果功能简化的技术领域被越来越多的复杂性所填补，也就是如果紧密的耦合增加，同时越来越难以以此将特定领域与外部隔离开，那么相反，更应该担忧的是所发生的这一切。之前这一类效果被经济所吸收，或至少看起来如此。盈利中的资源必须是可计算的，否则技术的投入便停止了。而垃圾必须能返还自然，只要成本还可以接受。而市场，也就是经济系统自身，则处在为了技术投入而限定因素的两个面向中。进一步的限制是不予考虑的。但是，很明显，这只是一个功能简化的模型——一个对技术投入进行调节的技术模型，相应地忽视“外在于”这一模型的因果性。而此时作为“高科技”而被实现的，或被描绘为实现可能性的那些东西，看起来粉碎了对技术进行技术性调节的边界——甚至是在技术发挥作用的时候。

在此，很多问题必须加以区别。比如一个微小的测量准确性或一个微小的材料错误产生逐渐的效果累积，我们现在偶尔称之为混沌，不知道什么时候这会突然打断另一种秩序。如果持续大量投入以更新技术，却没有充分测试新技术对眼前的干扰或同样新置入的因果性，那么会产生别的情况。那就会出现意外的（几乎都是发挥消极作用的）干扰效果。[13]

---

13 《干涉效果的有责任无知》(Ian Hacking, Culpable Ignorance of Interference Effects, in: Douglas MacLean [Hrsg.], *Values at Risk*, Totowa N. J. 1986, S. 136–154)中讨论了这些事实。

100 虽然这也许无法预见，或只是在不可高估的测试中不可预见的，但这却可以加以学习（就像X光的致癌影响只有在使用中才可能被认识到）。通过引进技术（也只有如此），即使没有排除风险，也可以降低风险。如果涉及非常罕见、可能性不大的因果联系，那么便会面对另一种情况，因为这极其少见，很少重复，人们无法从中学习。一位女同事突然流鼻血，她的同事为此分神并忽略了同样极其少见的警告标志。

这个问题总是与对因果关系的不充分隔绝有关，部分地发生在相对简单技术的大量而创新性的使用中，比如在药物合成的风险领域中。对我们称之为高科技的这一领域来说，很特殊的一点是风险已经被决定所描绘（尽管没有描绘风险出现在什么时候与如何出现），特别是为了避免可能的损失而投入发展中的技术。而在这些情况下，人们面对的是混沌问题、干扰问题与那些实践中一次性的意外。技术的问题便出现在以技术手段解决技术问题的尝试中。

那么技术的形式便成为问题。它标志着囊括在内的因果性与被排除在外（却同样现实）的因果性之间的边界。但很明显，在高科技中，经常出现跨越这一形式决定的边界、纳入其所排除的对象、制造不曾预见的交叉连接。如今这一题设通常在混沌研究中被讨论，而要提到点子上，人们只要说：因为共时性无法被系统所控制，那么只要它还在发挥作用，就只是一个时间的问题。这就倒向了一个矛盾的问题：技术在技术上究竟是否可能，即使当其因果性地发挥作用时。那么最后，如果人们将技术理解为功能的简化，便会惊讶于技术只要发挥作用，就会更加壮大。[14]

II. 101

不用对这个问题做非是即否的回答，我们仍可以为此收集一些相关经验，这些经验都是先前与高科技打交道时积累的。那么毫不意外，这些经验是在风险的视角下加以收集的——即使这一点并未被充分表达过。

第一个视角关注的是因果复杂性的增加，也就是诸多原因与副作用的多数性与异质性，而这些原因与副作用在真正指望发生的事件中被拧成一股绳。在耳熟能详的不可靠因素中，各种“人为因素”也同在此列。实际上发生的一切便取

---

14 同样参见《过错与理性：科学与神话的相互批判》(Henri Atlan, *A tort et à raison: Intercritique de la science et du mythe*, Paris 1986, S. 51 f.)。

决于一种情境条件下的选择过程，那些情境条件若变得重要，既非范导性的，也非可预见的，那么这看起来就好像能通过技术安装将紧密耦合置入世界之中，而世界因为高度复杂并取决于时间，只能被松散的耦合生产出来。[15] 嵌入一个这样的语境，技术必须“对错误友善地”或“粗暴地”发挥作用，也就是佐证一个有条件的环境，这种环境有时候保障前提条件，有时候又抽出这些前提。

用以描述这些事实的术语，在很多方面都是不合适的。比如功能前提中不曾预料的改变被描述为偶然、故障、事故，也就是用那些难以因果归因的术语来描述（如果人们愿意的话，也可以说是因果世界图景的四舍五入）。对技术而言，描述更偏好使用规律性反复的语言；而对扰乱而言，描述则偏好用个别事件的语言。但一个合适的描述必须给整个事件安上一个共同的分母，也就是将技术实现描述为原则上视情况而定的事件序列。

如果人们说，技术过程不应导向不可逆转的结果，那这

15　用这些概念进行研究关联着《冒险决定与灾祸潜能：一种社会学风险研究的基本要素》（Charles Perrow Jost Halfmann/ Klaus-Peter Japp [Hrsg.], *Riskante Entscheidungen und Katastrophenpotentiale: Elemente einer soziologischen Risikoforschung*, Opladen 1990）。

也是同样令人迷惑的。实际上发生的所有一切，都是不可逆 102
转地发生的。连演化都导致了曾经生存的大部分物种灭绝，和原始的技术一样，技术会引发不可逆转的变化。问题在于，技术过程在资源上剂量可控，相应地，当人们不再需要其效果时，也可以切断它。高科技领域则相反，人们需要广泛的附加技术，这些技术必须有两种不同寻常的特点。首先，若要让其持续运转必须得到保证的话，这些附加技术必须在资源脱节的情况下发挥作用，甚至在无意之中短路时仍继续发挥功能。其次，如果只为故障才被考虑的话，那么这些技术也必须是可开通的，并同样是被开通的。一方面是在短路情况下不能短路的矛盾要求，这便要求高级控制机制满足同样的需求；另一方面是开通与短路的不对称，以及在取走资源这一解决方式被否决的情况下能开通短路这一特别设计。

一个典型的例子是核能技术。[16] 关注此类情况及其安全技术的高度价值是建立在不再可控的故障可能导致的灾难性后果之上。另一个例子是精密计算机科技，这其中很明显地

---

16 在有关这种特殊情况的丰富文献中，人们可以发现大量文章间接涉及高科技及其风险特殊结构的问题。参见一个新的概述《社会 / 技术 / 风险不确定性下的分析视角与合理策略》(Georg Krücken, *Gesellschaft/Technik/Risiko: Analytische Perspektiven und rationale Strategien unter Ungewißheit*, Bielefeld 1990, insb. S. 46 ff.)。

体现了针对性的安全技术更难以建立，特别是相比那些为了特定效果而产生的技术。同样在这一领域，不久之前，系统的“外壳”与“容器”所造成的成本，比购置与运转那些可能导致故障的东西还要高。[17] 人们几乎要去改写荷尔德林的《帕特默斯》（Patmos）了：

103 但哪里存在着控制，
风险也随之成长。

解释这样的问题不能只满足于所谓世间万物不会完美，一切意图都可能脱轨，一切规划都可能故障这类格言。毋宁说，如今技术自身同样也需要一种设置的外壳，对技术性（Technizität）而言，虽然要求技术能保持简化封闭的形式，但这也只能有限度地完成。这一附加技术，这一确保技术过程的技术，虽然也需要满足功能简化的模式，但不再满足于

17 参见《组织中的电脑与力量：微观政治分析》（Günter Ortmann/ Arnold Windeier/ Albrecht Becker/Hans-Joachim Schulz, *Computer und Macht in Organisationen: Mikropolitische Analysen*, Opladen 1990, S. 541 ff.），特别是其中第 547 页注释 15 的 20 行小字，列举了在这方面应被考虑的专业术语。

机械地实现，而是要求另一种技术化，特别是将人的注意力与实现能力标准化的调节系统。真正有意思的生产技术变成了机械中的机械，机械中的平庸机械，只能对此进行一定程度的贬低。[18]那么，比如干预未被贬低的过程就意味着，机械以不曾预料的方式自我改造；机械不将其产出作为产品与垃圾加以排除，而是作为原料加以使用；机械从其瞬间状态开始运转；机械强化了偏离；机械实际上做了只有人能做的事——机械忽略了某些东西。在一定程度上，随着基础技术根据计划的指示保证了操作的可重复性，不曾预见的故障之风险也作为生产中持续、不可排除的伴随现象而产生了。

除了从复杂化直到可简化极限这一角度，高科技的另一个特点是在很多方面人们只能从这些事件本身中学习，也就 104
是只能通过直接设置和尝试这些事来加以学习。系统对于科

18　这些概念关系到《未来的感知与感知的未来》(Heinz von Foerster, Perception of the Future and the Future of Perception, in ders., *Observing Systems,* Seaside Cal. 1981, S. 192- 204)与《自组织原则：在一种社会管理语境下》(Principles of Self-Organization–In a Socio-Managerial Context, in: Hans Ulrich/Gilbert J. B. Probst [Hrsg.], *Self-Organization and Management of Social Systems: Insights, Promises, Doubts, and Questions*, Berlin 1984, S. 2–24 [8 ff.])。

学预估来说过于复杂了。[19] 这不仅意味着，研究本身比接下来对其结果的应用要更为冒险（人们只要想想X光与X射线），因为人们必须了解与学习到其中的风险与避免的可能性。这也意味着，与“驯化风险”有关的结果对一般应用都是开放的，人们无法控制，无论语境变化是否含有风险（仅仅因为与更不老道的、更缺乏专业即兴能力的科学家合作，或也因为技术要在很长一段时间才能完美地发挥功能）。连安全技术或监视与警告的规定都是冒险的，因为这无法排除这些被应用于完全不曾考虑过的情况，并以一种危险的方式发挥安慰剂的作用。对诸如三里岛（Three Miles Island）事件与博帕尔（Bhopal）事件这样的大型事故进行的调查为此提供了印象深刻的证据。同时这展现了相应的过失总是频繁地发生在并没有此类特殊事件发生的地方。[20]

首先，这些思考展现了风险是技术自身附带的，而这仅仅是因为技术并非自然，与自然相区别。其次，这也展现了

19 参见《作为实验室的社会：现代研究下的风险转型与风险构造》（Wolfgang Krohn/Johannes Weyer, Die Gesellschaft als Labor: Risikotransformation und Risikokonstitution durch moderne Forschung, in: Halfmann/Japp a. a. O. [1990], S. 89–122）。

20 参见《普通灾难：大型技术不可避免的风险》（Charles Perrow, Normale Katastrophen: Die unvermeidbaren Risiken der Großtechnik, dt. übers. Frankfurt 1987）。

这种风险从其变成技术过程的对象那一刻起，便开始积累。任何通过技术来抵御技术风险的尝试，都很明显地受到限制。以一个单纯目的 / 手段的图式与常见的定义，将技术界定为一种为满足非技术手段而做的人工、仪器的安排，都不足以描述技术自我应用的现象中独有的风险。相反，诸如“复杂性的化约”[21]（Reduktion von Komplexität）、“功能性的简化”、 105
“可重复性利益的孤立”这类术语让如下事实变得很明显，技术给世界开了一个口子，导致技术上可控的领域与技术上不可控的领域在未来彼此相关，并实际地发挥效果。器械本身并不是人工的，而边界才是人工的。

诚然，技术绝不是冒险决定的单一个例。但在最新的高科技中，人们可以察觉到风险是且何以是自反的。这在风险计算的语境下赋予了技术典范般的示例意义。简化与孤立的过程包含了不发挥功能的风险，却被反过来用于提高或降低这一风险。只要风险仅仅存在于不发挥功能中，这就是有说服力的。而面对经济损失，人们能够有所保障。但在一定程度上，技术不再止步于不发挥功能，并不带来可预见的效果，

21　系统限制世界上可能性的重要功能。——译者注

而是在灾难性的范围内发挥不可预料的作用，技术的应用在技术上变成了另一种问题。如今工具性的技术概念也不再有用。这不简单地关系到满足同样的目标。考虑到技术在人与自然的方面是有界限的，人不是全知全能的这一想法也不够解释这一现象。技术是无界的，它本身就是一条界线；技术终究失败并不是因为自然，而是因为其自身。但不用将其理解得过于悲观。人们同样可以说，技术只能有助于其自身，而可认识的趋势显然朝向认识更多的风险与机遇。

III.

我们都理解技术会产生生态后果，技术自身终究是一个生态事实。无视这一切就意味着信赖技术的社会性构造，这一构造许诺一个完全的闭合附带向输入与输出开放的例外。
106 哪怕只在很短时间、很小程度上实现这些条件，也就是实验性地实现它，其难度也在于，技术转换到使用领域都会导致一大堆附加问题——特别是如果想建立并持续生产可控与不可控的因果性之间的差异的话，这些附加问题恰恰是此类尝试的结果。这不仅适用于大量知名并在功能条件中很好控制的技术投入，也适用于建立在极其先进的科学分解与复合力之上的高科技，也就是核技术、新材料、生物基因的化学合成等此类技术。技术与生态之间的联系从属于公众意见的科学储备与经验储备。这一点是众所周知的。问题在于，我们是否能准确地说明问题所在何处，以及问题在哪些背景下接受了吸引我们的那一种风险形式。

这将我们带到了一种观察中，即在常见技术理解的图景中，生态问题是以规划行动不符合预期的副作用这一形式表达出来的。[22]从这样的诊断来看，这些问题自身看起来是非“生态”的，而只是在行为中可见——同样是作为手段与目的之间规划的关系之另一面。在技术所推动的系统中，生态问题是以对这个系统的侵扰而面世的。也就是说其“现象学”完全不会像人们在控诉侵扰时所猜测的那样，显露出其“本真的”样子。它会使人感到惊讶，甚至特别是对那些知情者。

如果人们从技术支持的手段出发，那么他们所面对的就不是技术不发挥功能的问题了。这样的问题一如既往地存在，在尖端科技中可能比在简易车间中还要更多。但生态问题恰

22　至于这是否可以预见或是否可以作为支出来计算，并能在不确定性上以何种程度发生，在此我们持开放态度。

好是由于技术发挥作用并达到了其目标而引起的。虽然当人们已经意识到的时候，他们会把不符合预期的副作用或多或少地理解为技术可以解决的问题，但这只意味着，这些次要
107 的技术自身又会引发生态问题。

现在，我们把这一分析从行为理论的语境中转译到系统理论的语境中，这很明显地体现了诸如科学、经济、法、政治这样的最重要的功能系统，其自身并未有备于生态问题。比如科学是从研究的出发点进行研究，借助于理论与方法表达其问题。而生态问题仿佛从边缘被引入，无法在任何学科真正安家落户，人们在大多数情况下也不是以一个科学问题的形式将其接纳。我们应该回到这一点。而经济为投资与生产决定寻找方向时仅仅在自身中寻找，也就是说在市场中寻找，而非在社会系统的环境中。像很多人所想的那样，政治致力于价值分配的事务，试图产生并满足取决于集体决定的愿望。生态问题产生后，它并未被当作一个受欢迎的新主题，而是被当作一个烦恼，接着人们通常尝试以大方的许诺加以拒斥。同样的情况或多或少地适用于所有功能系统。[23] 就此

23　附带一个重要的限制：只要它被区分为可以通过沟通解决的问题。那么对教育系统而言可能适用其他规则，只要这涉及强化的社会化，也就是涉及心理系统的改变。

而言，这些都是技术的形象，仿佛技术取决于操作性闭合与功能说明书。

如果将生态问题定位为“不符合预期的副作用”是有根据的，那么这就能解释两个相互联系并在这个领域内都很新颖的现象，其一是高度的不确定性，这些不确定性的出现不是从问题自身中，而是在一定程度上通过这些问题突然冒出来的；其二是无法掌握受波及的范围，或无论如何至少不像技术不发挥作用那样，真正地限制规划、采取行动，在接下来必须忍受相应反弹的一方。这也就揭示了：根据一种广为 108
传播的想法，如今存在的风险问题在种类与规模上都是新的，而技术与生态的关系虽然不能进一步揭开冒险决定的整个领域，但仍处在现实讨论的前沿。但这个让我们感到新颖的问题又新在何处？

要回答这样的问题，必须同样回溯到技术的概念，这个概念通过功能简化、因果性闭合来加以定义，或被定义为可控与不可控的因果性边界。这些概念也可以被用于社会系统内部的过程，比如数学运算。与此相反，在我们最关注的情况中，这关系到外在于社会系统的物质现实化以及不可沟通的操作。按这种理解，技术是社会所面对的生态联系之一部分——这一事实一直受到遮蔽，因为人们一直从自然与技术的对立出发。事实上，生态效果还有附带的技术的生态风险体现了，人们只考虑把技术制品本身置于物理、化学与有机现实的层次之上，并试图通过可控与不可控的因果性之差异来将这一事实结构化，从中产生了另一种路径去接近社会与物质现实技术之间关系的问题。

毫无争议的是，技术现实化建立在一个社会性的、沟通上可用的现实结构上。这可能与科学理论有关，但只以非常有限且通常非常间接的方式产生关联。更重要的是，普遍地洞察到社会系统与技术现实之间的结构性耦合变得习以为常。社会适应了技术的纯粹在场。社会以技术发挥功能为前提。人们做安排时都假设车子的发动机会照常转动。对结构性耦合这一概念而言，最重要的是它并不指向因果关系，当然也不指向目的定向的关系，而是一种共时性的关系。因果
109 性关系存在，这一点毋庸置疑。如果汽车不能启动，那么这便是拒绝约会、改天再约或搭出租车等做法的一个诱因。但这些都是次要影响，能够以侵扰的概念加以描述。更基础的乃是，还存在着系统与环境之间共时性的基本关系，而共时性总是意味着不可控性。[24]

24 参见本书第二章第 1 节。

这一思考会引发许多深远的后果。那么社会与技术的关系就不再能用经典的技术概念加以审视，或以目的 / 手段的图式加以把握。同样地，质问技术的副作用与无意造成的影响之风险，也不能把握住问题。这些问题当然不会消失，但它们把注意力单单转向了更多的计划、更多的小心谨慎、更多的附加装置——更多的技术。结构性耦合的概念不同于此，它阐释了在与技术打交道的社会领域中发展对应的社会形式，这些社会形式都正确地反映了日常生活经验。这包括比如偏离于规定并用任意方式加以保护的实践，这些实践自身总是承担了可见或不可见的风险（虽然其中有组织的风险被发现了）。[25] 即使在与高风险技术打交道时，一种与此相匹配的实践也经常导致用先前的经验视角去阐释警告，顾忌风险转换的程度，进而导致忽略这样的警告。进一步用温贝

25 在对规则的偏离中发现社会秩序甚至是起到积极作用，这属于古老而久经考验的社会学研究传统。一个对我们的问题而言极其独特的个案调查是《工厂的犯罪与惩罚：保持社会系统中的异常功能》(Joseph Bensman/ Israel Gerver, Crime and Punishment in the Factory: The Function of Deviance in Maintaining the Social System, *American Sociological Review* 28 [1963], S. 588–593)；还有《蛮横的技术：实践规则，脱离实践的论述与公众理解》(Brian Wynne, Unruly Technology: Practical Rules, Impractical Discourses and Public Understanding, *Social Studies of Science* 18 [1988], S. 147–167)则处在如今对技术风险的兴趣之下。

托·马图拉纳（Humberto Maturana）的概念来表达的话，这就是说与技术打交道的社会系统陷入了“结构漂移”(structural
110 drift）中，并使用经验、能力、规定的修改、习惯以及有先前经验作为保障的论据，这些论据都是易于理解且让外人难以反驳的——直到不曾预料到的事情发生了。那么之后一切都变了，之后都是“人为错误”，接着人们会有负罪感，之后人们改变了规定——但结构性耦合并没有改变，这导致了事件在其他的部分语境中反复，也导致了其他的适应、经验与风险。

首先，社会与技术的结构性耦合（更准确地说，是特殊社会系统与复杂技术在部分领域的耦合）有大量不同，部分还彼此冲突。社会在很多领域中有赖于技术日常发挥功能，并在这一前提的基础上进一步发展其自身结构。其次，这对于直接与安装技术打交道也是适用的，包括用以拦截风险的技术安装。最后，有一种新趋势会被越来越重视，即被技术限定的风险问题不能够以这种方式解决，从而导致了极其不稳定的反应，就像佩罗(Charles Perrow)用“常态事故”(normal accidents）这一表达所阐释的那样。不再存在统一形式能适用于这些结构性耦合的不同效果之整体影响，更谈不上一个能解决这些问题的主意了。人们总共可以从三个方面确定并提议：（1）降低社会对技术的依赖性；（2）把研究与组织的注意力转向“非正式”以及与安装技术打具体交道的冒险方式中；（3）省去那些过度的恐惧与骚乱，不要任由这些情绪引发已经得到预防的不幸。所有这些建议都有其自身的可靠性，却没有一条考虑到了问题的网状结构。用不着因这些建议而气馁，社会学分析只能对得出解决方案与预估做出一点微小的工作，但它更多的是关注社会在这样的结构性耦合情况下，是如何改变其自身结构这一问题。

六、决定者与受波及者

I.

让我们回到风险与危险的区别这一出发点。在风险的情况下，可能在未来出现的损失被归因于决定。这些损失看起来都像是决定的结果，虽然不是好的结果，而是被当作成本加以辩护。问题既不在于决定的类型或损失的类型，也不在于结果产生之可能性 / 不可能性的程度。如果人们吃了有益（却并非救命）的药，仍然会有风险，因为药也有百万分之一的情况会导致严重的健康伤害甚或致死。[1] 核能是一种风险，即使人们能确定一千年才发生一起严重事故，但人们不知道什么时候会发生。这个问题所关涉的是对可能性与损失程度的敏感性程度，也就是关系到受制于时间

1 如果这关系到用可疑的药物阻止或治愈致死疾病，那是不同的情况，更接近我们所谓的成本计算。通常我们将之称为风险，但人们无论如何必须注意到其中的区别。任何没有服用药物就早已死去的人，都不能悔恨服用可能致死的药物。当然前提是假设在这样的情况下延寿对他们来说是好事而非坏事。

影响的社会性构造。

因此，从这些方面来看，风险概念保持开放，同时对观察社会关系及其历史沿革来说也是必经之路。然而，风险概念与危险概念泾渭分明，后者指的是未来的损失看起来完全
112 不是一个决定的后果，而应该被归因于外部。用我们所选的概念性术语来说，风险与危险的区别是风险的“形式”，也就是标记一个边界，跨越这条边界便会导向对立的情况以及完全不同的前提条件与连接可能性。

第一个假设是，发展社会性团结的不同形式取决于以风险还是危险的视角感知未来。因此，人们判断吸烟的自我伤害不同于石棉带来的损伤。在第一种情况下，社会性调控与个人自由相抵触，人们需要用吸二手烟来为之辩白。在另一种情况下，自保的需求显而易见。在危险的情况下，社会面对一个问题：伤害并非自我制造的。这要求不同于风险的另一种注意力与同情心，更坚信理性的自我调控。在其中任意一种情况下，人们都不能指望完全的保护与优缺点所构成的社会性平衡。这才让作为平衡机制的法与经济变得必要。甚至损失也会以不同方式出现。富人会损失更多，穷人会更快挨饿。但在危险中，对责任的归因会有不同的调整，所以中

世纪的黑死病被当作犹太人发动的恐怖行动。在这些条件下，“牺牲”、祭品与净化的机制有所发展，然而在社会的统治结构中，人们却建立起了互惠的、互助的以及对那些个别不可预见的损失进行时间平衡的规范。此外，面对危险情况，伦理表现出特定的价值特征，比如勇气（而非鲁莽）、稳重（Ataraxie）、坚定、抗争能力，还有起源于宗教的品质，人们能够以这些品质避免或平息神祇的恼怒。对此的拔高形式、史诗形式乃是具有双重功能的英雄，其一是展现人们应该如何，其二是让所有人从中释放出来。对政治统治的认同终究也是取决于其承诺在面对危险时会给予保护。

风险社会可不认得什么英雄[2]和老爷[3]。这种社会也打断 113
了互惠的传统形式。它通过福利国家的组织替代了救助 / 感激 / 救助的机制，并以此产生了权利的大气候。在这样的大

2　在增加的风险敏感性这个方向上，根据例外去研究并以未来预想的转变来比照其社会性条件，这是很有意思的。一个例子是在进步信仰的语境下的发明者。人们也可以这样思考对早期航空的英雄化（林德伯格等）：飞行员只拿自己的生命下注，如果坠机的话，却没有把其他人的生命拿上赌桌。因此，我们必须修改文本的陈述，完全存在这些尝试，致力于在风险社会中保存英雄气概并在文学上赋予其新的风格。而恰恰是这种尝试的风格，支撑着我们的主题，因为除此之外，剩下的则在如今已被超越。

3　我们所定义的“老爷”是指那些无视自己被观察的人，与此相区别的仆人，则是能避免二阶观察视角的人。

气候中，人们得到了比以前更多的帮助，同时失望也与日俱增。[4] 与此相对的法律形式是“主观权利”，这是从权利与义务的每一种互惠中被抽象出来的，并满足于单纯的附加补充。[5] 同样在社会互惠的旧世界中，当然也要以个体的优点与缺点进行理性计算。人们绝不能将这一发展描述为丧失了情感的亲近与温暖。互惠像对组织提出诉求一样进行冷酷的计算，人们只是不能在对方缺乏回报意愿的情况下增强交互性，这样在索取组织帮助的同时并没有承担义务。

组织帮助的一个特点是绝不促进团结。[6] 对此，风险与
114 危险的分配是无益的。未来被以将来决定的形式给出，而内部组织的不稳定性被法律在一定程度上纠正。对承担者而言，其中存在的首先不是风险，而是危险。这是毫无风险的，因

4　参见《福利国家》(François Ewald, *L'état-providence*, Paris 1986)。而在德国，这一关于国家的“公共服务”(Daseinsvorsorge)(福斯德霍夫 [Forsthoff] 提出的概念)及其法治国问题的讨论大约在 1950 年代末就开始了。

5　参见《主观法权：论为现代社会而重建法权意识》(Niklas Luhmann, Subjektive Rechte: Zum Umbau des Rechtsbewußtseins für die moderne Gesellschaft, in ders., *Gesellschaftsstruktur und Semantik* Bd. 2, Frankfurt 1981, S. 45–104)。

6　我们做这个断言的时候非常清楚，在 19 世纪下半叶人们曾在合作社运动与类似的企图中致力于团结。参见《合作社理论与参与讨论》(Robert Hettlage, Genossenschaftstheorie und Parizipationsdiskussion, Frankfurt 1979. Zu französischen Parallelen vgl. auch Dieter Grimm, *Solidarität als Rechtsprinzip*, Frankfurt 1973)。

为其并未对其预先行为做任何决定，而只需要为那些可能被拒绝的提议填写表格即可。[7]危险在于，组织也能通过决定改变前提条件（决定程序），而组织也正是根据这些前提来批准提议的。对提案人而言，风险在一定程度上在于其依赖于这些前提的延续，并以此设定自身的生活规划。这一风险接着便刺激了人们致力于法律形态的保证或政治沟通，如有必要的话，人们通过这些保障能够避免前提条件的改变。组织灵活性以一种独特的方式产生了堵塞的保守主义，这种保守主义被对法律与政治的持久需求所维持。形式涉及形式，区别涉及区别。对最小区别的敏感性逐渐增强，但并没有产生能够刺激与承担时间约束之功效的社会信任。

II.

风险是对决定进行观察的方方面面，包括来自决定者自身的观察（自我观察）。但如果人们从个人出发，那么便存

7 当然在此也要注意一些例外。在科学资助领域中，申请自身常常已经是一半的研究或已然足够昂贵，乃至很多都顾及一种徒劳的风险。这对研究政策有显著影响，政策不仅通过资助组织的选择，还通过申请者的自我选择来加以确定。有关这一主题的研究我不太熟悉。

115 在成千上万的决定者，他们每天都要面对成千上万的决定，而且是同时做出的。如果人们从组织出发，那么数量也是相当可观的，而其被外在影响的决定（被归因于组织的决定）在它自身那一面则是大量内在决定的产物。对理性化的兴趣并未降低决定的数量，反而让决定数量激增。[8]存在很多重要的机制，虽然同时也是典型的现代机制，这些机制都接受并区分着所有这些决定。我们只列举最出名的两种：市场与等级制度。出于同样的理由，世界政治系统通过国家建构形成的区域差异暂时是不可放弃的，而这种差异同时也意味着战争的危险。[9]即使人们把这些都算进去，也不会改变一个众所周知的认识：不可能所有人都参与了所有决定。“人类”是无法做决定的。我们已经将这些提前表达在本章的标题中：永远存在着决定者与受波及者。决定就会有波及。因此，受波及就是决定的一个对立概念——或至少阐释了这个词在当

8　关于组织，请参见《组织与决定》(Niklas Luhmann, Organisation und Entscheidung, in: ders., *Soziologische Aufklärung* Bd. 3, Opladen 1981, S. 335–389)，同样的理由也适用于个人，比如购买前比较价格，或婚前测试伴侣。

9　人们也能将之描述为从一个不可解决的问题到实际上可以解决的问题的变形：所有人都参与的国家政治决定就会出现预防战争的问题，甚至通过提高战争风险来减少战争危险的问题。

今语义学沿革中的位置。如何区分受波及者与未受波及者乃是一个社会性构造的问题，正是这一构造有待于被研究。[10] 越来越多未受波及者如今宣称自己受到了波及——比如白人 116 歧视其他人种或通过其他地区的饥馑带来的饱足。波及越来越成为一个社会性定义的问题，一个个体与组织层面上的自我规定问题。先不管这些，接下来的思考只满足于决定者与受波及者的区别。我们可以称之为决定的一种"形式"，是它产生了波及。

就像所有形式一样，这一形式也有两面。在决定的一面（形式的"内面"），人们能够寻找优化的可能性，也就是将之理性化、进行复杂计算、置入电脑；或反映受波及者的视角（形式的另一面），比如通过打磨棱角或调解性的沟通。这丝毫不会改变形式，也不可能导向对区别的某种辩证"扬弃"。波及仍停留在形式的另一面，而从受波及者的角度看

10　以《风险决定的风险》(Chauncey Starr / Chris Whipple, Risks of Risks Decisions, *Science* 208 [1980], S. 1114–1119)为代表(当然也没有足够的加工)的设想在我看来是无法接受的。他们认为决定者计算一种社会风险，同时受波及者各自做出反应。这样决定者就是社会的准自动(只是因为他在做决定？)代表，问题只存在于一种"对个人的公众收益与不自愿风险质检的平衡"(p.1114)。这样就把问题转移到社会(量的)与私人(直观的)风险评估之间的区别以及由此产生的争端。但为什么应该由决定者而不是受波及者来代表社会呢？

待决定（即使是考虑到其“限制”）不同于从决定者的角度看。这是一个无法扬弃的二重性——但这不一定意味着斗争。

同样的问题我们也可以用二阶控制论的术语或对观察者进行观察的术语来表达。决定者可能将受波及者当作决定的观察者来观察，而受波及者则有可能将决定者作为波及的观察者来观察。这丝毫没有改变每个观察（无论是二阶还是三阶）都是自身的操作，像其他操作一样可能盲目地进行。即使是最善于反思的观察者也不能看见他所不能看见的，他使用一种区别来观察，在使用时他是无法区别这一区别的（为了区别这一区别他必须使用其他区别，这些区别亦然同理）。观察操作不能自我观察，而只能观察其作为操作加以区别的内容。[11]

117 这些思考本身是高度抽象的表达，而其所关涉的远远不止风险与危险的区别。但它让赋予风险与危险的区别，一个在科学上有启示性的解释成为可能。我们牢牢把握一点：风险被归因于决定，而危险则被归因于外部。如果想把事实整

11 恰恰因此，把观察概念与区别和标记概念联系在一起在理论上是很重要的，这让以下事实变得清晰起来：操作自身产生了一种二元性的统一体（作为统一体的二元）的悖论，因此被迫去标记区别的一面（而非另一面）。

齐地划分为风险与危险的话，那么这对社会学而言尤其没有问题。然而，对决定与波及的分析却驳斥了这一设想。分析展现了决定者所承受与必须承受的风险，对受波及者而言却是一个危险。在决定过程中，人们免不了将后果归因于决定（除非决定不能被识别为一个决定）。人们也无法避免对未来的损失进行归因，只要还不能将之记在成本账之下，就必须将之当作风险加以接受。而受波及者则处于完全不同的情况。他发现自己受到了决定的威胁，而这些决定并非其所做，他也无力控制。对他而言，归因于自己是不可能的。这是危险——即使他从决定者处理风险的视角来看待与反映这个问题（他也可以这样做！）。我们面对的是一个经典的社会悖论：风险是危险，而危险也是风险，因为其所面对的是同一个事实，用一个区别对事实进行观察，而这一区别要求两面的差异。同一个对象是不同的。[12] 我们处于跟规范的（反事实的）效果与稀缺性之间的悖论一样的理论层次。只不过处理的是另一个悖论。我们眼前有一个比第三章的主题更有深度的理由，风险问题并不能以机制与方法来解决，因为这些机制与

12 “相同的是差异的”，这是格兰维尔的一个标题，见于《自生：一种生存组织的理论》（Milan Zeleny [Hrsg.], *Autopoiesis: A Theory of Living Organization*, New York 1981, S. 252–262. Deutsche Fassung in: Ranulph Glanville, Objekte, Berlin 1988, S. 61–78）。

118 方法都是在法律与经济的系统语境中发展出来的。这个问题根深蒂固、截然不同，即使在所有情况下，它所处理的都是时间维度与社会性维度的张力关系。

那么这一悖论又是如何展开的呢？又该如何恢复观察的可能性？

最典型的机制是用另一个区别加以替代，占据悖论的位置。借此可以打开观察的可能性，并让悖论自身变得不可见。比如，在今天的环境话语中，环境毁灭者与环境保护者是相区别的，工业利益拥护者与生态利益拥护者也针锋相对。那么问题就与个人或组织相关，并被描述为利益对抗或价值斗争。这一语义学由政治所负担，要求斗争的政治答案。它以不同的特征描述个人或组织，并用斗争与自身许诺的表述来终结分析。

如果我们站在二阶观察的层次，那么就需要比从双方的立场更进一步来观察和描述。[13] 人们可以借此获得距离，以

---

13 《风险、价值冲突与政治正当性》(Stephen Cotgrove, Risk, Value Conflict and Political Legitimacy, in: Richard F. Griffiths [Hrsg.], *Dealing with Risk: The Planning, Management and Acceptability of Technological Risk*, Manchester 1982, S. 122–140)使用了“范例”的概念去描述“工业党”与“环保主义者”表达其问题视野的方式，也就是描述他们在各自的壁龛中能窥见什么。

观察其他人能观察到什么及不能观察到什么。人们将冲突理解并解释为社会关系的结果，而不是受迫于自身观察方式（就像其他时候一样依赖自身的区别）去选边站。人们能更准确地分析现代社会中哪些结构与技术的发展，导致了风险/危险综合征吸引了越来越多的注意力与越来越多的沟通。在相应发展的归因敏感性中，所有决定都是冒险的。但某人的风险对其他人而言则是危险。社会秩序是如何忍受这一状况的？而要解决这一悖论，应该发展哪些社会性的（政治的？）机构呢？ 119

III.

在生态威胁出现以前，总的来说，人们会认为风险本质上会惩罚决定者本身。这是一个可以用社会划分的范畴来加以把握的问题。在对应的组合内部，对应的知识常常能够发展出充分的团结与理解力。这不是一个普遍的问题。近代早期在宫廷任职的风险突出体现在那些在宫廷中发迹的人身上——这不同于贵族，贵族不冒什么险、什么都不能赢得，只是满足于管理他们的财产。同样在工业时代，工作的危险性是整个职业团队的骄傲，比如想想铸造工人或矿工——相应设备的封闭会变成特殊的问题，没有其他职业能够弥补。因此，对同样受到波及的人来说，冒险的职业是有区别能力的。在一定范围内，这也是可控的。相应的技巧可以被发展与学习。但不是所有人都必须是英雄或暴露在这样的危险中。

随着社会系统的环境被囊括在可能损害之效果链条中，这发生了一定程度的改变[14]，虽然是在两个不同的方面发生的。首先是决定者、受益者与受波及者这三个范畴彼此强烈区分，因此它们不再可以在一个社会性范畴、一个社会性团
120 体与一个行为规范的语境下加以总结。所以危险工业设施的近邻们首当其冲，但在这种情况下，因为其提供了工作岗位，他们也是受益者。住得远的充其量被确保在瓶颈期也有充足的供应。两个团体一般都不是决定者，而与人们广为传播的偏见不同，决定者绝不总是从决定中获益。具体情况具体分析。与我们有关的仅仅是，几乎不可能以社会单元来总结参与者 / 受波及者的不同种类，这些社会单元彼此区隔，并

14 就此请参见《风险讨论：关于风险定义的社会解析》(Christoph Lau, Risikodiskurse: Gesellschaftliche Auseinandersetzungen um die Definition des Risikos, *Soziale Welt* 40 [1989], S. 418–436)。

能因此获得不同的性质。参与者/受波及者的并发症难以区分——既不能以角色、以职业，也不能以组织或其他作为社会系统的方式进行区分。作为社会学家，必须从中得出不可调节性与混乱。

关于完全没法识别谁属于被波及的范围，还有更明显的例子。这可能取决于风向或者灾难是否在明年甚或千年后出现。谁是人口爆炸的受波及者？只有所谓“第三世界”的居民吗？如果冰川融化了，高海拔地区的居民不会受影响吗？如果经济崩溃了，没有人接受货币，那么谁会生存下来呢？只有这种来自不太可能但无法排除的外部情况的扩散波及，才让问题的不对称结构凸显出来：社会的介入只能着眼于决定，不能着眼于波及。而这完全不依赖于介入的类型。受波及的是无形态的（amorph）大众，无法赋予其形式。

此外，来到前面提及的第二点：受波及的经验随相应的风险而降低。必须用停留在抽象并可以用沟通来塑形的想法来替代经验。这不仅是因为风险对决定的依赖性，也是因为现代社会中系统与角色差异的程度，更是因为极其少见（尚 121
未经历过）但确实导致灾难性损失的情况之意义正在不断增长。经验可能性的消散助长了社会上忧虑的升温，而且还无法被浇灭。或者反过来说，“目前什么都还没有发生”给了人们一种安慰。最后提及的情况尤其可以在安全技术领域观察到，对灾难性事故的发生或发生临界的研究也可以加以佐证。这两个方面组合在一起，形成了一种对风险进行高估与低估的平衡，进一步加剧了横竖都存在的风险问题。

波及的普遍化已经在伦理的、与人类相关的假设中显而易见，同样在很多人已经感觉受到了其他波及这一现实中显而易见。但这些新发展首先体现了不再能作为集体问题表达的社会性问题，而它试图在沟通，也就是产生秩序与非秩序的社会性手段中寻求表达。因为波及既不是可划分的，也不是可组织的，那么它必须是被“代表”的。因为已经存在一种由政治选举赋予正当性的多数民主制，这只能伴随民主发生，也就是事实上通过自我授权的代表制发生，这种代表制的正当性来自主题，更来自问题的无争议性。接下来对抗议运动的分析（第七章）会回到这一点。目前吸引我们的是一个更为普遍的问题：人们究竟是否并如何能让波及状态的不可确定性在沟通中生效，毕竟把握波及状态必须考虑决定的差异。难道期待更多沟通（及其变体：更多信息、更多知识、更多参与、更多学习、更多反映）的补救不是幻象吗？相反，难道在这些之外就没有其他东西在格外撕裂决定者与受波及者的裂缝吗？还有，对双方而言，未来终究是以可能性 / 不可能性的方式保持不确定的，那么唯一可以确定的事实是，另一面不能提供确定性的事实。

IV. 122

在此只是被抽象表述的分歧目前已经得到了经验研究的证实，并把研究者的注意力引向了希望能够通过沟通来平衡或减弱对立。[15] 就像人们希望的那样，这关系到对风险观点的“现实化”，虽然一方面，只要其注意力与预防能够发挥作用，便会引导个人的冒险意愿[16]；另一方面，消除担忧与焦虑（worry, anxiety），因为这些都能够攻击人们所谓“未来的”冒险意愿。尝试在众所周知的知识基础上引导观点变化，其前景可能不如传播惊人的信息，因为接受者随后便在

15　参见《科学，风险，公共政策》(William D. Ruckelshaus, Science, Risk, Public Policy, *Science* 221 [1983], S. 1026–1028)。关于对受众进行启蒙的必要性以及诸多难点，请参见《向公众告知与传授风险》(Paul Slovic, Informing and Educating the Public About Risk, *Risk Analysis* 6 [1986], S. 403–415)。

16　参见本书第一章第 1 节。

其理解的语境内递补了这些信息。[17] 总而言之，经验研究（主要是社会心理学）的贡献像往常一样，承担了很多“如果”与“但是”，也很难将各自研究的状况在范围之外加以普遍化。寄希望于沟通可能要失望了。人们必须实践性地尝试。无论如何，此时一个结论性的判断还为时过早。我们应该满足于一个简短的表态。

经验研究首先体现了，冒“风险”[18] 的意愿有赖于人们认为在涉及损失时，如何能够掌控棘手的状况、控制损失的
123 趋势或借助帮助、保险与同类的保护手段。人们在不少时候都会高估自己的能力并低估其他人的能力，从而导致其冒险意愿在他人看起来是危险的。[19] 即使没有这样“对自身能力的自我服务偏见”（self-serving bias of own competence），一个特定的冒险意愿也许还是能在心理上如此笃定，以至于

17　一些消费领域以及劳动保护的经验研究结果指明了这一点，但其普遍性还有待证实。参见《从风险中学习：消费者与工人对危险信息的回应》（W. Kip Viskusi/Wesley A. Magat, *Learning about Risk: Consumer and Worker Responses to Hazard Information*, Cambridge Mass. 1987, S. 6, 124）。

18　在此只是模糊地使用“风险”的表达，不考虑前文所述的风险与危险的区别。任何前提情况都预设了一个在决定或认可上的选择可能性，否则整个题设就没有意义了。

19　比如道路交通，参见《我们是不是都比其他司机更少冒险，更加小心？》（Ola Svenson, Are We All Less Risky and More Careful Than Our Fellow Drivers? *Acta Psychologica* 47 [1981], S. 143–148）中有更进一步的相关研究。

无法被客观条件的变化所改变，而是与客观条件的变化相互交织在一起的。这就意味着，比如工业中的安全技术或安全街道的建筑物在客观上提高了冒险意愿，并可能以此破坏这些安全技术所致力于的目标。谁知道自己被确保安全，便会同样有更强的冒险意愿。人们可以进一步假设，决定者看起来比受波及者处于更能应对未来损失的位置。不同于受波及者，决定者至少可以在做决定之时把自己的专业知识、自信与保障都计算在内，而受波及者则有赖于相信他人会主宰局面。这种对专家、技术、许诺与谨慎的信任越发减少，这是被风险视角与危险视角之间差异的强度所破坏的，虽然在一定程度上，危险不能被回溯到自然事件（比如陨石坠落），而是由他人的决定所导致的。相应地，人们发现群众的风险预估及其避免的可能性不同于政治中的风险预估，在门外汉那里的也不同于在专家那里的。[20] 在特定条件下，特别是在 124

20 （首先）参见一份有代表性的调查《风险的公众感知与技术的收益》（Gerald T. Gardner/Leroy C. Gould, Public Perceptions of the Risks and Benefits of Technology, *Risk Analysis* 9 [1989], S. 225–242）。关于出自先前主流的心理研究的报告，参见《感知风险：心理要素与社会暗示》（Paul Slovic/Baruch Fischhoff/Sarah Lichtenstein, Perceived Risk: Psychological Factors and Social Implications, *Proceedings of the Royal Society of London* A 376 [1981], S. 17–34）、《风险感知》（Paul Slovic, Perception of Risk, *Science* 26 [1987], S. 280–285）。

冒险的技术的条件下，对他人自信的信赖消失了。[21]

那些经验及其所失去的信任在过去二三十年间日积月累，而公众已经开始对此做出反应，产生了一些丑化彼此立场的宣传运动。而所建议的补救则包括寄希望于沟通、对话、理解与承诺的决心。在此期间，风险沟通的主题也侵入了科学。[22]但在那些被不信任所主宰的地方，与那些如我们上文所说，参与者以不同区别彼此观察的地方，沟通又能起什么作用呢？或者，决定者与受波及者之间的裂缝终将毁灭对学习与沟通的期望，甚或毁灭那些社会学上天真的希望，那些

21　人们可以把这个论据反过来：信任缩水这一毋庸置疑的事实是风险与危险之间区别的意义指示器。

22　比如《提高风险沟通》（Ralph L. Keeney/Detlof von Winterfeldt, Improving Risk Communication, *Risk Analysis* 6 [1986], S. 417–424）就把问题降低成一个决定问题。此外，还有《风险沟通》（Helmut Jungermann/Roger E. Kasperson/ Peter M. Wiedemann [Hrsg.], *Risk Communication*, Jülich 1988）;《风险草案、风险争端、风险沟通》（Helmut Jungermann/Bernd Rohrmann/Peter M. Wiedemann [Hrsg.], *Risiko-Konzepte, Risiko-Konflikte, Risiko-Kommunikation*, Jülich 1990）。《风险沟通：分离与矛盾》（Harry Otway/Brian Wynne, Risk Communication: Paradigm and Paradox, *Risk Analysis* 9 [1989], S. 141–145）的立场更为可疑。想概括地了解我们所讨论的这些问题，请参见《沟通关于健康和环境风险的科学信息：来自一个社会与行动视角的问题与机遇》（Vincent T. Covello/Detlof von Winterfeldt/Paul Slovic, Communicating Scientific Information About Health and Environmental Risks: Problems and Opportunities from a Social and Behavioral Perspective, in: Covello et al. [Hrsg.], *Uncertainty in Risk Assessment, Risk Management, and Decision Making*, New York 1987, S. 221–239）。

希望不外乎指望一切越来越好、不要恶化。[23]

详尽的沟通首先只是一个操作，将杂乱的既定世界聚焦于一个陈述中，这一陈述将在接下来的沟通过程中被是或否 125
所回答，也就是能被接受或能被否决。这种对是与否的开放是沟通系统社会之自生的一个前提条件。通过语言的对应符码化，这种开放防止终究无话可说，因为所有人对所有事都是一致的。他们明白说是与说否的机会不是均等的，而在社会的规范运作中，人们可以充分预见到他们在一个提供意义的沟通中会回答是还是否。这体现了相比拒绝的沟通，认同的沟通的优势很明显。但这并不是因为沟通的存在，更不像哈贝马斯所想的那样，是因为其内在的规范只让那些寻求理解的沟通理性地发挥作用；寻求共识的沟通之高比例是对计算的持续计算的后果[24]，也就是将所有沟通的个别参与以递归网络的方式联结起来所导致的结果。因此，这一理论概念通过质疑如此这般的系统能忍受哪些结构性负担而替代了对

---

23 这是一种“社会学天真”，特别是考虑到其他早已可使用的知识，比如在各种个体优先权的社会性聚合体这个问题上。

24 这是用福斯特的语言来表达。参见《视点与洞见：一种操作认识论的尝试》(Heinz von Foersters, *Sicht und Einsicht: Versuche zu einer operativen Erkenntnistheorie*, dt. Übers. Braunschweig 1985, S. 31)。

理性理解意愿的服从[25]。历史上最重要的例子是文字的引入及其通过印刷媒体的传播，考虑到不在场与不知名读者的共
126 识或分歧，这也是一次语义学上完整重组的后果。我们不能说，风险视角与危险视角的差别会导致同样激进、革命的变化。但我们至少可以紧握一个问题：一个熟练的递归网状的（自生）沟通系统如何能适应这类刚刚登台亮相的结构张力？

如果人们思考沟通流程那局促的连续性，便会得出问题的另一个版本。这只能被一次告知和理解，而连意识也只拥有一种微不足道的、各个人之间也有所不同的过剩能力。[26] 后果是沟通必须在很大程度上仰仗的权威——在假定其进一步提供详尽阐释的能力这一意义上的权威。[27] 这一权威的源

25　当被引入沟通时，号召拥有令人不舒服的效果：一个人会理性地或非理性地行事，他人会对此有所猜测。在 17 世纪和 18 世纪，处理此类问题（当时首先是宗教与政治问题上的意见分歧），可以老练地运用一种很文明的行为，比如避免主题、避免对立、小手腕和幽默感。但这种解决方式有赖于对各个阶层不同的社会化。作为政治协议就很难经受强硬的考验，特别是在民主条件下。一个与此相关的美国奴隶争端的例子，请参见《粗野规则或遗漏政治》（Stephen Holmes, Gag Rules or the Politics of Omission, in: Jon Elster/Run Slagstadt [Hrsg.], *Constitutionalism and Democracy,* Cambridge Engl. 1988, S. 19–58 ）。

26　当然，在此我们必须忽略意识最初是为感知的同时反应而建立的，并为此形成了高度复杂性。语言的脑力工作实际上关系着沟通的连续性，即使是高速运转并能满足于接受模糊或未完成的思想时。

27　“提供详尽的阐释的能力”，请参见《权威、理智与审慎》（Carl J. Friedrich, Authority, Reason, and Discretion, in: ders. [Hrsg.], *Authority [Nomos I]*, Cambridge Mass. 1958, S. 28–48 ）。

泉会有所变动，但是明显随着社会结构而变动。在简单的社
会中，这可能是长者；在高等文化中，这也许是社会等级；
在如今的社会中，这则是专业知识（职业知识）或专家的知识。
信任的缺失正是从这些重要位置开始的。一个人们不再相信
的医生（鉴于如今副作用的知识或非知识）真正控制了医疗
风险或能掌控风险，人们将如何看待之？人们发问并试图试
探他，但这么做预设了我们有专业知识，也要求有时间（而
与此同时排队的病人人满为患）。简言之，人们不能用沟通
替代权威，权威就是起着免除沟通的作用。但人们又能对权
威的消退做出其他什么反应？不信？响亮的抗议？弃绝？秘 127
传教义的最新模式（所谓秘传教义规定了终将抵达何处）？

此外，每个“以某某名义”展开的沟通都需要组织。在以受波及者之名展开的沟通这个案例中，我们面对的不是一个被划分的团体（就如同政治选举中的国民或由企业工会代表的职员）。这就导致受波及者的组织是自我授权，也没有产生正当性。人们忍不住猜想，在组织产生过程中，自我选择的动机和之后的功能动机发挥了重要角色，这些动机并不是直接真实地来源于自身所受的波及。那么要把沟通动机归因于风险处境，并将之与横竖都存在的抗议意愿区分开，就

变得更加困难了。[28] 那种为受波及者代言的沟通终究是如此难以令人信服，就像科学或技术的代言人一样。

这些思考并不是想提前对沟通与理解尝试失望。人们可以确定的是，可能性还远远没有穷尽。这个不只与法律或经济相关的分歧过于新颖，人们无法期待行为能自动加以适应。决定者与受波及者、工业代表与绿党的立场描述过于淡化，给观察者留下的印象是，无论谁如此表达，他都不能相信这个表达者。色彩过于夺目，效果都由大众传媒所预估，人们发现了过于精微的策略讨论，但没有对斗争之结构起源与另一面的可靠理由进行足够的反映。为了反复说明有待于提高
128 的空间还很大，这里也许表达得过于夸张了[29]。人们只需要紧握一个问题：沟通风格与理解意愿得有多大的提高才足以处理这类问题？

28 “这是对立于一种真正建立在对风险的关注的技术，还只是更加基本的社会关注的一个替代品？”，《公众对技术决定的参与：现实或宏大的幻觉？》(Dorothy Nelkin/Michael Pollak, Public Participation in Technological Decisions: Reality or Grand Illusion?, *Technological Review* Aug./Sept. 1979, S. 55–64 [62])如是问道。

29 但在《风险语言：对职业健康的争议视角》(Dorothy Nelkin [Hrsg.], *The Language of Risk: Conflicting Perspectives on Occupational Health*, Beverly Hills 1985)中的表达和引用里，争端仍被雇主与雇员视角的经典对立额外地放大了。

V.

我们对风险的定义是将其归因于决定，并从如下假设出发：过去与未来的差异随着向现代社会的过渡及其完全发展而增加，因而未来的决定从属性也增加了。但关系到风险对决定的可归因性，这一切又该如何摆放？

对决定的归因是因果归因。这种归因必须设想为原因—结果的模式，此外还必须可靠地让决定者能够将之看作自己引发结果的原因。但因果性是世界观察的模式，被嵌入更多原因与更多结果的无限性之中。提取更长的时间维度，就要考虑得更多。因此，每一种技术的实现（连同突出了其目的的“自然法则”）一直都只是从同样有效的诸多因果之中提取的小切面。由此，从决定者的维度来看，这必然涉及有意后果与无意后果之间的区别，或换一种表达——目的与不可支配的限制之间的差别。但这只是一个双层的区别，适用于无止境的问题，只要这些问题如此内在于因果模式。一个决定者越试图复杂地计算其因果语境，相对于有意结果的无意结果与相对于目的的限制就越重要。对理性的关注也把重点 129

转移到不可支配的难点上，因此导致了失败。[30]

相对于因果性的理性控制这些内在限制，归因过程拥有一定的灵活性。所以比如责任权利中的“谁污染谁治理”原则被运用得相当机会主义。谁需要进行补偿，谁就负责（比如说这被算到了工业头上，而不是那些对产品有需求的消费者头上），或者判定那些被人们猜测拥有对备选方案进行最佳掌控的人负有“无过失责任”。因此，很少考虑理性计算的可能性。商业风险随着责任风险在如下并非没有根据的假设中增大：从中产生的成本横竖是要被转嫁到价格头上的。这种实践在经济系统中的长远影响犹未可知，虽然理所当然存在着风险——一种与风险打交道的特定形式的风险。

因此，把风险归因于决定时，经常没有合理的可决定性作为保障，也没考虑风险计算的合理性，最后更少考虑在决定导致了不幸时完全无法识别决定者的情况，比如谁成了压

30　在这一极其特别的视角下已经展开过很多讨论，比如在“有限理性”的纲领下（Simon）和广泛运作的合理化中的动机丧失问题。参见《非理性的组织：作为组织行为与变动之基础的非理性》（Nils Brunsson, *The Irrational Organization: Irrationality as a Basis for Organizational Action and Change*, Chichester 1985）。成本“外化”一如其饱受批评一样不可避免，属于这一语境。就我们触目所及，并没有对应研究关注出于同样理由而出现在可归因性上的损失。

垮生态负担的最后一根稻草，谁引发了股市崩盘。唯一可以确定的是，这些都终究是决定，要考虑那些用于预防或损失分摊的宽泛而不精确的措施。

那么，对冒险决定的观察与对现代社会的常见描述中决 130
定与未来之间关联的扩散，这两者彼此联系在了一起。这些都是事实上在进行着的操作，并以此影响社会系统的进一步演化。因此，人们必须怀疑社会在其自我描述中夸大了所存在的一切，特别是当这些事物是新的、不规范的，存在着成问题且需要纠正的后果时。所以，我们必须考虑到现代社会过多地归因于决定的可能性，特别是在无法识别决定者（个人或组织）时也要这么做。将风险归因于决定的机制循环地发挥作用。人们能归因于决定的那些不确定的不利后果，都属于决定的风险。因此，社会的结构复杂性所引发的环境变化，与人们当作风险来看待、处理和规避的事物，都反过来属于决定的结果，甚至当人们完全找不到决定者，既无法让他承担责任，也无法让他从中反思时，还是如此。将损失归因于决定是一个空洞且次要的功能（或如果人们愿意的话，也可以说是恶性功能），比如唤起公众注意力，刺激抗议活动与社会批判，这些活动只是宿怨与忧虑的结晶体，在此只列举一些最重要的例子。

现代社会结构的许多可疑后果都有这种效果。这对长期的生态变化也是适用的，后者是我们时代的主要忧虑。但这也同样适用于被货币经济结构所遮蔽的经济发展之长期后果。换言之，适用于所有没有掌握与市场相关的经济计算而导致的极度短视。在许多极其典型的案例中，被隐藏在技术与决定计算中的因果语境发挥着作用。在生态联系中，存在着诸多因果之间极长的时间距离，大量起作用的要素，它们都没有涉及评估阈值、损失发生的时间点与起反作用的措施
131 生效的时间。这一因果位置首先排除了对肇事者的追究与把风险计算纳入决定之中这些过分要求。[31] 人们所能做的只是遵守其所宣布的条款，在简单意义上这些条款本身就是冒险的：这一方面表达了条款的不可怀疑性，另一方面建立了不必要的障碍。经济上的状况别无二致，人们不能把可能的经济崩溃，甚或导致冒险行为激增的资本瓶颈算到一个人头上。货币是一种媒介，它在发挥作用时没有记忆，也很少有可能进行预言。它从何而来，在接下来的行为中又被用于何处，

31　在法学文献中这已经被广泛讨论了。比如参见《危险的废物污染》(Mary Margaret Fabic, Hazardous Waste Pollution, *Buffalo Law Review* 29 [1980], S. 533–557)。

这都是无法在个别交易的计算中考虑到的：这个技术性的极端范例连同其在因果性环伺下的中立性。取而代之的是存在着紧张的财政市场与中央银行的货币供应政策——即使如此，这也是同一个系统在另一个层面上的风险，没有调控的可能性，而只是对现实信息状态的短时间反应。在第九章中，我们会进一步处理这个问题。

人们会自问：是否还能用风险与危险的区别来把握这
种情况，在此决定者与受波及者真的能区分开吗？根据归因
的视角，这些关系到风险，而如果在我们的社会系统中未来
不存在持续的决定从属性，这里所涉及的风险是绝不会出现
的。人们也可以将风险定义为从属于决定，我们也是这么做
的。此外，不存在决定的备选方案，也不可能存在无风险行
为。而区别在这个方面无力维持。风险就是危险。所区分的
是同一个事物。这个区别无法容纳对一面或另一面的操作，
只能被观察为一个悖论，一个区别的统一体。或许这也是人
们寻求各自系统在元层面上做出答案的原因，以及在知名的
类型等级制意义上矛盾的展开：在建立一个对合法行为或金 132
融市场的法律调解的元层面之后，人们能够交易货币并同样
进行定量控制。但在严格意义上，根据帕洛阿尔托小组（Palo

Alto Schule）的说法，如果人们相信用这种方式规避或降低风险，这就是一个双重盲目的典型案例。

VI.

在旧世界中，如果人们要概括地说明这一切，那么被他者决定所波及的事物能进一步用信任 / 不信任的二分加以调控。这假定他者有可能决定支持或反对损失。特别是被证实的信任会被信任者的缺点所滥用，因此智慧就体现在信任与不信任之间的决定上。无论在简单社会的紧密社会性联系中，还是在早期城市文化中，人们都很难避免求助或互助，不信任或拒绝被理解为敌意。信任（在罗马的意义上——“信念”[fides]）是社会性团结的一个不可避免的特征。[32] 后来，信任关系首先被强烈地个人化。风险存在于佐证信任的证据中，而就像事后被证实的那样，这似乎证明了不信任更

32　此外，这解释了为什么恰恰在罗马法中，乐意无偿求证（比如 mutuum, depositum）已经很早被算作少数法律关系而被认可并有配套的行为，也就是合法的法律保护，虽然这完全不关系到一个严格相互关系中的行为扰乱。产生这一对法律保护的要求绝不仅仅是由于货币社会的发展，更是由于古老的部落友谊与信任关系的延续，没有人能逃避这些关系。

为合适。[33]

然而，在这种情况下，决定与受波及之间的关系被构成 133
得完全不同。风险存在于受波及者的一面。受波及者必须决定是否愿意忍受他人可能造成的损失，因此在信任破裂的情况下，得到社会乃至法律帮助对他们而言极为重要，而不是像没事人一样杵在那儿。预设是否信任一个人能直接通过损失 / 无损失来决定。（对借来的东西，他是小心对待还是漫不经心；他是否滥用委托给他的支配权等。）对信任关系的社会性调节可以从针对意料之中的损失行为的指示器着手，而评估部分是为了社会的简化（比如通过针对信任破裂的法律惩戒），部分是为了作为内在于信任的风险而个体化。“善意”（bona fides）的法律形象就是这样的装置，经过几个世纪市民法的发展，最终导致所有契约的可起诉性，包括所谓

33　详情请参见《信任：一个社会复杂性的简化机制》（Niklas Luhmann, *Vertrauen: Ein Mechanismus der Reduktion sozialer Komplexität*, 3. Aufl. Stuttgart 1989；中译本参见尼克拉斯・卢曼：《信任：一个社会复杂性的简化机制》，瞿铁鹏、李强译，上海人民出版社，2005）、《熟悉、信心、信任：问题与选项》（Niklas Luhmann, *Familiarity, Confidence, Trust: Problems and Alternatives*, in: Diego Gambetta [Hrsg.], Trust: Making and Breaking Cooperative Relations, Oxford 1988, S. 94–107）。关于风险与信任（当然是一个完全不同理解的风险概念）的关系也可参见《现代性的后果》（Anthony Giddens, *The Consequences of Modernity*, Stanford Cal. 1990, S. 26 f., 29 ff., 79 ff., 124 ff.；中译本参见安东尼・吉登斯：《现代性的后果》，田禾译，黄平校，译林出版社，2000）。

的“无特定形式简约”（nudum pactum）。与此相平行，个体可期待的信任风险随着对世界知识与商业知识（prudentia）的要求而增加了。

没有人会说这在今天已经没任何意义了。然而人们必须看到，如今被他者决定所波及的迫切而实际的问题完全外在于这一信任领域，因此也不能被相应的组织或个人准备所吸收。对这一类如今尤其引人注目的情况而言，不用再考虑传统的信任 / 不信任形式。这种形式不再能衡量这些情况，无论是社会的还是个人的。信任 / 不信任的形式预设了人们能
134 说清某人为了证明自己值得信任、为了挣得或背弃信任都做了什么。但如果那一面存在风险，那么这个预设就不复存在了。他是否有意通过背弃信任而伤害他人，这不再是个问题，这也与对信任与值得信任的行为进行动机化这个问题没有关系。这一规划所提供的帮助与支援设施并不指向目的。那么在决定者的风险中，问题实际上导致了波及的发生，还包括那些不曾预料的受波及者。因此，我们必须测试对风险行为进行社会调整的新形式，而只有一件事是可以确定的：不可能再回溯到传统的信任伦理，也就是不可能再回溯到既要求信任，同时又小心谨慎地佐证信任。

七、抗议运动

I.

社会运动是一种如此普遍的现象，很难用准确的概念加以描述。很大程度上人们还将社会运动的出现视为相对现代的，也就是一个 19 世纪和 20 世纪的现象，并以此将农民和奴隶暴动与贵族叛乱从社会运动中剔除出去。所有主流宗教都存在的宗教运动同样被剔除在外。也许将这一讨论指向 19 世纪的社会主义运动有些典型化，但这并非概念的反映。鉴于现实的众多现象不再背负着这一标签，人们便托庇于“新社会运动”这一权宜的概念。这一现象不适应任何预定的样式，既不符合对阶层、阶级或功能之基础的社会的差异化描述，也不符合宏观社会学与微观社会学视角之间广为流传的区别。在学术的社会学内部，一种对应的研究领域及其专业文献被区分出来，毋庸置疑，这些又反过来诉求并衍生出一堆专家。但更引人注目的是理论，特别是社会理论视角的缺乏。

我们让这个因此含混的问题进一步保留，并满足于抗议
运动的这个狭义概念。这涵盖了众多社会运动现象的宽广领
域，但却在概念上被更好地限制。各种抗议就是各种沟通，
这种沟通针对他者并呼吁他者承担责任。这些抗议批判某些
方法或状态，却并不自告奋勇去取代维持秩序的位置。这并
136 不涉及位置的互换，也不涉及自身想接掌政权，更不涉及一
开始便是为此而组织起来的政治在野党——这些在野党必须
如此并能够如此！毋宁说，这关系到不满的印象，关系到对
伤痕与歧视的表达，不少时候也关系到一厢情愿的愿望。这
些活动也许有好的乃至很好的理由，也同样明显缺乏另一面。
但抗议的形式恰恰是一种预设了另一面的形式，是这一面对
抗议做出了反应。随着这一差异的破裂，抗议也破裂了。可
能有那么一瞬间，看起来好似社会是在抗议自己。但这是一
种不稳定的、矛盾的状态，而当这一状态已经被直接描述为
“革命”时，人们已经又回到了通向正常关系和新抗议的道
路上。

我们可以说，一次抗议就是一次沟通——首先一次抗议也仅仅如此而已，人们可以从一封读者来信中，或利用其他任何体制化铺平的道路获得这一印象。这可以利用纯粹寄生

的表达形式，即在其沟通中利用其所抗议反对的机构。[1]那么抗议就是停留在另一个系统中的短暂事件。只有当抗议充当自身系统形成的催化剂时，我们才能称之为抗议运动。接下来抗议就好像在募集它的同道们。这是如何真正发生的，事后很难确定，但如有必要的话，系统可以叙述一个原因的神话，在记忆中保留开始时的英雄谱，记住原因，接着便控诉责任心与无私奉献在现代的缺失。

在这一意义上，人们可以将各种抗议运动描述为自生系统。[2]抗议是形式，是内容的主题，两者构成了一种生成相关 137
沟通的过程，这也让系统区分所属与不所属行动成为可能。“自生”，这意味着，这一系统的形成与结构化并不得益于

---

1 参见对沙龙启蒙者的分析:《哲学家们的狂信》(Simon-Nicolas-Henri Linguet. *Le Fanatisme des philosophes*, London - Abbeville 1764)。对 20 世纪而言，人们更愿意想起公职教授的抗议。

2 关于社会运动整体，请参见《什么是一场社会运动？论一种社会现象的地位与统一体》(Heinrich Ahlemeyer, Was ist eine soziale Bewegung? Zur Distinktion und Einheit eines sozialen Phänomens, *Zeitschrift für Soziologie* 18 [1989], S. 175–191)。其贡献建立在(明斯特大学)一篇之前未出版的授课资格论文之上。关于自我指涉的闭合尤其是新社会运动的自我指涉闭合，请参见《集体参与者是社会系统吗？》(Klaus P. Japp, Kollektive Akteure als soziale Systeme?, in: Hans Jürgen Unverferth [Hrsg.], *System und Selbstproduktion: Zur Erschließung eines neuen Paradigmas in den Sozialwissenschaften*, Frankfurt 1986, S. 166–191)。

外部作用。抗议不是从环境输入系统的事实，而是系统的一种自我构成，接着其原因被转移到环境中。这并不意味着，抗议不存在可以理解的理由，特别是对个人来说可以理解的理由。[3]运动绝不只是自我幻觉。换一种广为人知的形式来说，系统在涉及诸多主题与原因时是开放的，但在涉及抗议的形式时是封闭的。通过将所有对自身可接受的事实带入抗议的形式，并借助于这些形式再生产，系统认识自我，而系统以这种方式在每个行动中综合外部指涉与自我指涉，也就是内部实现的抗议的众多外部缘由。

一次抗议若要产生一次抗议运动并紧密相连，必须选择一个特别的主题并紧紧停靠在这一主题上。不同于 19 世纪的社会主义运动，新的社会运动确定其目标也不再从特定社会批判的对象出发，而是使用其主题去挖掘在社会中什么遭到批判。只有在一种极其不健全的意义上才会发展出一种独立的语义学，这种语义学促进并试图贯彻偏离的语言用

3　参见《危机与抗议：西欧和平运动的起源与要素》(Wilfried von Bredow/Rudolf H. Brocke, *Krise und Protest: Ursprünge und Elemente der Friedensbewegung in Westeuropa*, Opladen 1987)。当然，在描述察觉抗议运动并以此自我解释的理由时，是否存在一个充足的社会学解释，这仍然是一个问题。

法——比如生态运动的新自然语义学。[4]这样会加深功能系统 138
的语言用法与抗议运动中更接近日常的语义学之间的裂缝，以至于沟通必须在更具体的层面上指向主题。[5]这首先导致抗议运动相当依赖于自我选择的主题。[6]但众多主题有其自身的动力，这一动力并不必然满足其前提条件。它可以脱离运动，溜出它们的掌心。在此，人们必须注意到沟通的反复之中那极其深刻的逻辑。一方面，沟通要求压缩其主题。主题必须能够被识别为同一个——不是主题第一次被提起的时候，而是在反复之中。此外，主题必须总是在新情况中被确认，它必须保持其关联性，必须归纳，必须被充分参考的意义所夯实。它包含了社会性关系、敌友之间的经验，也包含了历史。但这意味着，能够以不同的方式审视古老的主题，并在组织力量上有所损失。为了影射16世纪早期，一次叛乱可以同

4 在此非常值得注意的是，其自然概念偏离于当时主流物理学所能表达的内容。一个物理学家完全不能想象，技术引发的灾难、环境污染等会被外部强迫。这必须在物理和化学上是可能的。总而言之，如今的自然科学描绘了一幅在感情上很少可以对话的自然图景，这给生态运动提供机会去以此占据整肃过的语义学阵地。

5 在关于“伦理”的同样非常不特殊的对话中，退避是这一沟通困境的另一个方面。

6 参见《新社会运动与现代的连续性》(Klaus P. Japp, Neue soziale Bewegungen und die Kontinuität der Modeme, in: Johannes Berger [Hrsg.], Die Modeme-Kontinuitäten und Zäsuren, *Soziale Wel*t, Sonderband 4, Göttingen, S. 311–333)。

时被当作出于宗教运动的目的与有政治目的的宗教运动。一旦存在印刷术，这一切就变得同样可见，可想而知，抗议运动会为了重新调整主题与同道之间的关系而自我分裂。

众多抗议运动是且始终依赖于差异的维持。当其有所斩获时，主题与抗议之间的差异必须被收回。当其一无所获时，
139 危险便在于它可能失去其参与者或至少不能招募更多新生力量。其“调度资源”（众多社会运动理论的一个重要描述特征）的能力便会下降。在这些前提条件下，只能期待一次临时的系统形成。运动不能采取一种寻常的组织形式。其自我催化（Autokatalyse）要求抗议采取特定的形式，这一形式不会让自身成为某一目标完全不同的形式，因为抗议行动不能被宣称为运动本身与运动的目标一样好。主题连同参与者都离开了系统，这些主题在环境中被进一步观察，闯入了正常的政治仪式中。参与者在组织中寻找可靠的职位。他们借助运动发迹，或者作为个人为持久的抗议做准备，供其他主题和其他运动驱使。作为耗尽的社会运动之沉淀物，这一方面产生了有组织的、由编制决定的决定能力，另一方面也产生了闲散的抗议潜力，仿佛在传达对公共活动家

及其公民美德的怀念。[7]

II.

鉴于可能的抗议主题极其丰富，以及主题与抗议之间有成效的耦合取决于环境，要从主题开始获取一个对各种抗议运动的展望甚或一个有解释力的类型学都十分困难。与其如此，我们不如尝试从之前已经介绍过的时间约束之社会成本这个问题出发。无论如何这便成了可能的抗议之持续来源，一个特定未来的所有规定都随社会的偏差而发 140
挥作用，也就是并非让所有人同等地受益，或者说同等地承担。同样，这一关系问题被表达得如此普遍，但是这一问题不足以澄清抗议运动的出现。另外，人们也必须因此

7　参见《公共活动家的衰落》(Richard Sennet, *The Fall of Public Man*, New York 1979)；《美德之后：对道德理论的研究》(Alasdair Maclntyre, *After Virtue: A Study in Moral Theory*, London 1981)；或者历史回顾《马基雅维里时刻：佛罗伦萨政治思想和大西洋共和主义传统》(John G. A. Pocock, *The Machiavellian Moment: Florentine Political Thought and the Atlantic Republican Tradition*, Princeton 1975；中译本参见 J. G. A. 波考克：《马基雅维里时刻：佛罗伦萨政治思想和大西洋共和主义传统》，冯克利、傅乾译，译林出版社，2013)；《财富与美德：苏格兰启蒙中政治经济学的塑造》(lstvan Hont/Michael Ignatieff [Hrsg.], *Wealth and Virtue: The Shaping of Political Economy in the Scottish Enlightenment*, Cambridge Engl. 1983)。

关注历史境况与机会，这些境况与机会都充当着抗议运动自我激活的外部刺激者。

在传统社会中，很多骚乱、叛乱和抵抗运动都会被归咎于冲突，这些冲突是由对规范的期待所点燃的。没有对法律与道德的明确区分，问题事关合法（对）与非法（错）。农业雇工与小农这些在生存基准线上生活的阶层期待土地主将其生活可能性确保在一个层次上，这一层次尽管是自行定义的，却无论如何是由传统所规定的。在生计恶化时，变化来得极其激烈。对保护和救济的要求显而易见，虽然这不取决于具体缘由，诸如歉收、战争甚或迫近的货币经济造成的问题尖锐化。新的文献称这一症候为“道德经济”。[8] 从我们的角度来看，规范的义务范围一直饱受争议，这一点是决定性的。

但这只是硬币的一面。在上流阶层中也存在同样的问题。

8　这关系到《18 世纪英国群众的道德经济》(E. P. Thompson, The Moral Economy of the English Crowd in the 18th Century, *Past and Present* 50 [1971], S. 76–136)。也可参见《农民的道义经济学：东南亚的反叛与生存》(James C. Scott, *The Moral Economy of the Peasant: Rebellion and Subsistence in Southeast Asia*, New Haven Conn. 1976；中译本参见詹姆斯 · C. 斯科特:《农民的道义经济学:东南亚的反叛与生存》，程立显、刘建 等译，译林出版社，2001)。

特别是在欧洲，贵族宣称拥有了决定合法与非法的权利。支持这一判断的前提是从罗马公民法出发，比如说以权利规范深度贯穿各种生活关系，不仅在封建法与教会法里是如此，在市政法生活条件下也是如此。这让确定或只是宣示法律的断裂相对轻松。统治是绝对无法从法律中被排除的，甚至社会自身被定义为法律机构，因而出现了对为反对篡权或不合
法权力而使用的抵抗权的认同。不合法行事的王侯不是王侯， 141
而是暴君。他让其职务的司法权（iurisdictio）不再属实（那么人们如何违法地加以对待？），并因此失去了要求服从的资格。

同样，当人们谈到国民的抵抗权的时候，“国民”指的只是贵族，而从中世纪晚期开始，它也指另一种官员，特别是法人的代表。也就是说，在一个分层社会的框架下，它只能处理人口的一小部分，这部分是人民（populus）、公民（cives）和臣民（subditos），他们是有所失并因此被编组的人。

这一抵抗权的语义学包括一个法律概念，这一概念拟定了法律的一个宗教基础与一个道德基础，也就是说，这个概念在其基础中无法协调立法、意愿，特别是共识，只能协调

认识与错误的可能性。[9] 人们可以说，法律之自我指涉的负面在抵抗权中达到了最顶点。而要求他者服从的人必须在法权上说明理由，而只有其所要求的是合法要求时，这才能成为可能。

在爆炸般的印刷品让可能的规范和理据的异质性变得可见之后，在排除独裁的可认识秩序中的规范判决之基础已经在 16—17 世纪的宗教公民战争中破裂。[10] 如今当独裁与独裁相对立时，看起来这个问题的唯一解答存在于独裁的中心化
142 这一点——君主的主权。自从神法与自然法的语义学褪色为单纯的正当性套话，新概念必须充当对真正的国家的实践的

9　比如（尽管是明确与主权相关的贵族指南）参见《论亲王在共和国良善而神圣地执政时的职责和权力》（Jacobus Omphalius, *De officio et potestate Principis in Republica bene ac sancte gerenda*, libri duo, Basel 1550, S. 21）："当皇帝的敕命违背上帝，明显不受任何神圣、人类或自然法则所制约时，奥古斯丁为了违背而带回这条敕命，这不总是坏事。"（non semper malum est, referente Augustino, non obedire Principis praecepto, cum is iubeat ea quae Deo contraria sunt, quibus sane parendis nemo ulla divina, vel humana, vel naturali lege constringitur）人们注意到，这是写于宗教市民战争正炽时。相关语境请参见斯金纳的《现代政治思想的基础（下）：宗教改革》（Quentin Skinner, *The Foundations of Modem Political Thought Bd. 2: The Age of Reformation*, Cambridge Engl. 1978；中译本参见昆廷·斯金纳：《现代政治思想的基础（下）：宗教改革》，奚瑞森、亚方译，译林出版社，2011）。

10　此外更增光添彩的是《真相的诸战争：对 17 世纪早期基督教人文主义之衰竭的研究 》（Hersehel Baker, *The Wars of Truth: Studies in the Decay of Christian Humanism in the Earlier Seventeenth Century*, Cambridge Mass. 1952, Nachdruck Gloucester Mass. 1969）。

真正限制，比如在 17 世纪最后 10 年出现的纯粹实证的“根本法”（loix fondamentales）这一观点。[11] 人们假设，这一观点能自我批准，因为忽视这些新概念的主权会被其自身的统治所削弱。也就是说，这些新概念兼容于对所有反对生效法律的抵抗权发布的禁令。因而问题首先只是，刺激抵抗的信号词从“违法”转移到“违宪”上。在伦敦国会（也就是主权）被王权的金元手段所腐化中，“违宪”这个词第一次登台亮相。[12] 接着，这个词在美国独立运动的前线赢得广泛影响，独立运动正是最近一起严格由法律问题所引发的大型抗议运动。[13] 此

11　相关词汇与概念史，请参见《“基本法”与欧洲王朝的家族授产立法的教程》（Heinz Mohnhaupt, Die Lehre von der „lex fundamentalis“ und die Hausgesetzgebung europäischer Dynastien, in: Johannes Kunisch [Hrsg.], *Der dynastische Fürstenstaat: Zur Bedeutung von Sukzessionsordnungen für die Entstehung des frühmodernen Staates*, Berlin 1982, S. 3–33）；《16 世纪法国的基本法与宪法》（Harro Höpfl, Fundamental Law and the Constitution in Sixteenth-Century France, in: Roman Schnur [Hrsg.], *Die Rolle der Juristen bei der Entstehung des modernen Staates*, Berlin 1986, S. 327–356）。

12　参见《关于党派的一篇论文》（Viscount Bolingbroke, A Dissertation upon Parties [1735], zit. nach: *The Works of Lord Bolingbroke*, Philadelphia 1841, Nachdruck Farnborough Hants. 1969, Bd. II, S. 5–172 [S. 11, 118]）。

13　请参见《从抵抗权到宪法司法权：18 世纪的违宪性问题》（Gerald Stourzh, Vom Widerstandsrecht zur Verfassungsgerichtsbarkeit: Zum Problem der Verfassungswidrigkeit im 18. Jahrhundert, in ders., *Wege zur Grundrechtsdemokratie: Studien zur Begriffs- und Institutionsgeschichte des liberalen Verfassungsstaates*, Wien 1989, S. 37–74）。

后这个问题至少在发挥作用的民主中，被立法的政治影响、在野党换届的前景与宪法的司法权所缓解。如弗里德里希·施莱格尔（Friedrich Schlegel）所说，传统的由法律所支持的抵抗权实践如今采取“自私的犯罪”的新形式，同时代表性宪
143 法也被表达为“稳定的喧嚣”。[14] 如今，一场反对规范责任的抗议完全能够只接受对 19 世纪来说典型的“无政府主义”形式。而如果现今还存在知识分子“公民抗命”的无私秩序反抗，那么这也是在那些机构的保护下，并充当其他最初并非针对法律的众多抗议运动的表达手段。[15]

III.

借助“社会主义”的抗议运动，我们来到历史上更接近

---

14 参见《时代的符号》，引自施莱格尔作品集（Friedrich Schlegel, *Dichtungen und Aufsätze* [Hrsg. Wolfdietrich Rasch], München 1984, S. 593–728, Zitate S. 598 und 713）。

15 显然，这一对参与者意图的描述并不符合其将抗议“符号化”的意图。《能够无秩序：对系统的尝试，法律与不服从》（Günter Frankenberg, Unordnung kann sein: Versuch über Systeme, Recht und Ungehorsam, in: Axel Honneth et al. [Hrsg.], *Zwischenbetrachtungen: Im Prozeß der Aufklärung: Jürgen Habermas zum 60. Geburtstag*, Frankfurt 1988, S. 690–712）也确定了这一内容，却没有说明为什么一种符号化的权力能够从非法变成合法。

也更熟悉的地带，因而也能够更简洁地加以总结。[16] 如今这不再涉及由规范设想限制行为可能性而产生的侵犯，而是关系到稀缺的商品或福利分配不均，这意味着各人所得此消彼长。在规范冲突的情况下，侵犯以及对抗议的动议权取决于 144 谁将自身的期待贯彻为法律。在不平均分配的情况下，这关系到谁能有效地积累稀缺商品特别是福利，以及谁又因此而缺乏这些东西。

当这关系到稀缺时，抗议不再能被风格化地表述为为了法律而斗争，因为分配不是通过粗暴的查抄来实现的，而是借助所有权与契约实现的，也就是说与法律相协调。[17] 自从

---

16 关于直到 1820 年代的词汇史，请参见《"社会主义"、"社会主义者"和某些其他词的起源》(Gabriel Deville, Origine des mots „socialisme " et „socialiste " et de certains autres, *La Révolution Française* 54 [1908], S.385–401)；《社会主义词汇的进化》(Arthur E. Bestor, The Evolution of the Socialist Vocabulary, *Journal of the History of Ideas* 9 [1948], S. 255–302)。一旦社会主义运动开始运转，当然也会开始描述其自身的历史并无视概念的引入，探讨早期社会主义、乌托邦社会主义等，仿佛人们在词汇发明之前就能用这个词描述事物一样。只需要参见桑巴特的《社会主义与社会运动》(Werner Sombart, *Sozialismus und soziale Bewegung*, zit. nach der 6. Aufl. Jena 1908)。

17 在最初通过夺去无主物品这一所有权获得的意义上，"支配"(occupatio)虽然始终是一个法学讨论的课题，即使 17 世纪和 18 世纪也是如此。但对实践而言这毫无意义。毋宁说，在这个主题中人们在以不平等分配讨论一个所有权秩序的产生与合法化。参见《一开始并没有法》(Niklas Luhmann, Am Anfang war kein Unrecht, in ders., *Gesellschaftsstruktur und Semantik* Bd. 3, Frankfurt 1989, S. 11–64)。

17 世纪和 18 世纪以来，所有权使用的限制被逐步拆除，同时可追诉性被推广，直到 19 世纪达到单纯的意愿协调（必须是明确可被证明并能由法官所阐释的）。[18] 相应地，要求与抗议的基础如今从（总归是实证的）法律中被抽象出来，并系于一种普遍的价值假设上。然而，平等只意味着不平等需要正当化的证明，而引证上帝的恩赐已经远远不够了。[19]

145 与将抗议动机从规范设想转向稀缺性问题紧密相关的是，社会概念在从 18 世纪到 19 世纪的过渡中也发生改变。如今的社会不再是一个公民社会，一个属于作为其参与者的公民的法律机构，当然也不再是一个契约。毋宁说，如今的社会是一种经济秩序，在需求的满足中赋予偏好与不公一个意义，虽然是最大化经济福利的意义。然而，仅仅是因为其忽略了政治，这一从社会向经济的退缩是如此不真实，这一

18　在大陆法学中，问题更在于废除对所有权使用的“警察国家”的限制上；而对普通法系，问题则在于释放从纯粹到指向未来的契约。参见《市民社会的法与国家》(Dieter Grimm, *Recht und Staat in der bürgerlichen Gesellschaft*, Frankfurt 1987, S. 165 ff.)与《契约自由的崛起与衰落》(Patrick S. Atiyah, *The Rise and Fall of Freedom of Contract*, Oxford 1979)。只要两者携手并独立于国家特权的私人合作法权发展而共同发挥作用，国家就必须开始增加对规范性期待的贯彻，而这种期待的出现是不可控的。

19　此外，一个传统的、亚里士多德式的理由是一个由富人与穷人、天使与石头、男人与女人组成的秩序，比包括最好的姿态的秩序要更加完美。

转变立即被一个更高的区别所覆盖：社会与国家之间的区别。首先，这一在19世纪中叶才贯彻的区别[20]赋予了社会主义的经济抗议运动一个语境，在这个语境中，抗议运动自身能发生区分并将自身改造成19世纪的抗议运动。而在语义学层面上，“社会运动”概念在1840年代脱离了诸如叛乱或骚动的设想，取而代之地表现出有目的反对的特征。[21]鉴于经济的不公，自称为“社会主义”的社会运动呼唤国家作为补偿。如人所知，存在马克思主义的替代品自己单干的情况。但人们必须托付给一个不确定的后革命未来，以决定抗议应该发生什么并由谁对此负责。

支持或反对规范的抗议已经很少了，而反对占用稀缺商品的抗议则完全消失了。连这种抗议也失去了其从前的中心位置。这部分是因为福利国家的发展，部分是因为废除了可 146

20 斯坦因的《从1789年到我们时代的法国社会运动史》(Lorenz von Steins, *Geschichte der sozialen Bewegung in Frankreich von 1789 bis auf unsere Tage*, Leipzig 1850)这本以社会运动为标题的书对于将人们从黑格尔理论语境下国家与社会的区别中解脱出来并得到普遍应用，做出了比其他书籍更多的贡献，人们不能将之视为偶然。事实上，支持区别的前提使称之为社会运动的现象能够从固有动力中脱颖而出，这种固有动力要么是经济的，要么是聚焦于国家政治的。

21 请参见《社会运动》(Otthein Rammstedt, *Soziale Bewegung*, Frankfurt 1978, insb. S. 47 ff.)。

以向上或向下调节薪水的自由劳动市场。[22] 平等的缺乏与统计学仍然可以被用于佐证歧视（目前特别是针对女性），也存在着反对所有权合法使用的零星抗议（闲置房屋、工业居民点与公路建筑等）。然而，所有这些都是福利国家的注脚。这些都与过去的社会主义运动所反对的所有权自由与契约自由相关，这两者几乎仍只有作为政治调节的前提而存在，这样就形成了法律与经济所驱使的抗议相混合，比如“公民动议”就试图赋予其他政治特权以优先性并使之生效。然而，我们时代的抗议运动真正的新颖之处不在于一度影响力巨大的法制（Rechtlichkeit）与经济团结在功成身退之后有哪些孑遗，而在于抗议的新类型：拒绝人们会变成他者冒险行为的牺牲品。

IV.

在风险社会学的语境下，回顾后两个阶段并没有内在价值，而只是想将以下问题深化：如今的社会运动是否符合历

22　但“社会主义市场经济”的委婉表达，首先对应着在一些经济要素（比如房屋的保养与修缮、家务）中非法劳工不可或缺，这证明了过去连续对工人的社会歧视已经边缘化。此外，人们如今称之为劳工市场的东西，牢牢把持着核心的价格协商。

史上存在的模板，或这些运动是否并在何处与模板相区别。当人们言说“新社会运动”的时候，就是有意识地与传统运动保持距离，但这同时也体现了理论上的困境。通常这些运动的新颖只与一种“价值转变”相关，也就是只能从其运动主题中看到，充其量还能在抗议的多元化中看到。因此，理 147
论的努力聚焦于佐证所有主题多样性之中过程的连续性和一元性。[23] 但这并不是说，在这样的运动表达的形式中，也存在一个特定形而上学的主题一元性？这也不是说，这个问题比单纯的佐证或多或少所渗透的连续性在历史上更卓有成效？无论如何，新的抗议运动存在于其多元性中，其多元性来自抗议同时变成一种已建立的形式并在主题与主题之间跳跃。[24] 相应地，个人能够适应或以此界定抗议的表达形式，当旧的主题过气之后，就寻找新的主题。

就如同功能系统中需要一组调节积极与消极价值分配的

23　这首先要归功于拉姆施特德（Otthein Rammstedt）的建议。如今最详尽的要数《联邦共和国的抗议运动：一段对政治异议的分析社会史》（Lothar Rolke, *Protestbewegungen in der Bundesrepublik: Eine analytische Sozialgeschichte des politischen Widerspruchs*, Opladen 1987）。

24　新社会运动只有在非特定抗议环境中并作为与社会相关主题有关的运动，才是有联合与行动能力的。一方面这构成了它的优势；但另一方面也让新社会运动完全依赖于整个社会的主题预设，主题在公众意见中的热度共同决定了其行为。

符码程序一样，抗议形式也需要详细说明为何抗议并抗议什么的主题。而同样对主题的产生来说，众多普遍的形式需要自我保持。在社会中，人们能够引入平等以测量明显的不平等。接着人们产生了分配主题。人们也能够引入外部均衡以测量不均衡状态。接着人们产生了危险与风险的主题组合，因为社会是否并如何能在不均衡状态下自我维持是有疑问的。两种形式都使用了乌托邦的设想，因为社会只有通过内部不平等（差异）并只有通过生态不平等（分化）才能是一
148 个系统。这种主题产生的形式保证了无尽的主题库存。它为社会确保一种持续的可能性，让社会能在抗议中以自我反对来进行自我描述。但在这两种形式的关系中，它也能够赋予重点的改变，而如今已经有一种相对于均衡 / 不均衡形式的明确优先性。（女性经常是后来者。相比社会主义运动时期的需求，其理据充分的平等需求被急剧释放。而其运动已经处于降温阶段，并经验性地度量其已获得的编制的数量。）

如果认同我们的猜测，风险问题通过时间约束表述了一种完全不同于规范问题或稀缺性问题的社会负担形式，那么很明显，存在一个极其深刻的断裂。我们的主题是，我们时代的抗议运动还只是以一种或多或少大胆的具体利益宣传，

部分地把握了平等的规划。[25] 在先前章节的意义上，利用连带的波及来反对决定的抗议运动更为典型。这适用于在最广泛且包括危险科技的意义上的生态运动，但也适用于出于很多合适的理由认为保留军备（而不只是战争）过于危险的和平运动。

风险已经变成了抗议的新焦点，可以用风险这一概念所表明的偶然性安排来解释。如前文所说[26]，时间的偶然性在决定和损害（必须不能两者都是！）的关系中挑起社会性的偶然性。它准许不同的观察视角，却不提供一个拯救的一元 149
性。很容易察觉到差异并加以沟通。这一容许参与者视角产生不同的出发点不能被这样表达，它作为悖论、作为差异的一元性而不可见了。为了论证或诽谤这一出发点，语义学的成果只是被置入。抗议是一种为此而提供的形式。当终究必须只能以可能性或不可能性的视角来看待未来时，从中产生

25　在这个利益情况下反对平等要求的背景，是这种运动语义学的一个中心问题，特别是女性主义运动。因为利益产生了对立的利益，人们必须掩饰人们期待与那些同他们竞争的人联合这一事实。这一思考同时展现了一个运动的问题与脆弱，运动确定了平等原则，但不再能立足于社会主义的社会运动之一元性，并失去了与现代社会结构问题的关联。

26　参见本书第一章第 3 节。

了对未来的持续意见分化。这种分化以更多信息、参与、对话、理解的方式来表达，或者恰恰以抗议的形式加以表达。

更准确的分析必须包括三个方面：（1）事实是一再做出对不参与者而言冒险的决定（部分是必然的，部分是故意的）；（2）因此导致了一种可能性，发生或在特定条件下发生一种旨在寻找抗议对象（经常是决定者，但并不一定是决定者）的抗议；（3）抗议运动的主题必须承诺确定的组织力量和时限。第一个区别表达了结构决定的位置，第二个区别表达了环境决定的触发者，第三个区别表达了系统生成的要求。没有这些，抗议不过只是短时间的恼怒。

在冒险决定与受波及都水涨船高的情况下，风险与危险之间的区别表明了社会结构的附属性。如前文所述，首先要思考社会的功能差异化与功能系统的二元符码化。一个如此结构化的社会在目前的状态下产生了易于抗议的各种情况，并接着在社会运动的意义上为了系统的形成而选择其中之一。选择如果成功了，就保留下一问题，一个取决于系统而产生的抗议运动是否并如何变成一个（即使是临时的）系统，也就是说，是否并如何能够赢得相对稳定的形式。一个如此这般复杂的形式的形成程序将注意力从各个持续的条件转向

了各个变动的条件，从社会抗议运动的各个可能性社会结构条件转向了众多动机与众多延续条件。这一视线转移对抗议 150
运动自身有好处。这免除了其反映自身的社会结构局限性。抗议运动可以完全从其主题、目标、执行难点与其增长的内部问题来自我描述，并因此在与社会的关系中设想一个“对立”的位置。这些运动处在社会之中，却抗议得好像自己在社会之外一样。

社会运动与社会理论之间已经有了龃龉。它拥有一种著名的资本主义社会理论——但这只是关系到另一面的理论。它充其量能作为一个加速器附着于无论如何都会到来的资本主义之没落。它在哪里接纳国家力量，就在哪里相应地停留于未经反思的状态。社会主义如何能够以 850% 的总成本比重（东德的一个案例）经济地运转，毫无疑问很有意思。

相应地，这对于破裂的新社会运动更加剧烈。这些运动将其抗议的不良状况视作骇人听闻的事，不容许质问有哪些理据支持着这些状况。如今也缺乏针对另一面的理论，而这被视为一个优点，虽然被视为抗议的固有特征。接着每个理论引导的问题分析、每个对替代方案的追问必然会削弱抗议。替代方案是它本身。

然而，这一对抗议运动自我描述的批判在一个实质方面落空了，虽然恰恰是在一个社会理论的方面。就像每个系统（或者可以说世界）一样，为了自我反映，社会需要一个内在的边界。它不能从外部被观察和描述。只存在一个想象中投射的可能性，自我描述能以此为了自己而索取一个立足点。这种可能性必须参与内部与外部一元性的悖论，并找到一种形式驱逐这一悖论，这意味着通过一个区别来替代并以此掩盖这一悖论。相比其他能做得更好的形式，恰
151 恰是抗议形式完成了这一点。决定性的问题在于：当一个社会在一种反对自身的抗议形式中实现了它的自我描述时，这个社会在做什么？

从形式上看，反思哲学的传统理解以此自我确证了，反思总是需要关注差异者、他者、区别者，特别是在自我反思中。[27] 但从社会学的观点来看，抗议形式暗示了一种对大众媒体的持续沟通的高度亲和力。它满足了对注意力与报道的严格筛选标准：新颖、冲突、本地关系、暴力与近乎丑闻。

27　现代反思哲学是基于意识与精神加工而成的，让这一对比更加有意思。很明显，这里存在概念与理论技术的经历，这些经历也保证人们不探讨意识系统，而是探讨社会系统。

在示威游行中，大量的身体展示“佐证”了其认真严肃性，特别是风险的生活威胁性同样被搬上了电视。存在着沟通的接受者，但此外还存在着观众、公众意见，运动在公众意见中被反映出来，而所有这些反映都必须被思考在内。公众意见不再像 18 世纪有关法律主题抗议的尾声时那样，发挥裁判的功能。公众意见不能保证并产生一元性，只能保证和产生差异。其功能不再存在于让理性判决基础可见并贯彻这一基础，而是像在市场中一样，让观察者的观察成为可能。个体常常能够想到，这像一面镜子一样，发挥着能在冲突中自我观察并证实其意义的功能。不要忘记重要的一点，将其呈现在媒体中，能在一场抗议运动的开端发挥试探可能的共鸣的作用（不必然意味着 [这是] 可实现的赞成）。

大众媒体自身跟技术、生态和风险的主题处在一种矛盾的关系之中。媒体可以惊叹技术的进步、低估生态后果，
并出于特别的动机又反过来强调其警示意义。[28] 这不需要对 152
支持工业与否存在特殊的偏见，因为这些对媒体世界来说过

28　一个相关的梗概，请参见《沟通媒体的角色》(Malcolm Peltu, The Role of Communication Media, in: Harry Otway/Malcolm Peltu [Hrsg.], *Regulating Industrial Risks: Science, Hazards and Public Protection*, London 1985, S. 128–148)中的许多案例。

于复杂。但在特定的范围内，抗议运动也在主题的样式上有自身的比重——首先是在其行动主义的子题中，诸如“绿色和平”组织，为了让大船作战而乘小船航海，以及根据这一大卫 / 歌利亚的可笑场景唤起注意力与同情。连大型示威都已经通过可拍摄性来满足媒体选题的重要标准。这一联系的背面乃是：一种高度的主题损耗，以及抗议运动的时间视角与大众媒体的时间视角之间缺乏共时性。大众媒体诉求快速的共鸣与主题发散，完全是对主题的篡夺。它将抗议整合起来——部分是因为媒体需要将之作为信息供货商或能加以利用，部分是因为即使一场反对媒体的抗议还是需要媒体并以批判来佐证讨论的普遍性——否则完全不会发生。示威遵循媒体上发表的样板而出现（示威不会次次都有新发现），并只变成可感知的民主的一种形式。[29] 特定的模型达到稳定：中等阶层的理解力以及校园报刊的笑话，下等阶层的审美、自发性与纪律，并非不负责任的漫不经心，还有对事件缺乏控制。但这一切都没有改变时间的不一致与紧急状态，从这种紧急状态可以推测总有事情要发生。也许大众媒体最值得

29　参见《在民主的三角中：公众与大众媒体》(Peter Klier, *Im Dreieck von Demokratie, Öffentlichkeit und Massenmedien*, Berlin 1990, insb. S. 136 ff.)。

注意的特征就是它的迅捷。[30] 这不只产生诸如短时间、场景转换或单调这样风格化的结果，还会导致对主题的迅速磨损，153 进而造成主题想要持续下去，就必须及时地成功建立对其负责的组织。只有稳定的机构能提供延续的可能性。[31] 抗议运动把发现主题并摆上桌面记在历史功绩之中。但仅仅如此的话，它们无法生存。抗议运动必须将其要求激进化，提高敏感并尝试得到只能提供有限共识机会的位置。或者这些运动自我解散，留下一个为抗议做准备的普遍沉淀物，在这样的基础上，当好的机会到来时，便能够形成新的运动。为了反抗，这些运动形成了结合的公式，这些公式能够让将迥异的运动视为彼此亲和的运动变得更轻松，只要这些运动仅仅是“备选的”，并让从一个抗议主题到另一个的转移乃至跳跃成为可能。这是反对派的责任。[32] 而为了像一个循环的象征一样

---

30 就普遍的视角，请参见《新千年文学备忘录》(*Lezioni Americane von Italo Calvino*, Milano 1988, S. 31 ff.；中译本参见伊塔洛·卡尔维诺：《新千年文学备忘录》，黄灿然译，译林出版社，2009)第二讲。

31 一个这种发展中相对晚期的冷却阶段，请参见《社会运动与国家：环境运动》(Richard P. Gale, Social Movements and the State: The Environmental Movement, Countermovement, and the Transformation of Government Agencies, *Sociological Perspectives* 29 [1986], S. 202–240)。

32 另外就像这一运动的知识分子所经历的那样，经常借助政治上灾难性的方式去保护其自身的风评与正直。

在抗议的变动中守护同一性，这也足够了。

抗议的反思以这些特别的特征完成了若不这样就无法完成的事情。它把握的主题不是作为功能系统，无论政治的、经济的，宗教的、教育的，科学的、法律的功能系统，都不能视之为自身的。它对立于根据内在于功能系统的一种功能差异化之优先性而产生的自我描述。它也并不取决于这一社会能被某处代表并被负责任地描述。它明确平衡了现代社会的反思缺陷——不是通过做得更好，而是通过让它有所不同。对生态问题关注的激增如同得益于对技术的日益不信任一
154 样，得益于这些运动。人们知道，无论是否喜欢，如今人们必须在对确定的未来视角缺乏信任中生活。一个在反对自身的抗议中自我描述的社会，将能够一再确认这一点。如果从现代启蒙的规划出发，这无疑让人倍觉沉重。[33] 但这毕竟以此产生了对现代社会由结构决定的后果的敏感，以及对每个时间约束的社会成本的敏感，这也是一个收获，人们不一定需要只做出负面评价。

---

33 哈贝马斯的《现代：未竟之业》(Jürgen Habermas, Die Modeme-ein unvollendetes Projekt, in ders., *Kleine politische Schriften I- IV*, Frankfurt 1981, S. 444-464)就是如此。当然他将问题置换并导向所谓的“新保守主义”批判之中。

人们能够根据评价来得出一个正面或负面的判断。但如果人们从二阶观察的角度加以观察的话，那么这并没有改变抗议运动与抗议形式相关联这一事实。这预设了它能够抗议它所反对的另一面，除非抗议及其相应社会的自我观察的特殊形式湮灭，它不能是或变成这个另一面。就像看门狗一样，它有强烈的需求重建秩序或至少阻碍秩序恶化，而且就像看门狗一样，它只可能嚎叫与撕咬。

八、政治上的诉求

I.

我所提及的这些现代社会系统的日常运转需要大量冒险决定，并使得这些冒险决定成为可能，政治系统也是其中之一。同样，其基础是一组二元符码增加的风险倾向。

存在于现代国家的公职结构中上下级关系的明确性，在决定的后果不可预见时，让采取决定也是可能的。这特别适用于对其他功能系统也起作用的调控政策，比如通过侵占税赋与信用来干预经济，比如专利权的变动，比如离婚权，比如教育政策，比如提供或撤销对研究领域的财政资助，比如批准或不批准药品上市（或者只是延长测试过程），比如改变医疗报销的手续——这里只列举了冰山一角。政治系统用充足了解的后果与有限的风险在操纵其他系统，其不可能性与其干涉的轻而易举成反比，这样的决定就可以如此轻而易举地产生作用，并能变得像以往一样零星而分散。福利国家令人吃惊的权限扩张导致了一台巨大而不可控的风险激增装置。有任何人知道上蜡的苹果上市能造成最小直径 55 毫米的苹果无法造成的什么后果吗？只有一定程度的愚昧与常常不够轰动的后果阻止了这一风险导向被视作一大政治丑闻。

156 与此相对应的是，对主题进行政治化的门槛很低。人们只需要点出在既定关系中仅仅是未被充分满足的一种价值就能制造一个主题，比如在风险政治中，这个价值是“安全”。[1] 剩下的则是预防工作或拖延工作。经常能在诉求的强化中发现一种“关于某某的权利”。虽然这是一个自相矛盾的论据，因为如果存在这样一种权利，那么政治上的积极主动就完全不必要了，人们能直接在法庭上让权利生效。但在政治修辞学中，重要的仅仅是在并非善意的光芒之下找到其所反对的表达，那么这几乎不可避免会产生一种印象——其是其所宣称的那样。

问题由于执政党与在野党这组二元符码而被强化了，这组符码导致了在做出决定时必须考虑决定对政治选举的影响。人们不会在这个方面冒险，然而这会导致在许多其他方

1　在政治系统中引发连锁反应，就像《人与环境相协调》(Eric Ashby, *Reconciling Man with the Environment*, London 1978)中强调的那样。

面更倾向于冒险。从选举策略的视角来看，值得推荐的是在诸如研究、科学发展、工业现实化这些领域预防性地介入，却不反映这种预防所伴生的风险。那么政治在野党的原则首先便是鼓励将那些主题贯彻，并将之在决定的环节迅速催熟，如此便能更多关注关键词与展示，而不是对后果的预料。在所有这些方面，对政治系统的分析证实了我们的猜测，功能性的分化与二元符码限定了试验性观测并促进了风险倾向。

当传统国家政治建立在“国家理性”之上，并证实了人们要为了目标而对意图保密，必要的情况下甚至也要独自对行为保密时，那么确切地说，如今盘桓着一个颠倒的问题：对那些完全没有发生的行为，或完全没有那些归于其名下的效果的行为，人们必须让这些行为变得可见。人们必须持续地被看，并关注人们在哪些条件下、以何种期待被观察。人 157
们必须不对意图保密，而是将其公之于众。就像尼尔斯·布鲁森（Nils Brunsson）在瑞典组织中所发现的那样[2]，系统在“言说”（talk）中专业化，也就是在对为了理性决定而努

2　参见《伪善组织：组织中的言谈、决定与行径》（*The Organization of Hypocrisy: Talk, Decisions and Actions in Organizations*, Chichester 1989）。

力的表述中专业化。而风险就存在于导致建构的纯粹文字游戏中，人们根本无法满足或不愿意满足这些期待。这一从国家机密到作为沟通的媒介之公共性的变化改变了风险的境况，虽然这是在两个方面上进行改变：在对社会积累的风险的注意力上与在政治的固有风险上。

政治系统能观察冒险行为，并将观察与原因或结构或统计学频率联系起来。只要人类行为被界定为原因，人们就能尝试将这些行为排除出去——无论接下来是用什么加以替代。如今，特别是对取决于技术的风险与危险的观察正经历着政治上的繁荣。因为技术在结构上是一个重视成果的简化，技术因此附属于其所忽视的仅仅是可能的因果性，事实上也是如此，政治在这些领域指望持久的、持续再生产的误解。寻觅，并找到它们！只要在一种可相互再生产的关系的意义上，存在技术与政治的结构性亲和力，那么在这层关系中政治就不得不容许技术并以此为自身提供误解。所谓“民主地”开放，不限制主题的所有名目给政治提供一个体验单元，与其所学有关并期望反复，能促进交往、个人知识与机构知识的专门化与熟练化，并能在其组织中准备好先例、有效模型与范例等。

这当然只是与我们主题相关的政治之下的一个方面。与此相联系的一体两面是我们的社会持续地再生产决定与波及的差异，而对于这导致的冲突，它却没有提供除了政治之外的其他答案。如前文所述，对现代社会的基本问题而言，一 158
个人的冒险行为对其他人而言属于危险，就像未来越来越明显地取决于当下决定的程度一样，当下的误解被作为“废料”归因于过去的决定或不决定。政治系统完全压倒性地被这些要求（或以其之名）侵占，这些要求与决定无关，但会被可能发生的损失后果所波及[3]，而这也预示了决定基础的核实或量化计算并没有信任这么重要。随着抗议运动与大众传媒紧紧抓住这些问题不放，政治系统会直接做出反应，同时很明确的是，传统的法律保障与矫正性的再分配仪式也不足以应付这些问题。这仅仅适用于宪法国家的传统机制、自由权利与政治暴力在权利形态上的自我限制。[4]这也是出于其他问题状况而被发明出来的。而在此期间，无论如何，政党模式还

3 （关于“非自愿风险”）同样参见《风险控制、评估与接受性》（Chauncey Starr, Risk Management, Assessment, and Acceptability, in: Vincent T. Covello et al. [Hrsg.], *Uncertainty in Risk Assessment, Risk Management, and Decision Making*, New York 1987, S. 63–70）。

4 请参见《宪法的未来》（Dieter Grimm, *Die Zukunft der Verfassung, Staatswissenschaften und Staatspraxis* 1 [1990], S. 5–33）。

未对这一新的紧迫性做出反应。诸如自由主义或社会主义这样的名义仍在延续，可这些名头之间的区分力量已然不清晰，而在政党纲领的所有附加主题中，几乎没有一条是把决定与波及的差异作为政治选举的选项而提出的。这一切又是如何发生的？

但就像以往一样，政治会被结构化，在决定者与受波及者的党派冲突中，一次对风险状况的量化分析毫无裨益。虽然人们也许能计算出，新核电站对周边环境被高估的危险，
159 并不高于每年多驾驶三公里汽车的风险。[5]但这一计算并不能打动所有人，因为在其中一种情况下，问题被察觉为灾难，而在另一种情况中则不然，同样因为量化分析的可操纵性众所周知。[6]方法已经包含了一个选项，适用于方法当时所使用的那一面。事实上，量化分析总是与恐惧的灾难之所在无关。

---

5 这个例子见于《根据社会科学的风险可接受性》(Mary Douglas, *Risk Acceptability According to the Social Sciences*, New York 1985, S. 23)。关于影响范围的一个区别判断与主观的，即对风险分析要素的选择与评估政治的影响，请参见《感知风险：精神要素与社会含义》(Paul Slovic/Baruch Fischhoff/Sarah Lichtenstein, Perceived Risk: Psychological Factors and Social Implications, *Proceedings of the Royal Society of London* A 376 [1981], S. 17–34)；《风险分析：视野与限制》(Ortwin Renn, Risk Analysis: Scope and Limitations, in: Harry Otway/Malcolm Peltu [Hrsg.], *Regulating Industrial Risks: Science, Hazards and Public Protection*, London 1985, S. 111–127)。

6 可操纵性当然包括支持者和反对者的冒险决定。

是否被视为灾难并不取决于现实标准的基础。对个人而言，撤销驾照或者不给开药已经是一场灾难了。[7]因此，如果迁就循环论证的话，当受波及者拒绝相信量化分析时，我们总是愿意谈及风险。[8/9]这一灾难阈值被政治相关人员特别是大众 160
媒体以不同方式确定，而这会让理解临界情况的难度增加，因为准确的损失恰恰发生在不确定的领域内。在事件中这意味着政治不能依靠对风险的量化计算，也不能抱有这样的指望。换言之，政治必须遵循这种猜测（知情的猜测），这些猜测涉及后果，尤其涉及对其自身决定的认可能力。

7　关于在被感知为至关重要的问题中，形式上精确知识的零星意义可参见《忍受环境的健康风险：知识、收益、自愿与环境态度的影响》(Brian N. R. Baird, Tolerance for Environmental Health Risk: The Influence of Knowledge, Benefits, Voluntariness, and Environmental Attitudes, *Risk Analysis* 6 [1986], S. 425–435 [430 f.])。

8　《风险：风险评估与管理理论的哲学导读》(Nicholas Rescher, *Risk: A Philosophical Introduction to the Theory of Risk Evaluation and Management*, Washington 1983, S. 70 ff.)也很类似，其中很重要的一点是，贫富有不同的灾难阈值(对一方而言是灾难，对他者只是损失)，因此相比穷人，富人有更大的机会化风险为机遇。关于量与可能性之重要性的社会局限性，请参见《做到什么地步才足够安全？社会科技选择的文化路径》(Steve Rayner/ Robin Cantor, How Fair Is Safe Enough? The Cultural Approach to Societal Technology Choice, *Risk Analysis* 7 [1987], S. 3–9)。

9　在决定者的领域，这只是一个类似的简单问题，取决于决定者将其行为指向结果或其组织的存亡。然而，在此这一差异对量化方法的利用对反正会呈现出的存亡问题并没有影响，后者相比准备充分的公司提高了风险意愿。答案可能取决于进一步的区别，比如风险是否存在于科技领域或组织与个人的领域。

II.

让我们暂且离开这个主题，回顾一下对一个决定而言“正确时间点”的神话。正确的时间点是最好的时间点，因此也是对一个决定而言没有风险的时间点。这是通过那些能实现横竖想要做的事情的短暂机会来界定的[10]，也就是说这并不是片刻灵感之类的事物。世事也许会导向不幸，但这是命运而非决定的结果，也可说做出这个决定是被时间点正当化的。

正确时间点（kairós）的思想形式不仅在传统欧洲的政治理论中占有一席之地，而且人们在谈及时也将之称为谨慎（prudentia）。其史前史始于古老东方的预言学说。一种宇宙论式（特别是占星术）的确证从属于这个症候群。正确时间点一方面听任直观，但也同样属于一种合理决定实践的调
161 查目标。既不早也不晚，当下或不再决定——人们试图与风险情况中的这一思维模式相吻合。即使幸运女神垂青，也可

10 比如参见《政治运气的门路》(Ch. B. Bessel, *Schmiede deß Politischen Glüks*, Frankfurt 1673, S. 243 ff.)。

以拒绝或假装服从。[11] 只有当与美德(virtus)紧密相连的时候，幸运女神才会出场，以此帮助并确认勤勉的付出，而与此紧密相连的是，人们在草率与鲁莽前发现了警示，他们被警告勿在无视情况的前提下示威性地使用勇气与力量。

这一思维形式至今仍有一定的说服力。[12] 对废除核电站的政治决定而言，正确时间点是切尔诺贝利发生后的一段日子，既不是事前，也不是事后。推动德国统一的正确时间点是边界直接开放后，只有在这个时间点，人们才能放弃对经济风险的考量。奥地利对塞尔维亚发出最后通牒的正确时间点是奥匈帝国王储在萨拉热窝遇刺之后，只有在那个时候，人们才能不考虑战争的风险。世纪的最后通牒来得太晚，只被解读为挑衅与对风险有意识的迁就。然而，正确时间点能免于风险的假设，如今已完全失去了根据。人们虽然还能说，所有指望合理做出决定的尝试都需要时间，因此冒着错过有

11 参见《机会、时间与风俗》(Rudolf Wittkower, Gelegenheit, Zeit und Tugend [1937/38], in: ders., *Allegorie und der Wandel der Symbole in Antike und Renaissance*, dt. Übers. Köln 1984, S. 186–206)、《幸运女神或变换的持久》(Klaus Reichert, *Fortuna oder die Beständigkeit des Wechsels*, Frankfurt 1985)。

12 这个联系令我想起了与保罗·法布里(Paolo Fabbri)的对谈。

利机会，或贻误了防止事情一发不可收拾的最后可能性的风
162 险。[13] 但没有人还相信时间自身会突出有利的时间点，而当美国总统夫人寻求占星术的意见时，只会让其他所有人吃惊与诧异。对冒险的决定而言，时间点的选择本身就变成了一个冒险的选择。

这一陈规确实跟风险问题的扩张与强化有关，但也跟现代的时间维度与事实维度之间的强烈差异化有关。如今，时间在本质上不再作为在瞬间实际生效的复杂性的代表而发挥作用，而必须在本质上被弄清并加以贬低。但正确时间点的语义学首先是与民主化兼容的。因此，对各个执政党而言，其正确时间点对在野党来说是不利的。于是，政治就在下一届政治选举的时间点上与胜选或败选相联系。在如今条件下运作的政治几乎没有机会，通过正确时间点的选择逃脱自身的风险，更不用提用这种方式降低社会风险承担的可能性。

---

13 参见《对科技生态系统的理性之风险》(Klaus Peter Japp, Das Risiko der Rationalität für technischökologische Systeme, in: Jost Halfmann/Klaus Peter Japp [Hrsg.], *Riskante Entscheidungen und Katastrophenpotentiale: Elemente einer soziologischen Risikoforschung*, Opladen 1990, S. 34–60)。人们可以说，作者效法尼尔斯·布鲁森，以一种更深刻而强有力的“印象主义理性”来对抗合理的理性。但这又回到了一个问题，作为这两种理性之间的共同点，核心理性所在何处？

这绝不意味着，决定时间点已然无足轻重。然而，时间点的选择只是确定一个决定的普遍风险中的一个要素。

III.

这些想法降低了在政治上寻求灵丹妙药的希望，比如以这种希望将社会风险转化为政治风险，以此能够用自身手段加以排除或缓和风险。这也意味着，政治系统分毫不减地承担着决定者与受波及者普遍的情景矛盾。人们甚至也无法认识到一个能够契合决定者与受波及者之间关系的普遍政治形式（就像宪法国家通过宪法设计了政治系统与法律系统之间 163
的耦合[14]）。因此，存在着一种思考，认为情况已经在政治的前沿被缓和，国家政治及其与集体相关的决定的职权，即使在缺乏共识的地方也只作为最后的出路而被嵌入进去。人们总是在诸如参与、信息 / 沟通与伦理这类符号下以拦截战术履行这一（通常仅仅是潜在的）功能。

“参与”的语义学一方面具有意识形态上的吸引力，因

14　参见《作为发展的成就的宪法》（Niklas Luhmann, Verfassung als evolutionäre Errungenschaft, *Rechtshistorisches Journal* 9 [1990], S. 176–220）。

而要求参与也具有特定的自我满足价值，另一方面它还就此提供了一种情况，在这种情况中不能拒绝要求、很难拒绝要求或只能以托词拒绝要求。从政治上看，这首先涉及一种竞争手段，涉及一种用以产生必须进行解释之窘境的武器。然而，这一分析停留在政治修辞学的层次上。人们更多关注系统实践，因此人们觉得，法律系统通过将一个问题表述为“政治的”，以将自身尽量从内容上的测试中撤退，转而去测试程序。[15] 由此出发，这在政治上就很接近为了要求与贯彻受波及者的参与而利用法律系统中的这一设置。[16] 但这又达成了什么？

如果问题存在于一种结构上产生的决定者与受波及者之间的分歧，参与这味灵丹妙药就导致对问题的否认，至多能通过拖延来获取时间。[17] 但是，人们可以猜测，这些活动的

15 比如参见 1985 年 2 月 28 日吕内堡高级行政法院关于布什豪斯电站的判决（*Neue Zeitschrift für Verwaltungsrecht* 4 [1985], S. 357–359）。

16 人们可以从讨论临界值的例子中直接看到这一点。比如《毒理学有多科学？关于发现临界值的问题》（Barbara Zeschmar-Lahl/Uwe Lahl, Wie wissenschaftlich ist die Toxikologie? Zur Problematik der Grenzwertfindung, *Zeitschrift für Umweltpolitik und Umweltrecht* 10 [1987], S. 43–64）。

17 人们可以在《科技决定中的公众参与：现实或大幻觉》（Dorothy Nelkin/Michael Pollak, Public Participation in Technological Decisions: Reality or Grand Illusion?, *Technology Review* Aug./Sept. 1979, S. 55–64）与《公众参与》（Michael Pollak, Public Participation, in: Harry Otway/Malcolm Peltu [Hrsg.], *Regulating Industrial Risks: Science, Hazards and Public Protection*, London 1985, S. 76–93）中找到一个关于先前参与体验更可疑的判断。此后触礁的体验很难导致别的判断。

参与者并不因为其决定如其所愿而被满足。很有可能把复合 164
决定拆解成部分决定就有用。就此而言，参与对官僚主义化做出了贡献。也许这也加强与深化了与政治系统有关的内部与外部沟通之间的分野。在参与过程中所获得的决定，其给出的解释必须不同于“这是我们所能达到的最好（决定）”。在政治上意义重大的决定者与受波及者的差异因此丝毫没有变化。这对所有有组织的努力而言都是预设的。决定者的风险位置与受波及者的危险位置相分歧。一方的风险就是他者的危险。受波及者对决定过程的参与能够直面风险的不可避免性。这可能导致一个决定的后果混杂着已知与未知，确切地说，不确定的优势与劣势。如果因此而推移了风险，那么对参与的回溯必须重新进行。现在那些因为这样参与而受威胁的人也要发言——诸如依靠来自投资的优厚收入的医生的寡妇，或者会失去其工作岗位的研究员，或者必然忧虑没有过多保障的电力供应会让电梯停滞的高楼住户。参与者的强化没有止境，充其量只包括了有组织能力的受波及者的实践止境。人们可以将之视为一种公务机关的意识形态。

但对政治系统而言，只有有组织的沟通才算数。组织与组织沟通，只有以这种方式才能把集体带入以更多受波及者

165 圈子之名展开的沟通。[18] 此外，这只关系到避免丑闻。在这个局促的理解中，政治系统事实上能够为了把抗议变为条款而利用参与。在这个层次上，“闭嘴法案”（gag mies）也会变得习以为常[19]，这将使得以这种方式无法解决的问题的非主题化能够被理解，比如公务机关的正当性或避免染指客户这类问题。由此产生了“新法团主义”。这在政治上是无法估量的，即使人们自问，为了平息事实上感到自己有危险的受波及者的情绪，要把事情做到什么程度。

无论在何种界限之内，参与都只发挥沟通的作用，但同时公众要求在风险与危险上的全面信息就远远超出了这个作用的范围。人们可能抱有希望，通过坦诚而完整的信息赢得信任。但如果没有隐瞒任何东西，那又需要信任做什么呢？也许同样存在另一种愿望，通过掌握更多的信息来赢得信任，这毋宁说是将一种增长的信任缺失作为手段。[20] 同样在另一

---

18 参见前文第 127 页（编按：该页码为本书的页边码）。

19 关于宪法国家对应的功能前提，请参见《闭嘴法案或疏忽的政治》（Stephen Holmes, Gag Rules or the Politics of Omission, in: Jon Elster/Rune Slagstadt [Hrsg.], *Constitutionalism and Democracy*, Cambridge Engl. 1988, S. 19–58）。

20 参见《风险沟通中的信任与可靠性》（Ortwin Renn/Debra Levine, Trust and Credibility in Risk Communication, in: Helmut Jungermann et al. [Hrsg.], *Risk Communication*, Jülich 1988, S. 51–81）中的讨论。

方面产生了一个引人注目的矛盾。在理解的前提下，一次沟通总是开启接受或拒绝所提出的意义的可能性。为什么接受者会因为更多的沟通而更乐意接受而不是拒绝呢？人们必须能够彼此沟通真实与坦率。但就像人们早已知道的那样，这是不可能的。在这种情况下，更有可能的是沟通会强化横竖都存在的倾向。如果受波及者评估可能性与损失范围的方式不同于决定者，那么沟通丝毫不能改变这一点。充其量可以 166
期望借此排除简陋的缺陷，但通常情况下，在原因与效果的高度复杂的相互作用中，这很少能对做出决定发挥什么影响。即使人们认识并认同钍反应器安全的物理理由，人们也不相信钍反应器。

在这些情况下强加的沟通陷入了悖论之中。[21] 这一悖论也导致人们对致力于沟通的人产生疑虑。况且这也要求关于决定者之不确定性的信息，而这部分信息必然为怀疑与反对提供弹药。这是因为，人们所知还不够，这是处于风险中的典型状态。另一个完全不同的问题是，当索取信息时，人们不该拒绝，因为拒绝会唤起不可避免的过度担忧。人们能够

21　参见《风险沟通：范例与悖论》(Harry Otway/Brian Wynne, Risk Communication: Paradigm and Paradoxes, *Risk Analysis* 9 [1989], S. 141–145)。

犯很多错误并不意味着人们也能将之做对。

这一状况将政治引入了对问题的描述。政治没有充足的世界知识，特别是政治并不预知未来。政治必须涉险做出决定。但当这关系到决定者与受波及者的政治纠纷时，政治不能将其决定描述为其本然的那样：将之描述为冒险的。恰恰在这种情况下，诉诸“决定的倾向性”从来不是明智的选择。政治必须为了其自我描述而选择其他形式。如前文所说，政治精于“言说”（talk）。人们能够将一个描述视为合理决定，视为在弄清备选方案、权衡利弊并择优选取后的一个决定。但众所周知，人们不能这样做决定，而无论政治过程藏匿了什么，都很明显足以让这样的描述落空。存在太多“有理有据”的标准总是可以推导出其他决定。人们总有必要因为时间与成本而致力于限制信息。人们附属于合作动机，这些动机不应受制于理性的审视。此外，对政治而言，有些事情只做了一点可能是合理的，
167 但如果完全做了便不再合理了，而与集体相关的决定持续地削弱了其自身的行为理论的出发点。政治必须在做出决

定之后，在其自身普遍化的不可预料的副作用中自我学习。[22]而每个决定首先只是一个事件，这一事件必须选择一个确定的时间点，而接下来的时间点又能给出原因去推导出其他判断。之所以如此，是因为决定能够确定此后什么会被观察。合理化产生了一种时间压力，要么是可预料的，要么是不可预料的。时间压力改变了对理性的要求并最终导致了决定分为“印象主义”的决定或能够在所有情况下以时间压力为根据在事后被合理化的决定[23]——即使后一种决定要么是不可预料的，要么是可预料的。极其典型的情况便是人们在政治上达成的决定引起可能性最小的协调支出：在货币支出上。

但当人们首先能想到的政治表述的两种形式，也就是“决定的勇气”与“理性”都被排除了，还能利用哪些沟通的可能性？也许是决定自身与其沟通之间的一种谨慎的差异化？

---

22 这是系统与进化论分析中典型的一个论据。比如参见《变化与选择：没有理性的科学进步》（Louis Boon, Variation and Selection: Scientific Progress Without Rationality, in: Werner Callebaut/Rik Pinxten [Hrsg.], *Evolutionary Epistemology: A Multiparadigm Program*, Dordrecht 1987, S. 159–177）。

23 参见《技术生态系统之理性的风险》（Klaus P. Japp, Das Risiko der Rationalität für technisch-ökologische Systeme, in: Jost Halfmann/Klaus Peter Japp [Hrsg.], *Riskante Entscheidungen und Katastrophenpotentiale: Elemente einer soziologischen Risikoforschung*, Opladen 1990, S. 34–60）。

或一种有意识地充分保留两方面的含混？如果政治家面对记者与知识分子表现得头脑简单，是否就能受人爱戴？那最健谈的政治家呢？

这一对框架前提的可疑猜测必须不排除一种“风险对
168 话”。[24]恰恰相反，这更让人认识到，如果要提高合作的可行性，必须满足（理论上能够满足却）不大可能的前提条件。这首先从属于作为对话基础的风险认知。[25]一方面必须放弃一种“实践上充分安全”（关键词“剩余风险”）的想法；另一方面人们必须将与风险相伴纳入考量。换言之，两方面必须放弃以风险 / 安全的模式来感知问题，否则问题中必然产生一个分歧，即是否满足了可达到的安全。同样人们必须放弃一种想法（即使只是对立面的假设）：能够在任何时间点都做出正确决定。换言之，这必须涉及在人们参与风险变成最重要的信息源泉的情况下，对与风险相关的位置进行持续的

---

24 关于这一点，一开始是圣加仑出于企业风险控制视角而植入的概念。参见《风险对话》(Matthias Haller, Risikodialog, in: Roswita Königswieser Christian Lutz [Hrsg.], *Das systemisch evolutionäre Management*, Wien 1990, S. 322–341)。

25 《接受不确定性：“生态”法纲领之路中的一步》(Karl-Heinz Ladeur, Die Akzeptanz von Ungewißheit–Ein Schritt auf dem Weg zu einem „ökologischen“ Rechtskonzept, in: Rüdiger Voigt [Hrsg.], Recht als Instrument der Politik, Opladen 1986, S. 60–85 [78])也是这么立论的。

重新塑形。相比于天真地相信自身理由的说服力或甚至信任明显事实，人们只能够指望并致力于“对话伙伴的自我约束”[26]，并试图对前提的变化保有足够的机会。

当先前的准备策略寄希望于沟通，也就是寄希望于机构规范形式语境下的操作，这些毋宁说是，聚焦在规则及其道德认可的希望被放在“伦理”的名称下予以讨论。近两百年以来，关于伦理的讨论激增，而这些讨论始终是在与风险有关的语境中进行的。趋势逆着一种臆想的对机会无所顾忌的利用，并在一个非常表面的层次上受利己主义与利他主义对 169
立的想法所刺激。猜测哪里是社会的道德缺陷，那里就会被道德喋喋不休——要么是对研究，要么是对经济，要么是对药品，要么是对政治。谁支持伦理就会被算作好意，谁投资伦理就是用良知赚高尚的钱。[27] 用修辞学语言表达，他便占据了一个位置，只能以投入的损失或面子上的损失（或充其

26　这是《本世纪立法纲领转向的法学论证》(Josef Esser, *Juristisches Argumentieren im Wandel des Rechtsfindungskonzeptes unseres Jahrhunderts*, Heidelberg 1979, S. 18)中的一个表达。此外推荐将这本书作为介入风险对话之前的必读文本，因为本书把法学上的论辩原则从发掘真相调整到对法律的肯定。

27　“伦理基金：以良知挣钱”是维尔默(Wolfram Weimer)在 1990 年 1 月 13 日《法兰克福汇报》上发表的一篇报道的标题。

量只能以实践上无法承担的分析努力）加以攻击。

只要草草审视一遍就会发现，与在学术传统中以伦理为标题加以处理的主题进行的对话已经中断。既没有注意到人们已经在18世纪放弃了利己主义与利他主义的对抗，也没有特别的理论问题浮出水面，更谈不上以新颖的方式予以解决，这一点在超验哲学的主流中，确切地说是自18世纪以来可见的功利主义伦理中就显而易见，比如康德的伦理法则在演绎上的贫瘠，或一种实质价值伦理所缺乏的启发性（缺乏价值秩序的及物性），这类实质价值伦理是出于解决价值纠纷、个体特权到社会特权的聚集所引发的逻辑问题或行为收益与规则收益之间的区别。在所有理论前沿，严肃的讨论都受阻于区别。人们在狭隘的学术讨论[28]之外对这一事态做出反应，通过传统语境的断裂与对伦理疾呼在公众效果上的新颖性。伦理充当了问题状况的反应形式，受到不可争辩的良好意图所支持。但是，“专业人士

28　在学术讨论内部并非很少排除现代的伦理问题并转回亚里士多德的道德（Ethos）伦理，而亚里士多德实际上预设了伦理美德直接作为政治发挥作用。人们不该以社会学来评价这类时代错置。

自身非常明显地有所保留。”[29]

直接与风险伦理相关的表达佐证了这一疑虑。它倾向于反驳问题，而不是为了需要“好的”道德质量而提供答案。人们建议要担负起责任。但当问题在于结果不可知的时候，这又怎么担负起责任呢？[30]人们要么承认只有当其他人不受波及的时候才能冒险行事这句座右铭[31]，但这种情况并不存在，或者说无论如何只要人们在时间约束的社会成本中看待问题，这种情况就不存在。[32] 170

29 《精神科学的未来与自我理解》（Dieter Simon, Zukunft und Selbstverständnis der Geisteswissenschaften, *Rechtshistorisches Journal* 8 [1989], S. 209–230 [224]）就是这么判断的，特别是关于伦理讨论。

30 在此也要算上贵族道德的一句老话：人们能够道德地审判轻率而不负责任的行为（即使事态良好）。这只是缺乏形式，意味着缺乏标记轻率与不负责任之间的界限。如今我们也缺乏能促进界限产生的社会惯例。

31 在确信能对主题有所贡献的情况下，《风险：风险评估与控制理论的哲学导读》如是说：“从道德上说，代理人只能够*以自己为名义*‘冒可计算的风险’，不能为了他者如此。”（Nicholas Rescher, *Risk: A Philosophical Introduction to the Theory of Risk Evaluation and Management*, Washington 1983, S. 161）。

32 同样在风险主题尖锐化以前已经存在类似的讨论。那是关于成年人主动同性恋行为合法化的理由，人们是否认同所有不干涉他者法权的行为，或者道德自身就是一个合法关涉的充分的理由。参见《道德的强制》（Patrick Devlin, *The Enforcement of Morals*, London 1965）与《法、自由与道德》（Herbert L. A. Hart, *Law, Liberty, and Morality*, London 1963）。然而，这一争论的范围仍有所限制，虽然在讨论中倾注了经历现实，问题何等深地介入法、政治与社会秩序的普遍概念。

如果把这一对伦理抱有希望的简单事实（这毋庸置疑是个事实）当作其他病因的症状，那么人们就不会迷失。同样，更贴近事实的观察会有所帮助。伦理讨论自身以及所有所谓
171 内在于超验论、价值伦理与功利主义分支内的反驳，至少有一点是明确的：对附加决定的附属，这些决定并不是从规则、格言或价值模范所得出的，而必须是被附加的。[33] 这一嵌入伦理的裂缝（hiatus）是无法由伦理自身克服的。在亚里士多德的语境中，这并不导致对好 / 坏目的的审视，而只导致其审视到一个事实：为了能够将道德要求与伦理基础沟通起来，需要更多的决定。指望伦理帮助其做决定的政治又指向了自身，而在实践上更多地指向了组织，因为组织负责表决决议与沟通结果。政治的前沿被伦理诉求所占据。事实上，伦理只被赋予了伪权限的事实，并不意味着根据政治系统的自身逻辑什么也办不成。

33　参见《能源与环境问题的道德视角》（Wolfgang Kluxen, Moralische Aspekte der Energie- und Umweltfrage, *Handbuch der christlichen Ethik* Bd. 3, Freiburg/Brsg. 1982, S. 379–424）。

IV.

出于结构上和语义学上的理由，如今政治系统致力于将风险政治化，无论这一风险是从哪个犄角旮旯里冒出来的。可以是工业企业的排放或艾滋病，可以是飙车或客车、卡车司机过劳，可以是基因技术对生活的改变与扩散形式，或没有被医疗保险保障的护理风险。而门庭冷落的度假胜地或无法以市场价售卖产品的农场又该做什么呢？只要问题大到其自身的风险预防看起来已无法苛求更好，它们就会向政治寻求庇护。人们试图援引国家职能的有限条目，或自然或社会地确定国家行为之边界，这都是徒劳的：问题的政治化是政治的事务。政治系统是一个自我指涉的闭合系统，而总被定义为政治的事务自然就是政治。[34] 恰恰是这一完整性让政治 172
对所有可能的苛求都过度敏感。政治发现自身面对积极预防的要求毫无抵抗力，而论据的逻辑很有说服力：阻碍损失的发生好过事后弥补损失。只是如果严肃对待的话，预防几乎不能与社会的差异化相符合，因为预防要求对手段进行取代，

34　请参见《福利国家的政治理论》(Niklas Luhmann, *Politische Theorie im Wohlfahrtsstaat*, München 1981)。

这会尖锐地介入其他功能领域。[35]

自我指涉的完整性不意味着政治系统能够任意行事，而是意味着，系统只能根据自身（即政治）的操作来定义被作为政治而被重视与延续的事物。在主权定义中，“恣意”的要素是根据意图与手段的思维模式被表达出来的。但政治系统不能有所行动，它不是集体的积极分子。[36] 当然，政治系统被描述为行为系统，但这只意味着它由行为组成，而不是说它能够作为一个单元而行动。对一个行为的集体归因而言，需要的是组织机构。政治系统虽然包括了国家组织的决定单元与作用单元（赫尔曼·黑勒语），但政治远远多于国家行为。每个以国家机关之名进行的沟通，都已然是政治沟通。所有政党与每个院外活动集团，每个在媒体、广播或电视上对政
173 治做出正面或负面选择的信息，每个来自高层干部或政客的

35 对预防性政治的负责要求自身满足了伦理理据，发挥的效果却相对天真。比如参见《修理与预防之间的环境政治：国际语境下联邦德国范例的导读》（Bernhard Glaeser, *Umweltpolitik zwischen Reparatur und Vorbeugung: Eine Einführung am Beispiel der Bundesrepublik im internationalen Kontext*, Opladen 1989, insb. S. 126 ff.）。

36 从政治科学中产生的困境如今看起来似乎被公共机构的概念克服了，因为能够把权力、无能与所有可能的作用都归结于公共机构。请参见《德国统一的第 17 次科学会议的政治科学》（*des 17. Wissenschaftlichen Kongresses der Deutschen Vereinigung für politische Wissenschaft*, 1988）中提到的“政治机构的权力与无能”，还有对应的章节（hrsg. von Hans-Hermann Hartwich, Opladen 1989）。

深思熟虑的或草率的非官方声明，各种阴谋，在特定场合出现或不出现，政治生涯的提拔或不提拔，当然还有政治选举及其有意或事实上所影响的一切，这些都是政治。

此外，人们必须注意到，政治并不单单是一个彼此影响的行为网络。毋宁说政治在基础的意义上首先是沟通，这意味着信息、传达与理解的一种持续综合，而系统无时无刻不在生产着这些信息与理解。如果人们只观察沟通行为，那么便会忽略这些被定义的行为一直也是被观察与被归因的，因此，差不多同时产生能够完全外在于行为意图的作用。政治新闻不停地变为常识，或系统至少在做出这种虚构的前提下运转，而每个想要参与并继续下去的个体，便致力于变得消息灵通或至少装作消息灵通，这完全不取决于他出于什么目的想将自身归因为自身行为的意图。

一个当今社会的政治系统更多是平衡紧张的大众而不是统治阶级。但我们不需要转入这种极端：真相既非烟雾也非结晶，而是位于两者之间，也就是在高度的变异与高度的冗余的组合之中。[37] 那么政治沟通的持续个人化就在双重意义

37　参见《烟雾与结晶之间》(Henri Atlan, *Entre le cristal et la fumée*, Paris 1979)。

上得到了解释：人和个人知识这两者都作为政治系统的“固有值”（Eigenwerte），这意味着其在政治沟通的递归使用中充当了从政治沟通结果中产生的稳定。[38] 借助人格化身份在主题变动性上赋予了很大程度的自由，即使个人不能在保留其可靠性的前提下持续改变其人生轨迹。

174 在所有操作的完整性中，控诉这一系统总是既自我指涉又外部指涉。插手政治只是出于政治意愿（个别政治家总是想将之归因于他个人的功劳），但这也同时需要寻找环境问题并将之上升为主题，以此才能够插手政治。恰恰因为系统在操作上的闭合，所以对来自环境的刺激门户洞开，但这只能以内部的形式，也就是以政治的形式加以处理。这导致了因环境而产生的侵扰，比如对与通货膨胀或失业相关的领域所增加的敏感性，被长时间地转化为结构趋势，虽然系统只能通过自身操作来改变自身结构。[39] 这既不意味着系统越来越适应环境，也不意味着系统在一个反差异化的趋势的意义

38 这种由递归获得个人认同的固化形式的一个特别方面是倾向于面对沮丧对人道德地做出反应，就像人们必须不归因于自己没有了解得更周全一样。

39 在此我们只是重复一条结论，这对于系统自主、结构性耦合、侵扰的堆积与形态生成基因的趋势之间的关系普遍生效，也能用诸如进化论、社会化研究与数不胜数的社会内部发展的附属性来表达。

上变得与环境类似。事实恰恰相反，当系统能够继续其自我决定时，差异化增加了，因为其所面对的侵扰总是系统的自我状态，而不是能够输入系统中的环境状态。[40] 与日俱增的通货膨胀对政治系统而言是否变成问题，这并不是一个经济问题，而是一个政治问题——要么是人们借助通货膨胀缩减分配纠纷，要么是人们必须面对居民中的担忧。

因此，人们可以假设，由期望引起的侵扰能够保证无风险的社会，或至少要求比决定者与专家更合理思考的严格调控的公众意见[41]，从长时间看，由其引发的恐惧能够影响政治系统的结构发展。为了能够预料这一切是怎么发生的（我 175
们不可能预言这将导致什么），人们必须能区分两面。政治系统从外部索取掌控的职权。政治系统试图排除刺眼的风险或将之降低到临界值以下，改变为可忍受的风险。在这个层面上，政治系统再生产自身的可交涉性对这类主题敞开。政

40　只有这样才能澄清，生命的进化因为一次生化发明的理由而导致了种属的差异化，而只有这样才能理解社会化（包括有意的教育）与精神系统的个体化之间的明显关系。

41　关于技术风险，请参见《风险的公共观念与科技的收益》（Gerald T. Gardner/Leroy C. Gould, Public Perceptions of the Risks and Benefits of Technology, *Risk Analysis* 9 [1989], S. 225–242 [S. 236 Tab. VII]）。同样，与对国家干预的研究一样，艾滋病研究看起来也随着改变自身行为的意愿间的分歧，碰到了对政治的需求过度的类似问题。

治系统就此从引入眼前片刻现实的主题中获益，其他风险隐没无闻。政治系统也从相对的轻松和只是在内部复杂的可能性中获益，得出与集体相关的决定，人们称之为“象征政治”。决定自身在政治的日常事务中已经充当着成果的凭证，人们已能将决定进行表达与观察。人们能够在有关过去立法阶段的汇报报告中提及决定，而猜测决定对介入关系有所影响并非不现实。问题只是在于有哪些影响？

从内部看，这一控诉最重要的方面也许是风险的变形，它转为了其他风险。在此首先思考特定的政治风险：比如，一个特定的、风险限定的政治不能在政治上兑现，不以选举收益来支付，因为其他风靡的紧迫主题会为公众意见定调。此外，每个与风险相关的政治能够也必须被理解为自然试验的一种形式。只有对政治的贯彻才能看清楚会有哪些后果，这一政治的观察者要做出哪些决定并借此把风险转移到何处。但到了这一步，人们大都不再能改变做出的决定或让发
176 生的事情不发生。人们面对的事实能被定义为“新的”，并相应地必须重新寻找政治出路。

从这样的思考可以推断，时间历程在风险控制中扮演了一个重要的、政治的，也许是起决定性作用的角色。所有重

要历史节点之不可理解的“同时”被一系列决定所取代。这一系列决定被政治系统的时间结构所打断——比如通过政治选举、立法会议程序、政府的稳定性或非稳定性这样的节奏，但同样可以通过决定过程与达成共识过程的可预见的时间消耗，这种时间消耗可以借助策略催促或拖延，但不能任意压缩或延长。就此区分出与社会系统及其环境中有序安排的那种时间相区别的政治系统的这一“原时”（Eigenzeit）[42]。因此，政治系统的原时并不排斥惊喜。仅仅通过自身的时间秩序就已经让一种持续侵扰的政治系统受制于环境，而这需要一种特定的固执或冷漠以选择人们所想做出反应的对象。但是再强调一次，这不能被理解为一个活跃分子的决定自由。这不可避免地证明，政治系统只是作为在操作上闭合、由自身结构所决定的系统，只是不平凡的历史机器，只能在自我组织的递归性（Rekursivität）上行动。

---

42 《原时：一种时间感的产生与结构化》(Helga Nowotny, *Eigenzeit: Entstehung und Strukturierung eines Zeitgefühls*, Frankfurt 1989)中提到“膨胀的现在”，以强调要能把一种特定时期的确定主题进行当下现实化的处理。然而重要的是，在这个特殊的现在，世界并不是静止的，而是同时在改变，因此膨胀的现在不能被外推给世界时间的现在。

V.

作为完全时间化的系统，政治系统并不维系着加诸其上
177 的风险负担并持续纠缠于此。政治在插曲与琐事中运作，这些小事最终都存在一个与集体相连的决定，一个象征性的结束姿态。因此，政治系统可以自由转向新的话题或等待旧话题的反馈。但风险又发生了什么？

在大多数情况下，风险从法律系统中出离，并经常通过法律系统被传递到经济系统中。这大部分发生于禁止的法律形式或以批准权来加以禁止。一个特地为此发明的法律形式拥有巨大的实用意义，也就是“临界值”的规定。[43] 比如，当规定要求苹果的表皮应该尽可能光滑，以此让细菌不易滋生，那么就会考虑制定一种规定来确定上市苹果的褶皱。一个这样的临界值让问题数据化，这是一种有两面的形式，一

43 有很多相关文献，特别是个别具体临界值的问题。有总结的比如《临界值：对环境保护、劳动保护与食品保护的法权形象的跨学科研究》(Gerd Winter [Hrsg.], *Grenzwerte: Interdisziplinäre Untersuchungen zu einer Rechtsfigur des Umwelt-, Arbeits- und Lebensmittelschutzes*, Düsseldorf 1986)、《临界值的无限性：关于环保中的政治手段问题》(Andreas Kortenkamp et al. [Hrsg.], *Die Grenzenlosigkeit der Grenzwerte: Zur Problematik eines politischen Instruments im Umweltschutz*, Karlsruhe 1989)。关于作为形式的临界值问题也可参见《生态政治的边界值：风险控制的一种形式》(Niklas Luhmann, Grenzwerte der ökologischen Politik: Eine Form von Risikomanagement, Ms. 1991)。

面标记禁止的领域，另一面标记允许的领域。这样就以机智的方式把一次单一标记中的禁止与允许都概括了，而当认识状况的改变或政治压力让这一行为成疑时，这次标记还能随之推延。

通过这样或类似形式的调控，政治系统暂时从问题中解脱出来，但同时也确定了一次可能的再政治化前提。当遭遇一次作为生效法律的可认识的调控时，比如认为一种“剩余风险”是可接受的[44]，法律系统可以被决定归结为“民主赋 178
予正当性的机关”[45]——而问题则因此受到压抑。系统分化解决了问题。可以说问题存在于系统之间的裂痕中，直到某个系统因为内部不满而再一次拾起这个问题。

为了能够恰当地理解这一事实，我们必须放弃一种想法，

---

44 在盎格鲁－撒克逊法系中人们也会说“琐事原则”(de minimis)(当然在罗马法中是“判官不干预琐事” [de minimis non curat praetor]，其所面对的是不同的问题)。参见《关于最坏情况风险分析的政策发布与琐事风险之可接受标准的确立》(Miller B. Spangler, Policy Issues Related to Worst Case Risk Analysis and the Establishment of Acceptable Standards of *De Minimis Risk*, in: Vincent T. Covello et al. [Hrsg.], *Uncertainty in Risk Assessment, Risk Management, and Decision Making*, New York 1987, S. 1–26)。

45 比如参见《作为行政法的法律问题的技术投入风险》(B. Bender, Das Risiko technischer Anlagen als Rechtsproblem des Verwaltungsrechts, in: Sylvius Hartwig [Hrsg.], *Große technische Gefahrenpotentiale: Risikoanalysen und Sicherheitsfragen*, Berlin 1983, S. 217–237 [218])。

即在等级权威的意义上、上层政治暴力的意义上，政治与法之间存在着一种统治关系。虽然这一想法从中世纪的主权 / 父权（imperium/potestas）与司法权（iurisdictio）[46] 之准一体直至领土国家成熟阶段（苏亚雷斯、霍布斯、普芬多夫）一路发展而来，特别是 19 世纪法实证主义的法律来源准则反驳了所有向自然法的回溯。然而，这是无法用经验支撑的，因为无论政治系统还是法律系统都过多受到自身复杂性所主导。所以我们用“结构性耦合”的概念加以替代。

当法律系统——或多或少类似于所有权——去强化公共机关的协商地位时，法律系统以其他方式在政治上被利用。对应的法规看起来仍像是出于应用而被确立的，而法律系统似乎也是如此。事实上，这些法规有助于为那些有权执法的单位提供谈判权，也越来越倾向于此。这些机关能够以严格执行法律或以相应的裁量权作为胁迫，在其他不能直接强制
179 的方面索取托庇者的顺从。这经常会达成一种协商的执法，

46　参见《诉讼：中世纪出版物中的政治权力语义学》(Pietro Costa, *Iurisdictio: Semantica del potere politico nella pubblicistica medievale*, Milano 1969)与《宗教、法律与宪法思想的成长，1150—1650》(Brian Tierney, *Religion, Law, and the Growth of Constitutional Thought 1150–1650*, Cambridge Engl. 1982, S. 30 ff.)。

同时呼吁谅解司法权的危险。[47] 事实上，这关系到一种委任的非官方形式与政治力量以捕捉细节而增长，当然，这也同样关系到对涉及风险的决定的委任。

法律系统在所有情况下都被自身结构指向政治进程中的特定意义。这丝毫不意味着，任意尚且还不同时是法律决定的政治决定（比如议会表决）能够向法律系统颁布指令。单是政治在野党（政治游说集团）允许与否与不可测定的政治利益影响就不会容忍这一切。但是，法律系统特别受制于政治系统的侵扰。排除社会对法律的直接影响也并非不重要。只要这种影响不被政治形式所接受，就始终无法在法律系统中被观察到，这意味着，其无法凝结为有关集体的决定。[48] 仰仗排斥作用，这样的疏导增加了侵扰的可能性——就像我们在政治系统与增长的社会风险之间的关系和风险敏感性中所看到的那样。但这并未改变，侵扰自身连同随之而来的反应（皮亚杰提到过同化与顺应）是纯粹内在系统的状态。

---

47 关于法治国的可辩护性，请参见《管理行为中的纠纷中间人》（Wolfgang Hoffmann-Riem, *Konfliktmittler in Verwaltungsverhandlungen*, Heidelberg 1989）。

48 或者我们必须附加一点，即利用法律系统与经济系统之间结构性耦合，也就是将大宗交易带入特定契约的形式，这些契约要么改变了所有权关系，要么产生了法律上的要求。

尽管存在所有自生的自律性与法律系统在操作上的闭合，这一结构性耦合还是放任结构变化的长期趋势让受其理论支配的观察者能归因于外在因素。因此，我们猜测，当政
180 治系统将其自身对风险问题的敏感性传递给法律系统时，法律系统便处于可准确描述的变形力量之下。

首先这一过程获得了意义，而正是因此我们提前提到了“变形”。其意义在于，如前文所述，风险所在不是天生标准的问题所在，而是时间约束所导致的社会性负担的其他形式。当政治系统想通过向法律系统苛求风险的进一步处理来自我拯救时，人们可以在特定法学决定的无法考虑的困难中认识到这一点。如今，对其反应能力评价不一。[49] 比如：

（1）对处于长时间影响与不可预估的大量共同起作用的因素之上的因果性之问题而言；

49 无论如何，把可认识的犹豫简单回溯到“法官的恐惧”或其市民意识形态的偏见上，这远远不够。《科技评价中法官的恐惧》(Gerd Winter, Die Angst des Richters bei der Technikbewertung, *Zeitschrift für Rechtspolitik* [1987], S. 425–431)就是如此。这完全没有注意到法律系统之变形在结构上的局限。对于那些对法律保守主义的控诉，人们只要回答，系统中的深层变化是结构上的高度复杂性产生的后果，这远远超过有意发生的变化。人们可以将之当作风险兜着，但无法不产生新的受波及者。

（2）对于为了在合法行为中解决损失摊派的问题，从责任自负到无过失责任的过渡[50]；

（3）对于在无法以违反（当然是可诉讼的）主观权利来解决的利益与危害的情况下，可诉讼权的问题；

（4）对于举证责任的规定，这是先前为了防止司法不公而植入的临时规定，如今却越来越在规范程序的 181
核心结构中散播开来[51]；

（5）对于行政调解能力的扩张及其数不胜数的后果，比如过错方的责任问题，或在一时无法与环境的投入决定相协商的管理中的学习过程；众所周知，“法律是众所周知的”这一虚构被过度损耗；对于在迁就局部非法性时，只是为了命名个别而要协调所有答案[52]，这种需求也在激增；

（6）对于一个范围，在这个范围中法律系统的风

---

50 详见本书第三章第 69 页。

51 关于诉讼风险与此相关的问题及其对法律发展施加的影响，参见《产品责任诉讼及风险厌恶》（W. Kip Viscusi, Product Liability Litigation with Risk Aversion, *Journal of Legal Studies* 17 [1988], S. 111–121）。

52 参见《调控下以物易物的理性》（Gerd Winter, Bartering Rationality in Regulation, *Law and Society Review* 19 [1985], S. 219–250）、《国家对违法行为的宽忍》（Georg Hermes/Joachim Wieland, *Die staatliche Duldung rechtswidrigen Verhaltens*, Heidelberg 1988）。

> 险预防对其他功能系统（特别是政治系统与经济系统）自身的动力起反作用，这些系统就会为了与其相关的优势而阻挠风险的接受。[53]

在所有这些情况中还复杂地夹杂着，法律系统不只经由政治系统，还直接通过司法机构的需求直面风险问题。因此，比如从责任自负原则到无过失责任原则的过渡（特别是在普通法的生效范围内，但也包括日本[54]）进一步通过司法权来
182 执行并通过法学教条化，因此政治系统能在对应规定的刺激下回溯法律系统中的准备工作与业已存在的案例。乔治·普里斯特（George Priest）提及了美国民法的一个戏剧性变革，这是通过将司法权置于诸如风险控制与成本内在化这类主导观点之下，以受限的预算与受限的职权来作为官僚主义那过

53　参见《预防性的环境政策》(Udo Ernst Simonis [Hrsg.], *Präventive Umweltpolitik*, Frankfurt 1988)。在法学上，这一论据以法律把特定决定交付给政治系统或市场的形式浮现出来，因为这些系统能够更精确并负责地评估对应风险。作者也做了相关提示(S. 425)。从社会学上看，这关乎在一个功能分化的系统中建立对功能分化的考量。

54　详情参见《我们的一个模范：日本环境政策的成果》(Shigeto Tsutu/Helmut Weidner, *Ein Modell für uns: Die Erfolge der japanischen Umweltpolitik*, Köln 1985)。

于迟钝、政治上附属于政治冲动的“调整中介”的备选方案。[55]很明显，在法律系统中，立法的与政治相关的途径的优缺点也注册在案，而作为其备选方案，以未来感知的新形式触发了极其露骨的、政治上无法负责的转换。与个体有关的责任自负原则退场，对损失责任证据的要求被露骨地贬低，而责任存在于能够计算备选方案（并为之买单！）的一方。冒险行为的批准更多地被摊派给责任法而非刑法，因此只有当损失事实上产生的时候才有效，但这恰恰引发了这一可能性对风险小心翼翼的计算及其不可控的范围。此外，这种情况还体现了，问题情况被推离了系统边缘并如何被推离，这部分是因为私人企业，部分是因为地方政府，部分是因为经济系统的保险市场。而这一系统通过降低其提供的范围、削减看起来无法承担其风险的程序来做出反应。[56]

只要政治系统自身为了将问题去政治化并导向其他系统而选择了一种法律调控的形式，就必须检测决定的合法性。

---

55 参见《风险控制的新法律结构》（George L. Priest, The New Legal Structure of Risk Control, *Daedalus* 119/4 [1990], S. 207–227）。

56 参见《产品责任的冲击》（E. Patrick McGuire, *The Impact of Product Liability*, New York 1988）中的调查结果。也可参见《产品责任：法人的响应》（Nathan Weber, *Product Liability: The Corporate Response*, New York 1987）。

183 不同于法学的国家概念所阐释的那样，在政治上合适的就是合法的，这绝非不言自明，因为在此还有另一个系统，也就是法律系统。在法治国家前提下，政治系统一般不倾向于公然违法行事，也就是公然激怒法律系统，因为这在一般情况下同时也是一个政治失败。相反，典型的情况是，一个决定在法律上的状态仍没有确凿无疑地在政治表决的阶段被建立起来。那么典型的情况也包括，政治系统在政治所带来的后果中必须掺杂着一个法律风险。同样在这个方面，政治必然要推动风险的变形。政治为了自身与参与者，通过将之推入其他语境而改变了风险，这些语境中配备了其他武器，投入了其他赌注。可以通过一种小心谨慎的法律测试提前限制政治决定的回旋余地。但人们也不是为了政治上很少满意的、经常是妥协般的答案，而有意识地忽略法律风险。人们必须能够体现一种“有理有据的”法律设计，并在司法权做出其他决定时，能够满足于至少尝试去拥有一条政治上理性的出路。在一定程度上，随着法律系统被平衡的公式搞得不知所措，一种政治的法律风险变得寻常，并能够无可指摘地被实现，因为反正法律决定已不再能被预料，而人们无论如何都有好的理由——只要人们拥护有理有据的利益。

如今呈现出的整体印象是，法律系统部分根据政治规定，部分作为一种司法权发展的结果，越来越放弃将自身行为的法律后果的可预见性作为前提与边界嵌入规范程序中。这意味着，自我规定在法律事务中也不抗拒惊喜，这也变得冒险，看起来人们越来越确信，在一个高度全面组织的社会中，这是可以寄予厚望的，因为组织对这种情况做出预防或补救的充分可能性无论如何都是既定的。

许多转移风险的方式最终汇入了经济系统。经济系统以 184
好的估算可能性与坏记性著称。家务与企业虽然能够计算在其自身经济账目上发生的一切，只要将支出计入了或此或彼的账户上。但与此同时，在现金流中，结果自身在其因此所得与未得之中难以被追索，因为货币在每个支付经过中都被重新洗牌。人们可能认识到，这导致了保险业的显著增长，保险公司跻身金融业务，而银行则涉足保险业。但谁愿意将此归因于一届政府的特定的法律政治措施？货币可不记得它为何被支付。一种风险转嫁政策的后果就如此渗入一种在臆想中充足的、至少在货币上充足的经济之中——只是因为这一系统没有可能让自身的机会损失在政治上生效。下一章我们将回到这个问题。

VI.

先前我们是从这样的题设出发，政治系统在其环境中通过决定对风险所在做出反应，至少能做到矫正，或至少应该减弱在风险中存在的危险。然而，事实上政治系统有两种可能性，也就是介入或不介入，否则的话政治系统就无法关系到决定。两种可能性都介入了自身的风险。

从外部来看，政治好像一个成果斐然或成果相对逊色但至少有规划的尝试，能够降低来自冒险行为的危险。政治表现得像操纵社会的系统。单单是这一点就已经倾向于行动而非不作为。人们很少认为，单纯的不作为值得列举在执政的成绩单上。这一观点随着对操纵可能性怀疑的增加而得到纠
185 正。人们可以归纳说，一个被风险持续刺激的政治系统，实际上看来只拥有把外部风险转化为内部风险，把风险转化为决定的可能性——如果幸运的话。那么自身风险接受了两个方面：人们要么决定做出调节并对结果负责，要么可以等待，迫切要求进一步鉴定。那么，人们所面对的要么是情况的戏剧化缓和，要么是问题的尖锐化、开支的增加与时间上回旋余地的缩减。

行动或不行动的双重可能性对应着政治决定对时间点、对附带着过早或过晚反应风险的正确时间点（kairós）的附属性。过去，人们会讲授这种被称为“谨慎”的个人美德，并在其道德复杂性下加以审视。即使如今人们也赞同，这个问题无法在理性决定的问题中被解决，因为单单是弄清理性的前提就需要很多时间（原则上需要无尽的时间），这会导致问题被迁延，无法在时间上中性地获取理性。在这种依赖于时间与机会的情况下，理性只是不去（或至少经常不去）做决定的意图的一种表达形式。取而代之的是人们去咨询专家或致力于达成共识。不过，如果说出于这些原因就认为政治在原则上是非理性的，这当然没有道理，这就转换到了形式的另一面。毋宁说，问题在于，理性 / 非理性的问题模式究竟是否适用于理解这一反复在自身中翻转的时间依赖性之前提。而很多人赞成，取而代之的应该是把这些政治决定当作风险来观察。而这恰恰也特别适合于如前文所猜测的那样，政治并不将自身呈现为冒险决定的状态。

在这种状况下，适应政治风险控制的理性存在于权衡选择或此或彼的小径的决定风险之中，同样也存在于二次后果

（Sekundärfolge）[57] 与抗议的亲和力之中和受波及者的发声之中。而根据路径选择，值得推荐的是强调一种操纵干预的可能性或其困难。

---

57 灾害发生时，如果管理者无法及时做出决定而进一步致损，相对于作为一次后果的灾害而言，后者就是二次后果。——译者注

九、经济系统中的风险

I.

当政治系统吸引来自社会所有领域的风险时，为了部分地将之作为过度反应或不予考量的风险加以吸收，并部分地再次疏导回社会，经济系统更可能充当最后的蓄水池，所有风险都向那儿涌去——特别是以人们用成本支出来反对风险并自我保全的这种方式。

我们只能将之视为经济风险，这些经济风险在货币支出中与时间差异有关，特别是投资与信贷的风险。这一决定从属于我们所谓风险与危险的区别。因为农业中的歉收与生产失误这些问题只是危险——除非以对资本与生产力的投资失误的观点来观察这些情况，也就是以其他方式能够让投资有利可图。接下来这也总是关系到风险，即期待的偿付（来自出售、出租、贷款等）没有兑现。就此而言，经济的风险问题严格上是一个货币经济问题。因此最重要的是，风险依赖于限制被结算后果的领域的可能性（或者用常用但不确切的表达，将“成本”外化）。[1]

188 这首先是货币作为在象征性上普遍化的沟通媒介的特征，即让经济承担风险——甚至暴露在危险中。货币实际上能够被当作任意的面值使用。小的支出能够被资本塑造所确保，而大的金额能够被肢解为小的款项并为了不同接受者的不同目的而支出。在这个过程中，什么也没获得，也什么都没失去，甚至也没有被转入支出之中。那么人们可以借助企业详细的资产表或家务款项来计算。换言之，不存在货币供应的整体质量让人们能够有所得或有所失——这当然忽略了聚集的购买力或大款项所打开的信贷市场入口。

这一量的减少产生了货币的抽象性，把具体情况的特征、支付的动机、在大宗交易的支付过程中暂时与支付联系在一起的回馈的种类都抛之脑后。货币能以各种手段像新的一样

1　经常出现的对这种外化的批判会因为一些极其原则性的理由而迷失。因为每个针对“成本”的重新内在化所采取的措施，究其自身都是将其“成本”外化——或者恰恰必须放弃经济理性的所有支配。一个提高安全与降低风险的政治程序（比如消费者保护领域）如果不忽略数不胜数的后果，是无法在经济上计算的。“一个终极的、极其重要的外部论据出现在我们考虑安全的产品自身时”，《消费者安全规章：为生命与分支加价》（Peter Asch, *Consumer Safety Regulation: Putting a Price on Life and Limb,* Oxford 1988, S. 46）如是说。

被使用——甚至当它是骗来、偷来的时候也是如此。货币发挥作用时可没有记忆。下一步就是遗忘人们在获取或支出货币时卷入的风险。这当然不意味着，经济实际上能够无风险地运作，而是说，风险依附于“模型”以及决定货币使用的企业与家务。必然的情况下它们还会为支出而懊悔——但这对接受者毫无影响。风险不像购置商品那样共同承担。人们将经济想象为一张交易网络，这意味着风险向着一个方向而非其他方向流动，也就是只流向获得商品，确切地说是获得功效的要求，并被以合适价格对应的支付能力所支付的方向。货币的幸运接受者可以自由承担新的风险。

鉴于货币媒介的这些特征，经济能被视为风险的巨大流 189
转场所。但这不意味着，风险在此能像在二手市场买卖中一样被降低为客观上特定的风险。仍然存在剩余风险与核心风险，也就是*支付能力无法再次偿付*的风险。任何人都可能在支付货币后无力再次获得，因为其所展望的前景被证明是错误的推测。同样的，人们指望在更晚的时间点接受货币的支付，接受者也可以提出更高的要求、索取更高的价格或在极端情况下完全不再准备遵守支付许诺。甚至当人们能恢复支付能力的时候，货币却贬值乃至一文不值。在前一种情况下，风险存在于货币的支出中，而在后一种情况下，风险则存在于货币的接受中。在两种情况下，风险都是支付过程中固有的。如果不是经常发生，那么第一种情况能够被经济系统视为排除参与者，并如此被中立化。谁没钱并无所得，就不能再参与。只有当这种情况进一步扩展的时候，才会导致连续的降价。经济尽其可能地以通货紧缩来做出反应。在第二种情况下，这就关系到（并不绝对对称）通货膨胀这一相反情况。经济为了产生货币接受意愿而通过涨价来自我防卫。

通货膨胀和通货紧缩是经济系统免疫反应的特定方式，用以对过高的风险负担做出反应。就像整个免疫系统的反应一样，这并非无害的。只要这些反应在价格上是可见的，就会强化其所针对的问题。在通货紧缩的条件下，谁还持有货币就会付出更少（或充其量会在以后付出）。而在通货膨胀的条件下，谁依赖于接受货币，就倾向于助长价格的抬升。然而这一自我强化的反应并非在支付者或受付者层面上决定风险的一部分。在更高聚集作用的层面上，这是经济系统单
190 独面对的一个危险。人们可以用术语这样表达，经济系统倾向于将过于沉重、连续，特别是外部传导而来的风险变为自我危害。

最终要考虑包括银行在内的这些经济参与者进行风险计算的各种条件。像通常一样，这首先也关系到机会与风险的权衡。此外，意外的流动问题像一种灾难阈值一样起作用，在这个问题上，人们准备不周或不再充分准备。[2]但另一方面，竞争压力导致风险必须被接受，而只有一种备选方案，要么减少交易体量，要么就最终从市场中被排除出去。这对卖方信贷与银行信贷都起作用，而对各个商业领域而言则根据债务人的交易范围以极其不同的方式发挥作用。想一想，提供给酿造业或街机老板的信贷，或者或多或少依赖于时尚潮流的服装业的原料生产商的信贷。这常常简单地关系到一种对需求平衡之延迟的迁就。一个也许最轰动的情况是商业银行的高国家信用，这能回溯到1970年代发达国家中的显著货币倾斜与缺乏信贷需求，同样也得益于保留参与者的必要性。如果人们将来自市场的淘汰视为厌恶风险的有待规避的风险，人们也可以在形式上把这些情况纳入风险计算之下，但问题的结构有所不同：市场损失的风险是厌恶风险的一个几乎确定的后果，而整个问题并非来自一次对债务人信用能力的测试和意外的误判，而是来自对市场的观察，也就是对

---

2 参见《斯堪的纳维亚船运中的风险偏好》(Peter Lorange/Victor D. Norman, Risk Preference in Scandinavian Shipping, *Applied Economics* 5 [1973], S. 49–59)。

竞争者的观察，即二阶观察。[3]

就像通货膨胀 / 通货紧缩的主题一样，我们在此也遭遇了一个结构性效果，人们必须在差异化的功能系统中考虑到

191 这些效果。在一定程度上，它作为系统变得复杂，因而对自己而言也变得不清晰，人们选择了对观察者的观察。[4] 在这个抛掷出大量在此没有解决的问题的二阶观察之层次上，对风险状况的直接分析被对其他观察者的观察所取代，而并未假定这能够直接测试事实情况。当其他观察者准备好接受风险时，人们必须跟着他的步伐，或接受观望的后果。[5]

---

3 原则上可参见《市场经济的信息与风险》(Dirk Baecker, *Information und Risiko in der Marktwirtschaft*, Frankfurt 1988, insb. S. 198 ff.)。

4 对科学系统而言，这采取的是对出版的导向形式。比如参见《塑造写作知识：科学中实验文章的类型与活力》(Charles Bazerman, *Shaping Written Knowledge: The Genre and Activity of the Experimental Article in Science*, Madison Wisc. 1988)。在此，系统的复杂性要求放弃对实验的共同观察，甚至是地位尊隆者(偶尔是国王或女王)也冒着单单被出版物所引导的风险，就像伦敦皇家学会早期常见的那样，出版物的正当化则得益于自身在其他出版物的语境中被指派了一个位置。对政治系统而言，存在一个由对政治的观察所引导的平行状况，这是由那些(同样自 18 世纪以来)出版自由与意见自由以同样家庭作坊式许诺来保证并作为"公众意见"所创造的东西。参见《社会复杂性与公众意见》(Niklas Luhmann, Gesellschaftliche Komplexität und öffentliche Meinung, in ders., *Soziologische Aufklärung* Bd. 5, Opladen 1990, S. 170–182)。

5 在一场与维也纳银行经理们关于合作康采恩负债背景的讨论中，有一种意见：人们只跟随那些其他同样提供信贷的银行，而如果跟随那些不提供任何信贷的银行，那人们会干得更好。鉴于事实不可能自己澄清(康采恩被视为不会沉的船)，这在两个视线上都关系到二阶观察。

以一种准个人心理学的视角，我们可以在此将之视为对
草率的强迫，换一个角度，若将经济系统视为一个整体，那
么这也是风险意愿的提高。在一定程度上，随着系统在二阶
观察的层面上开始运作，所有人就此看到了一切，而当参与
者模仿他者的风险意愿时，高度的风险也随之而来，虽然恰恰
是因此，整体债务和整体风险才被提高。与此相对应的是安全 192
保障的新型机构得到发展。金融市场产生，允许暂时陷入困境
的银行能再次周转，只承担损失再次周转的高利润的风险。而
保险社会产生了意外特殊损失的再保险这一复杂系统。

总的来说，经济适应了一种假设，即这一切是不合理的，无论对企业、对银行还是对如今由结余下的自由资金来承担的所有支付，也就是对私人财务而言。负债比率也相应地水涨船高。这当然没有清晰的界限，因为这依赖于很多不可预见的因素，无论期待的支付在事实上有没有被履行。就像科技造成的生态后果一样，无数单独决定产生了一个不再能归因的整体。而从我们的风险 / 危险这组区别来看，这在严格意义上是矛盾的，因为这既是可归因的也是不可归因的。而威胁是否被视为可归因的风险（决定者难以界定）或被系统结构解决的危害，这完全依赖于谁来观察与评判。

II.

经济系统中的风险主题与整个经济的发展，特别是 20 世纪的经济发展，都提供了足够的理由去关注银行系统。当古典经济理论在诸如生产、交换或分配这样的主导概念下阐释生产与消费，或从交易出发阐释经济时，存在一种社会学理论，把内在于社会的经济系统的分化追溯到作为在象征性上普遍化的沟通媒介的货币[6]，更确切地说，银行（而非工业）必须占据中心位置。

193 就像法律系统中的司法权一样[7]，银行在经济系统中占据中心位置。[8]从银行的视角来看，一切其他运转的经济操作都属于系统的边缘。只有银行以中央银行、商业银行与银行客户的差异化形成了一个等级制（再提一次：就像法律系统中的司法权与政治系统中的国家机关一样）。人们最终完全

6 请参见《社会的经济》(Niklas Luhmann, *Die Wirtschaft der Gesellschaft*, Frankfurt 1988；中译本参见 N. 卢曼：《社会的经济》，余瑞先、郑伊倩译，人民出版社，2008)。

7 请参见《法律系统中司法权的位置》(Niklas Luhmann, Die Stellung der Gerichte im Rechtssystem, *Rechtstheorie* 21 [1990], S. 459–473)。

8 这种比较当然是有界限的，而且如果人们将之延伸到历史中，那就必然会失败。司法权属于法律系统中最古老的机构，而人们虽然经常把银行回溯到古希腊甚至美索不达米亚，但银行直到近代才获取了其如今的意义。

可以将银行的功能（不同于生产的功能）理解为经济系统功能的凝结。

因为银行致力于随时为经济提供支付能力。即使是企业或家务没有自由资本的时候，或他们不愿将已投入的、转化为实物资产的货币兑现并仍然无力支付的时候，是银行业让支付成为可能。借助于银行业也产生了一组对经济的自生而言充分的差异，一方面是不动产或劳动力，另一方面是资金。只有借此，大宗交易才能在一定范围内完成，在这个范围内区分市场并为市场（而非内需）而生产是有利可图的。这样就产生了所有物的符码（与不动产和支配自身劳动动机有关）与货币符码，只有如此才能通过货币催生所有物的二元符码化。这个更多地被掩盖而非显露的功能的名称，就是信贷。

漫长的过渡时期最早发源于四千年前美索不达米亚的交
易枢纽[9]，这一直延续到18世纪，在此期间一直存在着功能 194
上完全相当的机构，为经济酝酿银行系统的产生。这特别适用于交易资本与国家债务，特别是18世纪的国家债务。而

9 但这也许不适用于储蓄银行的差异形式。关于历史，请参见《古代与中世纪储蓄银行的起源与发展》（Raymond Bogaert, Ursprung und Entwicklung der Depositenbank im Altertum und im Mittelalter, in ders. und Peter Claus Hartmann, *Essays zur historischen Entwicklung des Bankensystems*, Mannheim 1980, S. 9–26）。

如今在铸币这一越发显著的范围内，国家债务发挥着作用，就此而言，它与银行的职能有所重叠。这体现了政治决定中心与中央银行之间的关系已成问题。当然，就像通胀问题也变成了政治的头等大事一样，就像产生了世界范围内运转的金融市场一样，银行业接受了产生与分配支付能力这一功能。然而，在银行业务的肘腋之处出现了一种新的竞争：来自保险、建筑互助储金信贷（Bausparkassen）、养老基金、信用卡机构、证券交易公司的竞争，或甚至来自那些有能力独自发掘金融市场独立渠道的大客户们的竞争。

从其功能与系统位置出发，银行面临经济的风险。不太夸张地说，风险变形是银行的真正业务。银行就是受雇从事这个业务的。银行的功能规定银行要随时关注经济中的支付能力，也就是在时间上平衡支付可能性与支付能力。这一切通过现在决定的未来加以支付，以一种现在已经可用的形式发生了。人们不是简单地袖手旁观，等着债务人满足要求，而是给予要求一个现在已经可流通的形式。但首先银行支付货币，而非仅靠未来偿付的承诺，接着充分利用时间来放贷，这意味着，为其自身获取支付承诺。银

行交易着支付许诺。[10]万一出现了自身的偿付问题，也可以 195
在特定界限内借助银行间的市场重整其自身的支付能力。以这种方式银行可以均衡与评价不同的风险，或者同样可以标记出高风险兴趣与高（但同样冒险的）收益机会相关联。作为对其风险控制的附加，银行如今也接受咨询业务，并以此根据风险兴趣或其客户的信息加工能力分配资金规划。

这一业务及其风险有两个前提。其一是人们无法认识世界，因此也必然无法将被时间维度所修改的市场事件当作偶然时间来处理。虽然银行或功能类似的风险商人在很多情况下比其客户了解更多信息，但原则上他们必须将其业务建立在偶然事件之上。他们可以在一定程度上通过信息缩小甚或避免风险，但不能废除风险。“偶然”的观点完成了一个虚构的现实，一个二阶的现实，一个双重的现实，因为实际上当然不存在偶然。这个二重化是每个数据估算的前提。[11]但

10　参见《信贷机制及其含义》(Maurice Allais, The Credit Mechanism and its Implications, in: G. R. Feiwel [Hrsg.], *Arrow and the Foundations of the Theory of Economic Policy*, London 1987, S. 491–561)，如今也参见《银行和谁交易？对经济中风险加工的研究》(Dirk Baecker, *Womit handeln Banken? Eine Untersuchung zur Risikoverarbeitung in der Wirtschaft*, Frankfurt 1991)。

11　参见斯宾塞·布朗的《可能性与科学论断》(George Spencer Brown, *Probability and Scientific Inference*, London 1957)。

即使数据也无助于银行，因为其能力范围是强烈结构化的，而且从时间来看也过于紊乱。银行依赖于内部发展的风险控制工具，这证明了它是一个组织，这点既是优点也是障碍。[12]

第二个前提在于合法保障的不足。因此人们支持支付承诺，而非一种要求的法学概念。法律能够保证即使债务人没有满足要求，人们也在法律之中并始终在法律之中。这有助
196 于追回欠款，但这并不能保证资金实际上到账。面对破产这是无能为力的。随着规定的确立，法律虽然以自身方式分布在社会负担之中，但法律无法让人免于风险，更不用说社会性风险。

为了获取整体印象，我们最终必须回到银行系统的三级制度，因为这行使了分配风险的职能。就像其客户一样，商业银行是可以破产的。在没有出路的情况下，商业银行必须宣布破产。商业银行的实践在自身与客户之间分配了破产风险（过度依赖个别大客户或个别市场环节是冒险的，也是一个典型的破产诱因）。相反，中央银行占据着一个例外位置。作为货币发行银行，中央银行不会没有偿付能力，因此其货币政策也不是围绕自身破产风险所布局的。取而代之的是，中央银

12　我们会在后面的章节中在更普遍的视角下进行处理。

行必须监视自身币制在国际上的“稳定”、在国际金融市场上的再次周转的可能性与外汇的价格。这需要一个货币供应政策，该政策反过来让对整体经济系统的观察成为必要。所有货币政策上的干扰就其本身而言都是冒险的，因为政策在复杂的联系中无法十拿九稳，充其量只能在短期内迅速做出反应。

最后人们可以说，经济借助银行系统，获得了在风险视
角下自我观察的可能性，也就是选择一种自我观察的高度特
别的形式。银行业务与其他交易的差异恰恰有这一功能，勾
勒一个边界，以便能够观察远离观察者的其他观察者，并也
以此能自我观察，虽然这种情况是在风险的特别视角下所进
行的观察。对银行来说，其他经济参与者的行为只有在风险
视角下才是相关的，虽然是在银行独有的风险视角下，但银
行独有的风险依赖于商业伙伴有多么冒险地进行操作，其自
身如何观察其市场，又是如何被其他市场参与者特别是证券
交易所观察。在银行的操作领域，经济风险在二阶观察的层 197
次上是自我指涉的。[13] 这首先意味着，对银行来说，只有风
险沟通而没有安全。仅仅是其组织独有的风险控制还不足以

13　参见《银行和谁交易？对经济中风险加工的研究》(Dirk Baecker, *Womit handeln Banken? Eine Untersuchung zur Risikoverarbeitung in der Wirtschaft*, Frankfurt 1991)的第三章。

确保其安全，它只能在最好的可能范围内提供不确定性。因此，银行的业务及其风险乃是一个在其他样式或其他风险承担者的风险中处理风险变形的业务，但不是在安全中处理风险变形的业务。

III.

对应主流看法，我们迄今为止都是从以下假设出发，即银行作为组织，确切地说是银行系统作为在经济系统中心的组织等级制，致力于加工这些来自经济事件之时间延伸的风险，并为这些风险赋予可接受的形式。然而，最近金融市场发展出了新颖的金融工具，它们解决或多或少富有风险的融资问题，或信任在规模大、财大气粗并至少有支付能力的组织中，更少接受风险、更多捐弃个别商业条件的特性。在这一背景下，要思考的是商品价格、股票价格、利率与货币比率的剧烈可变性（易变性），思考彼此迥异的期货合同，思考交易的选项与风险分配的形式。风险以此被分散了，更强地适应了商业伙伴的特殊利益。根据商业形式与具体的形式组合，相比银行业务的传统样式，风险能以这种形式被更好地分配，只是风险要么由银行（信贷亏空风险）要么由客户

（投资风险）来承担。于是接受风险的诸多意愿能够彼此条件化——只要你愿意的话我就愿意。而对市场的指向从传统的理性指责转移到风险意愿的测试。[14]投机指向投机。换言之，对市场观察的观察越来越指向对他者的预估，而非根据其预估自身商业成果的形式。 198

这样的金融工具明显不能缺少银行之间的合作。但只要合作被观察到，风险接受的普遍形式就不再能被等级制很好地描述。毋宁说，这关系到一种“异质结构”（Heterarchie）[15]，一种“模态”组织，它把单独的信息加工中心网络化，这意味着与各自邻近的中心连接起来，而没有从一个整体系统出发制定一个秩序模型。[16]一个如此这般的系统不仅总的来说

14 参见《理性或风险？》（Dirk Baecker, Rationalität oder Risiko?, in: Manfred Glagow/Helmut Willke/Helmut Wiesenthal [Hrsg.], *Gesellschaftliche Steuerungsrationalität und partikulare Handlungsstrategien*, Pfaffenweiler 1989, S. 31–54）。

15 关于这些概念在神经生理学研究语境中的产生，请参见《智力的化身》（Warren S. McCulloch, *The Embodiments of Mind*, Cambridge Mass. 1965, S. 40 ff.）。

16 《系统与区别：双重性与补充》（Joseph A. Goguen/Francisco J. Varela, Systems and Distinctions: Duality and Complementarity, *International Journal of General Systems* 5 [1979], S. 31–43 [41]）认为这样的系统比单纯的等级制更以“整体”为导向。同样参见《当下认知科学的概念主干》（Francisco Varela, On the Conceptual Skeleton of Current Cognitive Science, in: Niklas Luhmann et al., *Beobachter: Konvergenz der Erkenntnistheorien?*, München 1990, S. 13–23 [20 f.]。然而，对于一个这样的判断，必须首先发展出清晰的标准。无论如何，面对单个决定的专断和上层偶然的环境接触，等级制更容易受到摆布，比如中央银行的政治考量。

对外部观察者是个“黑箱”，而且在“模型”、企业与家务中亦然。商业类型的标准化被证明是金融工具与风险转移的机制，有助于特定的内部透明。当人们彼此理解的时候，至少人们知道所理解的是什么。当然，人们必须放弃一种幻觉，即靠着对顶层的观察（在我们的用语中，观察包括了处理、
199 影响与操纵）就足以提供对系统最低的粗糙描述。

我们所提及的金融技术改革是如此新颖，以至于对其做出决定性的评判是不可能的。其发展至今尚未完结（如果终究会完结的话），还缺乏在重大经济圈中的测试。对于将风险最终推卸给经济，并将之掩盖在大量周转货币之下的趋势，我们更有理由将之视为可疑的。社会系统所参与的生态风险拥有以下特性：不可预见的效果积累、超过阈值、意外所产生的不可逆性并导致不可控的灾难。经济风险同理。但在紧急情况下，它则更加直接而迅速地介入社会生活。

十、组织中的风险行为

I.

先前的分析都着眼于现代社会的社会性系统，即使是最后一章也关系着社会的功能系统。我们将随着组织这个主题潜入另一个世界，一个被清晰的固有形式特别是系统形成的固有形式所细碎切割的世界。在此，我们找到了规范性的其他切割形式，并因此寻觅那些在导言的术语中被作为忧虑所恐惧、描述与避免不幸的其他形式。

即使人们考虑到个体偏好的不同，并用收集的数据对其加以中立化，人们也肯定无法通过弄清个别的决定偏好来把握本章感兴趣的现象，甚或即使人们能够认识到组织实际上受到个人的引导，也就是说像个体那样行事，也不能把握这一现象。[1] 但同样在试图将个体的观点区别加以中立化（或者

1　在对风险态度的研究中，人们总是以或此或彼的方式忽略组织结构。比如参见《斯堪的纳维亚航运中的风险偏好》(Peter Lorange/Victor D. Norman, Risk Preference in Scandinavian Shipping, *Applied Economics* 5 [1973], S. 49–59)。

说加以掌控）的社会学中，如此费力地区分社会与组织两种系统形式，也是不寻常的。人们无需强调这一差异，一个并非不重要的原因是组织社会学变成了一门这样处理其对象的特殊社会学分支，而不是在与将之包围并囊括其中的社会之间的关系中处理对象。另一方面，无论是作为整体的社会，
202 还是其任何基本的子系统都不能被理解为有组织的系统，这在一些思考中没能被很完善地批评。社会及其功能系统通过网络化和沟通的递归再生产，产生了其自身的统一体，这些沟通都是它们在进退之中所采取的行动。这个统一体在进退之中都要求宣称一体。此外并不需要形式上的组织。这在系统中符合流通的认知符号，一个沟通是被视为研究还是政策、教育还是疾病治疗、经济交易还是法的修改或要求，而流通的认知符号让确定这个问题成为可能。

由此区分的是在形式上组织起来的诸社会性系统（或者只有在这一重意义上，我们才提到“组织”），这些系统通过区分成员和非成员来标记其边界及其再生产的方式。这一差异发挥着对组织而言典型的认知符号的作用。组织只认可其成员的沟通属于组织自身，也仅限于通过成员关系来沟通。但首先组织能利用这一差异，将有别于非成员行为的成员行

为条件化。组织已经能够将加入与退出（安置与去除）置于条件下，并因而将这些都描述为决定。那么这一关于成员身份的决定同时也是认同成员条件的决定，而这意味着接受决定前提的决定，包括正当变化的条件或对这些决定前提的再次详细说明。

因时制宜、依赖于决定的成员资格，这些出发点让形成特别的自生系统成为可能。这关系到一些其基本操作是做决定的系统，而其决定所触及的一切也都会成为做决定的系统。[2] 决定被那些人们能够感到积极或消极的期待所诱发。备选方案在多大程度上能被纳入视线内，而这在多大程度上又属于其所验证的决定，是一个次要的问题。问题并不在于一个能 203
得出唯一正确决定的广泛而合理的测试，而是在于，行为终究在决定的网络中被当作决定来对待，而这不依赖于注意力时限与理性的标准。为了成为决定，决定需要其他决定，而如果那些涉及意识与沟通的决定没有被找到，它们就会被捏造出来。这样，疏忽也会变成决定，零值也会获得因果性。人们忘记了准时订购补给、观察期限、记录订单和报道环境

2　详见《组织》（Niklas Luhmann, Organisation, in: Willi Küpper/Günther Ortmann [Hrsg.], *Mikropolitik: Rationalität, Macht und Spiele in Organisationen*, Opladen 1988, S. 165–185）。

中的发展。当接下来的决定依赖于这些情况时，所有这些非决定就突然变成了决定。为了现在决定某事或反过来，为了还不能决定某事，网络每时每刻都在产生一部决定史以及对未来的决定视角。

如果终究有什么东西“在事务过程中是既定的”（而人们面对来自外界的刺激又能做什么呢？），那么它已经是一个决定了，会像连锁反应一样造成更多的决定。这经常会导致如下过程：首先人们热切地盼望结果，而接下来，当他们被迫做出决定的时候，所能做的只有补救还能补救的东西。[3]

鉴于做出完美而合理的决定是不可能的，也鉴于预料决定将变成什么样子是不可能的，每个沟通都变成了风险，比如忽视了那些事后看起来值得观察的内容，或做出了事后看起来颠倒或无论如何备受责备的决定。而不沟通也不能规避风险，因为不沟通能变成对决定的疏忽。

204 在这一视角下，人们也经常将组织称为官僚制，而在组织中，沟通行为的实际途径是靠风险对决定的重叠来阐明的。现象的宽度将“风险控制”的差异化作为特定职务或部门的

3 特里尔（Hann Trier）（以书面形式）告诉我，在绘画中也可以观察到一个类似的两阶段结构。

特殊任务予以排除。[4]毋宁说，这关系到在一个二阶观察者的视点中对所有决定进行批判性监控这一特殊视角。在可能是爆炸性的副作用中，目的的可实现性是不确定的，因此，甚至目的的合目的性（Zweckmäßigkeit）在事后都是成疑问的，就此我们可以区分风险理性（Risikorationalität）与目的理性（Zweckrationalität）[5]。

这必然不会关系到那些震撼世界的事物，但敏感性是如此敏锐，以至于连小的痕迹也变得重要，而与此同时，为了以防万一，人们将之视为可描述的事物。首要的原则是：拒绝意外。但人们必须首先看到，这是一种针对不寻常的延续风险而采取的反应形式。

有数不胜数的风险降低策略涉及这个问题。这包括对职责和非职责、写什么和不写什么的高度重视，选择性地揭露 205

4 也可参见《风险对话》（Matthias Haller, Risikodialog, in: Roswita Königswieser/Christian Lutz [Hrsg.], *Das systemisch evolutionäre Management: Der neue Horizont für Unternehmer*, Wien 1990, S. 322–341）。

5 乌尔里希·贝克对比了这些概念，不过他也许对此有不同的理解。参见《官僚制的自我辩驳：论危险管理和管理危害》（Ulrich Beck, Die Selbstwiderlegung der Bürokratie: Über Gefahrenverwaltung und Verwaltungsgefährdung, *Merkur* 42 [1988], S. 629–646）。同样参见克劳斯·亚普在《社会学风险研究》中在面对一个不确定未来时的确定和不确定的意义上，对风险和理性的犀利对比（Klaus P. Japp. Soziologische Risikoforschung. Ms. 1990）。这一区分让对理性（= 不确定 = 可逆性 = 重新规划的能力）的组织兴趣特别明显。

和掩盖决定过程以获得同情，有必要的话也要把其他参与者拉下水。连官僚制语言也经常回忆决定过程：人们提交申请、做出决定、批准、申诉、审阅等。简单的活动变成了一种对活动做决定的高级形式。这种语言即使在琐事中也保持注意力，但这只是例行公事，并不能有效排除疏忽，这在安全预防措施中极其典型。

在众多结果最丰富的转型中，最适合组织的莫过于把决定拆分成一系列决定并将其序列化。连等级化也最终导致序列化。当更多的决定被视为必要时，这些决定就无法同时出现，因为同时做出的决定无法相互协调。人们必须一个接一个地做出这些决定，即使在个别情况下决定被递归地逆推到已做出的决定，或被进一步顺延到尚未做出的决定。因此，官僚制可以批准用大型科技设备进行危险的实验，而之所以制造这些设备就是为了让人认识风险并尽可能排除风险。但即使在相对不重要的情况下，官僚制也将其决定过程变为一系列决定，进而让其规定逐渐变得不可逆转。这样的程序产生了一种幻觉，仿佛人们最终都是自由决定边界之所在。决定被推迟，每个决定的部分都宣称自己没有责任，直到人们接受所发生的一切，或者以挫折（一切都是徒劳！）、失信乃至赔偿的高成本中断所开始的一切。

无论是接受还是拒绝一个决定建议，风险都存在于其中，而只要人们必须做出接受风险的决定，组织就倾向于把可能性极高的面向上的可能性与 / 或不可能面向上的不可能性进 206
行压缩。[6]确定性的符号被过高估计——要么是“极其确定”，要么是“极其不可能”。在共同的决定工作或甚至在方案描述的形式中，不确定性被先行者们所降低。人们为最初所偏爱的解决方案提供论据，让剩余的风险看起来可以忍受。外部的资源、专家、合作者的声望或独立研究，都可能有助于吸收不确定性。这也助长了风险在决定前就已经被掌控的幻想。无论如何，在此投入的大量工作缓解了那些对尽可能谨小慎微的描述，而这种谨小慎微针对的是决定事后出错的事态。

6　研究表明，管理者倾向于过高估计他们对企业决策后果的控制。相关线索请参见《对风险和冒险的管理视角》(James G. March/Zur Shapira, Managerial Perspectives on Risk and Risk Taking, *Management Science* 33 [1987], S.1404–1418 [1410 f.])。关于组织(银行) 内部的“欣快”效应，请进一步参见《银行和谁交易？对经济中风险加工的研究》(Dirk Baecker, *Womit handeln Banken? Eine Untersuchung über Risikoverarbeitung in der Wirtschaft*, Frankfurt 1991 [Umbruch S. 113])：“内部人员之间轻松的沟通和顺利的业务过程隐藏了一个事实，即一度存在的前提早已不在。”心理学的研究也支持这一观点，表明特别是在熟悉、参与、竞争和选择的条件下会出现对自身控制范围的幻觉。参见《控制的幻觉》(Ellen J. Langer, The Illusion of Control, *Journal of Personality and Social Psychology* 32 [1975], S. 311–328)。

主流的印象必然是零星的慰藉。这也包括一个以规则或公式的形式描述期待的详尽网络，可以说，这一网络持续地刺激着决定者，但也以同样的方式阻碍人们环顾四周并察觉到不寻常。通常，这不仅适用于狭义上的例行公事，也适用于来自上级或外部的新鲜事：未来总要有所关注，或此或彼，在这需要提交报告，在那需要展开质询。就是这些导致了官僚制，也仅此而已。为了能够刺激决定，期待必须是详细的。
207 银行董事不能简单地要求人们在信誉测试中小心翼翼，他们会设限，或以 1988 年 coop 丑闻[7]为由指出在经济中不存在不会沉的船。但指令总是存在于界限之内，而界限之外潜伏着其他风险。

因此，系统找到问题的解决方案，归功于其独特的自生，也就是自我产生的解决方案。但找到解决方案不意味着，一切从现在起都将一帆风顺。系统借助于变形，而我们还要看到，组织与风险打交道的典型策略会像风险和环境打交道一样伤害到环境。

---

7 coop 是德国一家贸易公司，其曾在 1980 年代出过一个轰动德国经济界的丑闻。——译者注

II.

在处理风险时（这里我们指的更多是日常经验而非研究成果），我们所获得的最重要的经验就是，当所有的希望和计算都落空，遭受被认为不太可能的损失时，评估会翻转过来。一般情况下，当人们事后重构决策过程时，诸如希望、机会、不确定性和坦率等这些在做决定时主宰了情境的要素会被忽略或低估，一个过去的现在之未来很难在已经过去之后被作为未来重构。人们几乎不能忽略在此期间发生的事情。当涉及现实的时候，计算并不是中立的，评估也会被回顾性地修订，即使概率论对此并不满意。哈里斯堡和切尔诺贝利已经让人们对核电站安全性的评估变得负面，虽然人们能从这样的经验中学到的相反经验同样靠谱，并很可能不让悲剧再一次发生。无论如何，判断都不稳定，而这正是组织所恐惧的。

自哈里森（Harrison）和马奇（March）之后，这个问题也被组织科学所重视，并被命名为“后决定意外” 208
（postdecision surprise）或“后决定追悔”（postdecisional

regret）。[8] 在沟通系统中存在一种倾向，对所致力达到的目标给予积极评价，在决策评估的统计程序中更是如此，这也提高了决定后发生令人失望意外的可能性。如果确实发生了这样的意外，它就会刺激人们有意地寻找原因、改变与归因相关的因果序列，从而产生从属于此的次要意外（Sekundärüberraschung），特别是通过事后阐明所做决定的内容和责任归属。在严重的情况下，人们会为了在偶发事件中重新寻找秩序而任命委员会。这表明在个人心理学中可能的记忆伪造（有人预见到了一切）不能在组织的决策语境下不受干扰地展开，而这样的伪造本身需要组织。

如果在决定的过程中，曾经、正在和将来决定的东西有所改变，如果替代方案出现或消失，或者如果不重要的变得

8　参见《做决定和后决定意外》（J. Richard Harrison/James G. March, Decision Making and Postdecision Surprises, *Administrative Science Quarterly* 29 [1984], S. 26–42）。也可参见《出现后决定意外的危险：对〈做决定和后决定意外〉一文的评论》（Bernard Goitein, The Danger of Disappearing Postdecision Surprise: Comment on Harrison and March „Decision Making and Postdecision Surprises“, *Administrative Science Quarterly* 29 [1984], S. 410–413）。关于量化计算的问题，参见《为追悔决定而支付的风险保险金》（David E. Bell, Risk Premiums for Decision Regret, *Management Science* 29 [1983], S. 1156–1166）。此外，“过去的模棱两可”在意外情况下会成为时兴的话题，参见《组织中的模糊和选择》（James G. March/Johan P. Olsen, *Ambiguity and Choice in Organizations*, Bergen 1976, insb. S. 58 f.）。

重要，而重要的变得不重要，那么之后的评估标准应该至少保持不变；或者，如果标准被改变了，那么也应该是明确地改变，而不是去回顾性地改变标准。人们如今看待存放工业废料这个问题的方式不同于过去，并不可避免地将过去的决定视为错误的。但是，这使每一个官僚系统都感到沮丧，因为在不断波动的决策环境里，不断变化的回溯性和预见性的主题化都需要坚定的支点。恰恰是当一个人必须按照可变的法律、规则、计划和偏好行事时，当时适用的东西，事后也不会 209
改变。人们不仅想知道现在什么适用，而且还要确保未来不会又有其他东西适用。然而，这种自然并可理解的迫切需要，与根据结果来判断风险特别是所有戏剧性损失的发展和做回溯性的纠正这些同样自然的倾向相冲突。如果该组织不是自愿或在其领导的要求下这样做，那么公众舆论会迫使他们认错并忏悔。但即便如此，流行的趋势是一旦采取决定就遵守决定，问题更在于重新赋予人们所遵循的路线以合法性[9]，而不是寻求解决新问题的新方法。相比设定新的目标，人们更试图阐明他们一直想要的东西，并以此匹配系统的回忆。

9　参见《在技术风险之间解释各个选择》(Lee Clarke, Explaining Choices Among Technological Risks, *Social Problems* 35 [1988], S. 22–35)中对个别案例(建筑的化学污染)的分析。

当发生意外状况时，在一个组织的构成之间分配责任的方式完全不同于当该组织承担风险时分配责任的方式。在这一语境中，这并非不重要。这当然也适用于当灾难来临时当时负责的组织完全没有参与的情况[10]，而当不幸的过程也触及引发这一切的组织时，或在克服不幸时风险必须在组织间及其验证的程序中分摊的情况下，更是如此。

210 如果之后的显著发展不仅抬高了预估成本，也导致了人们对决定感到后悔，那么人们还会做出哪些反应呢？其中可能最无害的是仪式上的牺牲。要寻觅并找到一位负责人承担所有罪责。到目前为止，在官方理解中，这种仪式是由完全无辜的个人来“承担责任”并离开。领导层的变化对组织绩效的影响犹未可知。[11] 在后决定追悔的特殊案例中，人们可

---

10 一位前任部长承认了他在面对切尔诺贝利事件时的惊讶和无助：“我第一次体验到州政府内部的职权规章、形式调节系统和法律调节系统在权力上意味着什么。”——引自《生态现实主义：不可放弃之物的定义》(Joschka Fischer, Ökologischer Realismus: Die Definition des Unverzichtbaren, in: ders. [Hrsg.], *Ökologie im Endspiel*, München 1989, S. 17–30 [25 f.])。在另一个案例中，当两县交界地带发生火灾的时候，根据报道，只有在确定火情同时影响到两个地区后，当地消防部门才出动。

11 迄今为止，研究没有得出确凿的结果，这也许是因为这个问题过于笼统。如果把替罪羊机制也考虑在内的话，情况也是如此。比如参见《行政接续与组织表现：接续效应》(M. Craig Brown, Administrative Succession and Organizational Performance: The Succession Effect, *Administrative Science Quarterly* 27 [1982], S. 1–16)。

以猜测，组织可以通过这种方式避免从不幸的过程中学习。

学习意味着从被认为不可能并很可能今后也不可能的单一事件中得出结果，并改变普遍适用的决策过程。这种学习过程的后果可能是更彻底的调查、更长的决策过程、倾向于放弃机会并支持更不冒险的决定。毫无疑问，银行根据破产债务人的个别案件修改其贷款规则是欠考虑的。坏的案例导致恶法（Bad cases make bad laws）。相反，诸如国家和地方当局这些更强烈地受到公众舆论和政治考量压力的组织，更倾向于选择恰当的解决方案。从长远来看，从那些失败案例中产生的持续侵扰，会转化为程序化的谨慎。结果可能会增加系统环境的风险：徒劳的规划、徒劳的申请、旷日持久的评估过程，特别是不利用机会的风险。因此，组织将其无法承担的风险卸载到其环境中。组织的风险成为其环境中受波 211
及者的危险。[12]

12　相关的案例研究，参见《社区语境下的风险感知：一个案例研究》(Janet M. Fitchen/ Jennifer S. Heath/June Fessenden-Raden, Risk Perception in a Community Context: A Case Study, in: Branden B. Johnson/Vincent T. Covello [Hrsg.], *The Social and Cultural Construction of Risk Selection and Perception*, Dordrecht 1987, S. 31–54)。赖特(Wright a. a. O. 1987)也直接谈到，当官僚制被迫对严重风险做出决定时出现的终极不确定性。官僚们不能预测的东西让他们也变得无法预测。

无论这一猜测能如何证明其经验价值，人们也不能就此指望，组织像统计学家寻找最优解那样理性地评估其风险。[13]灾难总是作为一个个别事件而发生的，而组织则无法与个别事件建立平衡的关系。这就导向了一个问题，即一个正逐步将风险决策权赋予组织的社会包含了什么？虽然这些组织必须通过决定来自我生产，并在下一步决定中接受其决定后果。在这种情况下，机会与风险之间当然没有可计算的平衡。

III.

得到验证的处理方法包括分解（Faktorisierung）和差异化，这在组织中也得到了验证。如果在组织中大家都认可不应该对评估决定的标准进行追溯性的修改，那么就会出现应该在哪里设置差异的问题。适用于官僚制的东西必然适用于官僚制的领导吗？或者最高层必须经受另外的评估吗？区分领导和管理的做法丝毫不新鲜，但人们可以重新思考是什么构成了这一区别？

13　至少对管理者的视角和行为的经验研究清楚地表明了这一点（March/Shapira a. a. O. 1987）。

人们期待系统的领导能提供更大范围的决定。这更适合 212
内部冲突的最后决定，也能胜任重要的外部联系。在所有这些方面，做和不做决定都属于其职权范围内。人们也可以把面对风险时的区别算在其中。人们可以假定，适合其他一切的东西并不适用于领导，即当损失发生时，出现之前未曾察觉或被认为不可能的风险都将降低决定的可信度。即使人们在回溯分析时完全能够理解当时的决定，领导也尤其要承担无罪（Unschuld）责任。这不涉及正义，而是成功与否的问题。

根据相关的经验研究，似乎承担风险确实是高管层被期望充当的角色。[14] 这一期望明确不涉及根据可能性和正面或负面收益来对可能结果的分布进行尽可能全面的统计分析。它根本与结果无关，而是关系到角色自身，因为当被寄托期望时，结果还是未知的。这也意味着不持续的期望也可以被打断，比如：当然有风险，但请不要让我们亏损。

当然，这样的概念不能改变系统管理在系统内有效这一事实，规划和方针制定只在系统内部进行，也就是说它们必须反思性地将自己作为必须被规划的众多因素之一而考虑在

14　同上（March/Shapira a. a. O. 1987, insb. S. 1409）。

内——这仅仅是因为必须规划这些要素。[15]上下级之间沟通
213 性、"对话性"的网状联系毋庸置疑得到保留。[16]关于"领导风格"这个备受争议的问题也不会受到影响。组织的上层当然必须以它被观察的方式进行观察，否则它不符合成功沟通的条件。不管所有这些最新的管理理论知识怎么说，如果人们不仅仅满足于职位之间的等级关系以及相应的职责差异，那么区别管理功能与其他功能的差异还有待观察。

经典的管理理论强调了目的 / 手段的图式。依此，领导的任务是实现被表达为组织目标的那些价值。[17]当实际领导依赖于循环模式时，这样严格不对称且依靠等级来确定的任

---

15 有关新控制论的立场，参见《自组织的原则：在一个社会管理的语境下》(Heinz von Foerster, Principles of Self-Organization–In a Socio-Managerial Context, in: Hans Ulrich/ Gilbert J. B. Probst [Hrsg.], *Self-Organization and Management of Social Systems: Insights, Promises, Doubts, and Questions,* Berlin 1984, S. 2–24)；《操纵复杂组织：一次在系统视角下对领导问题的改良尝试》(Rudolf Wimmer, Die Steuerung komplexer Organisationen: Ein Reformulierungsversuch der Führungsproblematik aus systemischer Sicht, in: Karl Sandner [Hrsg.], *Politische Prozesse in Unternehmen*, Berlin 1989, S. 131–156)。

16 有关政治官僚制，参见《德国联邦官僚制中的政策制定》(Renate Mayntz/Fritz Scharpf, *Policy Making in the German Federal Bureaucracy*, Amsterdam 1975)。

17 最具代表性的说法是"企业作为劳动分工的社会性系统，原初的领导任务是为了确保实现共同目标而实现系统的协调，系统则是以目标为导向，而这样的协调在系统内和系统之间都能生效"，参见《组织简明词典》中的"领导"词条(*Handwörterbuch der Organisation*, 2. Aufl. Stuttgart 1980, Sp. 734.)。另外，这部词典显然忽略了来自各个系统或系统之中风险行为的问题。

务变得越来越有问题；在与环境变化相关的信息不再进入上层，而进入相对较低层次的情况下也是如此，比如部门管理层小组，或依靠销售代表网络的工业企业。同样也不应忘记，“权威”不再像过去一样，被建立在招募领导集体的特定阶层之上（这样做当然从未排除过错误、失望、拒绝等）。这也夺去了支撑着特定等级制社会结构脚下的土壤。所有这些都表明，需要新的定位为对风险的不同态度提供一个出发点。

在现代条件下，面临风险是组织的常态而非例外，而 214
当组织面临风险时，可以通过区分领导和执行来做出反应。从内部角度来看，领导的任务也包括权衡面对风险时的机会，并将结果转化为决定的先决条件，以便于组织机构进行观察。很多地方没有什么机会可言，比如在政府管理的诸多领域里，那么领导的问题就在于发现风险，坚持用人们可能面对的尚且遥远却会在政治上引发丑闻的负面结果来审视决定。确定性并不是优先的。毋宁说，关键在于发现风险和提供确定性，在于马奇和西蒙意义上的“不确定性吸收”（Unsicherheitsabsorption）。[18] 然后，衡量领导成就的标准就不在于规避风险的程度，而在于其所看到和接受的风险与未

18 参见《组织》（James G. March/Herbert A. Simon, *Organizations*, New York 1958, S. 165 f.）。

看到的风险之间的关系。

这一对领导层的特殊阐释对应了处理冒险决定的特殊可能性。

组织的领导是倾向于自己做出冒险决定，还是倾向于（也许在组织和下属的行为受控制的前提下）委派他人，这首先是个经验问题。[19] 无论如何，除了决定事情的职责，领导也拥有决定人员配备和凝聚其下属们风险感知的职责。下属不想被解雇，而想尽可能被提拔。他们重视符合他们想法的工作环境。在所有这些方面，他们的期望或会被满足，或会落空。在这个意义上，在没有充分评估后果就必须决定是
215 否引入新的计算机辅助的信息和规划系统的企业中，欧特曼（Ortmann）等人确定了一种“两个不确定性场域的阶层秩序”。因此，“转变风险并将其转移到另一个受控制的不确定性场域”成为可能。[20] 确保了人事管理的核准权，只要下

---

19 根据《冒险：不确定性的管理》(Kenneth R. MacCrimmon/Donald A. Wehrung, *Taking Risks: The Management of Uncertainty*, New York 1986, S. 91)，无论问题在什么领域，有 23% ~ 38% 的管理者倾向于委派他人做决定。

20 《组织中的计算机和权力：微观政治分析》(Günther Ortmann / Arnold Windeler / Albrecht Becker / Hans-Joachim Schulz, *Computer und Macht in Organisationen: Mikropolitische Analysen,* Opladen, 1990, S. 446 ff. [Zitate S. 447])。

属在工作中厌恶风险，组织的领导就能够建立起来。因此，领导也承担了人事选择本身的风险。但在这方面，几乎不可能因为忽略的替代方案而事后批评他们。这一风险所涉及的内容能让领导感到相对安全。下属可以通过将风险向上转移的方法还施彼身。结果将导致领导必须在成败中看到自身的风险，而下属则在对领导的接受中看到其自身的风险。

在组织的现实中，更可能存在的是对这一标准模型的偏离，而非精准的还原。这是因为参与者在彼此的关系中“战略性地”行事，并反思乃至利用每一方对风险的态度。然而，恰恰是这一战略性行为预设了可认知的结构差异。如果彼此之间有良好的相互了解，风险感知和冒险意愿在心理上的既定差异才会发挥作用，但这只具有次要意义。[21]

---

21 欧特曼等人也表达过对组织关系中“先验既定的风险态度”的解释价值有所怀疑（Ortmann et al. a. a. O. S. 446）。同时，这种跨越完全不同的情况而进行普遍化的不可接受性也众所周知（MacCrimmon/Wehrung a. a. O. [1986], S. 99 f.）。

十一、那科学呢？

I.

没有人会否认，科学研究也要经受风险，也会导致危险。人们必须在不预知结果的前提下决定研究计划（否则人们也就完全不需要展开研究了）。而（这样做的）危险也是显而易见的。首先，在现代社会中，知识一旦面世，只要与此有关，就无法保密，或为其他功能系统所忽视。这是由于竞争压力的存在，在经济中尤其如此。这一点既适用于军事领域的政治系统，也适用于整个干预和保护政策的政治系统。还有一些例子证明，这一点也适用于医疗、法律和教育系统。最后而非最不重要的是，科学研究本身也存在固有的风险，比如使用核能或进行基因实验。[1]

1 这并不一定意味着科学把社会本身视为实验室。不过，《作为实验室的社会：试验性研究导致的社会性风险产生》(Wolfgang Krohn/Johannes Weyer, Gesellschaft als Labor: Die Erzeugung sozialer Risiken durch experimentelle Forschung, *Soziale Welt* 40 [1989], S. 349–373)确实这么认为。

如果人们考虑系统的二元符码化，这一常见的处境会变得更加明显。在此，二元符码化也导致风险的增加。符码产生了系统内的动力。所有操作的进行都假设了会有进一步操作跟进，不管研究的具体结果是证实还是证伪，所有进一步操作都会再次使用这两种价值。

218 此外，风险和危险之间的区分也以复杂的方式咬合在一起。一项研究规划的风险尤其在于基本的假设都可能会被证明是站不住脚的，甚或都没法确证是否站得住脚。这种风险急剧尖锐化，因为科学原本被寄望产生新的知识，也正因如此，对各种新生事物所具有的真理价值进行评估存在很大差异。[2] 为了应对这一点以寻求自我保护（尽管安全并没有任何保证），典型的做法就是对研究加以设计，以产生值得报道（容易发表、有利于晋升）的数据。对目前毋庸置疑的知识进行反驳（或有根据的质疑）也可以算作研究的成果，特别是当研究与理论上硕果累累的知识有关时。这些对科学内部风险控制的思考，修正了那种认为科学研究的风险在于发现不了

---

2 参见《科学的知识性和社会性组织》（Richard Whitley, *The Intellectual and Social Organization of the Sciences*, Oxford 1984, S. 11 f.）。为了弥合这一问题，科学创造了一种分配声誉的机制，这种机制使得科学可以观察到并奖励那些有助于刺激研究新发展的价值，而不必追求终极确定的真理。

真理的论点。但如果我们略过个别研究规划而着眼于更大的研究语境，科学光靠自我批评或证伪是无法很好地独自生存的，因为这将很快耗尽适当的知识储备。从长远来看，必须不断产生可证实的真理，某些大型研究机构或整个专业领域的风险就在于不能做到这一点。

科学造成的危险恰恰相反，它在于科学成功地做到了上述这一点。危险是由真理产生的，因为谬误对任何人都毫无用处（科学本身例外，也有一些情况下谬误在理论上很高产）。只有真理才是危险的，因为真理有让人接受的固有强制力，也有技术性功能。知识一旦被使用，就会导致损失，事后看来，就会觉得使用知识是个失误。在使用的语境中，这就是一种 219
风险。但是，对知识生产本身而言，获得知识就是其目的，而且还能把对可能的损失后果的理解吸收为知识，那么知识生产则适用于另一种视角。在科学中，真理只能有积极的内涵。任何其他规定都会让操作变形，以至于科学不再能将这些操作视为科学。即使是有潜在危险的实验或大型技术设施的建设，也不能被科学本身所禁止，因为当人们想知道是否有害、害处何在、需要采取什么预防和保护措施时，这些行动都是必要的。然而，科学并不是其中唯一的权威，有的人会说这倒是件好事。

在生态和技术后果领域，这种在自主研究操作中出现的相当常见的不确定性和风险日益尖锐。如果按照自身理论导向的研究发展的话，科学完全不会（或只在极其偶然情况下才会）处于这种处境。这里存在的问题并不是在研究状况内出现的，那么就有很多问题悬而未决，包括问题该如何表达，属于哪门学科，研究预计需要哪些投入、多少时间，以及终究能否获得预设任务意义上可用的知识。研究不是行驶在自己车头灯照亮的前路上，而是横穿在暗影中。

这种情况也与一个事实有关，即相应的知识需求甚至没有根据技术上可达到的目标进行调整，也就是说，并不是作为现有知识的延伸而出现的。这并不是建造机器以更好地或更经济地完成已知的成果。毋宁说，新的问题往往在于技术实现的不良副作用，或者与一些只有统计学眼光才能察觉的事实有关，而我们甚至连这些事实的来源和成分都不清楚。换言之，研究所面临的一些问题源于一种有组织的关注，但这一关注却并非来自研究自身。研究遭遇到一些理据充分的问题，而出于同样充分的理由这些问题也是无法回答的；就
220 像温伯格（Weinberg）在一篇被广泛引用的文章中所说的那

样，研究与一些跨科学任务有关。[3]如果研究不能胜任这些任务，它就被指责为失败。[4]但这只不过间接证实了科学是一个自生系统，它只能从自己的状态出发，并只能使用那些通过自身操作而产生的结构（理论、方法）。[5]因此，对从外部向科学提出的问题必须受到社会的规训或打压。

如今处理不确定性和风险的规则都被归于"伦理学"名下，无论这些不确定性是常见的还是强加的。然而，我们已经看到，这不过是个假名，或者说，与哲学家在为道德判断奠基的努力中以此名义收集的那些经验没什么关系。因此，我们将避免卷入这场论争。经验性的风险研究对风险和危险的关系有一个有趣的论断。科学无法抛弃自身的符码，否则就有丧失其身份之虞，科学也不能用"对也罢错也罢，这就是我的人生"（true or false, my life）这样的话来拒绝这些符码，而在自身的符码下，科学的运作既有风险也有危险。科学无

3 "科学可以问科学不能回答的问题"，参见《科学和跨科学》（Alvin M. Weinberg, Science and Trans-Science, *Minerva* 10 [1972], S. 209–222）。

4 有关这场冲突，参见《公共竞技场中的专家们》（Arie Rip, Experts in Public Arenas, in Harry Otway/ Malcolm Peltu [Hrsg.], *Regulating Industrial Risks: Science, Hazards and Public Protection*, London 1985, S. 94–110）。作者建议用一种"实用现实主义"的态度弥合这一张力。

5 详见《社会的科学》（Niklas Luhmann, *Die Wissenschaft der Gesellschaft*, Frankfurt 1990）。

法用这两种价值逃避不确定的损失所带来的问题，正是这些损失导致人们必然会对行为感到后悔（在他幸免于难的前提下）。区别只在于归因的形式：真理能否得到确立是一个风险问题。从受波及者（他们可能是科学家本人）的角度来看，如果真理成立了，这就与危险有关。

221 这样一来，真 / 假这组科学符码的统一就保证了风险和危险几乎不可避免地以这种方式同时产生，而且正是建立在真 / 假两种价值立场间的对立基础之上。如果这是正确的，就不能指望科学所固有的风险评估为了增加研究取得成果的可能性并避免徒劳无功，而将其所承担的风险评估归入全社会的理性名下。这就让危险随着可靠研究结果的可能性增加而增加，而这些危险与利用研究结果联系在一起。在这种背景下，如今人们怀着不无忧虑的心态感受着不受约束的科学进步，也就不足为奇了。在建构能够可靠地发挥功能这一意义上，知识像以前一样仍是安全的知识。但从全社会的描述这个层次上看，科学早已不再是进步的指示计[6]，甚至很难作为安全的蓄水池，应付我们的社会系统未来可能出现的令人不快的意外。

6 参见《物理和政治》及作者的同代人（Walter Bagehot, *Physics and Politics* [1869], zit. nach Works Bd. IV, Hartfort [The Travelers Insurance Company] 1891, S. 427–592）。

II.

鉴于这些事实，我们可以设想一种以危险为导向的科学批判，这种批判拒绝满足于“科学已经尽可能地控制了其自身的决定风险”这样的答案。未来涉及什么，研究就产生了一种知识的真相[7]，而恰恰是这一点吸引了二阶观察者。所谓二阶观察，是考虑到在科学的符码化观察中人们观察不到的东西而去观察科学的符码化观察。而二阶观察所关注的恰恰 222
是正面评价的承诺导致不确定的未来损失这一问题。其自身的危险正是科学的盲点。但关注这一点又有助于什么呢？

人们只要想想阿里斯托芬、神学的优越姿态和贵族对学究气的拒斥，就很清楚，自古以来，对知识上的努力所产生的社会分化就让对科学的批判成为可能，不过这种批判虽然是在社会之内，但也在科学系统之外。科学所做的既可以被观察也可以被描述，并且可以在应用中建立非科学的区别和标准。然而，现代科学的成功故事削弱了这种批判的分量。科学可以漫不经心地无视这种批判，它并不依赖于这种批判

7 让·保罗在《暮星》中曾写道，“美德的真(……)相”，引自《全集》(Norbert Miller, *Werke* Bd. 1, München 1960, S. 803)。尽管没有明说，但这也是一个二阶观察。

所呈现的生活形式和区别。与此相反，科学批判所想要寻求的形式，既可以诱发外部的观察，也同时抬高了革新科学甚或创造出更好的“真”科学这类诉求。批判对科学内外夹攻。它希望自身也是科学，或至少变成科学。

在政治经济学批判那引起轰动且典型的方式中，这是正确的，而政治经济学批判在执行过程中，就变成了政治经济学或“历史唯物主义”的社会理论。另一个例子同样激进，却影响较小，即胡塞尔对欧洲科学事业中的抽象和观念化进行的现象学批判，而海德格尔也有另一种版本。现象学批判的意图在于证明超验现象学的立场是严格的科学，至少胡塞尔是如此。当然这一点也饱受批判。在这一点上，尤尔根·哈贝马斯更暧昧不清，但他关于《作为意识形态的技术和科学》的论述，就仿佛是说更好的知识是可能且可实现的。社会学最新的关于科学的研究也面临类似的状况，尽管批判的语气稍弱（批判更针对的是错误的科学理论），并明确显露出反
223 思性自我蕴含（reflexive Selbstimplikation）的意识，因此它倾向于将科学和批判合二为一。[8]

8　比如参见《语言和世界：社会学分析形式下的探究》（Michael Mulkay, *The Word and the World: Explorations in the Form of Sociological Analysis*, London 1985）。

迄今为止，风险研究已经被科学确立为特殊领域，遵守科学的方法论标准，也几乎没有可供科学批判作为出发点的野心。如果想想这门科学直接涉及的许多研究主题，那么这是令人吃惊的，比如对技术后果的评估，或对专家、科学家甚或科学本身的公共声誉和职责进行的调查。[9]基于这样的关联，科学研究显然与科学有关，但这仍发生在经典认识论和方法论的前提下，严格禁止了自我指涉的结论。科学以第三人称谈自己。它宣称，它既是风险也是危险——说得好像它与此无关一样。比如为了将来更好地停止研究而提供根据，或至少以科学系统的自治为代价对研究进行政治法律上的调整并加以限制，由此看来，没有任何理由去询问风险研究本身归根到底是风险还是危险。这可能导致在需要时无法获得真知识（包括关于真知识危险性的真知识），那么人们就有必要即兴而为或做出“印象流”的决定。

与此同时，尽管这一针对自我指涉的禁令仍支配着常见的科学表述，或者说大多数研究涉及的主题也毫无意义，这

9　参见《科学对话权力：政策制定中的专家角色》（David Collingridge/Colin Reeve, *Science Speaks to Power: The Role of Experts in Policy Making*, New York 1986）中对失望不无加工的处理。

一禁令业已不再像过去那么严格和无条件。有很多发展推动
224 了这一禁令的松动。特别是从观念论到超验主体的过渡，进而再到作为认识论的基本概念语言学理论。[10]无论如何，对科学研究来说，语言是一种“自我套用”的对象，这意味着对象迫使必须使用语言的研究做出关于自身的推论。[11]在一般认知科学的发展中，存在一种平行的趋势，它研究了系统（细胞、大脑、机器、意识系统、通信系统）如何在操作性闭合（operative Schließung）的条件下（也就是说无法操作性地调用环境）处理信息，并进而产生诸如“固有值”这样的自身建构，后者为其自我再生产系统给予了充分的指导。因此，“适当”（adaequatio）这样的传统标准或者说内外事实的“往来”被信息处理内部的、高度复杂的分层模块化规则语境下的“可连接性”的纯粹时间性标准所取代。这也要求

10　这一领域的导论，参见《为什么语言对哲学重要》(Ian Hacking, *Why Does Language Matter to Philosophy*, Cambridge England 1975)。

11　“自我套用”这个概念最早被用于那些符合自身的词(比如“短”)。语言学领域的概括，请参见《作为自语言学现象的生命》(Lars Löfgren, Life as an Autolinguistic Phenomenon, in: Milan Zeleny [Hrsg.], S. 236–249)和同一作者的《面向系统：从计算到语言现象》(ders., Towards System: From Computation to the Phenomenon of Language, in: Marc E. Carvello [Hrsg.], *Nature, Cognition and System I: Current Systems-Scientific Research on Natural and Cognitive Systems*, Dordrecht 1988, S. 129–155)，特别是第129页的“自我套用的窘境”(autological predicament)。

一种自我套用的结论，因为如果这一标准完全适用于认知，那么它也适用于这个理论。

自然科学也有相应的发展，其中以量子物理为首，将观察者纳入了对自然的所有表述中。在物理学家看来，只有通过对观察者的观察才能获得关于世界的知识。[12] 那么决定现实的就是观察者为了跨越边界将某物标明为某物，并以此区分外部指涉和自我指涉，而在世界上做出切割的方式。[13] 因此， 225

---

12 一个更流行的表达，参见《镜中宇宙：新兴的整体科学》(John P. Briggs/F. David Peac, *Looking Glass Universe: The Emerging Science of Wholeness*, o. O. [Fontana Paperbacks] 1985)。

13 在此有一种总结值得引用，斯宾塞·布朗最后以此证明了他在其形式计算一开始所提供的不外乎如下指导：进行一次区分！我们在《形式的规则》第 105 页读到：

> “现在，在描述这一切的物理学家本人看来，是他自己建构了它。简而言之，他是由他所描述的特定细节的聚集所组成，不多不少，这些细节由他本人所设法找到并记录的普遍规则联系在一起，并遵守普遍规则。
>
> 因此，我们无法逃避这样一个事实，即我们所知的世界是世界为了能看到自己而建构出来的（因此也是以一种能看到自己的方式建构的）。
>
> 这确实很棒。
>
> 这不是鉴于它能看到些什么（虽然这看起来可能已经足够出色），而是鉴于它能看到自身这一事实。
>
> 但是为了达成这一点，显然它必须首先将自己切分到一种至少可见的状态，并且这至少是一个不同于过去它被看见的状态。在这种被切分和破碎的情况下，它所看到的都只是部分的自身。
>
> 我们可以认为世界本身就是这样（即它本身就是模糊不清的），但是，在任何将自己视为一个对象的企图中，它无疑必须采取行动，以便使自己与自己区分开来，也让自己不再是自我本身。在这种情况下，它总是会部分地逃避自身。”

我们应该补充一点，所有知识的认识论风险正在于它必须使某些东西看不见。此外，也会让它自身变得不可见！

复杂性的演变，区别自身的形态生成就变成了认知的一种效果，或者至少变成由边界决定的歧视的一种效果，在原则上不能区别于感官、意识、语言所介导的认知。因此，世界的产生被描述为一种认识的风险，该风险如今倾向于在反思性态度中自我恐吓。组织被理解为解体，秩序的建立则被理解为导致崩溃的弱点倍增。而最体现这一认识的情绪的莫过于诸如灾难或混沌之类的词变成了数学和物理的规律概念，仿佛那些更熟悉的、用于描述规律的词带来了太多已经变得难以置信的前提。

226 热力学不再仅仅在熵的方向上设置时间流，也在搭建不平衡、耗散结构[14]、区别和信息的相反方向上设置时间流，这就揭示了在物理基础上产生的过去和未来之间区别的必然性。完全可以预言，认知系统将处于不可预测性本身被辨认出并且认知成为风险的状况下。

如果我们问哪个社会能承受这样的想法，并在其中重新找到其自我确证的可能性，人们就可以将科学的风险问题交给社会学。

14　诺贝尔化学奖得主普里高津的概念，它指的是远离热力学平衡状态的开放结构，能与外环境交换能量、物质和熵来保持平衡。——译者注

社会学有很多方式来迁就。它在反身关系方面的经验有限，例如在参与观察的方法论中，或在自我实现的预言中。所谓“行动的反身性监督”（reflexive monitoring of action），指的是在确定行动中不断反刍有关行为条件、语境和后果的知识，安东尼·吉登斯从中得出结论：社会科学的知识改变了与之相关的对象，从而不断面对新情况并加以反思。因此，人们可以期望更多的研究能够产生更大的确定性，但这样只能产生更大的不确定性。[15] 如果对社会系统的生态影响的研究结果在社会系统中已知并被广泛利用，那么对社会系统的生态影响的研究就符合上文的情况。如果我们从功能分化理论出发整体地描述现代科学现象，并把功能分化理解为子系统在其特定功能和自身符码上的操作性闭合，我们就可以总结这些见解。[16] 那么从中就产生了自我套用的结论。在科学功能系统的特殊前提下，对社会的科学描述变成了社会中的描述，这使得原先对所有科学进行内在修正的保留，加剧地成为一种有关科学知识可靠性的一般社会不确

15　详见《现代性的后果》(Anthony Giddens, *The Consequences of Modernity*, Stanford 1990, insb. S. 36 ff)。

16　参见《社会的科学》(Niklas Luhmann, *Die Wissenschaft der Gesellschaft*, a. a. O)。

定性。

227 只要还使用社会学理论作为手段，就改变了风险研究的语境。[17]系统分化的原理本身就是科学主题，它允许科学系统去观察其社会环境如何观察它自身（或者说社会环境如何观察它的观察）。风险和危险的问题转移到二阶（或三阶）观察的层次。只要还和社会学有关，这就不再是“实践问题”或改进理性计算的问题，而是理解现代社会结构及其后果的问题。这绝不影响对风险计算的持续关注，而即使人们感觉到，这些努力丝毫不能改变现代社会的结构及其后果，这也不会打击努力的积极性。但将风险问题进行社会理论的语境化，最终使其得到了一种更激进的表达。通过结合两者，这取消了具有教条甚或先验命令地位的科学理论前提乃至认识论前提。寻找符合逻辑条件和认识论条件的方法论指导既不能解除风险，也不能解除危险。

这个由社会结构引起和产生的问题，超越了人们过去在认识论中作为结论公式和最终立场的所谓的超验认知条

17 这远远超出了像玛丽·道格拉斯和阿伦·威尔达夫斯基（Aaron Wildavsky）那样从风险感知和风险接受的社会性依赖和文化依赖的视角进行的讨论。参见第一章脚注 8 中的参考书目。

件。[18] 如果超验认知条件的秘密原型，也就是逻辑，不再能 228
在公理中理解某些明显的判断，而只是一次计算甚至任何一次计算的一个组成部分，并在计算中（绝对）不能证明自身，那么逻辑也无法守护并满足相应的期望。因此，人们必须适应递归地确保的系统自治。处理未来的时间和社会形式取决于社会系统实现其自身分化的形式。这尤其适用于时间约束的社会性后果被观察和描述的形式。

III.

当科学自我观察时，其所关注的风险是科学声誉的滥用，要么是人的声誉，要么是作为科学证明而宣称的论断的声誉。这一问题与技术风险的问题极其不同。建立在科学信息误导性使用基础上的技术是无效的，而“星球大战”计划在这一点上也饱受质疑。事实也确实如此。但此外，科学的公共声

18　只是作为一种预防措施，我们重复说这个问题只会再次发生，但如果将其从纯粹理性转化为实践理性，从认识论到伦理学，那么就找不到其他解决办法。即使有人承认行动更快，优先于认知，但这并没有改变社会理论论证的结构。如果人们将之从纯粹理性复制到实践理性，从认识论复制到伦理中，我们一再重复这个问题却没有其他解决方案，就只是再一次预防性地说明。即使人们承认行为更快并优先于认知，这也没有改变社会理论论证的结构。

誉也导致科学被找茬——在一定程度上成了意识形态或政治对抗的双方的弹药库。很早就有人观察到相应的权威已然丧
229 失，并对此加以抱怨。[19] 这直接与人们只以可能性或不可能性为中介来讨论风险这一状况相关，因此没人能确定，但最多能确定的是，任何争论的另一方一定也不能确定。

我们已经不止一次强调，现代社会的未来向度必须以可能性 / 不可能性的中介来显示。这导致现在所能做的不过是形成对未来的看法。传统上，意见对应于作为相互影响形式的修辞，科学似乎只是通过利用统计程序来逃避这一事实。这需要在收集数据和计算上付出巨大努力，并最终证明这是值得的。这样人们就可以宣称，这是建立在科学基础上的。

19　只需要参见《社会的科学化：科学的政治化》(Peter Weingart, Verwissenschaftlichung der Gesellschaft – Politisierung der Wissenschaft, *Zeitschrift für Soziologie* 12 [1983], S. 225–241)，至于普遍的政治共识问题，请参见《丧失共识和新技术》(Hans-Joachim Braczyk, Konsensverlust und neue Technologien, *Soziale Welt* 37 [1986], S. 173–190)。然而，更精确的分析会仔细区分对科学进行意识形态政治式的利用及其在行政或法律程序中的使用。在后一种情况下，通常要求专家能够提供更多的确定性和精确性。因此，“科学上有根据的”确证成为应用系统的一种结构，通过他们自己的确证程序赋予它们以权威，然而这种权威在科学研究的背景下既不存在也不必要。参见《专家背书：在法律中解释科学》(Roger Smith/Brian Wynne, *Expert Evidence: Interpreting Science in the Law*, London 1989)。这并不一定会导致公开有损科学的声誉。因此，人们可以推测，只有在公众舆论开始对风险问题感兴趣的时候，这种效果才会产生。

如果联系（“潜在结构”）只能够以这种方式变得可见，那么这就是完全有意义的。但这并未改变意见是在现在讨论未来的唯一可能，所有需要评估未来的社会争议也相应地把参与者简化为意见的知识形式，并将参与者说服他人的努力简化为修辞。

因此，现代社会的风险状况发挥了双重影响。为了降低风险并将之简化为修辞，就需要对在可能性 / 不可能性维度下科学保障的安全提出更高的要求。科学本身可能会表现得很棘手，但这样做会遭到批评，人们指责其无助于理解并为 230
社会尽责。如果科学去应对这种对安全的需求，那么就必须冒着看起来不可靠的风险，确切地说，三手或四手材料会对同一主题显示出相反的意见，即使当仔细的调查显示科学内部并未出现意见分歧时也是如此。科学的风险随着社会的风险厌恶而增长。

正如科学社会学家所证明的那样，即使在普通的科学争论中，对科学研究结果的确定性 / 不确定性也存在不同的态度。对结果的描述突出了其可靠性，而批判则强调了其对立面。这是一件正常的事情，而当涉及接下来的研究时，其分量也几乎会自动打折扣。然而，如果这关系到意识形态或政治辩护，这一语言包装的习惯就会获得另一种分量。所有对科学验证来说必要的信息即使不是伪造的，也会被略过。例如，一位科学机构项目主管写到，如果德国高速公路限速每小时 100 公里，那么氮氧化物的排放量将每年减少 32170 吨（10.4%），一氧化碳排放量将减少 135420 吨（11.9%）。人们并不知道，这些令人印象深刻的数据是如何获得的（除非通过大型试验），也不知道遵守的标准，数据是否无关发动机功率、型号或车身的流线等。人们只知道汽车行业为了其出口利益而阻止这一标准（尽管几乎其他所有国家都存在类似的限速）。[20] 在没有科学验证的情况下将这样的陈述视为科学，这种做法因其扭转广泛的公众意见的意图而被合理化。但是，公众意见也会被另一方用其他数据操纵，从中只能推断出专家意见多么不可靠。

当然，这不是一个谴责并避免科学声誉滥用的问题。无
231 论如何，“风险社会”的吸引力都过于强烈。如果我们正确地评估了事实的分量，那么科学只能通过引起权威的丧失来规避这种丧失权威的风险。如果只能如实表现世界，那么一

20　我放弃列举参考文献。

开始就不需要寻求权威。如果人们遵守科学理论的指令，也就是系统的自我描述，那么科学只适用于能经得起二阶观察的东西。在以上例子中，这意味着如果以某种（接近所陈述的）方式进行调查，则可以获得这样的数据；而如果调查方式不同，那么数据则不同。

用亨利·阿特朗（Henri Atlan）的话说，“打白工是科学的入场费”（Le désintéressement: prix d'entrée en scientificité）。[21] 但这会产生一个过于简单的图景，类似于传统中的良性“价值中立”。如今，此类的划分标准和任何种类的划分标准都能用以下问题解答：“谁在观察谁？”而这并没有释放风险。就像一阶观察一样，二阶观察在选择观察对象和以何种区别对其加以观察上仍然是冒险的。[22] 因此，二阶观察在处理问题时的充分性并不在于它可以预先提供确定性。毋宁说，其充分性存在于其所产生和规范化的更大不确定性之中。

21　参见《过错与理性：科学与神话的相互批判》（*A tort et à raison: Intercritique de la science et du mythe*, Paris 1986, S. 201）。

22　我们非常惊讶地注意到，即使在有些社会主义解体的情况下，人们仍然在用社会主义 / 自由主义的图式来观察世界关系，就好像它正是从这种图式在面对未来时的盲目中获益一样。

描述它们的最佳媒介是可能 / 不可能的形式。如今这已经明显不只是《解释篇 9》中海战的问题[23]，不再是让亚里士多德相信判断要么为真要么为假的未来偶然事件，而是说人目前还不能在两种真价值之间做出选择。这也不只涉及人们建议科学为了不接受风险而放弃判断这一情况。毋宁说，未
232 来已经整体进入了现实的不确定维度中[24]，描述的最佳中介就是可能 / 不可能的形式。这种形式对决定非常敏感。两方面的分量根据如何决定而改变。决定将可能转化为不可能，或者反过来，将不可能转化为可能。过去可以被视为演化，视为达到作为进一步规划起点的高度的可能性或不可能性。[25]在超越当下更广泛的弧度下，未来取决于过去——这不是以持续性的形式，而是以非持续性的形式。因此，过去和未来之间的差异成为构建时间的主要形式。

社会通过回到二阶观察的层次来应对这种情况，即通过

---

23 参见第四章第 1 段的译按。——译者注

24 也许人们可以借此宣称，在一个复杂的社会中，可沟通意义的现实维度和时间维度明显彼此偏离，因此现实知识越来越不能够确定目前能作为未来确定的东西（虽然世界仍在继续！）。参见《社会性系统：一般理论大纲》（Niklas Luhmann, *Soziale Systeme: Grundriß einer allgemeinen Theorie*, Frankfurt 1984, S. 111 ff.）。

25 参见《沟通的不可能性》（Niklas Luhmann, Die Unwahrscheinlichkeit der Kommunikation, in ders., *Soziologische Aufklärung* Bd. 3, Opladen 1981, S. 25–34）。

对观察者的观察。我们已经提到，这似乎是所有功能系统的典型特征，而人们也正确地观察到，在日常谈话中，一种会心的洞察和不受共识约束的知情似乎也正在增加，但这有待于专门的调查。所有真理论断都取决于理论和方法，这是科学的特征（并早已为人所熟知）。人们也可以讨论“建构主义”[26]，或讨论对外部世界的指涉，被指涉对外部世界陈述的调整所取代。这种风格并不容易被接受，当它开始形成外 233
部描述时，会被当作科学论断的贬值。但这同样适用于其他功能系统，比如经济中利润取向的呈现、艺术中形式上的矫揉造作或政治系统中以自我为中心的冲突利益。到目前为止，二阶观察也更多采取心理学或深挖社会的形式，以及揭示潜在利益的形式进行实践。此外，在意识形态批判或心理分析的形式下，人们看到的毋宁是意外状况或者治疗作业。但我们现在可以看到，基于其不充分性，这只是一个注定失败的开始。[27]有明显的迹象表明，社会系统沟通的自生正在逐步

26 参见《社会的科学》（Luhmann, *Die Wissenschaft der Gesellschaft*. a. a. O. S. 510 ff., 698 ff.）。

27 有关“意识形态”所涉及的内容，《公共领域内的意识形态和信息》（Peter Dahlgren, Ideology and Information in the Public Sphere, in: Jennifer Daryl Slack/Fred Fejes [Hrsg.], *The Ideology of the Information Age*, Norwood N. J. 1987, S. 24–46）中有一个很好的概览。

转向二阶观察的层次并依赖二阶观察。而这似乎与我们这个除了承担风险外别无选择的社会之出现有关。

十二、二阶观察

I.

我们将最后的反思转向一个主题，这个主题几乎在每一章都出现，特别是在思考科学与风险的关系时。我们自己的分析在二阶观察层面运作，同时也确定社会本身已经对观察者进行了这样的观察。这意味着什么？现代社会理论的后果又是什么？

为了重新进入这个主题，让我们首先回顾一下已经提出的一些分析。就像人们平时理解概念一样，只有当人们假设，感知到风险并可能参与其中的人制造了特定区别，人们才能谈论风险，这些区别包括好事和坏事、优点和缺点、收益和损失的区别以及发生的可能性或不可能性之间的区别。任何冒着风险行动的人，都可以作为一阶观察者行动，比如在驾驶时冒险超车或把玩枪支的人。但一旦他考虑到他是否应该冒险，他就会从二阶观察者的立场观察自己。只有如此我们才能真正讨论风险意识或风险沟通，因为只有这样，对风险而言典型的区别才是操作的根本，才会考虑到区别也有另一面而非仅仅报告对象。[1]

236 抛开这一点，为了能够完全地观察风险，人们必须能够将风险与其他东西区分开来；只有当人们确定，风险要和什么相区分的时候，我们才能在一定程度上为风险概念获取精确性和可定义性。在第一章中，风险的概念是根据风险和危险的区别来定义的，并将之还原为归因的问题。但这就导致了一个问题，是谁用再对归因的决定进行归因这一可能性来决定归因。此外，偏好风险 / 危险的区分意味着拒绝风险 / 安全的区分，尽管我们必须强调，后一种区别同样被使用。人们可能在何种程度上能做到这一点是有争议的，但总是要考虑到存在着选择或此或彼区别的观察者。

决定者和受波及者的区别也将我们带到二阶观察的层次。受波及者根据其风险倾向去观察决定者，而决定者观察到他们被这样观察。而每个人都用他们当时所观察到的臆想特征向自我进行解释。这有助于一阶观察层面上对立的形成，

1　在此多值逻辑的问题已经出现，相关问题可参见《风险和观察》(Elena Esposito, *Rischio e osservazione*, Ms. 1990)。

诸如“资本家”、“绿党”等。但对立的诱因不是来自事实，而是来自另一面的观察方式。这就预设了二阶观察。

一旦人们将现代社会的功能系统理解为二元符码系统，人们就会面临同样的问题。符码是这些系统用以从自身及其环境中检索相关信息的指示性区别。因此，只有当一个系统确定哪些操作使用自身的符码而非其他符码时，这个系统才能自我观察。为此，系统必须作为观察者而自我观察。此外，符码化根据是否确定考虑诸如“真”“伪”这样的一个或另一个符码值，预设了程序。但这些程序可能会有所不同，而在这种情况下，程序就是理论和方法。因此，一个如此这般的系统必须能够观察用哪些方法得出研究结果，或（在交易中）以什么价位吃进或观望。整个系统都在二阶观察的层面 237
上运转，而再一次开展直接指向对象的一阶观察不过是次要的，也不过是为了解释、描述和行动准备。

这个问题在具体层面上卷土重来。不仅需要在逻辑上和理论上重建经验事实，而且一定需要实践的定位。作为科学专家（观察者）是否支持或反对一个计划，或如何回答这个或那个具体问题，这在许多热议的、政治上备受争议的专家咨询中是不言自明的问题。而人们在选择专家的阶段就已经在揣摩会得出哪些意见。人们虽然不必自己就是专家，但必须能够评估作为其领域观察者的专家，而对具体问题完全没有理解是不行的。

即使把技术风险转化为一个政治主题，也需要做决定，这在政治系统中可以用多种方式观察到。计划的支持者与反对者看待事物的方式不一样。对于诸如高风险生产程序中安全技术这样的现实问题，每个人都会亲自观察或让人观察，同时形成一个对完全不同问题的判断，比如政治机遇如何存在，不同的政客又会如何判断这个机遇。这些政客在其形成判断的过程中并不自由，并且知道自己正在被观察。因此，他们也不会任意行事，所以也可以被观察到。在这个二阶观察的舞台上无法表演的人很快就会被逐出舞台。

这些对先前分析的摘录说明了二阶观察问题的范围。这关系到对观察的观察，要表达这一点并不困难。但这也没有让我们走得太远。下一步显然取决于澄清观察意味着什么和这一操作如何能被自反地应用，即对自身应用。

238 *II.*

如今，二阶观察、二阶控制论和二阶符号学都早已被讨论了很长时间，但这些显然都涉及建立在非常不同的理解上的基本操作，比如涉及数学运算（海因茨·冯·弗斯特），涉及非常普遍并建立在生物学上的认知概念（马拉图纳），或者涉及符号的使用（迪恩和朱丽叶·麦克卡奈尔）。[2] 戈特哈德·君特（Gotthard Günther）关注的逻辑结构适合于理解和描述当一个主体将另一个主体不仅视为对象，而且也视为主体即观察者来观察时，会发生什么。[3] 其他人则将问题视为将观察归因于观察者的问题。[4] 在社会科学中，类似的问题是

---

2 参见弗斯特的《观察系统》（Heinz von Foerster, *Observing Systems*, Seaside Cal. 1981）；马拉图纳的《现实性的组织和化身：生物学认识论选集》（Humberto R. Maturana, *Erkennen: Die Organisation und Verkörperung von Wirklichkeit: Ausgewählte Arbeiten zur biologischen Epistemologie*, Braunschweig 1982, z.B. S. 36 f.）；《自我意识的生物基础和存在的身体领域》（ders., The Biological Foundations of Self Consciousness and the Physical Domain of Existence, in: Niklas Luhmann et al., *Beobachter: Konvergenz der Erkenntnistheorien?*, München 1990, S. 47–117, insb. S. 56 f.），其中有关“括号中的客观性”和梗概参见第 177 页；《符号的时间：现代文化的一种符号学解释》（Dean MacCannell/ Juliet F. MacCannell, *The Time of the Sign: A Semiotic Interpretation of Modern Culture*, Bloomington Ind. 1982, insb. S. 152 ff.）。

3 相关研究比如参见《形式逻辑，总体性和超叠原则》（Formal Logic, Totality and the Super-additive Principle, in: Gotthard Günther, *Beiträge zur Grundlegung einer operationsfähigen Dialektik* Bd. I, Hamburg 1976, S. 329–351）。这个问题方向的进一步发展，参见《观察的运作：区分理论和社会性系统理论》（Elena Esposito, *L'operazione di osservazione: Teoria della distinzione e teoria dei sistemi sociali*, Diss. Bielefeld 1990）。

4 参见《授予的方式：哲学与系统理论》（Rino Genovese/Carla Benedetti/Paolo Garbolino, *Modi die Attribuzione: Filosofia e teoria dei sistemi*, Napoli 1989），特别是其中加尔博利诺（Garbolino）的文章从完全自我描述的不可能性定理来描述问题的产生。

通过没有被进一步解释（可能要在心理学意义上来理解）的
239 观察概念来处理的，并主要被当作方法的问题。[5] 二阶控制论自然会考虑管控的操作。[6] 鉴于各种各样的出发点，我们很难谈论统一的主题，更不用说一种新的认识论了。尽管如此，已经呈现出了很多视角，这与所谓的“后现代主义”宣称可以任意剥夺形式和内容形成鲜明对比。

这样的混淆首先导致对观察概念相对形式上的理解，在某种程度上可以说将之置于意见的战场之上。因此，观察应被理解为使用区分来标示一面（而不是另一面），无论操作执行哪种经验现实，只要它能够区分（从而同时看到两面）并做出标示。因此，借助乔治・斯宾塞・布朗，可以假设区别和标示形成了一个不可分割的统一体，因为只能标示可以区分的东西，而区别也只能用于标示（其中包括将我们引向二阶观察的可能性：在另一个区别的帮助下表明区别本身）。[7]

所以观察是对区别的操作性使用。如果人们想要对观察

5　比如参见《观察者们所观察的：民族志田野调查选集》(George W. Stocking, Jr. [Hrsg.], *Observers Observed: Essays on Ethnographie Field Work*, Madison Wisc. 1983)。

6　参见《对象》(Ranulph Glanville, *Objekte*, Dt. Übers. Berlin 1988)。

7　“我们把区分的观念和标示的观念当作既定的，我们不能在不做区分的情况下做出指示。因此，我们为了形式而采取区分形式。”乔治・斯宾塞・布朗在《形式的规律》第一页这样引入他的讨论。我们注意到，形式的概念掩盖了一个悖论，区别的概念自身被用作区别和标示之间的区别。

进行观察，那么人们必须能够对区别进行区分。当然，这不仅仅是列举一份清单那么简单：可以随意（ad libitum）列出诸如大小黑白、我家他家等不同区别。只谈这样“有”什么的人仍是一阶观察者。人们将区别视为对象，而人们总是已经选择了自己所感兴趣的东西。[8] 只有当人们将观察者当作观 240
察者来进行观察的时候，才属于二阶观察。“当作观察者”意味着涉及对方观察的方式和方法。这反过来又意味着涉及对方用来标示一面（而非另一面）的区别。或者用斯宾塞·布朗的术语来说，就是对方观察的基础形式。

这一理论大纲已经包括了很多确定要素，但也比初看起来要困难得多。首先，观察的基本操作本身（就像我们看到的那样，在与其他观察的递归网络中）保证了其现实性。基本操作与其现实产生关系并不是根据它所观察到的内容；在二阶观察中，这也不是通过其所观察的观察者。因此，它不依赖共识，但当确定异见时，其本身也具有相同的现实价值。只要观察的基本操作实际地发生了就行。[9] 换言之，它必须成

8　马拉图纳会说，是在哪个“壁龛”中观察呢？

9　有关这一“建构主义”转向，详见《作为建构的知识》（Niklas Luhmann, *Erkenntnis als Konstruktion*, Bern 1988）、《建构主义的认识规划和未知的永恒现实》（ders., Das Erkenntnisprogramm des Konstruktivismus und die unbekannt bleibende Realität, in ders., *Soziologische Aufklärung* Bd. 5, Opladen 1990, S. 31–58）和《社会的科学》（ders., Die Wissenschaft der Gesellschaft, Frankfurt 1990）第二章。

功地运作。但这又如何可能?

用弗斯特的术语来说[10]，现在人们必须回答：作为单一结果，这种操作是不可能的。它是通过对计算的递归计算来实现的。对计算的计算产生了固有值，固有值是如此稳定，以至于无法被放弃或背离。这样的操作当然会失败，但观察也会变得站不住脚。但是首先，要如何解释这种从数学中提取出来的公式呢?

241 用客体的不变性来定义观察的内在价值是显而易见的。[11] 在斯宾塞·布朗的计算中，标示的重复导向了同一性的“压缩”。[12] 但如果人们想保证客体或同一性的稳固，必须避免把操作系统那不同的、在历史上从未同一的状态与其对象(即那些可以重复的自我状态)弄混。换言之，一个递归地组织起来的、既进行展望也进行回顾的操作序列，必须将自己作

10 特别是《论建构一个现实》一文(a. a. O. [1981], S. 288ff.)；同见《视角和理解：试论一种操作性认识论》(ders., *Sicht und Einsicht: Versuche zu einer operativen Erkenntnistheorie*, Braunschweig 1985, S. 25 ff.)。也可参见《认识论和自组织》(ders., Erkenntnistheorien und Selbstorganisation, in: Siegfried J. Schmidt [Hrsg.], *Der Diskurs des Radikalen Konstruktivismus*, Frankfurt 1987, S. 133–158)。

11 引自弗斯特的《对象:(自我)行为的象征》(„Objects: Tokens for [Eigen-] Behaviors“, a. a. O. [1981], S. 273 ff. bzw. 1985, S. 207 ff.)一文。

12 同前文第 9 页和第 10 页(编按：该页码为本书页边码)的引述。

为一个系统来观察，即能同操作上不可接近的环境区分开。它必须像划分边界一样观察操作序列，把属于自己的东西圈起来并把不属于自己的驱逐出境。它必须能够将自身作为操作系统（即作为观察的系统）来观察。它必须能够区分自我指涉和外部指涉。固有价值的固有价值——这就是系统。系统是边界，是附有两面的形式，是系统和环境的区别。

同时，这澄清了对观察者进行观察意味着什么。这意味着观察一个正在进行观察操作的系统，可以同时处理另一个系统，但在二阶的自我观察中，其自身也是观察着的系统。我们仍然保留了一个问题，即系统实现了哪种操作。系统可以是生命系统（比如大脑）、精神系统（意识）或仅执行交流操作的社会性系统。因此，二阶观察可以在很多不同的操作基础上进行。在此，我们无法就这如何可能进行更详细的研究。我们总是要和观察系统打交道，而二阶观察的递归交叉的固有值也总是预设观察者的系统形式，这对我们就足够了。二阶观察必须要求人们假定其他观察者能够区分自我和 242
它的环境；而其他观察者在被观察的个别情况下是否观察自我或其环境，这是无关紧要的。

因此可以看到，二阶观察同时也总是一阶观察。它必须能够从自身系统出发决定其指涉的系统，也就是能够像区分各个对象一样同时区分各个系统。人们决定观察一个人或一个政党，观察世界经济或观察法国的法律系统。当人们想要把目光对准某处时，人们必须在世界上找到方向。仅仅为此的话，一阶观察就已经足够。在很多情况下就到此为止。二阶观察只发生在人们将人们的观察所对准的系统视为一个观察系统时。这就是说，这个系统将自身与其环境区分开并以此产生固有值，进而用自身的诸多区别去观察发生在自我内部或其环境中的事物。

III.

当涉及风险这个在现代社会被感知、理解乃至充满争议的主题时，这些复杂、抽象且在其逻辑基础上尚不明确的思考究竟对我们有什么帮助呢?

首先，这有助于理解风险沟通的问题。如果可能的话，人们可以要求在一阶观察和二阶观察之间进行区分。在一阶观察的层面上，参与者将彼此作为对象进行观察，并根据偏见、感觉甚或对偏见和感觉的沟通得出对方是敌是友的结论。

正如哈贝马斯所说的，这导致了一种战略定位，并最终导致
了一种道德判断，从而引发了是否重视或无视某事的决定。
人们可以看到别人所看到的内容，并形成自己对同一个对象
的看法。人与同一个世界的其他观察者生活在一起，要么彼 243
此斗争，要么彼此相处。但如果不是和对象打交道，而是和
风险打交道，这可以被接受吗？

在二阶观察中，主要问题是观察着的观察者用什么区别进行标示，并如何以这一区别标示。对他而言，什么是可能的，什么又是不可能的？他将让他厌恶并拒斥所有定量计算的灾难阈值设在何处呢？是当流动性出现问题的时候，还是当银行可能破产的时候？是当他命悬一线的时候，还是（随便）某人遭遇危险的时候？让风险值得一试的预期优势出现在决定者本人或其他人身上，这是否重要？内部 / 外部成本的区别是否重要？一旦这种区别被自反地使用，以至于想要诱使他人内化成本的人也会看到，恰恰是这一战略让他自身的成本外化，因而也不可能责备外化成本的行为吗？

在组织中进行沟通时，人们也可以注意参与者是否能够观察到他如何被观察，且这对他的上级和下级是否是一回事。人们可以问，对风险的态度是否是角色的一部分，或是否随

着成败而变化。在传统社会心理学研究的意义上，人们可以询问指涉群体，即询问人们想要或恐惧被谁所观察，人们又把哪些指导性区别归于这些其所偏爱 / 恐惧的观察者。

这样的例子有很多。然而，当人们建立二阶观察并能对此有所期待时，更重要的是厘清所考虑的沟通问题。首先必须考虑到，在二阶观察的层次上，形成等级制不再可能，而等级制也在转向二阶观察时被相对化了，比如上下级的关系。（黑格尔著名的主奴逻辑试图将对二阶观察的兴趣归于其中
244 一面，即仆人，进而用这一不对称来挽救等级制。[13]）这就让通过观察高层来获取对系统判断的观察方式不再可能。与异质结构相协调的复杂性降低必须由其他取而代之。显然，设置了二阶观察的大型功能系统和针对功能系统的沟通中断一道发挥作用。例如，科学拥有出版物和高度选择性的审查系统。人们并不直接观察同行，而是借助对方的出版物观察他们。[14] 对经济而言，竞争发挥着沟通障碍的功能，尽管这

---

13 参见《精神现象学》(Georg W. F. Hegel, *Phänomenologie des Geistes*, der Ausgabe von Johannes Hoffmeister, 4. Aufl. Leipzig 1937, S. 141 ff.)。人们可以联想到现代世界并没有主人，因为主人能够在不必要进行二阶观察的情况下对待事物。

14 参见《塑造书面知识：科学中实验性文章的体裁和活动》(Charles Bazerman, *Shaping Written Knowledge: The Genre and Activity of the Experimental Article in Science*, Madison Wisc. 1988)。

并未妨碍对市场持续的观察进行观察。[15] 对政治系统而言，公众意见的镜子发挥类似的作用。[16] 只有家庭（或者说亲密关系的复合体）是个例外，每个在这个领域有过体验的人都知道，在必须持续观察人们如何观察的情况下，对注意力、谨慎和精细的要求会产生什么，也知道在把沟通从对象层面转向对观察的观察层面的同时保持和睦是如何困难。只有爱能对此有所帮助，但效果也不能持续很久。[17]

现代社会无疑导致了在所有沟通中预设二阶观察。这符 245
合将沟通归因于个人，根据现代的看法，个人的个体性恰恰存在于他将自己作为观察者来观察，而非仅仅过日子。但这同样也适用于大型群体或系统——比如当人们看到，教育从

15 参见《社会的科学》(Niklas Luhmann, *Die Wirtschaft der Gesellschaft*, Frankfurt 1988, S101 ff.)。

16 参见《社会复杂性和公众意见》(Niklas Luhmann, Gesellschaftliche Komplexität und öffentliche Meinung, in ders., *Soziologische Aufklärung* Bd. 5, Opladen 1990, S.170–182)。

17 参见《社会性系统家庭》(Sozialsystem Familie)和《家庭中沟通的幸与不幸：论病理学的产生》(Glück und Unglück der Kommunikation in Familien: Zur Genese von Pathologien)两篇文章，载于《社会学启蒙》(Niklas Luhmann, *Soziologische Aufklärung* Bd. 5, Opladen 1990, S. 183 ff., 218 ff.)，而关于智慧、错觉和爱，请参见《爱情作为激情：论亲密性的符码化》(ders., *Liebe als Passion: Zur Codierung von Intimität*, Frankfurt 1982；中译本参见尼可拉斯·鲁曼：《爱情作为激情：论亲密性的符码化》，教育研究院，张锦惠、王柏伟译，五南图书，2011)。

业者倾向于将政治当作一个教育任务，或者当人们在不引用马克思的情况下把特定的观察方式归于“资本”。对社会学理论而言，这些二阶观察事实上是一种必要的中介。然而，社会自身依然发展出免疫形式来抵抗这种与其联系在一起的沟通超负荷。

人们可以将这些形式命名为“理解”。[18]希拉·加萨诺夫（Sheila Jasanoff）所谈及的“监管沟通”（regulatory negotiation）就接近我们的主题。[19]当涉及主治医生的时候，他们就会谈论“处方”。[20]无论如何，这都是把二阶观察转回到一阶观察层面。这绝不是对直接而共有的世界信仰的古

18　请参见《小集体中的共识伪造：以年轻夫妇为例描述》（Alois Hahn, Konsensfiktionen in Kleingruppen: Dargestellt am Beispiel von jungen Ehen, in: Friedhelm Neidhardt [Hrsg.], *Gruppensoziologie: Perspektiven und Materialien, Sonderheft 25 der Kölner Zeitschrift für Soziologie und Sozialpsychologie*, Opladen 1983, S. 210–233）和《作为策略的理解》（ders., Verständigung als Strategie, in: Max Haller et al. [Hrsg.], *Kultur und Gesellschaft: Verhandlungen des 24. Deutschen Soziologentages, des 11. Österreichischen Soziologentages und des 8. Kongresses der Schweizerischen Gesellschaft für Soziologie in Zürich 1988*, Frankfurt 1989, S. 346–359）中作者的洞见。

19　进一步说，“通常会导致保留争议的领域内争议问题的缩小和立场的软化”，参见《风控和政治文化：政治语境下的科学比较研究》（*Risk Management and Political Culture: A Comparative Study of Science in the Political Context*, New York 1986, S. 62）。

20　参见《解决问题的技巧是开处方而非理解》（Paul Watzlawick, Verschreiben statt Verstehen als Technik von Problemlösungen, in: Hans Ulrich Gumbrecht/K. Ludwig Pfeiffer [Hrsg.], Materialität der Kommunikation, Frankfurt 1988, S. 878–883）。

老天真，而是在不可解决的沟通纠葛中找到出路。二阶观察的世界是不透明的。区别总是将所想和所言带到另一面，而人们也总是要给这些区别划分新的区别。所以放大来说，世界就是一个巨大的黑箱。正是由于这个原因，当人们体会到 246
这一点并能把这作为经验而归于他人的时候，至少让一些交互结构透明起来，且再一次满足于一阶观察，“让这个黑箱变白”（whitening the black box），这也许是恰当的。[21]

就像在一个政治上可腐蚀的官僚制中一样，人们必须认识有关系的人，而文件、资料和档案十分重要。那么在一个建立于二阶观察层面的世界中，理解也十分重要。系统以理解的持续调整和改变的形式让自身可以被观察，而这些形式的结果都可以直接被观察。这取决于每次的具体协议，而这恰恰是因为人们知道，这并非“事物本身”。人们学到了一种二次语言。人们再一次学会了区分符号和其标示的对象，即区分所有一阶观察者能观察到的和人们作为其观察者所能观察到的。这一区别区分了所谓的共识连同所有对正直、真

21 《控制论的形式：让黑箱变白》(Ranulph Glanville, The Form of Cybernetics: Whitening the Black Box, in: *General Systems Research: A Science, a Methodology, a Technology*, Louisville Ke 1979, S. 35–47, dt. Übers. In ders. a. a. O. [1988])。

诚和契约精神的传统要求。系统存在生效的操作方法，因其没有被认真对待。浪漫派已经用他们的“谨慎”和“反讽”，他们的女妖、巫术、镜像、分身和场景教会了我们这一点，这些对作为“诗歌”的文本能发挥作用是不可或缺的，但也不应该与真正关键的东西相混淆——历史上最早适合文字的观察方式。对理解在社会范围内实践的需求，以及在二阶观察实践中不透明的世界里确保透明标准的需求，都是同样的，特别是这个世界已经在准确意义上不可观察了。[22]

247 在这个只能用可能 / 不可能这组中介来描述其未来的世界中，文本（对那些知道有哪些读者的人而言）、理解（对那些知道有哪些观察者的人而言）、艺术品（对那些知道有哪些旁观者的人而言）和处方（对那些知道有哪些病人的人而言）都是沟通可以用来让一阶观察使用二阶观察的方法。[23] 这样在（最广泛意义上的）“文字”上兜圈子，提供了一种

---

22 关于艺术的实现领域，可参见《世界艺术》（Niklas Luhmann, Weltkunst, in: Niklas Luhmann/Frederick D. Bunsen/Dirk Baecker, *Unbeobachtbare Welt: Über Kunst und Architektur*, Bielefeld 1990, S. 7–45）。

23 当谈到文本评述那不可避免的天真时，别无其他意义。比如参见《阐释的政治：一种替代方案》（Bruno Latour, The Politics of Explanation: an Alternative, in: Steve Woolgar [Hrsg.], *Knowledge and Reflexivity: New Frontiers in the Sociology of Knowledge*, London 1988, S. 155–176），虽然该文过度要求“废除观察者对观察者进行观察的语言”（S. 175）。

直接观察其他观察者的备选方案。这样的直接观察诱使我们去澄清为什么其他观察者要去观察他如何观察。因此，受波及者对决定者的风险表现形成了自己的理论，决定者对受波及者的抗议行为也形成了自己的理论。有了这样的体验，就可能改进、优化这些解释，在提供更多的复杂性的同时让这些解释可以被准确地理解。但这也用复杂性和不透明性丰富了大家所共有的世界，并且肯定不会导致系统状态之间在和谐意义上达成共识。

因此，无论参与者能否并能在何种程度上互相重建其所观察的世界，不同的理解的途径都能发挥作用，那么另外或直接从中促进这样的理解途径也许是明智的。

延伸阅读[1]

Aradau, Claudia/Munster, Rens van: „Governing Terrorism Through Risk: Taking Precautions, (un)Knowing the Future". In: *European Journal of International Relations 13*. Jg., 1 (2007), 89-115.

Beck, Ulrich: *Gegengifte*. Frankfurt a.M. 1988.

Beck, Ulrich: *Weltrisikogesellschaft, Weltöffentlichkeit und globale Subpolitik*. Wien 1997.

Beck, Ulrich: *Weltrisikogesellschaft. Auf der Suche nach der verlorenen Sicherheit*. Frankfurt a.M. 2007.

Bonß, Wolfgang: *Vom Risiko. Unsicherheit und Ungewißheit in der Moderne*. Hamburg 1995.

Brunsson, Nils: *The Irrational Organization*. Chichester 1985.

Büscher, Christian/Japp, Klaus P. (Hg.): *Ökologische Aufklärung. 25 Jahre „Ökologische Kommunikation"*. Wiesbaden 2010.

Clarke, Lee/Short, James F. Jr.: „Social Organization and Risk: Some Current Controversies". In: *Annual Reviews of Sociology* 19. Jg. (1993), 375-399.

---

1 这份书单由比勒菲尔德大学社会学系教授克劳斯·亚普开出。——译者注

Douglas, Mary: *Risk and Blame. Essays in Cultural Theory*. London 1992.

Douglas, Mary/Wildavsky, Aaron: *Risk and Culture*. Berkeley/Los Angeles, CA 1983.

Grundmann, R., „Wo steht die Risikosoziologie? ". In: *Zeitschrift für Soziologie* 28. Jg., 1 (1991), 44-59.

Harrison, J. Richard/March, James G.: „Decision Making and Postdecision Surprises ". In: *Administrative Science Quarterly* 29. Jg., 1 (1984), 26-42.

Japp, Klaus P.: *Soziologische Risikotheorie. Funktionale Differenzierung, Politisierung und Reflexion*. Weinheim/München 1996.

Japp, Klaus P.: *Risiko*. Bielefeld 2000.

Japp, Klaus P.: Rezension zu „Ulrich Beck, Weltrisikogesellschaft. Auf der Suche nach der verlorenen Sicherheit " (Einzelbesprechung). In: *Soziologische Revue* 31. Jg., 4 (2008), 416-420.

Knight, Frank H.: R*isk, Uncertainty and Profit*. Boston, MA/New York 1921.

Krohn, Wolfgang/Weingart, Peter: „‚Tschernobyl ' – das größte anzunehmende Experiment ". In: *Kursbuch Nr.* 85 (1986), 1-25.

Luhmann, Niklas: „Organisation ". In: Willi Küpper/Günther Ortmann (Hg.): *Mikropolitik*. Opladen 1988, 165-185.

Ders.: *Soziologie des Risikos*. Berlin/New York 1991.

Ders.: *Die Politik der Gesellschaft*. Frankfurt/Main 2000.

Ders.: „Verständigung über Risiken und Gefahren". In: ders.: *Die Moral der Gesellschaft*, Frankfurt/Main 2008, 348-361.

March, James G./Olsen, Johan P.: *Democratic Governance*. New York 1995.

MacCrimmon, Kenneth R./Wehrung, Donald A.: *Risk Taking: The Management of Uncertainty*. London/New York 1988.

Otway, Harry/Wynne, Brian: „Risk Communication: Paradigm and Paradox". In: *Risk Analysis* 9. Jg., 2 (1989), 141-145.

Perrow, Charles: *Normale Katastrophen. Die unvermeidbaren Risiken der Großtechnik*. Frankfurt a.M./New York 1987.

Tratschin, Lucas: P*rotest und Selbstbeschreibung. Selbstbezüglichkeit und Umweltverhältnisse sozialer Bewegungen*. Bielefeld 2017.

Wildavsky, Aaron: *Searching for Safety*. New Brunswick/London 1988.

Wynne, Brian: *Risk Management and Hazardous Waste: Implementation and the Dialectics of Credibility*. Berlin/New York 1987.

已有中译本的卢曼的其他著作

卢曼,《宗教教义与社会演化》,刘锋、李秋零译,北京:中国人民大学出版社,2003。

尼克拉斯·卢曼,《权力》,瞿铁鹏译,上海:上海人民出版社,2005。

尼克拉斯·卢曼,《信任:一个社会复杂性的简化机制》,瞿铁鹏、李强译,上海:上海人 民出版社,2005。

N. 卢曼,《社会的经济》,余瑞先、郑伊倩译,北京:人民出版社,2008。

卢曼,《社会的法律》,郑伊倩译,北京:人民出版社,2009。

尼克拉斯·卢曼,《法社会学》,宾凯、赵春燕译,上海:上海人民出版社,2013。

索　引

Soziologie des Risikos, by Niklas Luhmann, ISBN: 9783110178043

版贸核渝字（2016）第196号

图书在版编目(CIP)数据

风险社会学 / （德）尼克拉斯·卢曼著；孙一洲译. — 南宁 ：广西人民出版社, 2020.5（2020.10重印）
（人文丛书）
书名原文：Soziologie des Risikos
ISBN 978-7-219-10986-1

Ⅰ.①风… Ⅱ.①尼… ②孙… Ⅲ.①社会学—研究 Ⅳ.①C91

中国版本图书馆CIP数据核字（2020）第034155号

拜德雅·人文丛书

风险社会学

FENGXIAN SHEHUIXUE

[德] 尼克拉斯·卢曼 著
孙一洲 译

出 版 人 温六零
特约策划 邹 荣 任绪军　　特约编辑 邹 荣
执行策划 吴小龙　　责任编辑 李亚伟
责任校对 唐柳娜　　书籍设计 左 旋

出版发行 广西人民出版社
社　　址 广西南宁市桂春路 6 号
邮　　编 530021
印　　刷 广西民族印刷包装集团有限公司
开　　本 787mm×1092mm 1/32
印　　张 11.875
字　　数 188 千
版　　次 2020 年 5 月第 1 版
印　　次 2020 年 10 月第 2 次印刷
书　　号 ISBN 978-7-219-10986-1
定　　价 62.80 元

拜德雅
Paideia
人文丛书

（已出书目）

语言的圣礼：誓言考古学（"神圣人"系列二之三）	［意］吉奥乔 · 阿甘本　著
宁芙	［意］吉奥乔 · 阿甘本　著
奇遇	［意］吉奥乔 · 阿甘本　著
普尔奇内拉或献给孩童的嬉游曲	［意］吉奥乔 · 阿甘本　著
品味	［意］吉奥乔 · 阿甘本　著
什么是哲学？	［意］吉奥乔 · 阿甘本　著
海德格尔：纳粹主义、女人和哲学	［法］阿兰 · 巴迪欧 &［法］芭芭拉 · 卡桑　著
苏格拉底的第二次审判	［法］阿兰 · 巴迪欧　著
追寻消失的真实	［法］阿兰 · 巴迪欧　著
不可言明的共通体	［法］莫里斯 · 布朗肖　著
自我解释学的起源：福柯 1980 年在达特茅斯学院的演讲	［法］米歇尔 · 福柯　著
什么是批判？自我的文化：福柯的两次演讲及问答录	［法］米歇尔 · 福柯　著
铃与哨：更思辨的实在论	［美］格拉汉姆 · 哈曼　著
福柯的最后一课：关于新自由主义，理论和政治	［法］乔弗鲁瓦 · 德 · 拉加斯纳里　著
非人：漫谈时间	［法］让 - 弗朗索瓦 · 利奥塔　著
从康吉莱姆到福柯：规范的力量	［法］皮埃尔 · 马舍雷　著
艺术与诸众：论艺术的九封信	［意］安东尼奥 · 奈格里　著
批评的功能	［英］特里 · 伊格尔顿　著
走出黑暗：写给《索尔之子》	［法］乔治 · 迪迪 – 于贝尔曼　著
时间与他者	［法］伊曼努尔 · 列维纳斯　著
声音中的另一种语言	［法］伊夫 · 博纳富瓦　著
风险社会学	［德］尼克拉斯 · 卢曼　著

编委会名单

广西中英西南基础教育项目成果系列

JIAOYU GONGPING SHIYE XIA DE
NVXING LINGDAOLI JIANSHE

教育公平视野下的女性领导力建设

徐莉　等著

GUANGXI NORMAL UNIVERSITY PRESS
广西师范大学出版社
·桂林

图书在版编目（CIP）数据

教育公平视野下的女性领导力建设 / 徐莉等著.
桂林：广西师范大学出版社，2013.6
（广西中英西南基础教育项目成果系列）
ISBN 978-7-5495-3159-2

Ⅰ. ①教… Ⅱ. ①徐…Ⅲ. ①女性－校长－学校管理－研究 Ⅳ. ①G471.2

中国版本图书馆 CIP 数据核字（2012）第 317494 号

广西师范大学出版社出版发行
（广西桂林市中华路 22 号　邮政编码：541001
网址：http://www.bbtpress.com）
出版人：何林夏
全国新华书店经销
桂林日报印刷厂印刷
（广西桂林市八桂路 2 号　邮政编码：541001）
开本：787 mm × 1 092 mm　1/16
印张：12.5　　字数：211 千字
2013 年 6 月第 1 版　　2013 年 6 月第 1 次印刷
定价：35.00 元

序

中英西南基础教育项目是由英国政府资助，中、英两国政府间合作的教育发展项目。项目于2006年9月启动，至2011年3月结束，历时近5年，涉及中国西南地区的广西、贵州、云南、四川四个省(区)27个最贫困县，1 668 000名学龄儿童直接受益。

项目的目的，定位于支持中国政府实现九年义务教育目标。通过提高政府有效实施项目的能力，使那些处于最弱势地位的儿童有机会接受公平的教育，并有质量地完成学业。

项目从五个领域(产出)向目标推进，涉及贫困学龄儿童资助以提高入学率(产出一)，教师发展系统能力建设以改善教与学的效果(产出二)，学校管理能力建设以改善学校制度、文化与人际环境(产出三)，教育监测评估能力建设以促进教育政策和活动的针对性与有效性(产出四)，教育行政能力与教育公平协调能力建设以支持薄弱地区和弱势群体的教育机会均等(产出五)。

项目对以上五个方面都设计了一系列衡量指标作为监测和评估项目进展及最终结果的手段。

广西有六个贫困县成为项目县，分别是都安县、凤山县、天等县、融水县、那坡县、西林县，有23.1万名学龄儿童、1.66万名教师、932名校长和400余名培训机构教师和管理人员直接受益。

项目启动之初，这些县的经济社会发展在广西都处于极为弱势的地位，根据项目计划阶段的调查，六个县中有四个县的少数民族人口比例超过90%，其他两个县的少数民族人口比例也超过了三分之二；贫困人口比例达到和超过50%的县就有三个。同时，这六个县的教育发展水平也相当低，均为广西实现“普九”时间表上排名靠后的县。

英方在广西的预算投入总金额约为530万英镑，后调整为511万英镑。

其中省县两级活动经费之比为1∶10。

项目实施体现了三个方面的特点，一是创造性地完成了各领域的工作任务；二是实现了以目标为导向的项目管理并围绕各项衡量指标进行持续性的监测、反馈与矫正性指导；三是依照项目地区实际需求开发具有针对性的指导工具及项目材料，并及时提供此类资源用于项目各个阶段的推进，以此来保证项目的进展以及项目终结时产生良好效果。

经过项目参与者的共同努力，项目成果既得到了项目投资方和国家项目办的赞赏，也得到了广西各级教育行政部门和学校人员的认可，相当多的项目成果为广西制定新的地方教育政策提供了思路和借鉴，许多成果直接转化为广西基础教育改革推进的方案、计划与策略，并成为教师教育机构、教学研究机构、教育督导机构和基础教育学校开展工作的思想指南和行动指南。

本丛书是广西亲历了中英西南基础教育项目工作的领导、专家和一线校长、教师共同努力的结果，既是对历时五年的项目的回顾和总结，更是对未来工作思路的宏观把握与建言，具有不可替代的价值。

本丛书由广西壮族自治区教育厅杨伟嘉副厅长担任编委会主任，教育厅师范处何锡光处长、财务处梁家斌处长、广西教师培训中心刘冰主任担任编委会副主任，编委会成员有：韦昌勇（广西教师培训中心）、覃壮才（广西教育科学研究所）、王文蓉（广西师范学院）、陈向阳（广西教育学院）、梁燕玲（广西师范大学）、刘立浩（广西师范大学）。

编　者

2011年11月18日

目录

·理论篇　女性领导力的理论研究·

·行动篇　女性领导力的行动研究·

·个案篇　农村学校女性领导成长个案·

理论篇
女性领导力的理论研究

第一部分　教育中的女性参与与教育公平

一、教育中的女性参与

(一)女性教育与女性的教育参与

“女性教育顾名思义是对女性个体进行知识传授、人格塑造、品德素养的社会化过程,它不仅包括与男性同等、同样内容的教育,而且还包括针对女性的特殊教育。”[①]“女性教育不仅仅包括对女性进行教育的含义,它还指由妇女认同并提出符合女性需求而设置的教育规划。对妇女进行教育或称教育妇女可能有其中的部分内涵,但是可能渗透着一些其他含义,比如,有些人以专家自居,确定了妇女的‘需求’、‘呼吁’、‘心声’,但事实上并没有包含女性自己的观点,仍然是外来的、强加给她们的一些需求。”[②]

叶澜把女性教育研究内部结构分为四个方面:第一是以女性生命历程的不同阶段为标准,划分不同年龄段的女性教育,构成女性教育研究的时间序列。第二是从女性生存空间变化的角度来构成研究系列,如与家庭生活相关的女性教育,与学校生活相关的女性教育,与社会生活、首先是职业生活相关、也包括与休闲生活相关的女性教育。第三是从女性教育活动的内部构成和过程的角度作系列研究。第四是以社会为背景,研究女性教育的历史性与时代性,研究女性教育有效进行所必需的社会保障问题。[③]

---

① 张明芸.中国女性教育的特点及其跨世纪发展趋势.东北师大学报.2000(1).

② 郑晓瑛.女性学学科化建设和发展的基础:女性教育.北京大学学报(哲学社会科学版).2002(5).

③ 叶澜.女性教育研究深化之我见.中国妇运.1995(3).

目前关于女性教育概念的阐释，主要是认为女性是一个接受教育的客体，而忽视了女性在参与教育活动中其实也是作为一个主体的存在。

教育中女性参与与女性教育是两个不同的范畴。女性教育主要是针对女性而进行的教育活动，受教育者是女性，教育者则有可能是女性也有可能是男性。而教育中的女性参与范畴更广，它包含了女性教育。受教育者和教育者可分两种情况：女性作为受教育者时，教育者可以是男性或团体组织，也可是女性，在这突出的只是女性作为受教育者的参与情况；女性作为教育者时，受教育者可以是男性或团体组织，也可以是女性，强调的是女性作为教育者的参与情况。

宽泛意义上的教育是蕴含在民族民间的宗教活动、吉庆节日、民族民间歌舞、民族家庭教育、民族学校教育等形式里的教育。各民族有自身独特的文化，有些民族有自己的语言和文字，而有些则有语言没有文字，民族文化的传承途径有学校教育、家庭教育和村落教育。女性作为家庭中带养孩子的重要成员，无论是从民族文化教育还是从主流文化教育的角度考虑，少数民族教育中，女性参与占据了举足轻重的位置。

教育中女性参与可从时间和空间上进行研究。时间为纵向视角，一方面研究历史演变中女性的地位体现和所参与的教育活动的内容和范围如何表现了她们的需求和价值的变化，哪些又是具有稳定性的特质；另一方面研究女性个体的生理生命周期的变化和在各种周期中所体现的特殊教育需求和价值取向。空间为横向视角，主要研究在社会文化背景下女性在不同空间里的角色定位、参与教育的需求和方式。

(二)女性参与教育的方式

1.家庭教育中的女性参与

家庭是传统文化传承的重要场所，伦理礼俗、言行习惯以及各种生产技术很多都在家庭中完成。在中国，“男主外女主内”的影响根深蒂固，女性相对男性来说在家的时间更多。首先，从女性作为母亲角色这个角度探讨家庭中女性参与。女性承担家里抚育儿女和照顾老人的责任。民族文化里更多的是成熟的、有这方面知识的女性对不懂的女性进行口耳相传。还有一种途径是从宗教民俗规则给人的潜意识行为规范。已有研究表明，母亲的文化程度影响和制约着子女接受教育的水平。

2.村落活动中的女性参与

庙会、宗教文艺活动、歌圩、农村戏剧或地方文艺、手工艺等都是少数民族女性热衷的活动。这些活动不仅丰富了人们的精神生活，其中还蕴涵着丰富的生活经验和人们应遵循的行为礼仪。

宗教所规定的礼仪和程序以及祈祷、禁忌、符号等已经基本上融进了丧葬、嫁娶、娱乐和节庆等活动中，形成了特有的民俗宗教文化。《鄂西土家族丧葬仪式音乐的文化研究》发掘了内容丰富多彩的丧葬仪式音乐；另外，西南少数民族中还流传着传授生育知识的歌，如《十月怀胎》、《怀胎歌》、《血盘经》等，内容严实却简洁明了，通俗易懂；还有反映姑娘出嫁的心情、礼仪程序的《姐妹歌》；等等。在村社中，懂民俗宗教礼仪是掌握知识的表现，也是懂“礼数”、人情世故的表现，能在村落中获得权威和声望，容易得到他人帮助。女性往往是宗教礼俗的追随者。

有学者认为，对中国民俗宗教活动的研究，大体上可以从人们的神灵观和礼仪程序两方面去把握。由此，考察我国华北农村地区民俗宗教活动中的女性参与情况也可以从两个方面入手：其一，显现人们的神灵观念的民俗宗教活动中的女性参与情况。其二，显现人们的礼仪程序的民俗宗教活动中的女性参与情况。①

3.学校教育中女性参与

学校教育主要是传承主流文化的。中国封建统治阶级不重视女性教育，女性不能到书院及地方官学读书。大多女性是文盲，但却因此凭着丰富的劳作经验成为种养能手或手工艺品生产的能工巧匠。到太平天国时期，以反清为目的的社会教育中开始有女性参与。光绪三十三年(1907年)底，广西省城女子师范学堂在桂林建立，招收对象为女子高等小学堂4年级毕业生。男女不同校，女子师范学堂的监督、教习、副教习、监学等都必须由妇女担任。清末的初级师范学堂均免费，女子师范毕业生要充当小学教员和蒙养院保姆三年。《壬子癸丑学制》专为女子设立女子高等小学、女子中学、女子师范和女子实业学校，开了女子教育学制之先河，

封建统治阶级不重视少数民族教育。民国时期，因为融县、三江、东兰等县相继发生“变乱”，广西特在省会南宁成立广西省立特种教育师资训练所，向全省少数民族地区招生，完全免费。学制有一年半和两年两种，学习内容分三期：第一期侧重常识灌输，国语所占时间多；第二期重科学；第三期重能力，包括教学、办事、宣传等。

---

① 刘中一.华北村落民俗宗教活动中的女性参与——L村的社会人类学研究.中华女子学院学报，2008(4).

民国十八年(1929年),《广西中等以上学校军事训练规程》规定:“大学和专科学校,男生养成陆军初级军官佐人才,女生养成优良高级护士及医院人才;高中,男生养成陆军预备军官佐人才,女生养成高级护士;初中,男生养成陆军预备军事人才,女生养成初级护士。”从中可以看出对男女性的教育存在刻板培养现象。

在学校教育中,女性从无受教育权利到开始受到重视的转变是社会进步的一个飞跃。但这种发展并没有马上惠及少数民族地区的女性,只是到后来出于主流文化教育的宣传和推广的考虑,才开始大规模开展少数民族教育,但对少数民族文化的传承并未受到主流文化教育机构的重视。教育目标中存在很明显的刻板的培养模式,主要体现在要么把女性培养成教师和护士,要么进行实业技能教育,即纺织等轻工技艺。

如今,国家在教育领域关注并提出了女童九年义务教育、女性中等和高等教育、妇女素质教育、妇女终身教育等5项有关女性教育的政策。女性作为一个完整的生命个体,逐渐地得到了相对完全的教育。女童教育项目的支持者主要是妇联,接受教育的主要是贫困地区的少数民族女童。学校各级教育中女性受教育情况主要体现在受教育权利、受教育机会、受教育过程、受教育结果四个方面。少数民族地区学校的女性教师少,一方面女学生在生理特殊性上没有得到及时的关怀;另一方面,由于缺乏女性榜样示范作用,她们对女性价值的定位可能会出现偏差。

(三)性别平等与教育公平

教育公平是指教育资源配置时的公正、平等。经济合作与发展组织于2007年指出教育公平有两个维度:一是公正(fairness),即个人与社会背景不应成为发展教育潜能的障碍,不能因为性别、社会经济地位和种族等个人和社会因素妨碍人达到其能力所允许的教育高度;二是全纳(inclusion),即要确保全民教育的最低基本标准①,每个人都应该能读、能写、能做简单的算术。这两个维度是相互联系、相互影响的。

教育公平包括教育起点公平、教育过程公平和教育结果公平。公平不是“一视同仁”,也不是平均分配;公平在很多时候,意味着对差异的尊重,并根据差异来提供有针对性的帮助。公平意味着对处境不利群体的特殊帮

① 教育部教育发展研究中心专题组.近年来世界各国教育政策的趋势及特点.教育研究,2011(1).

助。

近年来,党和国家为实现教育公平做出了坚持不懈的努力。相关课题逐步开始立项研究,如1991～1996年国家哲学社会科学规划“八五”重点课题“农村女童教育现状、问题及对策研究”,1997年国家教委“九五”规划重点课题“提高西部贫困地区少数民族女童教育质量和效益”,北京大学妇女问题研究中心等单位开展的关于大龄女童教育问题的研究以及多元文化教育中的性别平等研究;相关的政策措施(如“两免一补”政策)得到了落实。此外,还开展了大量的国际教育合作项目,如“中英西南基础教育”项目(SBEP)、世行贷款/英国政府赠款“西部地区基础教育发展”项目、“日元贷款人才培训”项目、教育部—联合国儿童基金会项目、“邵氏赠款”项目以及“明德小学建设”等国际教育合作项目。这些都极大地推进了我国的教育公平进程。

但是,当我们深入到一些边远贫困地区尤其是少数民族地区调查时发现,许多问题还亟待进一步研究解决。如有的地方面临“两基”合格后的义务教育巩固率的问题,一些学校的教育质量与老百姓的需求还有很大差距,有的教学点女童的入学率只有全县水平的三分之一,寄宿制学校中女生遇到生理上及心理上的问题时不知从何处获得帮助。这些问题极大地阻碍了当地教育的发展。这些问题出现的一个重要原因是忽略了对当地历史、政治、经济、文化等因素之间的相互关系的研究,忽视了有关少数民族女性是一个巨大的教育资源以及在教育中作为一个参与者所应有的主动性、积极性方面的研究。实际上,在一些地区尤其是少数民族地区,早婚习俗极大地影响了适龄学生入学,传统女性的社会角色与社会地位极大地影响了女童接受教育的机会乃至成人后参与社会活动的意识与能力。而女性的受教育状况直接影响了人口的质量,所以女童在教育机会、教育过程和教育结果上所遭遇的不平等、女教师在教育活动中参与程度偏低,尤其是政治参与程度较低等问题,成为教育公平的最大障碍。

二、女性领导力与教育公平

教育公平和社会公正一直是世界各国和国际组织的关注重点。女性的社会参与,尤其是参政议政,是两性平等的重要指标。现实社会中,性别平等、男女两性平等参与社会生活仍然面临许多障碍,正如恩格斯所说,“在人类文明的发展进程中，母权制的推翻决定了女性被排除在社会生产劳动之外”①。不过，随着女性受教育程度的不断提高，越来越多的女性开始走向社会，承担起更多的社会重任，女企业家、女管理者、女科学家不断涌现。近年来，关于女性领导力的研究也开始受到关注，这是一门跨越女性学和领导学的综合性学科。领导力是一种影响力，一种促进、推动人们朝向目标的行动能力。领导力的发展是个体发展的核心。

目前相关的研究主要集中在：第一，女性领导力要素。女性领导的心理素质为自立自强、自信、成就动机、意志品质以及健康情绪和心态（钱素华，2005）；女性领导的素质有观察力、感悟力、自信、合作、责任心和直觉思维（朱慧，2011）。第二，女性领导力与男性领导力之间的差别。一般认为，女性更倾向于民主决策；更注重非权力影响力的运用；有更敏锐的直觉力；更注重形象魅力。也有学者认为，女性领导力更注重人际交流、相互依存、合作共事，趋向于社会导向型；而男性领导力则更偏向于自主、独立、竞争，倾向于任务导向型。② 第三，女性领导力开发。强调对女性领导的培养机制、激励机制的改革与创新。第四，女性领导发展的障碍。诺斯豪斯将过去30年妇女晋升障碍的研究结果归纳为组织障碍、人际障碍和个人障碍三类。组织障碍包括：在业绩和努力上对妇女有更高标准、不友善的公司文化、以同性倾向为基础作出提升决定、男性首席执行官的无知和迟钝以及大多数男性同事的缄默、面对大量困难时，没有在支持和认可之间保持平衡、缺乏明确的发展机会；人际障碍包括：男性的偏见、墨守成规、先入为主、缺乏情感和人际支持、非正式圈子的排斥、缺失白人男性的指导；个人障碍为缺少政治远见以及工作和家庭冲突。③

综观现有的研究成果，关于女性领导力的研究重点集中在女性领导力的发展障碍问题。越来越多的人意识到女性领导力的提升以及女性领导的增加成为社会发展的主要保证。Alvesson 和 Due Biling 认为，女性管理者应该增加，不仅是出于对两性之间应有的平等的考虑，而且是因为女性能以一种男性做不到的方式促进工作、生活。理由有四：一是两性应该拥有平等的机会；二是女性的能力应得到充分地施展；三是女性作为领导者的贡献应

---

① 恩格斯．家庭、私有制和国家的起源．北京：人民出版社，1995．

② 王伟华．女性领导力研究评述．领导科学，2010(9)．

③ 彼得·诺斯豪斯．领导学：理论与实践（第二版）．吴荣先译．南京：江苏教育出版社，2002．

得到承认，特别是她们的价值观、经历和行为；四是女性特有的价值观能够使组织、工作和生活更充实丰富。①

女性领导力的发展是个体发展的核心，提升女性领导力、增加学校中女性领导的比例是教育公平的主要内容。女性领导的成长与发展，对学校中的女学生和女教师、对男学生和男教师的发展产生重要影响，对两性平等、社会和谐有着积极的促进作用。

① 蒋莱．女性领导力研究综述．中华女子学院学报，2011(4)．

第二部分　影响女性领导成长的因素

总体来说,个体发展的影响因素无外乎社会因素、制度因素和个人因素三个方面,这三方面共同作用于个体,影响其发展的方向、历程和水平。具体影响到广西义务教育学校少数民族女性领导成长的因素,又有其特殊性。

一、影响女性领导成长的社会因素

社会生产力与经济发展水平、社会历史、社会文化、教育发展水平以及传统的劳动分工等影响着女性领导的成长。生产力与经济发展水平从根本上影响了人们的社会参与程度,影响着女性参与社会劳动的机会;而经济发展水平则直接影响着人们的生存方式,不同的生存方式对女性和女性的发展有着不同的影响;社会文化则从观念层面影响着特定社会中男性和女性对各自发展的需求与定位,对性别角色的期待与规约;教育发展水平以及女性受教育程度更是影响女性所能承担的社会、家庭职责以及社会参与程度,是女性领导成长的主要影响因素。

当下社会阻碍女性领导成长的因素主要有:社会偏见、性别歧视、不恰当的媒体宣传/传播媒介、教育投资不足、教育在内容方式与培养目标上的偏差、社会在业绩和努力上对女性有更高标准、不友善的社会文化,尤其是人际关系、上层在提拔时的同性倾向等。值得一提的是,传统的男根社会使得男性成为既得利益的维护者,往往对女性有着更高的要求和不公正的评判,社会性别刻板印象则对男性和女性的发展均带来消极影响。

本研究认为,从社会影响因素看,目前阻碍女性领导成长的重要原因是"女性受教育程度相对较低"和"家务劳动主要由女性承担"两方面。根据"第二期中国妇女社会地位抽样调查主要数据报告"显示,当前农村女性教育水平与男性差距较大。报告认为，尽管女性总体受教育水平有了较大提高，但农村妇女的受教育水平仍然偏低，与男性相比差距较大。农村女性文化程度为初中以上的比例是42.3%，比男性低20.8个百分点；58.8%的女性只有小学以下文化程度，比男性高21.9个百分点；女性文盲率为13.6%，比男性高9.6个百分点。影响农村妇女教育水平提高的原因，主要是家庭对女性教育的期望值偏低。数据表明，未能继续升学的女性中，父母不让上的占36.8%，比男性高8.9个百分点。虽然“家境困难”同样都是父母不让子女继续上学的主要原因（男性占69.8%，女性占68.1%），但父母认为女孩上学没有用的达9.1%，比男性的同一比例高5.6个百分点。可见，农村妇女受教育水平低于男性，经济困难固然是主要原因，但轻视妇女的传统观念的影响也不容忽视。

报告指出，目前家务劳动依然主要由妇女承担。与1990年相比，城乡男女两性每天用于家务劳动的时间均有不同程度的降低，但由女性为主承担家务劳动的格局仍未改变。有85%以上的家庭做饭、洗碗、洗衣、打扫卫生等日常家务劳动主要由妻子承担。女性平均每天用于家务劳动的时间达4.01小时，比男性多2.7小时，两性家务劳动时间的差距仅比1990年缩短了6分钟。城镇在业女性每天的家务劳动时间平均为2.9小时，仍比男性多1.6小时。在市场经济环境下，传统性别观念对社会成员的影响不可忽视。对“男人以社会为主，女人以家庭为主”的传统性别分工模式，有53.9%的男性和50.4%的女性表示赞同，男性支持率比1990年还高了2.1个百分点。对近年来社会上“干得好不如嫁得好”的说法，34.1%的人表示赞同。值得警觉的是，女性支持该观点的比例高于男性7.1个百分点，达37.3%。

二、影响女性领导成长的制度因素

影响女性领导成长的制度因素主要有：现有的用人制度对女性的关注、现有政策的执行以及干部提拔传统等因素。现有的用人制度中只有对最基本女性领导所占比例的规定，而在现实中具体执行时并没有明确要求，许多农村学校在提拔、任用干部时，习惯于提拔男性，女性被淘汰被认为是正常的事。同时，在对现有女性领导的培训方面也缺乏有效的制度和机制保障。

阻碍女性担任学校领导的制度因素主要是缺乏相关的机制和政策，致使女性缺少被提拔的机会和平台，加之上层的墨守成规、先入为主以及非正式圈子的排斥，阻碍了学校女性领导的成长。

调查发现，目前对女性领导的培养和选拔机制并不健全，有的女性被提拔为学校领导后，由于自信心不足，又缺乏应有的培训、锻炼以及社会支持，加之家务拖累，往往会辞去领导职务而退回家庭，相夫教子，而社会却也能够接受这一现象，并无异议。

“第二期中国妇女社会地位抽样调查主要数据报告”中指出，妇女参与国家和社会事务决策的程度仍然偏低。在全国1178个村委会样本中，女性担任村委会委员的已达到75.9%，但尚有24.1%的村委会干部中没有女性。党支部中没有女委员的高达57.6%。个人调查数据显示，对领导岗位上女性比例偏低的原因，有77.8%的人认为是“社会对女性有偏见”，59.1%的人认为是“培养选拔不力”，认为“女性领导能力差”的仅有25.7%。这些认识在城乡及男女之间没有太大的差异。由此可见，社会偏见和培养选拔机制不健全，是导致女性参政比例偏低的主要原因。

三、影响女性领导成长的个人因素

影响女性领导成长的个人因素有：女性自身综合素质、受教育程度、自信心、参与意识与参与能力。

有研究认为，缺乏政治远见、缺乏生命觉醒、难以处理工作和家庭冲突以及多元角色冲突是阻碍女性领导发展的主要原因。我们的调查发现，在问及“女性学校女性领导占比例低的原因”时，女性的回答是：(1)为了多照顾家庭，宁愿放弃领导职务；(2)担心工作做得不太好，加之平常的教学任务也很重；(3)缺乏女教师提升为学校领导的机会和激励机制，目前的选拔机制缺乏对女性教师的倾斜与支持；(4)同事间的猜疑和风言风雨；(5)没有机会展示自己，缺少参与竞争的机会；(6)学校领导是由上级任命的，女教师只能服从，不可能自己跳出来说我要当领导；(7)有的女教师从来就没有想过要当领导。

尽管女性自身的诸多因素阻碍了其成长为女性领导，但是，随着受教育程度的提高以及女性参与机会的增加，女性主动参与社会的信心和能力会迅速提升。同时，社会原因、制度原因和个人原因互为因果，相互作用，共同构成了女性领导力成长的内外部环境，影响着女性领导的成长。

第三部分　民族民间习俗中的女性参与

民族习俗是特定民族在长期历史发展中所创造、积淀和广泛流传的生活文化。民族习俗是规约个体社会化的一种基本力量，同时也折射出特定民族、特定文化对男性、女性的社会期待。对于生活场域主要限定在边远地区民族村寨的女性来说，民族习俗是影响其行为特征的重要因素。从降临到人间的那一刻起，这里的女性就面临着与男性截然不同的社会期待，各种习俗塑造了女性在生活、生产、宗教、艺术、恋爱婚姻以及生育等场域中的角色行为及心理特质。从民族习俗这个视阈来探讨生活在特定民族文化中的女性角色，概括其行为特征，透析女性的角色地位是我们了解和把握女性，推动民族地区女性社会参与及两性平等的重要途径。

雨卜村位于我国南方的大苗山，是一个以苗族和侗族为主的少数民族聚居村落，其中苗族占全村总人口的95%。全村总面积9.7平方公里，总人口1508人，共366户。耕地面积894亩，其中水田604亩，人均水田为0.3亩，以梯田为主，林地面积10451亩，人均林地为6.9亩。总体来说，这里的人均所得田地足以满足人们的基本生活需求，所以，外出打工的人员并不是很多，大多数人仍留在家中过着传统的生活。

一、苗族习俗中的女性角色

苗族的习俗很多，体现在人们的精神世界以及生活的方方面面。从社会性别的视角看，家庭生活和村落生活中男性和女性所处地位和扮演的角色有很大不同，这对生于斯、长于斯的男性和女性的成长与发展产生着重要影响。

(一)生产生活习俗中的主内者

家庭生活习俗是苗族各类习俗中的主要组成部分。在苗寨,家庭夫妻分工普遍遵循男主外女主内的模式,同时家里的大事由男的主持,小事则由女性来完成。在传统的民族村寨里,男性都很注重自己在家庭中的一家之主地位。55岁的A大伯就强调自己是一家之主,家里的事情当然是要由他做主。比如家里子女上学问题、盖房及需要较大开资的事情等就由男性来做主,而繁忙的家务活如洗衣、做饭、带孩子、喂牲畜等都是女性做,但并不等于说女的就不用干农活、重活。

在雨卜村,女性没有决定权但却承担了大部分的家庭事务。首先,做家务是女性的责任。村寨里大部分的家庭都是由女性来完成家务。在夫妻俩共同完成家里重要的事务之后,男人就可以坐着休息等着女人做饭、洗衣服了。比如N阿姨家这几个月在建房子,一大早夫妻俩早早起床,喝点油茶就到新房子那边干活了,中午十二点多当丈夫和小叔休息了,N阿姨就该回家做饭洗衣服了,忙完家务又和丈夫一起去做建筑活。在苗寨,喂养孩子是女性的责任。在N阿姨家我们看到,中午十二点半,她5岁的孩子正坐在木地板上吃饭,看到我们来,她就一边和我们聊着,一边忙着给孩子添饭菜。整个吃饭的过程中,N阿姨都是一会儿给孩子添饭菜,一会儿给餐桌上的男人拿点什么东西。忙碌与利索的她对当下的角色不仅接受与认同,同时也极为适应。

在雨卜村,女性参与几乎全部的生产劳动,包括种田、收割、植树、伐木等。在这里,4月下旬到5月上旬开始种田插秧,男女全部投入田间劳动。妇女并没有因为其繁重的家务活而免除这一工作,每到这个时候妇女都会早早起床做好饭菜,然后背上小的孩子和丈夫一起下地。因为山冲水冷,适宜糯米的生长,苗家人也习惯吃糯米,因此糯米成为主要的农作物。但是糯米的收割却是一件相当复杂的事,由于各种条件的限制,收割必须用一种称为摘刀的生产工具人工操作。摘刀用破镰刀做成,专门用来摘糯米、小米等,用时套在手腕上,每次可以摘1～2根。妇女在这个方面相对于男性来说更擅长,妇女每天可以摘100斤左右,但男的一天只能摘60斤左右。再加上谷物成熟的9月,男人一般都到山里伐木、拉箱,所以说在这一生产劳动中,妇女担当了主要角色。苗家人还习惯种芋头和木薯等杂粮,在10月到11月的收获季节,男子要进山,收芋头、木薯的劳动又自然落到了妇女的身上。可见,在收割这个主要农事方面女性起了主要的作用。种植竹林和杉树是这里的主要林业生产,种植竹子和杉树这一重要的农事也多是妇女的工作。3月清明前后，各家各户的妇女就会三五成群挑着秧苗前往自家的竹林和树林去植树。伐木是一项较重的体力活，寨里的男人说在以前还是生产队的时候都是男性进山的，可现在每到伐木的时候几乎每家每户的女人都要跟随丈夫到山里一起伐木、扛木头，大的扛不动就扛小块的或树枝。

纺织和刺绣既是苗族的传统手工艺，也是苗族的家庭手工艺，是苗族女性的绝活。但纺织和刺绣要花费很多的时间，一般来说不做家务的话从天亮到天黑每天只能织一丈布。但苗家妇女做这些活儿不是从农事分离出来的，而是在不耽误农事生产的前提下利用晚上或空闲时间来做。农闲时男人到处闲逛，苗家妇女们就会待在家里不厌其烦地织布、刺绣，而且很多女性并不认为用自己的闲暇时间来做这些手工艺是一种牺牲。

(二)宗教礼仪习俗中的局外人

苗族宗教信仰体系包括神灵崇拜、自然崇拜、祖先崇拜和鬼神崇拜，这些宗教信仰形成了一些苗族的生活习俗及生产生活中的禁忌。苗族神灵崇拜的一个重要宗教活动就是祭社。每年2月村里人都必须去祭社，不限定在哪一天，主要是根据日历来看哪天是社就由苗王组织大家一起去祭拜。一般是每家出几元钱买一头猪，每家每户还要自己拿出糯米饭、米酒到社(村前一个小亭)来祭拜，祭拜完就把那头猪杀了给大伙聚餐。据当地人讲，春社是一家派一个人作为代表去参加，主要是男性去。芒篙信仰在雨卜村是“外来物”，但芒篙节也是苗族很隆重的一个传统节日。芒篙舞是民族表演节目中最有特色的苗族传统舞蹈，这个舞蹈源于传统节日“芒篙节”，跳芒篙舞时主要是男的跳，女的也可以跳，男的必须披稻草戴面具，但女的随便穿什么衣服都可以。竖芦笙柱是最能体现苗族信仰体系的重大仪式，人们在苗寨中心场地竖立一根柱子，柱子上头镶着一只鸟，一条龙盘绕在柱子上，龙头位置还插上一对牛角。芦笙柱竖立起来后要举行祭拜活动，祭拜时男性在桌子边烧香、烧纸钱，而女性和小孩只能在正面烧香。

在雨卜村还保留着很多与鬼有关的仪式，还有沟通人类与超自然力量的师公和苗王。苗王在苗族民族习俗活动中具有较高的地位，苗王不仅是坡会、“打同年”时的芦笙对的领队，还是对本民族传统特别了解的少有的几个人之一。苗王在族里还起着非常大的作用，主要有对族源的描述及传递、组织红白喜事以及对村里公共事务的参与。现在苗王的组织功能已经由村委会代替，但是一些传统的事务如搬迁前的仪式、起房子、红白事都是由苗王组织的。师公是联系鬼、神和人之间的“桥梁”。苗王和师公这类重要角色的担当者只能是年老的男性，女性是被排除在外的。

吹芦笙和踩堂是苗族人民喜爱的一种娱乐活动，男人们穿上女人们为他们制作的民族服装后就各自拿着自己的芦笙围着芦笙柱来回摆动着身子吹起芦笙，妇女和女孩子们则在男人围成的圈子之外围成一个圈子跳起芦笙舞。对于在跳芦笙舞的过程中习惯于男在内女在外的队形，女性没有表现出特别地在意，而当地的一位老伯则给了我们这样的一个解释：

问："您知道为何在踩堂时，吹芦笙的男性要在更靠近芦笙柱的内围，而女性则是在男性的外围离芦笙柱比较远的地方吗？"

答："这个很容易理解啊，村里的妇女平时只要一有空就为自己和女儿做踩堂用的民族服装，花了一年的时间精心做出来的服装总想好好表现一番，在外围跳舞大家才能看得见漂亮的衣服啊。"

这样的解释在我们看来是有些牵强的，但是当地的老百姓不论男性还是女性并没有表现出异议，只是一代代按传统沿袭下去。

苗族女性对其民族的音乐舞蹈表现出一种由衷的热爱及天赋。当笔者问到 63 岁的 L 奶奶日常生活中的娱乐时，她不假思索地回答我们娱乐就是看电视，而最喜欢的节目是民族文艺节目。一个 5 岁的苗族女孩子兴致勃勃但又稍显腼腆地给我们唱了一首传统苗族歌谣，优美的旋律通过嘹亮悦耳的童音展现了出来，小女孩一脸幸福的样子使我们能感受到她唱苗歌时的愉悦和兴奋。由于对民族音乐舞蹈的挚爱，虽说生活相对艰难，可她们也常常为自己的音乐和舞蹈创造很多的机会。2008 年的三八妇女节她们就自己筹钱买了音响设备及舞蹈化妆用品，联合另外一个村的妇女举行了一次属于她们自己的晚会。之所以说是属于她们自己的晚会是因为整个晚会的筹办人员除了一个拍录像的是男性外，其他的包括演员、主持人、场务都是这两个村的女性，就连整场晚会的观众也主要是没有节目的女性。整个三八妇女节，男性始终是不参与的，当然也没有特别为女性的节日准备礼物之类的，只有女性的自娱自乐和自说自话。由此可以看出在苗族重大活动中女性的局外人角色。

(三)恋爱婚姻习俗中的等待者

芦坡会、走寨、坐妹等是苗族的主要恋爱仪式，这给当地的青年男女相知相爱提供了机会，为婚姻奠定了基础。每年的"芦坡会"，地点在位于半山腰的芦坡坪。在上山的必经路上，挂着女孩子们亲手织的香袋，里面装满了糖果和糯米饭。芦坡会上的男孩子们看中了哪家的女孩子就去摘那个女孩子的香袋。按照旧习俗，如果被一个自己不喜欢的男孩子拿走了香袋，也得认定他是自己的丈夫。现在演变为男女娱乐的一种方式，拿走香袋的男孩子不一定是看中了那个女孩子，也许只是逗着玩。

春节的“走寨”也为女孩子和男孩子的交往提供了一个互相认识的机会。“坐妹”是苗族男女交流的一种最为开放的方式，并不仅仅是谈恋爱的意思。现在“坐妹”的方式有所改变，“坐妹”的场所不一定要待在家里的火塘边聊天、打油茶，更多的年轻人是到外面去溜达。

苗族的婚姻习俗主要体现为“不落夫家”的习俗，也就是女孩子在出嫁后如果没有生养孩子就一直在娘家住，而丈夫也经常到娘家做帮工。据村里一个55岁的老汉讲现在这个寨里还有百分之六十的人家遵循这样一个习俗。女孩子结婚后，并不是马上到夫家住，而是等到她生孩子才到夫家，结婚前用的衣物包括箱子、织布机、被子、银器以及衣服等都会留在娘家。

在生育仪式方面，这里的苗族相对于其他地区的苗族或者其他有的少数民族来说是比较简单的。女方怀孕，男方会通知女方家长，给其营造一个开心的环境，并自我承诺会照顾好女方，叫女方父母放心。孕妇怀孕一个月或45天后，杀一只鸡、小猪或者小鹅给孕妇吃，请师公做法，保佑母子平安。或者杀一只鸡，找一根带枝叶的竹尖，意味着母子常青。

孕妇在苗家人的很多场合都是一种忌讳，比如在结婚仪式中有一个“抢旗”的规矩，旗是用一根竹子做的，去砍竹子的人必须得是女孩子的兄弟，父母健在且家中没有孕妇的；扛旗的旗手也必须符合这个条件。

在生育观念方面，过去的苗家人重男轻女的观念也特别严重，但随着社会观念的开放以及经济发展、打工族的出现，重男轻女的观念有所减弱。生育教育方面，通过对苗族妇女的访谈，我们发现她们并没有接受过正式的生育教育，自己父母也不会直接传授生育知识，而往往是从老人或者旁人那里学到的一些肤浅的生育知识。在苗寨有一些不生育的夫妇会去庙里拜菩萨求子，如果还是求不来，没有生养子女的夫妻俩就会到医院去检查。如果是男方身体有问题，女方不能提出离婚；但如果是女方有问题，男方往往会和女方退婚，另外再娶以实现传宗接代。在这种情况下女性再嫁的几率很小，所以不能生养的女性的最好命运就是男性不嫌弃女方，两人商量领养孩子来维持家庭和婚姻。

二、苗族习俗中女性角色分析

从社会性别视角看，苗族习俗中的女性角色受制于传统习俗的规约，但随着时代的进步以及苗族女性受教育程度的提高,年青一代的眼界开阔了,自我意识增强了,表现出与年长者的种种差异。而生活于当下的苗族女性无一不遭遇着自我期待与社会期待落差的角色冲突。

(一)传统习俗对苗族女性的规约

苗族的传统习俗至今在很大程度上制约着雨卜村这个边远苗寨中的男女老少,制约着人们生活的点点滴滴。

1.女性在家庭中的从属地位

在苗族的家庭中,主要事务的决定权主要在于男性,包括家庭的经济计划、生产计划及教育等,而女性往往处于从属地位。比如在儿女的教育问题上往往表现为女性被边缘化的状态,很多家庭中丈夫和妻子的受教育水平是同等的,但女性对子女的教育领域一般是不能涉足的,不是不想,只是没有话语权,老人和男人都觉得"妇人之见"不足以参考,可见,在家庭中女性往往是处于一种从属于丈夫的状态。女性在家庭中的从属地位还突出表现在女性的行为都是围绕着男性来展开,大事由男人主持是必然,而小事情也要围绕男人来做,凡事都是以男性为主,男人是家庭的太阳,女人和孩子则是围绕着太阳转的星星,男人永远是中心。

"母凭子贵"是女性从属于子女的最好体现,"不落夫家"的习俗是把生育作为女性身份认可及地位确定的主要因素。苗家女在夫家的身份要得到认可、在夫家有一定的地位,不仅仅是通过结婚这样一个仪式,更为重要的是生孩子。为丈夫生儿育女你才能是夫家的人,可见生养子女对女性地位的确定是至关重要的,从属于子女的出世以及生活也是苗家女性的一大特征。

2.女性在村社中的边缘地位

在苗寨最为隆重的民间舞蹈"芦笙舞"中处于核心位置、能靠近芦笙柱的人是芦笙手,而这都是男性,女性只能在外围;芒篙舞是民族表演节目中最有特色的苗族传统舞蹈,一般是男子来跳,女子当配角;在重要的宗教活动中女性只是担当配角的角色,苗王和师公是苗族宗教中的重要角色,在苗寨具有非常高的地位,这些重要角色的担当者只能是年老的男性,对于女性来说这是她们绝对不能涉足的领域;在生育习俗中,孕妇在很多场合都是一种忌讳,如在结婚仪式中有一个"抢旗"的规矩,去砍竹子的人必须得是女孩子的兄弟、父母健在且家中没有孕妇的,这实际上就是把孕妇当做一种霉气的征兆。可见,在这个传统的民族村寨里,女性的边缘化现象还是较为普遍的。

(二)苗族女性中的代际差异

年青一代与年长者之间的差异是我们在调查中对苗族女性群体留下的深刻印象。在调查中我们看到苗族少女表现出一种对生活的热爱及对未来生活的浪漫设想。苗族深厚的文化底蕴以及丰富的民间艺术塑造了苗族女性的多才多艺以及浪漫多姿的情怀。苗族少女对生活具有一种天生的浪漫情感,但随着年龄的增长及现实生活的种种不如意使得她们日益地变得现实和惆怅。

J是一个11岁的苗族女孩,在对她的访谈中,简简单单的几句话却让我们深刻地体会到这个机灵的孩子的纯真心愿,一种充满童话故事中无比浪漫的情怀。

“你的理想是什么呢?也就是你长大以后最想做什么?”

“我想当演员、歌星,让大家都喜欢我。”

和苗家少女的浪漫情怀相比,苗家的妇女特别是老年妇女却更多地表现出一种现实及对现实生活冷漠的态度。当我们谈到个人教育问题和外出发展的问题时,Z奶奶说:“想啊,但我家钱不多,只能是我哥读。”这个带着无奈表情的回答让我不由地对她的人生感到一种惋惜。

在雨卜村,很多50多岁的女性的生活范围只限于本乡,去过最远的地方就是县城。通过和她们的谈话我们体会到苗家年轻女性对城市多多少少都是有所向往、有所期待的,但现实让她们不得不只能待在村里。随着时间的推移,她们逐渐接受了生活的严峻现实,曾经少女时期的浪漫已一去不复返,对外面的生活也越来越表现出一种冷漠。

苗家年轻女性的行为经常会表现出一种既传统又现代的特征,在传统文化习俗和现代文化观念的相互渗透及融合中也往往会出现一种冲突。23岁的Y给我们展示了苗族年轻女性这样一个介于传统与现代中的“过渡人”形象。她们乐于接受新事物,如看电视、看影碟,但她们不可避免地受到民族文化根深蒂固的熏陶,最喜欢的电视节目是舞蹈和唱歌,特别是她们民族的舞蹈和音乐,这是她们民族的根,也是她们的灵魂寄托。但总的来说,苗族年轻女性更多表现出现代的行为特征,不仅在观念上而且在行为上也是如此。苗族女性在节庆日子里都会穿上民族服装,打扮得艳丽夺目。以前有些说法是说戴上银首饰能驱鬼避邪,但现在苗族女性戴银首饰的很少,就是过年时才戴上的银项链、银帽子也只是为了美观,而不注重其驱鬼、避邪的功能。她们平日里不戴手镯,认为戴手镯干活不方便,所以也不会为了避邪而戴了。连她们最为擅长的刺绣、做衣服现在也不是自己做了,而是绣背带、绣被套拿去卖。

而老年人则更偏向于传统，对民族中的一些事物具有深厚的感情，如传统手工艺、信仰和祖先等，这是她们存在于现代社会的精神支柱和情感依托。老年人与手工艺的情缘更深，老年妇女们经常回忆以前纺纱、织布之类的事情。现在年纪大了，遇到孩子成婚出嫁之类的事情，她们还是亲手纺纱或织布，做一些被单、被套，纳一些鞋垫，做一些精美的刺绣作为儿子的结婚礼物或者女儿的嫁妆。

在雨卜村的J奶奶家，我们说想了解一些关于苗族传统的东西，她马上就给我们展示了她亲手做的保存良好的一套苗族服装，还让我们试穿了一下，包括兜肚、上衣、裙子、裹脚带、腰带等，告诉我们穿着的时候需要注意什么、衣服上面图案的由来以及关于穿上民族服装的热闹节日等。整个过程中J奶奶始终处于一种情绪高昂的状态中，对自己亲手做的这件艺术品始终投注着相当赞赏的目光，对苗族刺绣的自豪感溢于言表。传统中，苗族民族手工艺特别是刺绣一向是衡量女性能力的标准，J奶奶正是这样一个常年熏陶浸润于苗族传统文化中的典型代表。

(三)苗族女性的角色冲突

角色冲突是指角色的自我期望与他人对自己的社会期望发生严重的偏离，并由此导致了人们对自己是否有能力再扮演这种角色的困惑与迷离。

苗族文化背景下的社会对女性的角色期望相对而言是比较传统的，温顺勤劳、生儿育女、相夫教子及男主外女主内等都是要求每一个被称为贤妻良母的女性所必须做到的。但现实中的苗族女性对自我的期望并非如此，她们更希望的是自己在家庭的地位更为重要，且与男性趋向于平等，也希望自己涉足的领域不仅在家庭而是扩展到社区甚至整个社会。现实社会对苗族女性的期望往往比女性自己能应付的更多，繁重的家庭事务包括做饭、喂牲畜、带孩子等都是女性一个人完成得多，而到了耕种、收割的时候又要跟着男人一起下田，这些要求使得很多女性被压得喘不过气来。社会对女性的要求就是限于家庭，从属于丈夫，但现实中的女性对自己的期望却远远不止这些，更多的女性要求独立以及把自己能参与的领域扩充到社会。苗族女性对已有的角色时刻表现出一种服从，但也包含着一种抗争。当问到教育问题，贾嫂子的回答是无奈的，但语气中又渗透着一种坚定："如果我有能力，无论女儿儿子我都要送去读书。"

知识女性在现实生活中也经常表现出自我期望与社会期望之间的冲突。首先，这种冲突表现在女性的求学经历上。J老师是一位小学老师，她给我们说了关于她的读书历程、生活以及工作："我父母一共育有两女三男，我是老二，父母开始不给我读书，但我自己争取要读，不读书就没有机会发展自己，我还想做个老师让更多的女性有机会读书。"后来，我终于实现了我的愿望。J老师给我们介绍说她在求学过程中的种种艰辛和压力。一方面是来自重男轻女的观念压力，父母及村寨里的人都觉得她一个女孩子去读书是浪费的，嫁出去了就是别人的人了，甚至自己有时都觉得是这样子；另一方面是来自经济方面的压力，由于父母都是普通农民，只能基本维持温饱，没有多余的钱支持孩子特别是女孩子读书，这种现象是非常普遍的。

其次，知识女性在现实生活中自我期望与社会期望之间的冲突还表现在工作上。H老师谈到工作中的冲突主要体现在家长和社会对老师的期望过高，很多家长觉得孩子送到学校学习就是老师的事情了，学不好就是老师的责任。贺老师还给我们说道："现在工作的困难主要就是留守儿童很多，我们就多关注这些孩子，也因为很多家长认为孩子交给了学校就是老师的责任了，家长就不管了，所以我们的责任就更重了。"由于学校教学设备以及自我提升机会的缺乏，且教学中新知识更新的速度快，很多女性教师觉得自己已经越来越担当不起教学的角色了，同时，也认为教育的责任不仅仅是光靠老师就能承担得起的。可作为一个老师，教好学生既是家长和社会的期望，也是自己的期望，其中的种种冲突不言而喻。

民族村寨中的女性参与状况是衡量民族社会发展水平的重要指标，同时也是衡量两性平等与社会公正的重要依据。在苗族女性的毕生发展过程中，她们对于村社事务以及家庭事务的参与程度、所处地位以及拥有的资源，在很大程度上由传统习俗制约着，但同时，社会进步的巨大力量为扩展女性的生活空间与参与程度、为促进女性的全面发展而破冰引航。

第四部分 乡村女教师的教育参与

教育参与，指的是个体作为活动主体参加到教育活动中，行使权利和承担责任，并对教育活动产生积极影响的行为。这里的活动主体可能是教育者角色也可能是受教育者角色。就女性教育参与而言，从毕生教育坐标看，女性在童年期就已经承担了事实上的教育者与受教育者的双重身份，当女童变为母亲、母亲变为奶奶（外婆），尤其是在少数民族地区多子女家庭，由于教育机构的不足，女性的教育者身份更加凸显。由此，我们认为，关于女性与教育的话题应当实现两个扩展：由主要将女性作为受教育者扩展为女性作为受教育者和教育者双重角色的研究；由主要对教育活动中学龄期女童与青壮年女性的研究扩展为对教育活动中的各年龄段的女性研究包括出生直到老年的女性的研究，搭建起女性毕生教育的框架。女性的教育参与，尤其是乡村女教师的教育参与，体现出教育公平与社会公平的社会价值，体现出为女童发展树立榜样的教育价值，体现出女性潜能全面开发的发展价值。

基于以上的思考，我们课题组先后三次深入广西少数民族地区开展调研，调查地点为国家扶贫开发重点县和民族自治县，侧重于对中国教育机构最基层的乡镇中心校、村小（村完小）、教学点三个级别学校情况的了解。调查发现，总体上，所调查地区在教育职场中女性的教育参与程度逐年提高，但仍属于较低层次。具体分析如下。

一、乡村女教师在教师队伍中的比例：乡村女教师人数在教师总数中所占比例呈上升趋势，但县镇学校女教师所占比例大，乡村屯学校女教师所占比例小

女教师在教师队伍中所占比例是女性教育参与的基本指标。调查发

现，除了县镇小学各年龄段的女性专任教师所占比例变化不大之外，整个小学和普通中学女性专任教师所占比例与年龄呈反方向变化，年龄越大的女性比例越少，由此可以推算出年代越早，女教师越少。根据《M县教育志》记载，1938年，全县才有8个女教师，仅占全体教师的1.7%。大约在20世纪70年代中后期，女性参与到教师行列的比例总体上逐年增多，其中参与到小学教育的变化最大。

各年龄段女性专任教师在不同教育阶段中占总体的比率

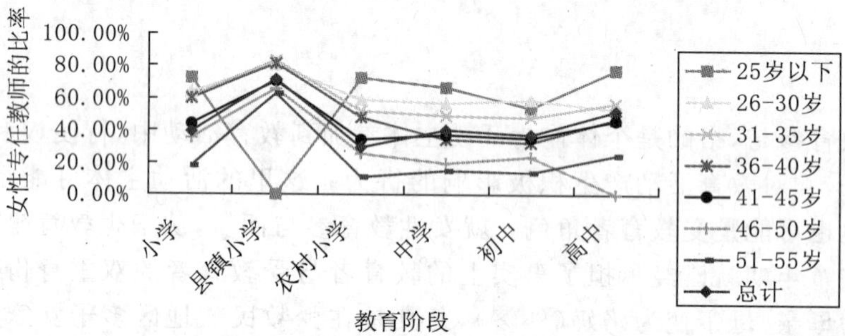

这一现象首先反映出女性受教育机会由少增多的变化。因为，教师职业需要相应的学历与能力条件，只有接受一定程度的教育的人才能担当。调查地区是地理位置偏远的少数民族地区，处于主流社会的边缘，比一般地区贫穷落后。在揭不开锅的穷苦日子里，男性尚难得到接受学校教育的机会，女性在传统观念中被认为无才便是德，更是被排斥在学校教育的门外，早早被当做家里的劳动力。而随着社会的进步，女性受教育权日益受到重视并拥有法律的保障，加之各种惠及女性的女童班、民族班项目的开设，使女性受教育程度大大提高，为她们从事教师职业奠定了基础。

图中还表明，县镇小学和高中女教师所占比例大，而农村小学女教师所占比例小。这实际上是男女两性社会地位不平等的体现。因为，在县镇，教师职业同其他职业如同公务员相比，算不上是一个好的职业，所以女教师占比例大，不少教师都找机会调到局一级单位或转为公务员。而在农村，在乡村屯，教师职业是一个非常好的职业，能当上教师就十分令人羡慕了，可是女教师所占比例很小。大家公认的好的职业或生存方式实际上是社会地位高的职业，在县镇，相对于其他职业而言，教师职业的社会地位更低；而在乡村屯，相对于其他职业或生存方式而言，教师职业的社会地位更高。所以，在所调查地区"女教师在县镇小学和高中所占比例大，而农村小学女教师所占比例小”的这种性别比例倒错，是女性社会地位低的延伸和复制，所折射出的是城乡差别与性别公平问题。

二、乡村女教师担任领导职务状况：乡村女教师担任学校领导职务的人数少，即使有，也是学校中层干部或副职居多

女教师担任学校领导职务是女性教育参与程度的重要指标。调查发现，某县现有中小学教职工 1698 人，其中女性 446 人，占教职工总数 26.3%。在 20 所由县教育局任命的中小学校(其中高中 1 所，初中 8 所，中心小学 8 所，九年一贯制学校 2 所，职业教育中心 1 所)182 名学校领导班子成员中，女性只有 16 人(其中 1 人任小学校长，2 人任小学副校长，13 人为学校中层领导)，占总数的 8.8 %；由乡镇任命的村完小领导班子成员中，没有一名女性领导。

少数民族教育队伍中，重要岗位还是以男性为主，女性处于边缘。重要岗位是决策权的把握，在重要工作岗位上的人的自身经验和价值观会影响到工作的方式和做决策时的利益倾斜。教育系统中重要岗位上缺少女性，很多时候女性没有话语权或者女性的声音很难被决策者听到，一定程度上反映了女性的利益较难得到充分地保障。这是女性被边缘化或自我边缘化的结果。

调查中还了解到，在当地，女性的社会认可度低，被认为是没有威信、缺乏果断性，有的学校甚至连班主任都很少有女性，理由就是女教师没威信，管不住学生。可悲的是，有的女教师也自认为自己缺乏管理能力，当好一个教师、上好课就行了。造成这种状况的原因很多，有传统社会文化与性别刻板印象的影响，也与当前的政策、管理中的男性化术语等问题有关。

三、乡村女教师的教育参与能力：女教师主观能动性发挥不充分，教育参与意识弱，参与能力有待提高

在偏僻乡村，交通与交流相对封闭，地方性知识牢固，人们的生活大多沿袭男尊女卑、男主女从的传统观念，女性恪守着谦卑、主内和相夫教子的生活轨迹。当女性进入社会，便承受了家庭与职场的双重责任。当工作与

家庭产生矛盾时，女性往往更看重家庭而放弃工作。调查中发现，女教师流动性很大，原因就是结婚后跟随丈夫工作调动而辗转；有的女教师已经被任命为学校领导，但当夫妻双方均为学校领导时，女性经常会选择辞去领导职务而承担家中事务。

女性在教育队伍中的地位是外部社会影响因素和内部自身因素交互影响而形成的。在历史的长河中，社会对男女性别留下的刻板印象影响了一代又一代女性的成长。男性往往被认为是顶天立地、坚强如磐石；而女性被认为是温柔、善良、多在家料理家务活。一旦女性具有成功的品质时就被大众认为像男人，如外向、能干、具有决策能力等。在个体成长的过程中，教育很少给予女性面对决议的机会，男性一般会得到专门的教育，所以长大后女性认为自己没有男性管理能力好，抗压能力也比男性低，男女性别分化就被这么传承下来。M县是一个少数民族地区，历来女性都处于承担家务农活的主要位置，而读书和掌权与她们关系不大。在这样的社会和家庭环境下，女性长期被挡在参与重要决议的门外，缺乏这方面能力的开发和自信心，这是造成当前女性教师自认为缺乏管理能力的重要外部因素。可以看出，女性甘愿回到家中相夫教子，是有一定社会根源的。也就是说，男性主内为社会传统文化所不容，而女性主内则被认为是天经地义。所以当女性减弱或退出参与时，所能够控制的物质资源和社会资源进一步减少，学习发展的机会减少，社会地位相应降低，陷入恶性循环之中。

传统上，人们往往从生理性别的角度来看待妇女问题——因为她们是女人——而不是用社会性别的观点，即从社会角色与男性和女性之间的关系以及形成和改变这些关系的因素等角度来看待妇女问题，寻求解决问题的根源。① 目前，越来越多的人认识到，社会的可持续发展必须是女性和男性充分平等的参与。所以，提升女性社会地位、提高女性的教育参与度，实际上是为男女两性创造一个更为广阔的发展空间。

女性的进步就是人类的进步。为改变乡村女教师教育参与度不高的状况，首先，应当从法律与政策上提供保障，为女教师提供充分展示才华的平台；其次，应当加强社会文化建设，消除性别刻板印象与传统社会分工，为女教师发展建立良好的社会支持体系；再次，应当在教育资源分配上有所倾

① 李霞编译．从"妇女参与发展"到"社会性别与发展"．妇女研究论丛，1998(3)．

斜，采取有效激励措施，为女教师自我解压、自主成长提供更多的机会与途径。早在1979年，联合国教科文组织《消除对妇女一切形式歧视公约》中就明确提出"改变男女的社会和文化行为模式，以消除基于性别而分尊卑观念或基于男女定型任务的偏见、习俗和一切其他做法"。30多年来，妇女生存与发展的社会环境正在改善，妇女的合法权益得到了更加有效的保护，这是世界各国共同努力的结果。我们相信，推进男女平等的进程与前景是令人乐观的，尽管还有很长的路要走。

第五部分　民族村寨女性教师成长的文化困境

1975 年，联合国召开第一次世界妇女大会，这是人类有史以来第一次以促进男女平等和妇女发展为宗旨的全球性首脑会议。1979 年联合国通过《消除对妇女的一切歧视公约》；1995 年联合国第四次世界妇女大会在北京举行。2005 年，在北京举行了纪念联合国第四次世界妇女大会召开 10 周年的活动。在这样的背景下，全球范围内关于妇女发展与妇女研究的成果越来越多。“妇女与发展”问题作为一个重要领域被列入联合国的议事日程。目前，“妇女与发展”理论由开始提出的“妇女参与与发展（WID）”、“妇女与发展（WAD）”演变为各国普遍接受的“社会性别与发展（GAD）”，特别关注特定时代下的社会政治经济与文化背景下的性别不平等及其对妇女发展的影响。

中国边远地区尤其是国家扶贫重点县的民族村寨学校中的女教师的生活和工作发展日渐受到关注。相对于汉族地区、城镇以及男性教师，文化困惑对于那些生活、工作在民族村寨里的女性教师们来说显得尤为突出，当“少数民族”“农村”“女性”三种属性集于一身的时候，她们更是遭遇了更为尖锐的矛盾与冲突以及更为复杂、更为艰难的文化困境。因为这里是地方性知识最牢固的地方，同时也是外来文化冲击最强的地方。

一、文化困境

当下，民族村寨女教师角色与身份的多元化及生活工作在多种文化交织的文化场，使她们陷入文化困境：在工作职场中，在女性与男性不同的教育参与程度之间，她们感受着中心与边缘的无奈；在家庭中，她们面对着家庭与事业、主内与主外的犹豫；在村落院坝，她们经历着局内与局外的尴尬；在人类共同的文化场，在本土文化与外来文化的碰撞与融合之间，她们体验着传统与现代的冲突。

文化困境之一：中心与边缘的无奈

民族村寨的女教师对学校的教育工作，一方面有着积极的工作愿望，另一方面又面临着缺乏机会与平台的无奈。许多女教师的教育参与程度并不是很高。在现实中可以看到，在民族村寨的学校中，教学点和村小中的男教师居多，在中心校则是男性领导居多。而事实上，尽管学校中女性领导所占比例小，但总体上看女教师的素质整体高于男教师。

以广西某民族县几所学校教师的学历为例：某初中有男教师 31 人，女教师 9 人，学校领导 8 人全部为男性，而在教师队伍中具有本科学历的男女教师比率分别为 16.1％和 22.2％，女教师比率明显高于男教师。某小学有男教师 42 人，女教师 8 人，学校领导（含村完小领导）13 人全部为男性，而在教师队伍中具有大专学历的男女教师比率分别为 44.4％和 62.5％，女教师的比率明显高于男教师。某小学有男教师 87 人，女教师 20 人，学校领导（含村完小领导）中男性 32 人，女性 1 人，33 个学校领导中男女比率分别为 97％和 3％，而在教师队伍中具有大专学历的男女教师比率分别为 44.4％和 62.5％，女教师比率明显高于男教师。

此外，人们还常常看到，在重要的职能部门中，男性居多；在一个部门的高端管理人员中也以男性居多。在大城市，女性小学校长占绝大多数，而农村地区缺乏女校长。在农村地区，校长是一个待遇和地位都相对较好的工作岗位；而在大城市，小学校长的职位则远远没有银行、公司和政府中的职位诱人。此外，即便是在被认为女性占多数的教育系统内部，女性的职业地位也远不像人们所想象的那样高，因为在教育系统中，小学校长的地位远不及中学和大学那样关键和重要，这样，大城市中女性小学校长多，实际上是从另一个侧面说明了与男性相比，女性群体所面临的发展困境。

女性教师的发展和教育参与，其意义不仅仅在于女性教师自身，更重要的是关系到下一代，关系到整个民族的发展。而当今职场中的女性教师教育参与程度偏低，尤其是学校女性领导的缺乏，不仅给学校工作带来困难，尤其不利于住校女生的管理，而且也使得女生的成长找不到榜样。对于这种局面，女教师们自己分析认为，很多时候是没有机会展示自己，缺少参与竞争的机会。学校领导是由上级任命的，女教师只能服从，不可能自己跳出来说："我要当领导。"实际上，原因是多方面的，有来自社会用人制度与政策以及传统文化的影响，也有来自女性自身信心不足等因素的影响。在当今的民族村寨中，"男主外、女主内"、"女子无才便是德"等观念仍然盛行，处处可以看到女性在村社活动中的边缘化现象，加之早婚习俗等阻碍了女性对自我潜能的认知以及提升自我、施展才华的动力。

文化困境之二：主内与主外的犹豫

当今职场中，女性不仅承担着繁重的社会工作，还承担了家庭中的家务和照看孩子的双重责任，面临着家庭与事业的矛盾。而当家庭与事业发生尖锐冲突时，女性往往是带着遗憾放弃事业而回归家庭。

我们在苗族地区调查发现，苗族传统文化对女性的要求是温顺勤劳、相夫教子、会做家务农活，而在工作中，学校对女性教师的要求也很高，这些要求使得很多女性被压得喘不过气来。在中英西南基础教育项目一个关于学校女性领导力建设行动研究的基线调研显示，多数女教师有担任学校领导的愿望，但是当事业与家庭有冲突的时候，往往是女性做出牺牲，辞去学校领导职务而将重心放在家庭上。在项目县的一所中心校，有一位女教师曾经是学校的政教主任，但当丈夫被提拔为校长之后，家务事没有人管，考虑到丈夫工作太忙，自己主动辞去了学校的领导职务。她说，自己也很想在领导岗位上干一番事业，可是如果两人都在学校忙，家里一团糟，外人只会说妻子不贤惠、不顾家，而不会对丈夫有任何指责。在当地，男人主外是天经地义，女人主内也是义不容辞。这位女教师的体验与感受是当今职场中许多女性的共同遭遇。

2000 年全国妇联和国家统计局《第二期中国妇女社会地位抽样调查主要数据报告》显示，有 85%以上的家庭做饭、洗碗、洗衣、打扫卫生等日常家务劳动主要由妻子承担。女性平均每天用于家务劳动的时间达 4.01 小时，比男性多 2.7 小时，两性家务劳动时间的差距仅比 1990 年缩短了 6 分钟。城镇在业女性每天的家务劳动时间平均为 2.9 小时，仍比男性多 1.6 小时。

在民族村寨，对女性的规约和要求就更为苛刻，她们首先是要从属于家庭，从属于丈夫。但随着社会的发展，随着女性受教育程度的提高、眼界的开阔以及能力的提升，现实中女性对自己的期望远远不止这些，更多的女性要求独立以及参与到社会中。女性对已有的角色表现出一种服从，但也包含着一种抗争。

长久以来的性别刻板印象极大地桎梏了人类的发展，无论是对男性还是女性。女性如果承受不了工作的压力，可以回归家庭，不会被耻笑；可是

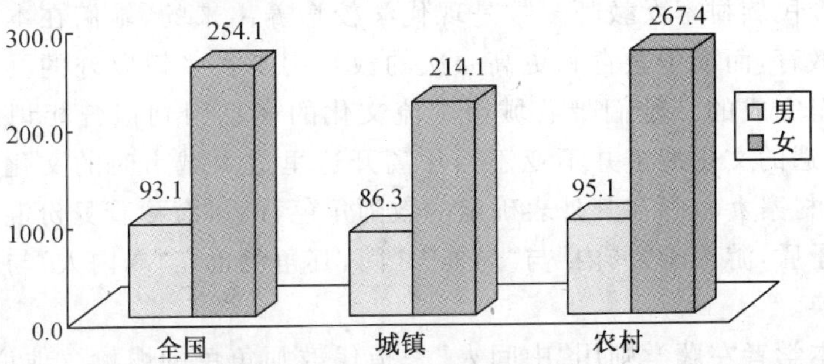

男性就不行，社会没有给他这个空间，他只能在外打拼，干出一番成功的事业。历史上，传统性别分工是由特定的经济发展水平与人类生活状况决定的。当人类进入21世纪，科技发达、物质生活丰富、生活水平日益提高，为人类个体的全面发展提供了前所未有的可能性和必要性。人的发展应当挣脱性别的差异而强调个体差异，为每一个个体的发展创造更加有利的平台、提供更为广阔的空间，而不是强调这个个体是男性还是女性。

文化困境之三：局内与局外的尴尬

默顿理论认为，按照一种结构的观念，局内人是特定的群体和集体的成员，或者是具有特定的社会身份的人；局外人则是非成员。民族村寨的女教师作为为社会培养所需人才的专业人员，她们既是局内人，也是局外人。相对于本地村民群体而言，她们是教师队伍中的局内人，是本地村民群体中的局外人；相对于外来主流文化圈中的人而言，民族村寨女教师是局外人，是民族村寨教师队伍中的局内人。而在现代学校出现以前，传统村寨私塾里塾师的身份是单一而明确的，他们与村寨生活和村民群体天然地融合在一起，不仅仅是村民群体中的一员，更是备受村民尊重和信任的文化人。

自现代学校出现以来，教育主要出现了两种范式，即原有的教育范式与外来的学校教育范式。原有的教育范式实质上属于传统的、本土的、随境式教育，而外来的学校教育范式则属于现代的、外来的、专业化教育。随境式教育指历史上自发形成的、内生的教育，主要是家庭教育和社会教育，教师由长者、巫师等承担，以具体的生活场景为教育活动开展的场所，教育内容具有随机性与灵活性；专业化教育指以学校为主的专门化、制度化机构及社会组织对学生所实施的教育，有一定的运转秩序，有专职教师、正规教材以及固定的时间与场所。传统的民族教育与现代的学校教育有着不同的历史背景、教育内容与教育功能，走的是两条并行不悖的发展道路。随境式教育以乡村取向为主，而专业化教育则以城市取向为主。

当今民族村寨女教师多数是现代学校培养出来的，她们在本地接受九年义务教育，而高中教育和更高层次的教育则是在乡镇以外的县城或省城的学校里完成的。她们带着城市主流文化的气息回到似曾相识的民族村寨，所遭遇的文化冲击并不亚于当年离开这里进入城市时的文化冲击。所以，民族村寨女教师在其外表确定的教师角色背后，潜藏着身份混杂和文化认同的矛盾，游移于"局内"与"局外"之间，其角色也在"局内人"与"局外人"之间倒换。

日本学者左藤学则用"中间人"来指代教师角色的尴尬。他说，当我们重新回顾"教师"这一概念在现代得以析出、发展的过程，就可以了解，这个概念是片面地界定了牵涉种种维度的二元对立关系并加以制度化后才形成和发展起来的。教师这一角色，无论怎样作出明确的界定，事实上是"中间人"。

这种尴尬的文化身份使得民族村寨女教师游离于不同的身份与角色之间。她们渴望进场，却被排除场外；虽在场内，却不被接纳；表面在场，实际并不在场；物理场的在场，意义场的不在场。

这种内与外、表与里的错位，对教师发展有着重要影响。由于社会对于不同的角色赋予了不同的社会期望，因此，教师角色的不同，社会对其期望也不同，教师必须要调整自己的角色行为以适应新的社会期望的要求。从积极方面来讲，由于处在多种文化的碰撞、交流与选择的前沿，他们对于不同文化间的差异与共性有着更深刻的认识与理解，这使得他们往往成为不同文化间相互沟通、相互借鉴的桥梁和纽带，更易于把握未来文化的发展方向，明确自身的文化使命，并由此而转化为自身发展的强大动力。从消极方面来讲，由于角色变换知识的缺乏，会导致相应的角色适应能力的不足，严重时会使教师感到由于缺乏知识，致使他连在该角色的最低的可能被接受的水平上行动的能力都没有，而且，通常人们用来填补知识空白的过程此时也起不了作用，从而降低教师的能力水平。

困境之四：传统与现代的冲突

安东尼·吉登斯在《失控的世界》一书中写道：我们生活在转型变迁的世界中，我们所做的每一方面几乎都受到了影响。无论好坏与否，我们正在迈入一种全球秩序中，尽管没有人完全理解，但是它对我们所有人都在产生影响。

变动不定的世界文化格局和纷繁复杂的文化关系，使得当下的人们遭遇了前所未有的文化困惑，即一种对民族身份的犹豫、迷茫以及对主流意识形态的怀疑、疏离的无所适从而又无法逃避的文化体验。如同齐美尔在《现代性的诊断》一书中指出，跨文化的语境加剧了现代人的文化焦虑，在文化急剧变化的浪潮中，在多元文化的冲撞中，在高度的流动和频繁的迁移中，几乎所有人都不得不面对无家可归和沦为外来人命运的现实。今天我们可以看到，即使是在偏僻的少数民族农村地区，教师同样也面临着多重文化角色的冲突。教师一方面承受着现代性以及转型变迁的世界带来的冲击与困惑，同时还承担着为人们减轻文化压力、找到精神归宿的重任。

对于民族村寨的女教师而言，传统与现代的冲突具体表现为教师身份认同的混乱以及在教育活动过程中教育价值取向的冲突两个方面。这里的传统指的是历史积淀的、本土的文化以及传统形式的教育，现代指的是现代化的、外来的文化以及现代的学校教育。全球化的进程使得边远山寨同样也置身于本土与外来、草根与主流的冲突与抉择中，不同文化资本的拥有者面临着向上流动与固守本土家乡的抉择。

有一位扎根大苗山的苗族女教师给我们讲述了她的文化忧患。她所在的村子有不少无国界医生，从这些外国友人的身上，她看到了不同文化的巨大差异，同时也更加珍惜自己文化的特色与价值。她说："我深深地知道，一个民族的文化是它生存与发展的最起码的条件，我深爱着苗族的文化，希望能够通过自己的努力传授给年轻的一代，在新的历史时期使它能够发扬光大，我们不可能自己不行动而等待别人的帮助。但是，在目前这种情况下，我又能够做些什么呢？以我微薄的力量我该从哪里着手呢？我真是感到力不从心。"的确，这位女教师的疑虑实际上反映了当下跨文化语境对民族文化带来的巨大冲击，折射出跨文化语境下人们对自己文化身份与文化认同的迷茫的普遍现象。现代学校是传播主流文化的重要设施，教师是学校教育工作的主要承担者。因此，在教师的工作过程中，主流文化的传播与本土文化的保存与继承两者之间的冲突在所难免，这种冲突导致了教师角色的尴尬与身份的混乱。

身份是一个个体所拥有的关于他这种人是其所是的意识，提供了一种在我们对世界的主体性的经验与这种微妙的主体性由以构成的文化历史设定之间相互作用的理解方式。身份的确定，解决了个体的群体归属和文化角色。而当教师发生角色尴尬与身份混乱时，那种单一文化背景下的确定无疑、心安理得的文化感受便荡然无存，教师自身的文化认同出现了危机。

欧文·拉兹洛在其所编的《多种文化的星球》中写道："世界的许多地方面临某种两难境地：是进一步向外国文化开放自己的社会，还是封闭自己的社会并用比较传统的生活方式和解决问题的方式应付。”这种两难境地也折射到教育领域，影响着教育的价值取向、课程的理念与实施以及教育的评价标准，影响着学生与教师的发展。

这种对立与冲突将教师置于行进中的十字路口，她们在两难的教育价值取向中抉择，找不到方向，从而产生无助感和无意义感。美国学者沃尔特(F. Walter)说，没有接受本族文化教育的学生固然可能产生疏远感和无根感，但缺少主流文化教育的学生将会失去许多经济、政治和社会性的机会。对教师而言，这种矛与盾的对立处境无疑是发展道路上的严重障碍。因此，用非此即彼的二元对立观念来要求民族教育，或者要求民族教育完全融入主流文化，或者要求民族教育完全忽略主流文化，都是不现实的和没有前途的。处理好传统与现代的关系、明确教育的价值取向与办学方向，是办好民族教育、促进教师发展的基本前提。

二、文化支持

联合国教科文组织21世纪委员会在20世纪90年代的一份重要报告《教育——财富蕴藏其中》中说道：“现代人有一种头晕目眩的感觉：一方面是世界化，他们看到而且有时承受着这种世界化的多种表现；另一方面是他们在寻根、寻找参照点和归属感，他们在这两者之间左右为难。教育应面对这个问题，因为在一个世界性社会将在阵痛中诞生的时候，教育比任何时候都更处于人和社区发展的关键位置……”民族村寨女教师是广大教师队伍中的重要组成部分，她们的发展和教育参与状况是衡量民族社会发展水平的重要指标，同时也是衡量两性平等与社会公正的重要依据。民族村寨女教师的发展是一个有机体与其所处的变化着的环境之间相互适应的过程，是一个个体与文化场的互动的过程。在女性的毕生发展过程中，她们对于村社事务以及家庭事务的参与程度、所处地位以及拥有的资源，在很大程度上由传统习俗制约着，但同时，社会进步的巨大力量为扩展女性的生活空间与参与程度，为促进女性的全面发展破冰引航。由于当下跨文化的语境及其所带来的对文化理性与文化体验的无意识或有意识搁置，教师发展过程中最缺乏的是精神的导引与理论的支撑以及对文化的反思能力，这种精神的困惑导致发展动力的枯竭。因此，推动教师发展应着力从以下几方面入手：

(一)提升文化自觉

科林·威尔逊在其《局外生存》中着力要阐明的是“局外人的第一件事就是认识自我”。费孝通先生提出中国知识分子应主动承担起认识自己的文化及其定位、认识不同的文化及展开跨文化对话的任务,提出只有认识自己的文化,理解所接触到的多种文化,才有条件在这个正在形成中的多元文化的世界里确定自己的位置,与其他文化一起取长补短、联手发展。左藤学认为,作为“中间人”的教师,必须作为“介入者”加以重构。

文化是人的自我生命存在及其活动本身,文化世界的本体就是人的自觉的生命存在。提升文化自觉,就是强调对人的生命的存在和发展的深度体验的沉思,教会教师对文化自觉的理性思考,增强对世界文化的使命感和责任感,由文化自在上升到文化自觉。

教师是连接民族传统文化与现代文化的桥梁,他们的发展与当地的文化生态有着密切的关系,同时也承担着促进本地文化发展、提高本地人们生活幸福度的重要使命。历史上,民族文化的传承是由长辈、部落首领、巫师等来实施的,教育是以原生态的、自在的方式发生的,与当时当地的条件与需求相适应。可是,时过境迁,如今现代化及其所带来的文化多元强烈冲击着古老的、原始的、相对封闭的文化,少数民族文化再也不可能维持原有的状态,而必须以开放的胸怀吸纳外来的先进文化,寻找原生态文化的新的生长点。因此,教师发展同样面临着处理好民族文化生存与发展的关系、处理好传统文化与现代文化的关系、提升文化自觉的重任。

(二)调整学校教育范式

教育范式与学校教育范式的冲突,是影响教师发展、造成教师两难境地的重要原因。现代学校教育是大工业生产的产物,它与城市化、现代化相伴随,这样的教育忽视人的文化经历,完全按照标准化的模式来开展活动。从课程内容、教育方式到评价标准都是为结构化的社会服务,是一种狭义上的教育。对民族地区而言,这是一种外植式教育,与当地的实际需要有一定距离,因此加剧了教师的教育工作与当地实际的矛盾,对于教师发展可以说是一种不利因素。而事实上,教育,就其广义而言,应该囊括人类的一切教育实践活动。具体来说,人类的教育实践活动应该包括传承人类文化、创造科学知识、提高人类素质以增强人类顺应环境和改造环境的能力等。可以说自有人类社会以来,就有教育存在,教育自始至终伴随着并促进着人类社会的发展。民族地区长期以来的传统文化传承是靠着其独有的、与特定的时空和历史传统相适应的方式而进行的。苗族古老文化之所以能相对完好地传承至今，说明当中一定有着某种原生态的、适宜的、内生式的教育活动，比如苗族特有的宗教仪式、乐器、乐舞、传统节日、生活习俗以及服饰等方面的文化承载形态。所以，将大工业条件下的教育范式原封不动地移植到山地农林经济地区，自然是缺乏其落脚的根基和生长的源泉的。

民族文化的传承靠教育，一个民族的教育若要担当起这个历史的重任，首先应当明确办学的价值取向。教育的终极目标应当落脚到人自身，落脚到人的生活质量的提高上。在当今世界，全球化的浪潮席卷了这个星球的各个角落，主流文化与民族亚文化的冲突日益尖锐，民族的优秀传统文化面临湮没或异化是每一个民族无法逃避的现实。对于常年生活于大山怀抱的民族而言，奢望他们脱离故土、献身主流文化是不可能也没有必要的。当前对民族地区教育价值取向的误导极大地制约了民族地区教育发展。民族教育应当服务于学生、服务于当地文化生态。丢掉民族优秀文化遗产、无视人自身幸福生活的教育是没有根基、没有前途的教育。

因此，要促进教师发展，促进民族村寨女教师的发展，还应当对她们所从事的教育工作的各方面进行调整，利用当地的文化资源，结合本地特点开发利用本民族在长期的历史发展过程中积累的独具特色的、优良的教育经验，吸纳现代学校教育的精髓，实现教育范式与学校教育范式的优势互补，为本地经济文化建设服务，为提高本民族生活质量服务。只有教师的工作环境正常运转，才能为教师的发展创造良好的条件。

（三）推进跨文化教师培训

提高教师的跨文化适应力，是促进教师在跨文化语境中发展的重要途径。以苗族教师为例，长期以来，苗族文化是在相对封闭的环境中以自身独有的方式传递着古老的文明。而当下的跨文化语境是有史以来从未遭遇过的，现代化的强大的冲击波也是亘古未见的。因此，当外来文化以及现代学校教育以绝对优势进入苗寨后，教师们仍然以原有的文化观来应对，自然会产生困惑，在教育中出现对文化内容的选择与判断能力的欠缺便不足为奇。

因此，联合国教科文组织倡导：在所有教师的职前培养和在职培训中都应考虑到文化的差异。教师培训的目的之一是使受培训者更广泛、更深刻地了解自己国家和其他国家中文化的多样性。教师培训还应考虑到传媒、技术和环境教育的重要性；还应向受培训者提供来自非主流文化的学生融入学习过程的技能。跨文化教育或多元文化教育要求掌握与革新特征相联系的特殊技能，要求有能巧妙而又得体地考虑到受益者的不一致的教学方法，还要求采取适当的评估程序。掌握观察、倾听和跨文化交流的方法和技术，在适当的地方掌握一种以上的工作语言以及人类学分析的某些概念，应该使教师能在多元文化的复杂现实中更好地行使其专业职能。这种培训应得到教学和文化研究中心、文化机构和高等教育机构以及传媒的支持，而且只要可能，还应利用地方的各种文化资源。

目前，欧洲的教师培训十分重视教师的跨文化适应力的提高，如有研究者（瑞士的 Micheline Rey）提出跨文化教师培训的基本要求是：帮助教师认识到教育实践的多元文化的社会背景；帮助教师了解不同国家的文化以及相应的教学制度；在基础培训及后续培训中贯穿跨文化视角；帮助教师与其他教学人员了解与采用跨文化的教育学原理以及习明纳的教学组织方式；制定培训课程与相关文件，开展在职教师的继续培训活动。

因此，我们在教师培训中，在对民族村寨女教师的培训中，应当加强重视教师在跨文化语境中的文化体验、提高教师跨文化适应力，具体包括：(1)开阔的文化视界，了解本民族文化及世界文化的起源、发展及精神实质；(2)开放的世界文化观，不仅具有对自身民族文化的认同意识，而且具有对所有文化的尊重与宽容意识；(3)积极的跨文化情感，具有自尊、平等、开放、互尊的文化态度；(4)全面的跨文化适应力，即在多元文化碰撞与冲突的局面下能够敏锐把握文化动向、调整自身观念与行为、开展积极的文化间对话与交流的能力。

除了以上的文化支持，政府还应在加快促进经济发展、弘扬优秀民族文化、建设新型文化、调整用人制度与政策等方面做出努力，以帮助民族村寨女教师走出文化困惑，身心健康发展，对教书育人、推动社会进步发挥出更大、更积极的作用。

第六部分　民族村寨女教师发展的文化机制

教师发展是一个教师与文化环境的双向互动过程。相对于汉族地区、城镇以及男性教师，文化环境的影响对于那些生活、工作在民族村寨里的女性教师们来说显得尤为突出。当“少数民族”“农村”“女性”这三种属性集于一身的时候，她们遭遇了更为尖锐的矛盾与冲突以及更为复杂、艰难的文化困境，对自身的发展带来重要影响，因为这里是地方性知识最牢固的地方，同时也是外来文化冲击最强的地方。笔者将民族村寨女教师所处的文化环境看做一种场域，并借鉴物理学等学科中关于场、磁场、力场、心理场及场域的概念，提出文化场的概念，认为文化场是指特定的时空中各文化元素相互作用所形成的一个综合场。文化场是文化的一种存在形态，它动态地、深刻地揭示着文化要素之间、文化与社会之间、文化与个体之间的相互关联。教师的发展受诸多文化因素的影响，从文化场的角度进行分析，能够更有力地体现特定文化时空中教师发展及其解释的情景性、具体性和特殊性。

民族村寨女教师发展文化场，依托于具体的教室、校园与村落等空间环境以及当中的观念体系、文化性格与各种习俗，融合了本土的与外来的、传统的与现代的各种价值取向，它与具体的地域空间有着密切的联系，但不是一个单纯的物理场、实体场，而是一个倾向于社会场、心理场的综合场。

一、民族村寨女教师发展文化场的特点

教师发展文化场是一个由多种要素及多层维度构成的一个有机系统，民族村寨女教师发展文化场是这个有机系统中的一个子系统。这个子系统

具有整体性、动态性、传统性、多元性与跨文化性的特点，影响着民族村寨女教师发展的内容、方向与路径。

(一)整体性

民族村寨女教师发展文化场的整体性特点指的是它的各构成要素之间的相互关联性及其结构与功能之间的相互关联性。这样的文化场是一个有其相对独立性及运行内在规律的自组织系统，这个系统整合了空间的、时间的和价值观念的各个要素，跨越民族与地域，借助于现代化手段与途径辐射到世界各地。

作为一个整体，民族村寨女教师发展文化场的核心是观念体系。围绕这个核心，外层是一系列行为规范和相应的活动方式，这样的文化场对教师发展的影响是通过一定的场力实现的。这种场力表现为一种精神氛围、一种风气，决定着社区的舆论、学校的校风、班风、学风、教风，塑造着相应的教师文化，对女教师发展起着熏陶、示范、规范、调节的作用，女教师则以理解、掌握、内化、外化等形式学习和接受这些文化的期待与规范，并付诸教育、教学的具体行动当中。

(二)动态性

民族村寨女教师发展文化场的动态性特点指的是它的不断运动、前进或者退步的发展性与变化性特点。这样的文化场是一个动态的、有机的系统。这个系统自产生之日起就处于不断的矛盾运动与变化的过程中，这种运动与变化的动力，一方面来自其自身各要素之间的相互作用，另一方面来自与他文化的接触、交往与沟通。

文化实际上是自然界的“人化”，人的活动的多样性与复杂性决定了文化内在结构的多维性与开放性。变迁是文化永恒的主题。文化是一个没有固定边界的、开放的系统。文化自身具有的张力，使得它在与异文化接触的过程中，必然会有一个相互之间的作用力，这个作用力推动着文化处在不断的运动与发展过程中。而文化场中各要素之间的差异性则构成了文化变迁的动力机制。可以说，吸收外来成分以使自身获得新的生机，是整个文化发展史的通则①。文化就是这样在不断的吐故纳新的过程中摈弃糟粕，在吸取养分的过程中获得生存与发展。民族村寨女教师发展文化场的动态性特点推动着教师在内心世界的平衡—失衡—平衡的不断转换中获得发展。

---

① 张岱年，方克立.中国文化概论.北京：北京师范大学出版社，1994：120.

（三）传统性

民族村寨女教师发展文化场的传统性指的是文化场中起着主导作用的性别观仍然是以“男主外、女主内”的传统性别观念为主。性别观与特定的、传统的社会分工、当地人的生存方式、经济发展水平等方面密切相关。而民族村寨多是处于边远山区，其地理位置距离中心地带偏远，交通不便、通讯不畅，因此“地方性知识”根深蒂固，固有观念难以撼动。

这样的传统性特点对民族村寨女教师发展带来的规约和要求有时是苛刻的，她们首先是要从属于家庭、从属于丈夫。女教师如果想要在事业上取得成功，需要付出更多的努力并承受更大的压力。而实际上，长久以来的性别刻板印象极大地桎梏了人类的发展，无论是对男性还是女性。但随着社会的发展，随着女性受教育程度的提高、眼界的开阔以及能力的提升，现实中的女性对自己的期望已远远不止这些，更多的女性要求独立以及参与领域扩充到社会。女性对已有角色表现出一种服从，但也包含着一种抗争。

（四）多元性

民族村寨女教师发展文化场的多元性指的是文化场中各种因素与观念交织并存的状态。这样的文化场在空间上包含了学校、课堂、家庭与社区等物质环境，在观念上包含了本土的与外来的、传统的与现代的不同价值取向等心理环境，在人物构成上包含了本地人与外来人、未成年人与成年人、老年人等不同年龄段，在人物活动中包含了本地传统生活习俗和日常生计以及专业化教育机构中的教育活动，在女教师角色上包含了主流文化代言人以及本地传统文化承载者等多元身份。

当下，民族村寨女教师角色与身份的多元化以及生活工作在多种文化交织的文化场，使她们陷入文化困境：在工作职场中，在女性与男性不同的教育参与程度之间，她们感受着中心与边缘的无奈；在家庭中，她们面对着家庭与事业、主内与主外的犹豫；在村落院坝，她们经历着局内与局外的尴尬；在人类共同的文化场中，在本土文化与外来文化的碰撞与融合之间，她们体验着传统与现代的冲突。

（五）跨文化性

民族村寨女教师发展文化场的跨文化性指的是文化场中各种文化的多元性及其之间相互交往的跨界性与融合性。跨文化性指的是关于不同文化的知识和理解以及在一国内部各种文化成分之间和世界各国不同文化之间建立积极的交流与相互充实的关系。[①] 历史上,由于天然屏障及人为的文化壁垒,各种文化自我封闭,彼此互不往来。而当历史发展到今天,由于现代化的科技发展、经济及文化全球化的发展趋势,文化封闭不再可能,而共同的利益与共同的难题也促使各文化产生了相互合作、共同发展的主观需要。所以,打破疆界,联合沟通,共同制定互补双赢的文化政策构成了各国进一步发展的客观条件及主观需要。

由此,同过去相比,当下民族村寨女教师发展的文化场发生了巨大的变化:由过去单一文化场转变为多元文化场,由过去的文化的多元并存转变为各种文化跨界互动,由文化间的彼此封闭、冲突转变为相互交流、理解、共生共荣,是一个由多种文化所共同生存、演变、发展的有机系统。文化场的跨文化性使得女教师面临着不同价值观念多元并存的文化局面,一方面为她们观念的丰富与发展带来了契机,另一方面也使她们遭遇了前所未有的文化选择的困境。

二、民族村寨女教师发展的文化机制

教师发展的实质是教师的教育观念 、知能结构和文化性格的逐步合理、提升与完善的过程,是外部环境与教师内在因素相互作用的结果。从文化的视角看,教师发展总是处于特定的文化场中。民族村寨女教师发展文化场的整体性、动态性、传统性、多元性与跨文化性,决定了女教师的发展历程是一个连续的、多维的互动过程,即是一个跨文化场中的关键事件与教师的教育观念、文化体验与文化性格等内在因素互动的过程,是一个社会文化期待与主观自我期待互动的过程。其中的动力机制源于文化间的差异以及由于差异而导致观念的冲突、复原力的因应与文化的自觉,更源于女教师自身生命意识的觉醒。

如下图所示,文化互动的激发为教师发展文化场中作用与教师发展的外力作用,观念的冲突、复原力的因应、文化自觉的维系与生命意识觉醒的引领为教师发展的内在动力,内外两种力量共同作用于教师,推动着教师的发展。

① 赵中建.全球教育发展的历史轨迹——国际教育大会60年建议书.北京:教育科学出版社,1999:499.

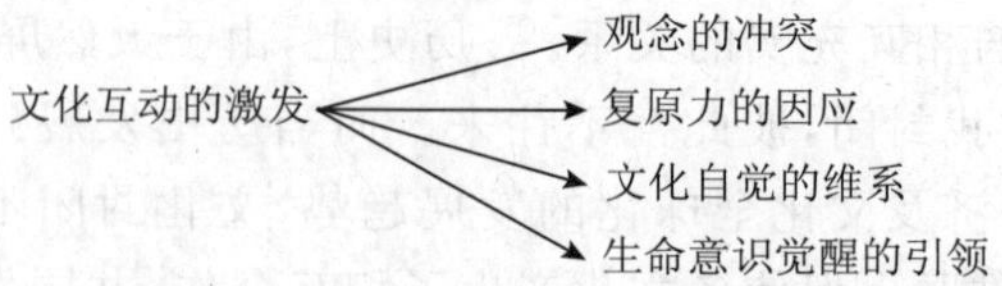

民族村寨女教师发展的文化机制示意图

文化互动的激发是指在跨文化场中的各种文化之间的接触、碰撞；观念的冲突是指新旧观念之间的差异、矛盾与对抗；复原力是一种内在的、潜在的适应力，当环境变动时，这种潜能会引导个体的心理与行为做出调整；文化自觉是指对本民族文化与世界文化图景的意识与理性思考；生命意识觉醒是指个体对自身生命的体验，对生命的意义与价值的认识。因此，民族村寨女教师发展的动力来自文化场的外力作用以及由此所激发的教师自身的观念、复原力、文化自觉与生命意识觉醒的相互作用。

（一）文化互动的激发

文化互动的激发是教师发展的重要的外在诱因。由于文化张力的作用，文化的变迁必然导致在跨文化语境中各种文化间的相互碰撞与冲突。

文化学理论认为，文化变迁的动力来自两个方面，一是来自内部的矛盾运动，由社会内部的变化而引起；一是来自外部的压力或推动力，由自然环境以及社会环境的变化与迁徙，或者与他文化接触而引起。正是由于冲突与变迁这文化永恒的主题，教师生活于其中的文化场成为教师发展的重要影响源。文化是人的实践活动和精神活动的产品，是人在与自身、与社会、与自然的矛盾运动过程中形成的。但同时文化又有其自身的运行规律，文化张力是其生存与发展的根本保证，所以，文化又是“为人”的。文化经由社会生活实践及精神价值体系两条途径对人的发展产生重大影响，决定着人的精神面貌及发展水平。文化不可避免地包含着超越性和自在性的内在张力或矛盾。这种矛盾在其现实性上表现为个体和群体、个体与文化模式的矛盾。在特定的条件下，文化的超越性和创造性精神会为人提供自由和创造性活动的空间和条件；而在另外一种条件下，特定的文化模式的自在性和强制性又会成为个体发挥创造性的桎梏。[①] 民族村寨女教师的发展正是在这样的文化推动或者挤压之下的一种样态。

① 衣俊卿．论文化转型的机制和途径[J]．云南社会科学，2002(5)：53－58．

(二)观念的冲突

观念的冲突是民族村寨女教师发展的核心动力来源。在这文化碰撞与冲突中,只有那些与教师成长有密切联系的、对教师的观念和行为产生重要影响的关键人物和关键事件,才能够触动并激起教师发展的潜能。关键人物是指在教师成长过程中对教师产生重大影响的人,这个人往往决定着教师的发展道路与发展方向。关键事件是指个人生活中的重要事件,教师要围绕该事件作出某种关键性的决策。它促使教师对可能导致教师特定发展方向的某种特定行为作出选择。①

学校与课堂是民族村寨女教师教育生活的主要场所,她们的发展与这里的文化环境有着密切关系。学校与课堂是传播主流文化的主要场所,许多新的文化元素就是从这里进入社区、进入家庭。新旧文化元素之间的冲突在这里表现得最为突出,它具化为课堂上或校园中的关键事件或关键情境。民族村寨女教师一方面以传播主流文化为己任,但同时她又不可能超脱于所生存的文化环境,因而也就不可避免地留有传统文化的深深烙印。这一新一旧的接触、交手所带来的观念的冲突以渗透、规约或者阻抗、催化的方式对教师的发展产生影响,造成教师原有的教育观念与新观念的冲突,并通过教师的教育与教学活动、通过教师与学生的互动等教育、教学行为体现出来。

(三)复原力的因应

复原力的因应是牵引教师文化情感与体验的内在文化本能。复原力,英文为 resiliency,也有译作韧性、心理弹性等,指面对失败、困难或者逆境时的有效应对和适应。② 研究认为,复原力是个体的一种能力、潜能,透过个体与环境的交互作用之因应过程,产生出良好的适应结果。③ 复原力是每一个人都具有的心理特性,它来自先天的、个人早年的经验或者危机事件后的个人学习经验。因此,无论是身处逆境,还是身处顺境,复原力作为一种潜在的心理能源存在于每一个个体身上。如我国的苗族长期生活于大山之间

---

① 叶澜,白益民,王枬,陶志琼.教师角色与教师发展新探[M].北京:教育科学出版社,2001:309.

② Tugade M. M. Fredrickson B. L. Resillient individuals use positive emotion to bounce back from negative emotional experience. Journal of Personality and Social Psychologiy,2004,86.2.320—333.转引自肖楠.韧性(resilience)——在压力下复原和成长的心理机制[J].心理科学进展.2005(5):658—665.

③ 周碧岚.复原力研究的进展与方向[J].求索.2004(10):132—134.

的辗转、迁徙之中,逐渐积淀形成了顽强、坚韧的民族性格,并代代相传,融入了每一代人的血液与心灵,成为世代传承的文化基因。当遇到冲突、困惑或矛盾时,民族固有的复原力便会被激发而释放出能量,促使人克服困难、战胜逆境。

文化冲突对民族村寨女教师所激发起的复原力不仅与冲突的特点有关,同时也与教师原有的观念体系、与教师的文化体验、对教育的看法、对学生的看法以及对自我的态度有关。但是,并不是所有人在逆境之中都一定会被激发出巨大的复原力,同时,复原力本身也不是完美的,它也有着不同的层次,因而对人的发展的推动力有大有小。Hunter 认为,最低层面的韧性仅仅具有生存意义,人们通过暴力侵犯和情感压抑来保护自我;中间层面的韧性具有防御意义,个体拒绝与别人交往,以此抵制外界生活的不良刺激;最高层面的韧性才具有健康、成长的含义,个体积极地调动个人资源,获得更多的社会支持,灵活地处理生活压力。处于前两个层面的人在成年之后,往往会出现心理社会适应不良,甚至心理障碍。① 这可以解释为什么同处于一个文化环境之中,有的教师进步快,有的教师进步慢,甚至有的教师会产生退步现象。在不同的情形下,所产生的复原力的大小、强弱或者层次也不同。

(四)文化自觉的维系

文化自觉是民族村寨女教师发展的理性程度与发展水平的重要影响因素。文化自觉是指对自己文化的自知之明,明白它的来历、形成过程、所具有的特色和它的发展趋势,自知之明是为了加强对文化转型的自主能力,取得适应新环境、新时代文化选择的自主地位。文化自觉是人的主体性与能动性在文化上的体现。

民族村寨女教师的文化自觉对于明确自身的文化处境以及发展现状、发展过程与发展目标、反思自身的文化责任与文化选择起着重要的作用,是教师文化紧迫感与使命感的来源和发展动力。从文化学视角看,文化自在与文化自觉是个体文化意识发展的两个阶段,文化自在是无意识的、较低级的阶段,文化自觉是有意识的、较高级的阶段。因此,文化学视角中的教师发展也可据此划分为相应的两个状态,即教师发展的文化自在状态与教师

---

① Tugade M. M. Fredrickson B. L. Resillient individuals use positive emotion to bounce back from negative emotional experience. Journal of Personality and Social Psycholigy, 2004, 86.2.320-333. 转引自肖楠. 韧性(resilience)——在压力下复原和成长的心理机制[J]. 心理科学进展. 2005(5):658-665.

发展的文化自觉状态。国际教师发展的基本路向分为外源型发展与内源型发展两大类型。外源型发展强调教师权益的保障、教师教育制度的完善、教师专业标准的制定等外部因素在教师专业发展中的作用。内源型发展强调从教师自身的角度思考问题,强调教师知识的自我建构、教师对自身行为的反思和教师参与行动研究等内部因素在教师专业发展中的重要作用。①

(五)生命意识觉醒的引领

生命意识的觉醒是民族村寨女教师获得发展的内在因素。生命意识的觉醒唤起并支撑着民族村寨女教师对自身生命的热爱以及为提高生命质量的努力,这种对积极生存方式的追问与反思,既是本能的,但更具有深刻的文化意蕴,因为对生命价值的感悟以及对生与死的观念是深深根植于一个民族的文化传统之中的。

我们在调查中发现,民族村寨中小有成就的女教师往往都是本村女孩儿中第一个坚持读书、发奋读书的女孩,她们对改变现状、与命运抗争有着不懈的追求,她们的成功往往又成为本村女孩子们的榜样和努力的方向。一位苗族女教师告诉我,她的父亲为了能够让她坚持上初中而将自己做老屋的大木头——这一灵魂与来生的寄托卖掉,得钱给她交学费。这件事对她的心灵带来了巨大而深刻的震撼。每当她开始动摇当山村教师信念的时候,这件刻骨铭心的事情总会唤起她的记忆而促进她放弃辞职,继续留在村里坚持做下去。这当然有时代的痕迹,因为那个时候女孩读书机会很少,但是却更加有力地证明了个体对生命的觉醒在人生发展、充分实现生命价值中的重要作用。这也就不难解释为什么同样环境同样命运的教师却有着不同的人生发展轨迹以及不同的生存价值。

综上所述,民族村寨女教师发展文化场对教师发展的影响实际上是一个内外力量相互作用的过程。文化场对教师发展影响的意义在于对教师教育观念与教育行为的预期、激励、阻止、调控;影响的内容包括了教师的教育观念、教育行为、文化情感与发展动力;影响的途径是透过教师的教育观念而产生推动力或阻抗力,它的力量具体表现为对教师教育信念的牵引与对教师教育情感的激发;文化场中两种或多种文化冲突的结果决定着对教师发展所产生力量的大小及方向;教师通过观念、情感上的排斥或接受,从而对新的文化元素采取顺应、认同、改造或创新的态度,进而作用于文化。

---

① 徐书业.文化自觉:教师专业发展的未来趋势[J].广西教育学院学报.2004(2):1—3.

第七部分 少数民族女性学校领导成长的政策支持

政策意味着规范与保证，意味着判断与认可。中英西南基础教育项目女性领导力建设行动研究目标直指项目县学校女性领导的培养、任用和提拔，直指女性领导力建设政策与制度的建立与完善，以促进女性的健康成长和女教师的全面发展，并最终推动性别平等和社会公正。

一、政策的出台

（一）质疑与抵触

应当说，项目实施以来，项目专家和利益相关者无不对项目愿景寄予了极高的热情和无限的憧憬，但是关于项目逻辑框架中目标的质疑也从未停止过。还记得 2008 年项目省县级专家在云南昆明的一次性别公平讨论中，男性和女性都表现出在性别观上的差异、对立和不可通融。男性们通常提出学校没有女领导的原因是：边远山区学校分散，环境恶劣，条件艰苦，不让女教师当学校领导是为了保护她们；女教师缺乏号召力，性格柔弱，很难管理好学校；女教师选择承担家务，不愿意舍弃家庭去当学校领导。而让我们真正感到压力的是，对 6 个试点县女性领导力基线调研的结果所显示出现实与理想的差距以及问题的严峻性。

根据行动前的基线调研发现，项目省的各试点县在关于女性领导的培养、任用和提拔方面没有专门的政策和制度，现有政策中涉及女性领导的人数规定也只是形式和摆设，实践中并未真正执行。

在项目省的各试点县，学校女性领导所占比例很低。在四川，2007 年，昭觉县全县共有学校262所，其中小学253所，初中6所，高完中2所，九年一贯制学校1所。全县共有专任教师1839人，其中女教师694人，占专任教师总数的37.7%；全县149位校长中只有2位小学女副校长、1位女幼儿园园长，占校长总数的2%；女校长在全县专任女教师中仅占0.04%。从调研结果可见，昭觉县女校长稀缺；而且，女校长平均年龄为41岁，而男校长平均年龄为30岁。这表明女性较之男性在成为校长之前要多等待11年。事实上，不仅是学校正、副校长的位置上女性稀缺，就是在包括教务主任、少先队大队辅导员等中层干部的领导班子中，女性仍然是非常少的。从昭觉县教育局提供的数据显示：2006年，在全县中层干部中也仅有5名女性，仅占全县专任女教师的0.07%。在广西，2009年初，那坡县有中小学教职工1698人，其中女性446人，占教职工总数26.3%。在20所由县教育局任命的中小学校(其中高中1所，初中8所，中心小学8所，九年一贯制学校2所，职业教育中心1所)182名学校领导班子成员中，女性只有16人，其中1人任小学校长，2人任小学副校长，13人为学校中层领导，女性领导占学校领导总数的8.8 %；由乡镇任命的村完小领导班子成员中，没有一名女性领导。在贵州，2006年9月前，册亨县仅有1名女校长，1名女副校长。在云南，2009年初，福贡县没有1名中小学女性领导干部。

而数据背后更为隐蔽、更加难以撼动的是人们长久以来形成的男根社会的传统观念以及认为男性是当下格局的维护者。

1.教育局长的“过三关”

2010年11月，广西女性领导力专家团队组织了广西各项目县女性领导力专家(区项目办1人，“产出五”省级专家5人，每个项目县4人，其中教育局负责项目领导1人、“产出五”负责人1人、县级女性领导力专家2人，共30人)赴贵州省册亨县开展参观、座谈、访谈等活动，交流项目体会。在一次项目经验交流会上，一位教育局长的话令人记忆犹新。他说，自己又何尝不知道提拔女性学校领导的益处，又何尝不想选拔合格的女教师当学校领导！可是，身为局长，生活于当前的社会现实中，要提拔女干部，首先要“过三关”，这三关不过，是不可能提拔女性领导的。第一关是夫人关。如果夫人阻挠，要想提拔女性领导，心有余悸。第二关是人情关。干部提拔，总有亲戚朋友来求情，很难完全根据干部选拔条件进行提拔，否则会被指责为不懂人情世故。第三关是流言关。提拔学校女性领导，要经得起流言飞语的攻击和中伤，否则会被压得抬不起头，甚至身败名裂。这位局长的担心折射出了工作职场中的纷繁复杂以及部分领导的现实处境。

可是，就是这位教育局长所在的县，在册亨之行后不久，就出台并下发了中小学校女性领导干部选拔任用工作办法及相关工作要求。在其他项目县，我们也发现了类似的情况。尽管之前有着种种的担心和怀疑，可是政策出台的过程以及执行、落实竟然十分顺畅，许多地区打破了多少年来没有学校女性领导的历史纪录，所提拔的女性领导人数多，能力强，在工作中也能够得到来自各方的支持。这与原来的担忧形成很大反差。我曾多次与各项目省负责人问起这背后的原因，他们倒是觉得没什么可诧异的，很正常。

2. 女教师的"家人关"

女性领导力培训中有一个活动是"站立场"，即培训者事先将写有"政策""领导""家人"等支持者的纸张贴在活动室的各角落，参训者则站在自己认为最重要的支持力量的旁边。在每一次的培训中，女教师们选择最多的是"家人"。她们认为，在自己成长过程中最重要的支持者是家人，担任学校领导后最在乎、最看重的仍然是家人，主要为丈夫、孩子、婆婆等。大多数女性说，能否上任首先要问丈夫是否同意。如果不同意，自己宁愿维护家庭和谐而放弃领导职务。在那坡县的调研中我们也发现，有一位九年一贯制学校的女教师曾经是学校的中层领导，但因为丈夫是学校校长，两人都忙于工作，家里孩子、家务没有人管，而主动放弃领导职务，一来可以让丈夫安心工作，二来可以照顾家务，自己也可免去工作和家庭的双重压力。确实，我们发现，现实中有的女教师因为担任领导职务后，跟丈夫闹别扭、被婆婆指责、被孩子埋怨，甚至有因此而离婚的。而就女教师自身而言，职场上喝酒应酬、家庭与工作的双重压力也使得不少女教师顾及家人的感受而不愿担任领导职务。

此外，还有来自女性同伴的嫉妒、周围人的无端猜忌以及男同事的不信任甚至刁难等方面的压力。

(二)新政策为何得以出台

截止到2010年底，各地纷纷出台了培养、任用和提拔学校女性领导的政策文件。如广西那坡县出台相关文件：那教〔2009〕17号《中英西南基础教育项目那坡县女性领导力建设方案》、那教〔2009〕18号《那坡县教育局关于开展选拔培养女性后备领导干部工作的通知》、那教〔2010〕21号《那坡县教育局关于推荐评选2010年那坡县"优秀校长、优秀教育工作者、优秀教师"的通知》；凤山县出台文件：凤教党发〔2010〕28号《凤山县中小学校女性领导干部选拔任用工作办法》、凤教党发〔2010〕29号《关于做好中小学校女性领导推荐工作的通知》。

比如云南：福贡县出台了《福贡县教育局关于在全县教育系统开展培养和选拔女性领导干部工作的通知》(福教发〔2009〕21号)文件；镇雄县出台了《镇雄县教育局关于做好培养和选拔中小学女性领导干部工作的通知》(镇教通〔2010〕79号)文件；鲁甸县出台了《关于做好培养和选拔中小学女性领导干部工作的通知》(鲁教〔2010〕151号)文件；县教育局于2010年9月26日出台了《彝良县教育局关于做好培养和选拔中小学女性领导干部工作的实施意见》(彝教字〔2010〕13号)文件；德钦县出台了《德钦县教育局关于做好培养和选拔中小学女性领导干部工作的实施意见》(德教字〔2010〕53号)文件；澜沧县出台了《澜沧拉祜族自治县教育局关于做好培养和选拔中小学女性领导干部工作的实施意见》(澜教发〔2010〕93号)文件。

笔者就人事政策出台的流程与数量访谈了一些人事股长，也查阅了有关人事政策，像中英项目这样推动了如此多的政策出台并产生积极影响的，历史上是绝无仅有的。那么，是什么原因让项目取得了成效？新政策出台的机制是什么？

1.项目自下而上的推动

现实的需求与社会的准备是项目得以顺利实施的基本前提，而项目自下而上的设计理念与推进路径则是新政策得以出台的关键。

项目管理由教育部项目办、省项目办、县项目办构成三级项目管理机构，管理机构人员既有官员也有从基层抽调的干部，保证了上下沟通的畅通以及对地方实际状况的把握。由专家团队和县教育局长、人事股长、女教师与女校长共同构成项目团队，由国家级专家、省级专家、县级专家组成项目专家队伍，项目推进的主体为县级专家及县教育局长、人事股长、女教师和女校长。国家级与省级专家的工作主要是在行动设计、相关培训以及拟出台政策等方面提供专业支持。工作开展的基本环节是基于对试点县女性领导力状况的基线调研结果与分析，采取了全员培训、项目宣传、座谈/访谈、参观走访等多种形式以及“自下而上”与“自上而下”相结合的政策干预。

现在看来，关于学校女性领导提拔的新政策出台的具体过程很简单，但之前的培训、研讨与酝酿等工作却付出了艰苦的劳动。云南省福贡县是项目女性领导力建设行动研究的策源地，也是出台相关政策最早的县，从2008年8月国家专家福贡之行算起，到2009年4月，在项目女性领导力建设行动研究干预下，福贡县教育局第一个出台了关于提拔学校女性领导的文件，此次共提拔了23名学校女性领导干部，实现了零的突破。而其他项目县基本都是在2010年8月后才陆续出台相关文件。这期间，项目团队倾注了极大的热情和不懈的努力。

值得一提的是，女性领导力建设主要以行动研究展开，这是项目取得成效的重要经验。广西女性领导力建设行动研究报告中是这样总结行动研究经验的：

一是强调“对行动”。“对行动”强调的是以问题为中心，强调项目的各项活动一定是针对具体的行动的，如：以前做过哪些关于学校女性领导的提拔与培训工作？有什么收获？有什么困难？原因何在？当前根据教育发展需求和项目目标，应当采取什么行动？所以，从基线调研开始，项目组就积极与县教育局主管副局长及县人大领导联系，扩大项目影响，营造项目氛围，联合县里各相关部门及相关人员分析商讨基线调研的情况并提出相应对策。

二是强调“在行动”。“在行动”强调“去权威化”，强调专家团队、女性领导和女性教师都是行动的践行者和受益者，强调项目活动的针对性和有效性，除了不断提高培训质量外，尤其加强在每一次培训活动前、活动中和活动后发挥学员的资源库作用和参与的积极性，避免走过场、搞形式。每一期的培训都必须有详细的学员登记，了解学员的培训需求，调查培训结果的反馈情况等。这样，使得各项活动更适应学员的需求，学员的身份由过去的“单纯接受者”转换为“行动的参与者”，提高了培训的时效性。

三是强调“为行动”。“为行动”强调项目的执行过程实际上就是参与者的发展过程，将书斋里的研究扩大到鲜活的学校和课堂，帮助学校女教师和女领导学会反思、学会自主成长。比如，在培训过程中每一位教师都要回顾自身的成长经历，分析当中对自己成长有重要影响的人物、关键事件、关键时间等，彼此分享故事、找出问题与对策，并由此逐渐学会了对自身成长规律的探索，真正实现专业发展。

2.职场女性参与意识的觉醒

随着女性受教育程度的提高与普及，女性自身参与社会的热情与愿望正在积蓄并不断显露。现实中女教师对担任学校领导职务尽管有诸多顾虑，但多数女性表达了渴望承担领导职务的意愿和信心。在培训总结中女教师们这样写道：“妇女也能当英雄！作为一名女性，我们不应该自卑，在今后的工作中，应该充满自信。女性同样也是能顶天立地的，也是非常不错的。”“其实女性也可以成为一位优秀的领导者。只要克服困难，充实自己，把自身的优点自信的展现出来，把自己的能力发挥出来，你也是一个具有领导力的人。”那坡县坡荷乡中心小学杨校长于2006年竞聘当上校长，由于工作压力等种种原因,她曾经有过退缩的念头,并于2008年秋季学期向教育局提交了辞职报告。2009年初,那坡县定为广西中英西南基础教育项目女性领导力建设试点县。该项目的实施如一场及时雨洒进杨校长的心田,通过参加项目开展的第一期女性领导力培训,杨校长有了新感悟,信心倍增。培训完回到工作岗位后,她放下包袱,迈开步子好好干。在她的带动下,2010年小学毕业水平测试,坡荷乡小学荣获全县双科第一名的成绩。杨校长不仅用事实证明了自己的能力,而且关注着本乡女性教师的培养,2010年她向教育局提名推荐了1名中心小学女教导副主任和1名村完小女主任,如今她提名的这两名女教师均于2010年9月上任。

3.各项目省社会文化传统以及国际项目经验

到今年3月份项目关闭时,各项目县取得的成效是显著的,但是我们也发现,各项目省提拔的女性领导人数差异很大,出台的政策也有不同特点。云南省在提拔女性学校领导和各县出台的相关政策方面遥遥领先于其他项目省。这当中的原因何在?是什么因素使得云南省各项目县在出台人事政策以及新任命的女性学校领导人数与其他项目省项目县方面的差别如此大?

带着这个问题,我们走访了各项目省的有关人员,经分析认为,项目推进过程中新政策的出台与女性领导者的选拔涉及当地的社会文化传统以及国际项目经验等方面。县政府、县教育局领导者的意愿、不同民族文化的差异、各地性别平等的程度以及女性在家庭和社会中的地位,是影响项目在云南省推进力度和影响力的重要原因。尤其是云南省一直以来得到了大量的国际扶贫项目和教育项目的支持,还记得早在2000年我就曾到昆明参加过联合国教科文组织的一项"农村妇女多渠道学习项目",项目组织了各地专家编写各类手册,致力于农村妇女的健康、致富、环境保护与权益维护等。这些说明了任何项目都要充分考虑受援国的实际、项目省和项目县的实际,包括历史的和现实的、经济的、政治的和社会文化的。

二、数字与成效

经过项目短短几年的推动,到2010年11月,贵州试点县册亨县共提拔了8位女性校长、副校长及22名中层女性干部。同时,册亨县现有的15所中学和15所中心小学已经分别选定了1～2名后备女性干部,她们已在相应的中层职位上锻炼。

截止到2010年12月,四川试点县昭觉县教育系统的女干部比基线时增加了17个,另有一批优秀女教师成为学校后备干部人选。对于一个女性地位低下的彝族高度聚居县来说,这一变化是非常明显的。

截止到2011年4月,广西试点县那坡县自中英西南基础教育项目开展女性领导力建设两年来,共有30位女教师走上领导岗位,其中新提拔2位女干部为县教育局二层领导,16位女性教师为初中、中心小学中层领导,6位女教师担任村完教导主任,女性领导占学校领导总数的14.3%,比项目实施前的8.8%提高了5.5个百分点。另外还有6位女教师分赴各乡镇担任副乡(镇)长。短短的两年间,能有30位女教师走上领导岗位,这是那坡教育史上的新突破,那坡教育走出了可喜的第一步。

截止到2010年12月,云南省六个项目县共有中小学女性领导干部469人(镇雄县125人、彝良县64人、鲁甸县39人、澜沧县192人、福贡县28人、德钦县21人),比2006年的73人增加了396人,增长了84.4%。许多学校实现了有史以来没有女性领导的零突破。

三、我们的思考

政策是国家为了实现一定历史时期的路线和任务而制定的国家机关或者政党组织的行动准则。一项政策的制定、出台、贯彻以及影响力的发挥,受到多方面因素的影响和制约。从国际上看,追求教育的均衡发展是世界范围内的教育改革理想,当中体现的是对教育公平和社会公正的价值追求,也是当代人们对优质教育需求越来越强烈的诉求。中英西南基础教育项目作为我国教育部和英国国际发展部联合在中国实施普及基础教育双边合作项目,项目的总目标是“在西部地区所有普九目标县,学生能享受到更多的、公平的高质量基础教育机会”,目的是“通过提高政府有效实施项目的能力,为处境不利的儿童提供更多的入学并有质量完成学业的机会,从而帮助政府实现普及基础教育的目标”。这正是国际社会的大势所趋。中英西南基础教育项目作为一项触及基础教育实质性要素的公平教育推进行动,为广西少数民族基础教育的发展注入了新理念,带来了新启示和发展的动力,无疑对相关政策的制定和落实产生了重要影响。

而项目产出五重点关注的是社会发展和制度发展。在项目的逻辑框架中明确提出,教育系统的能力得到提高,从而更好地满足最弱势儿童的需要。为满足处境不利儿童需求而做出的制度改变的深度是成功的。项目产出五验证指标第四项规定："到项目结束时，与基线相比，省教育厅及县教育局的管理者、项目管理人员和农村学校女教师和女校长比例得到增加，尤其是女校长人数明显增加。"而这项指标的最终保障体系则是关于女性领导力提升人事政策和制度的建立和完善。项目执行期间各项工作的落脚点要考核是否建立起了长效机制。因为在项目的实施或执行中有着来自国际的和国内的高水平专业力量的支持和推动，同时也动用了受援国的行政力量的参与、干预和管理，因此，项目执行期间的效果是显而易见的。但如果这些支撑力量的撤出会影响到项目效果的可持续性；而相关政策的制定则是项目实施的基本目的和持续性效果的重要保证。

第一，政策的制定与发展是中英西南基础教育项目逻辑框架中的基本范畴之一，而关于支持学校女性教师的培养和提拔的人事政策则是项目产出五女性领导力建设行动研究直接干预的重要内容。

第二，项目的宗旨和特点决定了项目与政策共同关注的问题和共同的指向——提升女性领导力、推进社会性别公平，而这也构成了项目与政策之间连接的媒介和基础。

第三，项目要努力变革与发展的内容与政策环境、政策制定者以及政策的利益相关者的密切联系，这些因素推动或阻碍着政策的完善与效果。

项目对支持女性领导力发展的人事政策的影响主要表现在项目对政策环境、对政策的制定者和执行者、对政策自身的建设与发展以及新政策的出台等方面。

(一)项目与政策环境

政策环境包括了国际和国内的政治、经济、文化等方面的社会环境和自然环境。一方面，受项目政策环境的影响和制约；另一方面，政策的产生和发展又会对政策环境带来重要影响。

中英西南基础教育项目对政策环境的影响主要体现在：

1. 项目对社会舆论的引导

项目宣传和倡导的公平理念，推进了社会性别主流化进程；

项目唤醒了更多人的社会性别意识，人们学会用性别平等的视角来分析社会现象；

项目鼓励女性大胆维护自身权益，主动承担更多的社会重任。

2. 项目对传统性别观念的冲击

项目对传统社会中"男尊女卑"、"男主外、女主内"现象为何在当今社会遗留进行剖析；

项目分析了职场中不利于女性成长的因素是制度、文化以及女性能够利用的有限资源；

项目鼓励女性和男性反思并克服自己成长环境中的社会刻板印象。

3.项目对领导力神话的破除

项目通过培训澄清了领导力的核心内涵；

项目让人们充分认识到，每一个人，无论是男性还是女性，都具有领导力；

项目明确了领导力的充分展示是个人全面发展的重要内容。

(二)项目与政策制定者、执行者

项目使得教育厅、教育局、校长和人事股长等政策制定者和执行者感受到了来自国际国内的社会性别主流化的时代潮流和动力；

项目通过培训、会议等使人们意识到在管理实践中习以为常的许多现象，比如管理岗位上“男性多、女性少”，其实质是性别不平等；

项目让政策制定者和执行者进一步反思自己原有的性别观念及在工作中的表现，明确今后的努力方向；

项目促使已有政策的落实或者调整，并推动了新的支持女性领导力发展的人事政策的出台。

(三)项目与政策发展

项目促进了政策制定中价值取向的调整和多元，突出了对女性成长的关注，尤其是对性别平等的追求表现得强烈、明确和直接；

项目促进了传统人事政策中内容和目标群体的突破，即制定了专门针对培养和提拔女性干部的相关规定和措施；

项目促使政策模式发生转变，即由过去主要的“精英上层决定模式”转向由“精英上层决定模式”和“草根基层决定模式”相结合的多元模式。

(四)后续

项目留给我们的是欣喜和感动，是无限的留恋和挥之不去的牵挂。项目的成效能否继续？广大女性已经激发起来的热情能否保持并继续得到鼓励和支持？

今年5月，笔者分别与广西、云南、四川、贵州四个项目省的有关人员联系，询问了项目关闭后，项目期间颁布的有关提拔学校女性领导的政策是否还有效；项目的影响是否还在持续；当地的女性和男性们是否还记得项目的点点滴滴。他们的回答是，政策还有效，项目影响还在！

云南省福贡县的妮阿朵老师告诉笔者，项目期间出台的政策还在发挥作用，新提拔的学校女性领导还在岗位上，并发挥着越来越重要的作用，女性担任学校领导越来越被更多的人所接受和支持。

广西那坡县项目县级专家、教育局人事股的黄老师给我讲述了今年年初县里干部选拔过程中的几个片段：

2011年的春季，广西那坡县那坡中学有一个副校长职位面向社会招聘。要知道，那坡中学是那坡县最好的中学，谁都愿意。最初，在民主推荐中，没有陆美庆老师的名字，她就毛遂自荐。结果在后面的竞聘中，陆美庆老师自荐参加竞争，最后打败了其他6位学校中层男性领导竞争对手，以第一名的成绩当选，改写了那坡中学没有女校长的历史。

其次，2011年那坡县拿出6个指标面向社会公开竞聘乡镇副职领导时，女教师踊跃报名，最后有5名女教师被聘用了，占聘用人数的83%。

还有另一位女教师经公开推荐当选为城厢镇副科级干部。女教师的晋升和成长，极大地鼓舞了广大女教师，促进更多的女教师能自信地展示自我。

以上这几位新女性领导，除了有一位没有参加过女性领导力培训外，其他都是项目培训的直接受益者。

不知为什么，项目已经关闭，可大家对项目团队的留恋和思念却更加强烈。也许是我们为项目投入了太多的情感和美好的期待，也许项目本身凝聚了我们内心深处的渴望和与生俱来的对平等和公正的追求。还记得项目团队一次次踏上前往福贡县、昭觉县、册亨县、那坡县路途上的欢歌笑语，还记得高黎贡山的险峻、怒江溜索的震撼和册亨的高山峻岭，而傈僳族老百姓的煮鸡蛋，那坡黑衣壮的米酒，昭觉藏、彝族同胞的热情更是让人感动和难以忘怀。

四、广西义务教育学校少数民族女性领导成长模式

一般而言，学校领导成长历程大致可分为培养、任用、提拔和培训四个方面。彼得·诺思豪斯的研究认为，女性领导的发展进程有四个明显阶段，即克服政治上的天真、建立自信、形成风格、担当责任。女性领导成长的模

式有公司模式、人际模式和个人模式①。借鉴此理论，我们提出广西义务教育学校少数民族女性领导的成长模式分为制度模式、人际模式、个体模式、政策模式和区域模式。

（一）制度模式

制度模式，主要是指在学校女性领导的培养、任用、提拔和培训方面的相关制度建设与机制上的范型和运行方式。由于目前少数民族女性领导培养与培训制度、机制尚不健全，广西义务教育学校少数民族女性领导成长的制度模式目前主要表现为自在运行模式，即对女性领导的任用、提拔与培训处于无制度监管状态，任用、提拔和培训女性领导缺乏依据。这也是学校女性领导占比例低、参与程度不高的重要原因。

（二）人际模式

人际模式，主要是指在女性学校领导的任用和提拔中女性领导与上级、平级或者下属之间关系及其对女性领导的任用和提拔的影响的范型和运行模式。广西义务教育学校少数民族女性领导成长的人际模式目前主要表现为自荐模式与推荐模式两种。而现实中通过自荐模式居于领导岗位的女性很少，因为她们的毛遂自荐往往由于周围人的不信任而遭否决。现实中通过民主推荐模式走上领导岗位的女性也并不多。

（三）个体模式

个体模式，主要是指在女性学校领导的任用、提拔和培训方面女性自身的主动或消极状态及其对女性能否承担领导职务的影响的范型和运行方式。广西义务教育学校少数民族女性领导成长的个体模式目前主要表现为主动模式和被动模式。现实中多数女性学校领导都是被动模式下被任用和提拔起来的。许多女性领导在回顾自己成长道路时都谈到自己是如何被“逼”上领导岗位的。现实中通过主动模式走上领导岗位的女性很少，即使有女性愿意出任学校领导，也会鉴于种种原因而不敢表达，只有当遇到伯乐以后，才有可能。

从现任学校女性领导的成长之路看，个体模式还表现为阶梯模式和直升模式，即有的领导是从普通教师开始，一步步从中层领导走向校领导职务；有的领导则是毕业不久后就被直接提拔为学校领导或者从普通教师直

---

① 彼得·诺斯豪斯.领导学：理论与实践（第二版）.吴荣先译.南京：江苏教育出版社，2002.

接提拔为校长。

通过对广西义务教育阶段学校少数民族女性领导成长历程的调查发现，一般来讲，女性领导的培养年限为：工作4～5年后，第一次提拔为学校中层领导；第二次提拔一般为10年后担任副校长职务；第三次提拔则是再过2～4年后提拔为校长。可以看出，广西义务教育阶段学校少数民族女性领导成长历程时间较长，很多女性领导只是到了中层领导岗位。具体见下表：

广西义务教育学校少数民族女领导成长阶段表

序号	学校	入职/专业	提拔1/职务	提拔2/职务	培养年限职务1/职务2
1	拉烈乡中心小学	1984	1997 教导主任	1998 副校长 2007 校长	13 9
2	袍里乡月里小学	1998 语文	2005 教导处副主任 2009 教导主任	2010 校长	7 4 1
3	城厢镇中心小学	1996 语文	2005 语文教研组组长	2007 副校长	11 2
4	坡荷乡中心小学校长	1989 数学	1999 数学教研组组长 2001 教导主任	2003 副校长 2010 校长、党支部书记	12 2 7
5	融水镇第一小学	1990	时间 教导副主任 1990 副校长	2003 校长	13
6	拉仁乡中心学校	1995 数学	2005 小学校长	2008 中心学校副校长	10 3

续表

序号	学校	入职/专业	提拔1/职务	提拔2/职务	培养年限职务1/职务2
7	龙茗镇初级中学	1996 体育	1996 教研组长	2004 政教处副主任	8
8	民族小学	1992 语文	1998 教导主任	2002 中心校校长 2008 小学校长	6 4 6
9	八达镇第二小学	1992 体育	1997 政教处主任	2008 副校长	16
10	西平乡中心小学	2001 语文	2009 教导处副主任		8
11	八达镇第一小学	1986	1996 教务处主任	1999 副校长书记 2003 校长	10 3 4
12	古障镇初中	2000 语文	2007 教导处副主任	2007 副校长 2010 校长	7 3
13	高岭镇塘伦小学	1999	2010 教导主任		11
14	九渡乡中心学校	1991	2006 副校长	2008中心校副校长	15 2
15	融水镇第一小学	1990语文	2008 中心校副校长		18
16	汪洞乡中心校	1999品德	2009副校长		10
17	镇第一小学	1990语文	1994 少队辅导员、 教导副主任	2003 副校长 校长	4 9

续表

序号	学校	入职/专业	提拔1/职务	提拔2/职务	培养年限职务1/职务2
18	镇民族小学		2005 教务处主任	2010 副校长	5
19	袍里乡月里小学	1998 语文	2006 教导主任	2010 校长	8 4

(四)政策模式

政策模式,主要指在学校女性领导的培养、任用、提拔和培训方面的相关政策的制定和执行上的范型和运行方式。广西义务教育学校少数民族女性领导成长的制度模式目前主要表现为项目推进模式,即由于某个行动项目的推动而制定专门的提拔和培训女性学校领导的政策并较大规模地提拔、培训女性学校领导的范型和运行模式。就广西而言,由于中英西南基础教育项目的推动,各项目县纷纷出台了相关政策,提拔和培训了不少的少数民族女性学校领导,这在行动项目乡镇、学校是历史性的突破,结束了许多学校没有女性领导的历史。以那坡县为例,中英西南基础教育直接帮助30位普通女性教师走上了领导岗位。

(五)区域模式

区域模式,主要指在学校女性领导的培养、任用、提拔和培训方面不同区域在行动上的范型和运行方式。广西义务教育学校少数民族女性领导成长的区域模式目前主要表现为先培养后提拔模式,即根据政策及用人标准,通过考核,建立女性学校领导人才信息库,并采取各种形式和途径对女性后备干部进行有针对性的培训,从中选取适合的人员加以任用和提拔。有的地区则是采取先提拔人员后培训的模式。

行动篇
女性领导力的行动研究

第一部分　SBEP 对项目省学校女性领导现状的调查与分析

女性领导力建设是中英西南基础教育项目的核心内容之一，也是项目“促进教育公平”的核心目标之一，产出五验证指标第四项规定：“到项目结束时，与基线相比，省教育厅及县教育局的管理者，项目管理人员和农村学校女教师和女校长比例得到增加，尤其是女校长人数明显增加。”中英西南基础教育基线调研报告指出：

第一，在义务教育阶段，小学和初中的女性校长所占比例非常小。通过项目基线调研，356 位小学校长的样本中只有 11 位女校长，在 87 位中学校长中只有 1 位女校长。而事实上，尽管学校中女性领导所占比例小，但总体上看女教师的素质整体高于男教师。以广西那坡县的几所学校教师学历为例：

——那坡县民族初中有男教师 86 人，女教师 45 人，学校领导中男性 9 人，女性领导 1 人，10 个学校领导中男女比率分别为 90%和 10%，而在教师队伍中具有本科学历的男女教师比率分别为 54.7%和 55.5%，女教师略高于男教师。

——那坡县坡荷初中有男教师 31 人，女教师 9 人，学校领导 8 人全部为男性，而在教师队伍中具有本科学历的男女教师比率分别为 16.1%和 22.2%，女教师比率明显高于男教师。

——那坡县百南乡小学有男教师 42 人，女教师 8 人，学校领导（含村完小领导）13 人全部为男性，而在教师队伍中具有大专学历的男女教师比率分别为 44.4%和 62.5%，女教师比率明显高于男教师。

——那坡县百都乡小学有男教师 87 人，女教师 20 人，学校领导（含村完小领导)中男性32人,女性1人,33个学校领导中男女比率分别为97%和3%,而在教师队伍中具有大专学历的男女教师比率分别为44.4%和62.5%,女教师比率明显高于男教师。

第二,女性成为校长或学校的中层领导,面临的压力和阻力要高于男性。主要表现为:

——女性在成为校领导(含中层领导)之前要经过更长一段时间的等待,女校长的平均年龄为40岁,相比较而言,男校长的平均年龄为37岁。

——女性成为校长或中层领导面临的家庭和社会舆论的压力要高于男性。

——女性成为学校领导也面临着来自同性的压力,主要表现为在女性发展空间已经很小的情况下,对少部分女性能够走上领导岗位,其他的女性会产生较大的情绪波动,从而对被提拔或准备被提拔的同性给予的是更多的不认同或在工作中或私人交往中不予配合。

——女性成为学校领导,还面临上级教育行政部门或行政部门领导的偏见,诸如害怕因为提拔女性领导而招致风言风语,或者对女性本身的偏见。

基于以上的调查与分析,要实现项目总目标,提升女性的领导力、增加女性领导的比例势在必行;要真正推进教育公平,让女生有学习的榜样,使她们的学校生活更加温馨,就必须从学校的管理层处着手。

第二部分 广西壮族自治区女性领导力建设报告

——广西中英西南基础教育项目女性领导力建设推进过程实录与分析

执笔者 徐莉

1975年，联合国召开第一次世界妇女大会，这是人类有史以来以促进男女平等和妇女发展为宗旨的第一次全球性首脑会议。自此以后，全球范围内关于妇女发展与妇女研究的实践探索与理论研究受到越来越多的关注与重视。“妇女与发展”问题作为一个重要领域被列入联合国的议事日程。目前，“妇女与发展”理论由开始提出的“妇女参与与发展(WID)”“妇女与发展(WAD)”演变为普遍接受的“社会性别与发展(GAD)”，特别关注特定时代的社会政治经济与文化背景下的性别不平等及其对妇女发展的影响。

在中国，边远地区尤其是国家扶贫重点县的民族村寨学校中的女教师的生活和发展日渐受到关注。相对于汉族地区、城镇以及男性教师，对于那些生活、工作在民族村寨里的女教师们来说，当“少数民族”“农村”“女性”这三种属性集于一身的时候，她们的成长与发展经历遭遇了更为尖锐的矛盾与冲突以及更为复杂、更为艰难的社会困境，许多学校中女教师和女领导缺乏，女性往往是学校职场中的少数和弱势。而有研究显示，女童入学状况的改善与教师的性别比有着显著的关联。中英西南基础教育项目在基线调研中发现：356位小学校长的样本中只有11位女校长，87位中学校长中只有1位女校长。除此之外，女性在成为校长之前要经过更长一段时间的等待，女校长的平均年龄为 40 岁，相比较而言，男校长的平均年龄为 37 岁。定性访谈研究也进一步显示，女性在发展中面对很多不利处境，如与领导的沟通机会少、缺少角色榜样、得不到领导重视、家庭与工作存在冲突等。

中英西南基础教育项目的核心目标是促进教育公平，从而让弱势儿童从教育中更好地获益。女性领导力行动研究是中英西南基础教育项目的重要组成部分，女性在教育中的参与程度以及女性领导力的提升状况在项目逻辑框架验证指标中有明确规定。

在这种背景下，中英西南基础教育项目女性领导力建设行动研究于 2009 年 1 月正式启动，广西壮族自治区的那坡县被确定为试点县，各项相关工作，包括女性领导力基线调研、各类培训等以那坡县为主体、向自治区各项目县及非项目县、高校等部门扩展，在宣传、培训、政策制定以及制度建设等方面开展了大量工作，取得了重要进展。

一、问题分析

那坡县位于广西壮族自治区西南部。地跨东经 105°31′至 106°5′，北纬 22°55′至 23°32′。东及东北部与靖西县相连，南及西南部与越南社会主义共和国高平、河江两省接界，西及西北部与云南省富宁县接壤。东从坡荷乡照阳关起，西至百都乡白云山止，横宽直线距离 38 千米；南自平孟镇汤那山起，北至城厢镇卡腊山止，纵长直线距离 67 千米；国界线长 206.5 千米，是广西陆上疆界线最长的县份之一，素有“祖国南大门”之称。全县国土面积 2231.11 平方千米。县城所在地城厢镇距百色市 254 千米，距首府南宁 405 千米，距云南省昆明市 700 千米，平孟口岸距越南高平 48 千米，距越南首府河内 200 多千米。那坡县行政上隶属广西壮族自治区百色市管辖。全县有 9 个乡（镇），总人口 20.91 万，是一个多民族杂居县，居住着壮、瑶、苗、彝等少数民族。那坡县是典型的“老、少、边、山、穷”地区，是国家扶贫开发工作重点县。2009 年全县财政总收入 5815 万元，农民人均总收入 1908 元，未解决温饱人口 61250 人。目前，全县共有义务教育学校 121 所，其中，初中 8 所，九年一贯制学校 2 所，县直小学 1 所，乡镇中心小学 7 所，村级完全小学 19 所，不完全小学 81 所。义务教育阶段在校学生 19235 人，其中初中 4896 人，小学 14366 人。

2009 年 3 月，广西女性领导力建设行动研究专家团队对那坡县学校、社区、妇联等单位的男女教师及有关人员进行了为期 5 天的女性领导力基线调研活动。3月14日,项目组组织召开校长代表、县直学校女性领导和部分女性骨干参加的座谈会;3月16日至19日,专家团队14人分三组分别深入到九个乡镇进行调研,对男女教师、学校领导、学生、社区成员、乡镇分管教育的领导、妇联领导等进行访谈。调研发现:

(1)那坡县中小学女性领导比例过低。2009年初,那坡县有中小学教职工1698人,其中女性446人,占教职工总数的26.3%。在20所由县教育局任命的中小学校(其中高中1所,初中8所,中心小学8所,九年一贯制学校2所,职业教育中心1所)182名学校领导班子成员中,女性只有16人,其中1人任小学校长,2人任小学副校长,13人为学校中层领导,女性领导占学校领导总数的8.8%。由乡镇任命的村完小领导班子成员中,没有女性领导。

(2)那坡县没有配备女性领导的学校,在对女学生的管理上不到位,有的学校甚至是空白,影响了女学生的健康成长。调研中发现,因学校领导成员均是男性,不方便进入女生宿舍和厕所,所以领导很少听到女生的呼声,也很少了解到女生的需求和变化,因此能给予女生的关爱非常有限。

(3)那坡县大部分女性教师还没有从"男尊女卑"、"女主内、男主外"等传统思想的束缚中挣脱出来,使她们不愿、也不敢展示自己。

(4)男性教师的怀疑和女性同胞的嫉妒以及社会大环境的不支持,使一些有能力的女性教师不能脱颖而出。

随后的数据分析会对当前存在的问题进行深入分析并提出如下建议:

(1)大力倡导男女平等氛围,消除性别歧视。

(2)出台关于提拔女性当学校领导的政策,鼓励女性教师参与学校事务管理,为女性发展提供更多的平台。

(3)改变目前学校领导推荐机制,即在民主推荐的基础上增加"个人自荐"这一环节,利于有领导潜质的女教师脱颖而出。

(4)提供专门提升女性领导力的培训机会。如:挂职跟班、外出参观学习、开通网络平台、定期或不定期进行女性领导经验交流活动、上级部门跟踪支持等。

(5)建立学校女性后备领导人才信息库,为培养提拔女性领导提供依据。

(6)完善学校领导的选聘机制,中心校以上学校至少配备1名女性领导,村完小要创造条件配备女性领导。

(7)对已担任学校领导的女教师给予更多的关心和支持,除提供更多的培训机会外，还要将绩效工资与领导岗位挂钩，建立岗位津贴等激励机制，调动女性领导的工作积极性。

（8）合理利用女性教师资源，在教师调配方面尽可能做到女性教师校点分布的均衡性。

二、推进过程

（一）广西女性领导力建设行动研究试点县那坡县主体性推进过程

1.后备人选选拔

2009 年 5 月，根据数据分析会上确定的活动方案，那坡县教育局结合学校领导班子考核测评工作，派考核小组深入中心校、初中，对女性后备领导进行选拔。选拔的方式主要是无记名投票方式，然后再按得票数从高到低选取前 2 名作为学校女性领导，后备人选近 50 人。

2.女性领导力培训

8 月，国家级专家郑欣蓉、郭歆、时惠敏和省级专家徐莉、龚婷以及自治区项目办领导亲临指导组织开展了为期 3 天的女性领导力培训，参训人员为 5 月份选拔出来的 50 位学校领导后备人选。

在条件成熟的前提下，当年那坡县就新任命了 4 位女教师为学校领导，有 1 位中层领导提升了职位。

此后的一年多时间里，那坡县陆续对全县的女教师进行了女性领导力培训。

3.组织考察学习，拓宽视野，更新观念

2010 年 5 月 23 日至 27 日，在省级产出五专家的带领下，那坡县组织了由区级项目专家、县级项目专家、部分学校的女性领导和女性骨干教师等 20 人组成的那坡县女性领导力建设学习团队，前往北海、钦州进行为期 5 天的女性领导力建设学习参观。

此后，那坡县的各类相关行动纳入了自治区的整体活动中。

（二）广西女性领导力建设行动研究拓展性推进过程

1.广西女性领导力建设行动研究县级培训者培训

2010 年 3 月 13 日～18 日，为启动全区所有项目县女性领导力建设行动研究，总结试点县那坡县女性领导力培训经验，为全区所有项目县开展女性领导力建设行动研究提供借鉴，女性领导力建设专家团队在广西融水县对广西 6 个项目县县级专家开展女性领导力培训，帮助县级专家树立社会性别视角，掌握女性领导力建设相关理论，提高培训能力。本期共培训了全区6个项目县产出五专家（含县级产出五负责人，各县2名男性）共50人，其中融水及都安县各8人，其余各县各6人。

2.广西师范大学学生干部领导力培训

2010年9月2日，广西女性领导力专家团队联合广西师范大学女性发展研究所对广西师范大学学生干部进行了领导力培训，共培训学生60名。培训针对当地大学生干部的特点，围绕"领导力内涵""为领导者画像""构建我的支持网"等方面展开。

3.广西兴安县行政女领导培训

2010年9月27日～28日，广西女性领导力专家团队联合广西师范大学女性发展研究所对广西兴安县行政女领导进行了领导力培训，共培训干部100名。国家专家北京师范大学张莉莉老师亲临指导，广西师范大学校党委书记王枬作了题为"女性的成长与学习"专题报告。

4.临桂县教育系统女性领导及后备干部培训

2010年10月27日～28日，广西女性领导力专家团队联合广西师范大学女性发展研究所对50名临桂县教育系统女性领导及后备干部进行了女性领导力培训，共培训学校女性领导和骨干教师50名。

5.广西高校青年马克思主义者培养工程学生干部领导力培训

2010年11月22日～23日，广西女性领导力专家团队联合广西师范大学女性发展研究所对广西高校青年马克思主义者培养工程学生干部进行了领导力培训，共培训来自全区各大高校的学生干部50名。

6.西林县女性领导力培训

西林县于2009年3月对教育行政女干部、学校部分女教师进行了教育公平培训，并组织她们前往云南省丽江等地考察学习，学习当地教育行政部门培养教育行政女干部、女教师的经验以及如何重视少数民族儿童教育、女童教育的宝贵经验。此次培训共有32人参加。

7.举办自治区级领导力提高培训，提高管理的理论水平与领导技能

2010年11月26日～30日和2011年1月6日～10日，在桂林举办各项目县新提拔女干部领导力提高培训会（第一、二期），促进新提拔学校女性领导可持续发展。两次共培训6个项目县自本项目实施以来新提拔的女干部（主要是中小学校长、副校长及部分学校中层女干部）94人。

8.女性领导力后续指导

为更好地了解两县教育公平实施的情况，及时总结教育公平实施的相

关经验以及对项目县开展女性领导力建设的后续支持，自治区项目办委托省级产出五专家组一行 4 人(刘立浩、秦素琼、徐莉、龚婷)于 2010 年 9 月 12 日至 18 日赴西林、凤山县进行实地检查指导。本次活动中，专家组深入学校课堂听课，访谈学生、教师、校长、家长和其他利益相关者，举行多次座谈会，对当地教育公平实施进展及女性领导力建设情况进行了沟通，提出了建设性意见。

9. 赴册亨学习交流，借鉴经验，促进建设

为更好地开展女性领导力建设，学习、借鉴贵州省项目经验及女性领导力培养、研究经验，广西专家团队于 2010 年 11 月 2 日至 7 日组织了广西各项目县女性领导力专家(区项目办 1 人，产出五省级专家 5 人，每个项目县 4 人，其中教育局负责项目领导 1 人、产五负责人 1 人，县级女性领导力专家 2 人，共 30 人)赴贵州省册亨县开展参观、座谈、访谈等活动，交流项目体会。

10. 在广西项目县教育行政人员培训中(第三期至第九期)增加了女性领导力培训。

主要的培训内容为“破除领导力神话”、“被压抑的领导力”以及“沟通与表达技能”等几个方面。

三、影响与变化

(一)促进了女性领导力发展的制度建设

截止到 2010 年 10 月，试点县那坡县和非试点县凤山县先后出台了专门针对学校女性领导提拔的有关文件，为女性领导力的提升提供了政策保障。具体文件如下：

那教〔2009〕17 号《中英西南基础教育项目那坡县女性领导力建设方案》；

那教〔 2009〕18 号《那坡县教育局关于开展选拔培养女性后备领导干部工作的通知》；

那教〔2010〕21 号《那坡县教育局关于推荐评选 2010 年那坡县“优秀校长、优秀教育工作者、优秀教师”的通知》；

凤教党发〔2010〕28 号《凤山县中小学校女性领导干部选拔任用工作办法》；

凤教党发〔2010〕29 号《关于做好中小学校女性领导推荐工作的通知》。

(二)加大了女性领导任用力度，提高了女领导与女教师比例

1. 那坡县女性学校领导及县教育局行政女干部人数增加

到2010年10月止，那坡县新提拔了16位女性领导，女性领导占学校领导总数的比例从项目实施前的8.8%提高到13.02%，增加了4.22个百分点。另外，新提拔2位女干部为县教育局二层领导、新提拔3位女教师为村完小校教导主任。这样在短期内提拔任命16位女性担任学校领导，是那坡教育史上从来没有的，可以说是一个新突破，在促进性别平等、社会公正上迈出了可喜的一步。

2.那坡县女教师人数增加

项目实施以来，那坡县女教师数量有较大增加，农村女教师在全县教职工人数中所占比例由项目实施前的23.50%上升到28.70%，增加了5.2个百分点。如下表所示：

那坡县中英项目实施前后教师变化情况表(2010.11.22)

年份	全县教职工人数			农村教职工人数		
	计	其中女教师人数		计	其中女教师人数	
		计	%		计	%
2005年	1719	425	24.70%	1389	327	23.50%
2010年	1911	594	30.10%	1604	460	28.70%

(三)新提拔女性学校领导的领导力意识和领导能力得到增强

项目开展的系列活动使得学校女教师眼界更加开阔，女性领导力意识增强，开始摒弃性别刻板印象，树立起正确的社会性别观，对女性担任领导职务有了新的认识。调查中很多女教师都表示在今后的工作中不再只想站在幕后，而是要创造机会走到前台展示自己的才能。

1.项目帮助女性意识到自身所肩负的重任，责任心和自信心得到增强

教师在培训感言中说："通过这次培训，使我意识到领导力不是为了消除分歧达成一致而刻意地去为了沟通而沟通，它应该是为了共同的目标进行自主的表达与有效的沟通，还意识到其实女性和男性一样都具有领导力，希望今后政府多出台一些女性领导的有关政策，多为女性朋友们提供施展才华的舞台。"

"在学习过程中，给我体会最深的是：其实女性也可以成为一位优秀的领导者。只要你克服困难，充实自己，把自身的优点自信的展现出来，把自己的能力发挥出来，你也是一个具有领导力的人。"

"正确理解了女性领导的形象，我对自己有更加清楚和正面的认识，从

而对自己领导力的释放更加拥有信心。诚然领导魅力的拥有不可能一蹴而就,需要我们不断加强修养,在实践中长期磨炼、培养。在今后的日常生活中我会更加自觉地培养和增强女性的领导魅力,使自己的整体素质提高。"

"通过本次的培训,我认识到女性领导的魄力,增强了自己的自信心,重新认识自我,塑造自我。女性领导力是一个大舞台,培训中让我找到一个合适自己的平台,透视自己,把握自己,提升自己。"

2.项目帮助女性领导力得到提升,实现了人生的新跨越

那坡县坡荷乡中心小学教导处副主任雷雨露说:"是中英西南女性领导力项目的实施又给我的人生带来一次转变,2010 年 9 月学校领导任命我为学校教导处副主任,分管教学、女工、女生、幼儿教育工作。刚开始接到命令时,我很犹豫,担心自己不能胜任这份工作,也担心当了领导后,我的工作量会加大,家务和孩子没有人照顾,更为重要的还是传统的观念'男主外,女主内',很多人都认为女人就应该搞好家庭,不适合当领导。但参加女性领导力培训后,让我认识到女性担当学校领导具有自身独特的优势,主要体现在以下几个方面:(1)女性领导善于沟通和协调,有利于增强组织的凝聚力;(2)女性领导更注重伦理关怀,易于创造人性化的组织环境;(3)女性领导具有较强的亲和力,善于激励;(4)女性领导注重合作,更倾向于民主决策;(5)女性领导更加敏感,善于把握细节。学校有女性领导的参与,才能更好地促进学生特别是女童的身心发展。"

那坡县定业村完小吴重庆老师在成长历程中写道:"中英西南女性领导力项目的实施又给我的人生带来一次转变,学校领导任命我为后勤处主任,负责学校的财务。刚开始接到命令时,我很犹豫,担心自己不能胜任这份工作,也担心当了领导后,我的工作量会加大,家务和孩子没有人照顾,更为重要的还是传统的观念,'男主外,女主内',很多人都认为女人只要搞好家庭,男人才适合当领导。项目的实施,给了我很大的信心,让我认识到女人也有做领导的优势,学校有女性领导的参与,才能更好地促进学生特别是女童的身心发展。"

3.项目帮助女性获得了领导力得到展现时的愉悦感和成就感,使她们更加积极主动地投入到工作中

那坡县坡荷乡中心小学教导处副主任雷雨露说:"'领导'这个身份,对女人来说是人生的一种体验,要想把这份工作做好并有所提高,关键是要摆正自己的心态,多与同事、与周围的人沟通,将工作做得深入化,冷静地分析反馈信息,并及时检查和反省自己,尽自己所能将工作做好。作为女性,我

是一个温和的人，但我能做领导，主要就是靠交流和沟通，我可以不厌其烦地和每个人沟通，直到形成工作上的友谊和私人生活中的朋友，还有互相敬重的工作伙伴，沟通无极限。”

4.项目帮助女性在学校各项工作中充分体现女性管理者的独特魅力，并产生了积极的标杆效应

女性领导在管理过程中发挥出的独特魅力和积极影响，给我们留下很深的印象。调查中，一个男生说，最喜欢杨菊芬校长了，她对待学生很亲切，就像妈妈一样，什么话都敢跟她说。同时，女性领导的成长和发展也为广大女性教师树立了榜样，引领着广大女性教师勇于正视自己的才能，激励着她们为教育事业共同努力，更重要的是对女学生的成长产生了积极的影响。

坡荷乡中心小学杨菊芬于2006年竞聘上任校长，由于工作压力等种种原因，她曾经有过退缩的念头，并于2008年秋季学期向教育局提交了辞职报告。2009年初，中英西南基础教育项目将那坡县定为女性领导力建设试点县，该项目的实施如一场及时雨洒进她的心田，通过参加项目开展的第一期女性领导力培训，杨校长有了新感悟，信心倍增，不仅不辞职，而且表示要努力把校长工作做得更好，为女性教师树立榜样。在她的带动下，2010年小学毕业水平测试，坡荷乡小学取得了全县双科第一名的成绩。杨菊芬校长不仅用事实证明了自己的能力，而且关心着本乡女性教师的培养，2010年她向教育局提名推荐了1名中心小学女教导副主任和1名村完小女主任，她提名的这两名女教师均于2010年9月上任。

（四）学校管理改进，女童男童受益

树立榜样，影响全体。目前，新任命的女性领导都能履行工作职责，在领导岗位上发挥积极作用，展示女性独有的魅力。她们所在的学校也正在发生变化，有女性参与的校园管理更加规范细致，更加充满生机活力，更加温馨和谐。

（五）社会舆论开始转变，性别平等得到更多人的认同

女性领导力建设行动研究专项实施以来，社会上的性别歧视现象在减少，人们的思想观念在发生变化。男性的思想观念也在发生变化，过去曾经对女性领导能力持怀疑态度的，现在也不再坚持，大部分男性领导能积极地为女性成长打开绿色通道。社会也在支持女性走上领导岗位展示自我。可以说，女教师、女学生健康成长的良好环境正在逐步形成。

调查中，许多新提拔女性领导表达了对自身成长过程中无论是政策制度，还是家人、同事、朋友等社会支持力量的依赖和感激之情。

那坡县坡荷乡中心小学教导处副主任雷雨露说："领导、家人、同事、朋友也给我很大的支持。我至今都忘不了，在我最犹豫徘徊的时候，杨校长给了我真诚地关心和帮助，她不但一直指导我进行语文教改实验，而且总是在我受到非议的时候为我大声疾呼，并在不同的场合宣传我的教改经验。领导的信任给了我很大的支持，让我放开了胆开展工作。凭着一颗真诚、公正的心，我的工作也得到了同事们的认可和支持，每当有新工作，同事们都会积极地配合开展，也给我提了很多好的建议。老公和家人的支持是我最强大的后盾，我的大儿子能明白我升职了，但是小儿子还不懂。大儿子知道我工作忙，更加体谅我了，有的时候放学回来就帮做家务，如帮弟弟洗脚、洗碗。工作忙经常要加班，老公担心我一个人回家不安全，总是很耐心地在学校等我，接我回家。很感谢我的领导、家人及同事，我现在很开心，因为我的工作开展得很顺利，在这份新的工作中，我的自信心也有了很大的提高。我们女人不比男人差，男人能做的事情，我们女人也能做，甚至做得更好。"

(六)打造了省县级女性领导力建设专家队伍

经过中英西南基础教育项目女性领导力建设培训及行动研究的经验积累，广西打造了具有一定的理论水平、丰富的培训经验、扎实的行动研究基础的省县级女性领导力建设专家队伍，为广西女性领导力建设进一步的理论研究与实践探索、中英西南基础教育项目经验的可持续发展留下了强有力的专家支撑力量。

(七)项目经验得到拓展，项目影响逐渐扩大

广西女性领导力建设行动研究专家团队利用其成员多为高校教师的有利条件，联合广西师范大学女性发展研究所，积极将项目经验渗透到日常的教育教学和其他类型、对象的培训中。通过两年的努力，项目的影响逐渐扩大。以女性领导力培训为例，培训活动和培训对象从试点县扩大到非试点县、从学校教育系统扩大到行政系统、从农村中小学扩大到高校、从广西师范大学扩大到全区高校、从校团委扩大到县妇联、组织部、人事部等部门。举办的女性领导力培训有"广西师范大学青年马克思主义者培养工程学员领导力培训"、"广西高校学生干部培训"、"兴安县行政干部领导力培训"等。

四、经验与挑战

项目实施两年来，广西女性领导力建设行动研究团队以自身扎实勤勉的工作作风、积极的工作态度和对教育公平的满腔热情投入到项目行动中，强调围绕问题展开行动,强调专家与教师的平等互动,强调所有参与者的共同进步,取得了一些成效,收获了点滴经验。

(一)多位一体整体联动,强调“对行动”

广西女性领导力建设行动研究专家团队充分认识到女性领导力建设是一个综合的社会过程,需要全社会的支持,包括政策平台、社会舆论、专业支持以及女性自身的努力,因此,在项目推进过程中一直重视各种因素对女性领导成长所产生的影响,强调多因素联动,拿出具体的措施共同支持女性领导的成长。

“对行动”强调的是以问题为中心、强调项目的各项活动一定是针对具体行动的,如:关于学校女性领导的提拔与培训,以前做过哪些工作?有什么收获?有什么困难?原因何在?当前根据教育发展需求和项目目标,应当采取什么行动?所以,从基线调研开始,项目组积极与县教育局主管副局长及县人大领导联系,扩大项目影响,营造项目氛围,联合县里各相关部门及相关人员分析商讨基线调研的情况并提出相应对策。

(二)项目推进形式多样,强调“在行动”

广西女性领导力建设行动研究专家团队在项目推进过程中,通过大量的以参与式为基本形式的培训,首先在学理层面和观念层面帮助女性领导后备力量及相关人员树立正确的观念,明确与强化自身的责任意识;组织了形式多样的参观、访谈和交流活动,帮助女性领导后备力量及相关人员开阔眼界,吸纳有益经验;聘请了知名专家、成功女校长作报告,帮助女性领导后备力量及相关人员找到学习的样板,进一步明确自己前进的方向。

“在行动”强调“去权威化”,强调专家团队、女性领导、女性教师都是行动的践行者和受益者,强调项目活动的针对性和有效性,除了不断提高培训质量外,尤其加强在每一次培训活动前、活动中和活动后,发挥学员的资源库作用和参与的积极性,避免走过场、搞形式。每一期的培训都必须有详细的学员登记,了解学员的培训需求、调查培训结果的反馈情况等,使得各项活动更适应学员的需求,学员的身份由过去的“单纯接受者”转换为“行动的参与者”,提高了培训的时效性。

(三)理论研究引导实践,强调“为行动”

广西女性领导力建设行动研究专家团队一直注重本项目推进过程中理论指导的重要性,从基线调研及其数据的分析到项目推进过程中遇到的困难和阻碍,专家团队都逐一进行研究,反思前期工作的优势与不足,分析原因、找准对策,为下一步行动提供依据。

"为行动"强调项目的执行过程实际上就是参与者的发展过程，将书斋里的研究扩大到鲜活的学校和课堂，帮助学校女教师和女领导学会反思、学会自主成长。比如在培训过程中，每一位教师都要回顾自身的成长经历，分析当中对自己成长有重要影响的人物、关键事件、关键时间等，彼此分享故事、找出问题与对策，并由此逐渐学会对自身成长规律的探索，真正实现专业发展。

广西女性领导力建设行动研究经过两年的努力，取得了一些成就，积累了一些经验，可是，我们在调查中发现，仍然有许多工作甚至是更加艰巨的任务在前面。首先是社会舆论和传统文化中"男主外、女主内"的观念影响依旧存在。有的新提拔的女性学校领导告诉我们，自己现在面临的最大困惑就是如何处理好工作与生活、事业与家庭的关系；有的女性说，她的学校只有 1～2 位女教师，其他都是男教师，女教师和女领导很难得到男教师的认可；一些同事对学校中的女性领导还有一些偏见，而一些上级领导对学校女领导缺乏信任，等等。其次是女性自身缺乏足够的信心和锻炼，在工作中面临一些具体困难。在调查中，一些女性学校领导面临的问题有：如何克服自身缺点，做一名优秀的女领导？如何调动全体教师的工作积极性？如何处理好上下级关系？因此，许多的女性被提拔到了领导岗位后，如何能够留得住、干得好，并且还有源源不断的女性成长为学校领导，是在项目成功结束时必须思考和应对的。

五、可持续性建议

针对当前女性发展所面临的社会的、制度的和文化的挑战，宏观上说，应当从制度建设、文化建设、能力建设、理论建设与专项行动等方面展开行动，以进一步巩固项目成果、扩大项目经验，真正促进教育公平和社会公正。具体建议：

(1)开展教育公平和女性领导力拓展性培训，将培训的对象从学校中的女性和男性扩展到其他工作职场和社区，在加强女性能力建设的同时，营造性别平等的社会氛围，倡导社会性别主流化。

(2) 设计和实施"项目反哺"行动，招募更多的志愿者，尤其是那些在项目中成长起来的行动研究者和学校女性领导，将自己的收获和经验回馈给社会，积极参与各项关注弱势、促进社会公平的社会公益事业中去。

(3) 开展相关理论研究，总结项目规律，将项目经验提升到理论高度，增强项目的可推广性和适用性，促进女性学学科建设，建立中国特色的女性领导力学科，为世界范围内的女性发展和性别平等做出努力。

(4)督促相关法律、制度和政策的建立健全，为女性提供更多的施展才华的平台和机会，尤其是政策制度和法律的保障。

项目即将关闭，而女性领导力建设才刚刚拉开帷幕，期盼中国的教育公平和性别平等征途以此推动，获得实质性进展，并携手全球，关注弱势，促进人类的平等、和谐、发展。

附录1

那教〔2009〕17号

那坡县教育局关于印发中英西南基础教育项目
那坡县女性领导力建设方案的通知

各乡(镇)初中、中心小学、九年一贯制学校，县直各学校：

现将《中英西南基础教育项目那坡县女性领导力建设方案》印发给你们，请结合本校实际，认真贯彻执行。

2009年5月20日

主题词：女性领导力建设　方案　通知

印　发：本局各股室，县中英西南项目办，秘存(1)。

抄　送：各乡(镇)人民政府，县人事劳动和社会保障局，县妇联。

抄　报：县委组织部，县四家班子分管领导。

那坡县教育局办公室　　2009年5月20日

(共印69份)

中英西南基础教育项目那坡县女性领导力建设方案

为加强我县女性领导力建设，促进女性教师成长，为那坡县教育事业作贡献，根据中英西南基础教育项目产出五验证指标规定，结合我县实际，制订此方案。

一、基本情况

2009年初，那坡县有中小学教职工1698人，其中女性446人，占教职工总数的26.3%。在20所由县教育局任命的中小学校(其中高中1所，初中8所，中心小学8所，九年一贯制学校2所，职业教育中心1所)182名学校领导班子成员中，女性只有16人(其中城区三所学校已占10人，还有12所没有配备女性领导)，女性领导占学校领导总数的8.8%。由乡镇任命的村完小领导班子成员中，没有一名女性领导，女性领导比例过低，造成学校管理诸多不便，尤其在寄宿制学校对女生的管理不到位，甚至是空白的。

二、建设思路

搭建平台，创造条件，重视培养，逐步提拔。

三、建设目标

到项目结束止，各乡(镇)初中、中心小学、九年一贯制学校及县直学校均配备一名以上的女性领导，有条件的村完小也根据学校实际配备部分女性领导，女性领导要占学校领导总数的15%以上。

四、建设措施

1.加强宣传。根据今年3月份调研结果，针对目前阻碍女性走上领导岗位的因素，首先通过召开校长会议、教职工大会、教师座谈会、开展女性联谊活动等形式，大力宣传男女平等，消除性别歧视，增进女性之间的沟通，帮助女教师树立自信心，鼓励女性教师积极参与学校事务管理，为女性教师的发展提供更多的平台。

2.选拔女性后备干部。从2009年起，每年都结合学校领导班子考核测评工作，派考核小组深入各初中、中心小学对女性后备领导干部进行选拔，选拔条件不受年龄、学历的限制，以自荐、教职工民主推荐结合的方式进行，每校选取2名女性作为领导干部后备人选，建立女性后备干部信息库和个人成长档案，为提拔女性领导提供依据。

3.加强培训培养。一是借助实施中英西南基础教育项目这一契机，争取国家、自治区项目办的支持，于今年8月份，对首批50名女性后备干部进行女性领导力的培训，帮助参训者建立自信心，增强参与学校管理的意识，为全县女性教师树立榜样(在项目实施的三年中,力争能对女性后备干部进行集中培训2次以上);二是创造条件,分期分批组织学校女性领导和部分女性后备干部走出那坡,外出考察学习,开阔眼界;三是外请专家到本县讲学,提高广大女性教师的领导技巧和能力;四是开展县内交流活动,以一位成功女性领导所在的学校为试点,组织各学校后备干部到该校学习,共同寻找适合本县学校管理实际的办法,促进那坡教育事业健康发展。

4.提拔任用。一是逐步完善学校领导选聘机制,中心校以上的学校都要配备有一名以上的女性领导。二是根据培训培养结果以及不同学校的需求情况,逐步提拔有潜能的女性担任学校领导,同时创造条件让真正有能力的女性走上校长岗位。

5.加强后续指导。教育行政部门加强对已走上领导岗位的女性领导的指导,学校老领导做好传、帮、带工作,努力使女性干部走得更远更好。

附录2

那教〔2009〕18号

那坡县教育局

关于开展选拔培养女性后备领导干部工作的通知

各乡(镇)初中、中心小学、九年一贯制学校,县直各学校:

为充分调动广大女性教师工作的积极性和创造性,促使优秀女教师脱颖而出,促进女性教师更好地成长和发展。根据《中英西南基础教育项目那坡县女性领导力建设方案》(那教〔2009〕18号)要求,经研究,决定在全县教育系统开展选拔培养女性后备干部工作,现将选拔培养有关事项通知如下:

一、指导思想

以“三个代表”重要思想和科学发展观为指导,以实施中英西南项目为契机,以优化学校领导班子结构、提高学校管理效率为目标,逐步完善学校领导班子选拔培养机制,建设一支结构合理、高素质的学校领导队伍,推动教育事业向前发展,促进下一代健康成长,为实现教育公平目标夯实基础。

二、成立领导小组

成立领导小组,确保选拔培养女性后备干部工作顺利开展。成员如下:

组　长:陈忠林　县教育局局长、县中英项目办主任

副组长:吕秋杰　县教育局副局长

　　　　樊光旭　县教育局副局长、县中英项目办副主任

成　员：黄有道　县教育局人事股股长、县中英项目产出五负责人
李廷贵　县教育局基教教股股长、县中英项目办联络员
黄剑波　县教育工委办公室主任、县中英项目产出五专家
陆朝奉　县教育局教研室主任、县中英项目产出五专家
黄丽玲　县教育局人事股副股长、县中英项目产出五专家
梁爱明　县教育局教研室教研员、县中英项目产出五专家
陆廷光　县教育局教研室教研员、县中英项目产出五专家

领导小组下设办公室，办公室设在人事股，办公室主任由黄有道同志兼任，人员由教育局各股室领导组成，具体负责选拔培养女性后备干部工作。

三、选拔培养目标及要求

至2009年7月止，各乡（镇）初中、中心小学、九年一贯制学校，县直各学校要选拔2～3名的女性领导后备干部；2009年8月至2010年8月，由教育局建立女性后备干部信息库，并做好女性后备干部的前期培养工作。至2011年止，中心小学及以上的学校均配备1名女性领导，有条件的村完小也逐步配备女性领导，努力使教育事业均衡发展。

四、选拔培养原则

坚持公开、公正、公平、民主、择优的原则。

五、选拔培养条件

（一）热爱教育事业，热爱学校，关爱学生；

（二）遵纪守法，遵守教师职业道德，品德端正；

（三）具有一定的组织、协调能力；

（四）年龄在45岁以下；

（五）中师以上学历，从事教育工作2年以上。

六、选拔培养方式和程序

（一）自荐：自荐人向领导小组提交书面自存书。

（二）民主推荐：由领导小组深入各学校组织选拔，以无记名投票的方式组织广大教职工进行民主推荐，并择优确定人选。

（三）建立信息库：由领导小组收集建立女性领导后备干部信息，建立信息库。信息库每年要更新一次。

（四）培训培养：抓住实施中英西南基础教育项目这一良好契机，在国家级、省级项目办的大力支持下，做好女性领导后备干部的培训培养工作。分期分批组织女性后备干部集中进行女性领导力培训，并创先条件组织女性后备干部外出学习考察，提升女性领导后备干部管理能力。

（五）考察任命：根据学校实际工作需要，对拟任人选进行考察，考察合

格者，教育局逐步行文给予任命。

七、后续支持

（一）学校、教育局及时对新任命的女性领导给予支持，鼓励她们不断学习，开拓创新。有经验的学校领导、教育局领导经常深入学校传授管理技巧，指导她们开展工作。同时不定期组织她们参加各种培训，提高她们的素质和能力，使她们逐步成长为优秀的学校领导，为全县女性教职工树立榜样。

（二）对未上任的女性后备干部，要注视培养，充分挖掘她们的潜能，并为她们施展才华、逐步走向成熟搭建平台，促使她们更好地为那坡教育事业作贡献。

附件:《那坡县选拔培养女性后备干部登记表》

2009 年 5 月 28 日

主题词：教育　女性领导　选拔培养　通知

印　发：本局各股室，县中英西南项目办，秘存(1)。

抄　送：各乡镇人民政府，县人事劳动和社会保障局，县妇联。

抄　报：县委组织部，县四家班子分管领导。

那坡县教育局办公室　　2009 年 5 月 28 日

（共印 69 份）

附录 3

那教〔2010〕21 号

那坡县教育局关于推荐评选 2010 年那坡县“优秀校长、优秀教育工作者、优秀教师”的通知

各乡（镇）初中、中心小学、九年一贯制学校，县直各学校：

为弘扬尊师重教的优良传统，激发广大教师和教育工作者工作积极性，更好地为教育事业做出贡献，努力办好人民满意的教育，今年教师节期间，决定表彰一批优秀校长、优秀教育工作者、优秀教师，为做好推荐评选工作，现将有关事项通知如下：

一、评选名额

评选优秀校长10名，优秀教育工作者20名，优秀教师100名。各乡(镇)学校推荐名额见附件1。

二、评选范围

优秀校长评选对象为：全县各级各类学校校长、幼儿园园长。

优秀教育工作者评选对象为：教育行政管理部门和学校管理人员、教研人员、后勤人员和教学辅助人员等。

优秀教师评选对象为：全县各级各类学校、幼儿园专任教师。

三、评选条件

(一)优秀校长评选条件

1. 坚持党的基本路线，政治立场坚定，具有较高的政治素质，始终与党中央保持一致；全面贯彻党的教育方针，坚持社会主义办学方向，办学目标明确；有良好的职业道德，教书育人，为人师表，作风民主，以身作则，清正廉洁，遵纪守法。

2. 爱岗敬业，忠于职守，有强烈的事业心和责任感，有无私奉献的精神，具有现代教育观念和开拓创新意识，遵循教育规律，坚持依法治校，工作勤奋，任劳任怨，在教研教改、推进素质教育等方面成绩突出，教育教学质量良好，在全县同类学校中有较高的知名度。

3. 担任校长工作三年以上，在学校管理、服务和学校建设方面取得显著成绩。

4. 有下列情况之一者，不得推荐评选：

(1)两年内学校发生重大事故，造成师生人身伤亡或重大财产损失的；

(2)两年内本校师生中出现违法犯罪案件的；

(3)义务教育阶段学校入学率、巩固率达不到规定要求的；

(4)在师德建设、组织考试、招生秩序、教育收费等办学行为方面违法违纪，造成不良社会影响的；

(5)本校教学质量低下的；

(6)近三年内受过党纪政纪处分；

(7)违反计划生育政策的；

(8)近三年内继续教育年审不合格的；

(9)其他不宜评为优秀校长的行为。

(二)优秀教育工作者、优秀教师评选条件

1.师德表现

(1)有强烈的事业心和责任感,服从学校工作安排,乐于奉献,关心集体,热爱学校,遵纪守法,作风正派,举止端庄,语言文明,礼貌待人;

(2)热爱教育事业,热爱学生,具有正确的教育观念,坚持实施素质教育,在教师、学生、家长中无不良反映;

(3)教书育人,为人师表,严格遵守、执行《中小学教师职业道德规范》,无违反师德的行为;

(4)团结协作,谦虚谨慎,尊重同志,既友好相处,又坚持原则,积极学习,勤于切磋,认真搞好传、帮、带,互相协调,紧密配合,维护集体荣誉;

(5)不讽刺、体罚和变相体罚学生,言传身教,做学生的良师益友;

(6)坚守工作岗位,病假全年累计不超过10天,事假全年累计不超过5天,并且无迟到、早退、旷课现象。

2.工作业绩

(1)自觉进行专业研修,专业素养不断发展;

(2)出色完成本职工作,师生反映好,社会评价高;

(3)积极参加教研活动,参加集体备课,并能提出有价值的问题和见解,能很好地完成备课、听课任务和教研工作任务,在学校各项教学工作中起到模范带头作用;

(4)勇于开拓创新,不断改革进取,逐步形成一定的教学特色、风格。积极参加示范课、研讨课、优质课(每学期至少有一次),并取得较高的评价;

(5)较高质量完成教育教学工作任务,所任学科成绩突出。

3.有下列情形之一者,不得推荐评选

(1)工作不主动、推诿,不服从学校工作安排的;

(2)教学质量差,社会、家长、学生意见大的;

(3)品行不良,向学生、家长索要礼品或钱物,违反规定,从事有偿家教或私定教辅材料的;

(4)体罚、变相体罚学生,或有侮辱、歧视学生言行的;

(5)由于自己不当行为给学校工作或他人工作造成严重损失的;

(6)所带班级发生重大安全责任事故的;

(7)违法违纪造成不良社会影响的;

(8)违反计划生育政策的;

(9)近三年内继续教育年审不合格的；

(10)其他不宜评为优秀教育工作者、优秀教师的行为。

四、奖励办法

以精神奖励为主，下文表彰并颁发荣誉证书。

五、推荐评选办法和要求

1. 评选推荐工作采取自下而上，逐级审核申报的方式进行。

2. 评选推荐工作要坚持实事求是、好中选优的原则进行，做到公开、公平、公正，要坚持走群众路线，将评选条件和有关规定向全体教职工广泛宣传，并在一定范围内公布。推荐上报前，各乡(镇)、学校要将拟推荐人选在本乡(镇)、学校内进行公示，公示期为5天，经公示期满无异议的才能上报。

3. 评选推荐工作要向基层一线的教师倾斜，特别是向长期连续在村级完小、教学点工作的教师倾斜。

4. 评选推荐工作要向女性教师倾斜，各学校推荐人选中，至少要有1名女性教师。

六、申报材料和时限

为保证评审工作顺利进行，各乡(镇)、学校上报材料要规范化，并务必于2010年8月25日前报送下列材料到我局办公室：

1.《推荐人员名册表》一式10份；

2. 计生部门出具的计生合格证明一式1份；

3.《2010年那坡县优秀校长(优秀教育工作者、优秀教师)审批呈报表》一式2份；

4. 以第三人称撰写的典型事迹材料一式1份，标题为"×××同志申报2010年那坡县优秀校长(教育工作者、教师)典型事迹"，字数控制在3000字以内；

5. 2007年以来的继续教育年审登记卡一式1份；

以上材料：第1项推荐人员名册表一式10份订一册，第2项至第5项按顺序订一册，并一袋装。

6. 2010年那坡县推荐优秀校长、优秀教育工作者、优秀教师人员汇总表电传至我局办公室邮箱：napojkjbgs@163.com。

附件：1. 2010年那坡县优秀校长、优秀教育工作者、优秀教师评选推荐分配表；

2. 2010年那坡县优秀校长、优秀教育工作者、优秀教师审批呈报表；

3. 推荐人员名册表；

4. 2010 年那坡县推荐优秀校长、优秀教育工作者、优秀教师人员汇总表。

2010 年 8 月 16 日

主题词：教育　评优　表彰　决定

印 发：本局各股室，存(2)。

抄 送：县四家领导班子办公室，各乡(镇)人民政府办公室。

抄 报：县四家班子分管领导。

那坡县教育局办公室　　　　2010 年 8 月 16 日印发

（共印 69 份）

第三部分　那坡县女性领导力建设报告

执笔者　黄丽玲

一、基线调研发现

2009 年 3 月，在自治区专家徐莉、龚婷的亲临指导下，那坡县组织县项目办成员、县级产出五专家深入学校、社区、妇联等单位开展为期 5 天的女性领导基线调研活动。通过调研发现：

(1)女性领导比例过低。2009 年初，那坡县有中小学教职工 1698 人，其中女性 446 人，占教职工总数的 26.3%。在 20 所由县教育局任命的中小学校(其中高中 1 所，初中 8 所，中心小学 8 所，九年一贯制学校 2 所，职业教育中心 1 所)182 名学校领导班子成员中，女性只有 16 人，其中 1 人任小学校长，2 人任小学副校长，13 人为学校中层领导，女性领导占学校领导总数的 8.8 %。所有的村完小没有一位女性领导。

(2)没有配备女性领导的学校，在对女生的管理上不到位，有的学校甚至是空白，影响了女学生的健康成长。我们在调研中发现，因学校领导成员均是男性，不方便进入女生宿舍和厕所，所以领导很少听到女生的呼声，也很少了解到女生的需求和变化，因此能给予女生的关爱非常有限。

(3)大部分女性教师还没有从“男尊女卑”、“女主内、男主外”等传统思想的束缚中挣脱出来，使她们不愿、也不敢展示自己。

(4)男性教师的怀疑和女性同胞的嫉妒以及社会大环境的不支持，使一些有能力的女性教师不能脱颖而出。

二、女性领导力建设情况

通过项目基线调研的反馈，领导和广大教职工不仅明白了缺少女性领导的学校在管理上存在的问题，而且明白了培养提拔女性干部是女学生成长的需要，是女教师自身发展的需要，更是构建和谐校园、促进全体学生健康成长的需要。为此，我县借助中英西南基础教育项目开展女性领导力建设这一良好的契机，认真从以下几个方面来抓好女性领导力建设工作。

1.加大宣传力度，统一思想认识

一是根据学校管理的需要和项目的指标要求，从教育局到教学点，从局长到一般教职工，自上而下，加大女性领导力建设宣传力度，统一思想认识，并且要求教育局全体干部职工和学校领导，在言行上首先为全县教职工做好表率；二是通过宣传，逐步改变男性教职工尤其是部分学校领导的传统观念，为女性干部的成长营造良好的舆论氛围；同时也使所有的女性教师都能理解，并支持女性领导开展工作；三是向社会大力宣传女性领导力建设的重要性和必要性，为女性走上领导岗位构建支持网。

2.有意识地选拔和培养一批女性后备干部

第一，印发《那坡县女性领导力建设方案》和《关于开展选拔培养女性后备领导干部工作的通知》；第二，教育局结合学校领导班子考核测评工作，派考核小组深入到中心校、初中对女性后备领导进行选拔，选拔主要以自荐和无记名投票的方式进行，全县共选出女性领导后备人选 80 名；第三，建立后备干部信息库，完善信息管理，同时为后备干部建立 QQ 群，为她们交流提供网络互动平台。第四，对有能力的女性后备干部，逐步提拔任用。

3.有计划地开展女性领导力培训工作

一是对女性后备干部进行女性领导力的培训，2009 年至 2010 年两年间，在国家级、省级项目办的大力支持下，分两期对 80 位女性后备干部进行女性领导力的培训，实现了女性后备干部全员参训的目标。二是对所有的校长进行培训，使男性校长更加重视女性后备干部的选拔和培养，关心女性教师的工作，为女教师的成长提供支持。三是组织新提拔女性领导到发达地区学校进行学习交流，帮助她们扩大视野，为今后工作积累经验。

4.积极为新上任女性领导引航，帮助她们解除后顾之忧

为帮助新上任的女性领导顺利开展工作，教育局和学校领导不仅在工作上加强指导，为她们指路引航，帮助她们尽快适应新的岗位，让她们能尽

情施展自己的才华，全身心投入到学校的管理中。同时，积极做好家属的思想疏导工作，帮助新上任女性领导解除后顾之忧。如龙合初中政教处许副主任，在任命之初，家属不能理解，认为女人只要上好课就行，没必要担任什么领导，既累自己也累家人，因此家人提出反对意见，不予支持。为此，领导多次深入家庭，做其家人的思想工作，争取其家人的支持。如今许副主任工作顺心，分管工作成效显著，得到领导和广大教职工的一致肯定。

5. 为女性教师的发展提供政策支持和倾斜

教育局除出台女性后备干部选拔培养相关文件外，还努力在其他方面给予倾斜。其一，在评先评优时，文件都规定拿出一定指标专门向女性教师倾斜；其二，目前，我县正在打造学校管理团队、教学骨干团队、德育教育团队和文化教育团队等"四个团队"建设，方案要求每一个团队都有一定比例的女性教师参与，为女性教师的成长搭建平台。

三、项目成效

中英项目女性领导力建设实施两年来，我县新提拔了16位女性领导，女性领导占学校领导总数从项目实施前的8.8%提高到13.02%，增加了4.22个百分点。另外，新提拔2位女干部为县教育局二层领导，新提拔3位女教师为村完小校教导主任。我县在提拔女性领导的数量上与其他县相比虽然有一定的差距，但在短期内提拔任命16位女性担任学校领导是那坡教育史上从来没有的，可以说是一个新突破，走出了可喜的第一步。

性别歧视现象在缩小，人们的思想观念也在发生变化。通过开展女性领导力建设活动，女教师参与学校管理的意识得到了提高和加强，很多女教师都表示在今后的工作中不再只想站在幕后，而要创造机会走到前台展示自己的才能。男性的思想观念也在发生变化，过去曾经对女性领导能力持怀疑态度的，现在也不再坚持，大部分男性领导能积极地为女性成长打开绿色通道。社会也在支持女性走上领导岗位展示自我。可以说，女教师、女学生健康成长的良好环境正在逐步形成。

树立榜样，影响全体。目前，新任命的女性领导都能履行工作职责，在领导岗位上发挥积极作用，展示女性独有的魅力。她们所在的学校管理也正在发生变化，有女性参与的校园管理更加充满生机活力，更加温馨和谐。她们的成长也为广大女教师树立了榜样，使广大女教师勇于正视自己的才能，更重要的是对女学生的成长也产生了积极的影响。

坡荷乡中心小学杨菊芬教师于2006年竞聘上任校长，由于工作压力等种种原因，她曾经有过退缩的念头，并于2008年秋季学期向教育局提交辞职报告。2009年初，中英西南基础教育项目将我县定为女性领导力建设试点县，该项目的实施犹如一场及时雨洒进她的心田，通过参加项目开展的第一期女性领导力培训，杨校长的心灵有了新感悟，信心倍增。培训完回到工作岗位后，她放下包袱，迈开步子好好干。在她的带动下，2010年小学毕业水平测试，坡荷乡小学取得了全县双科第一名的好成绩。杨菊芬校长不仅用事实证明了自己的能力，而且关心着本乡女性教师的培养，2010年她向教育局提名推荐了1名中心小学女教导副主任和1名村完小女主任，如今她提名的这两名女教师均于2010年9月上任。

四、后续工作与建议

为推动教育事业稳步向前发展，项目关闭后，我县将一如既往地做好女性领导力建设工作，着重抓好以下几个方面：

第一，继续加大女性领导力宣传、培训力度，使其更加深入人心。

第二，将选拔培养女性干部纳入常规工作日程，使其形成制度，形成习惯。

第三，建议上级部门在制订规划、政策时，能向女性倾斜，为女性成长提供制度保障。

第四部分 都安瑶族自治县女性领导力建设报告

执笔者 王绘棱

一、女性领导力建设的背景

当今社会,女性参政已被视为提高妇女地位的重要内容,成为衡量一个国家政治民主化的标志。当代社会的进步为女性的成长和成功创造了良好的基础环境,作为社会两性组成部分的另一半,当代女性参与社会管理的深度与广度在不断扩大,尤其是改革开放30多年来,越来越多的女性投身到社会主义现代化的建设中来,成为一支不可或缺的生力军,很多女性也跻身于领导阶层,成为出色的领军人物。教育事业是社会主义现代化建设的一个重要组成部分,也是知识女性集中的特殊行业。在这个特殊的行业中,我县广大女性教育工作者以其特有的仁慈、博爱的天性,细腻、耐心、体贴入微的服务方式,坚忍不拔、百折不挠的个性品质,全身心地投入到教学服务工作中,为推动全县教育事业健康、快速发展起到了重要作用。有数据表明:我县城区的3所小学的教职工中,女性占90%,县城区的各中学的教职工中,女性占50%,在全县的教职工中,女性占45%以上。由此可见,女性教职工的人数在我县教育系统中凸显了半边天的地位。然而,在我县各学校的领导机构中,女性进入领导层速度似乎比较慢,女性进入学校领导班子为数不多,担任校长职务更是寥若晨星。2006年12月中英西南基础教育项目在我县定量基线调查表明：全县只有女校长 1 名，副校长 6 名，教导主任 16 名，总务主任 4 名，政教主任 1 名。领导班子成员中男女性别结构如此悬殊，很明显给女性教师的发展带来很多不利。如：与领导的沟通机会少，缺少角色榜样，得不到领导的重视，等等。这样就自然而然地给我县教育事业的发展带来了很多不利因素。2007 年，国家在我县实施中英西南基础教育项目，项目的核心是促进教育公平，倡导"促进性平等，要求学校从实际情况出发，为女性教师营造和谐的、民主、平等的工作环境"，维护女性教师的权利，帮助她们实现展示自己的人生价值。我们深受启发，尤其是通过产出五的培训，更让我们认识到"女性领导力"的培训是中英西南基础教育项目有关"教育公平"的一个重要内容。更重要的是，它帮助我们找出了阻碍我县教育快速发展的症结之一——没有建设好女性的领导力；它让我们清楚地明确了：在我们这样一个 66.89 万人口的教育大县里，实施教育公平，建设女性教师的领导力，充分发挥女教师的积极性，是推动我县教育事业快速前行的一条重要路径。

二、加强女性领导力建设的措施

中英西南基础教育项目在我县的实施，使我们认识到妇女干部在学校教育教学的管理中能够以过人的技能引领专业，以乐于奉献的精神模范带动，以科学的管理演绎人性化的服务。所以，近几年来我们紧紧抓住妇女干部在学校工作中承上启下的关键作用，采取多种形式，科学引导、重点培养，使一批又一批优秀女教师茁壮成长，使一批批精明能干的女性教师干部脱颖而出。

（一）强化能力培训，努力提高女性领导力

具备良好的领导素养是提高领导力的基础，掌握高效的工作方法是提高领导力的前提。要提高领导力，培训当然是最常用也是比较有效的能力建设方法。在实施中英西南基础教育项目过程中，我县不失时机地借助产出五的人力资源和教育资源，积极组织全县广大女性教师参加教育公平的学习培训，尤其是对女性领导力建设的培训。

2008 年 11 月 30 日至 12 月 3 日，第一期女性教师教育理论和技能培训班在县城举行。参加培训的 30 名女教师均是中心学校推荐的后备干部。教育局领导非常重视，唐孟副局长主持开班典礼，梁仁国局长作重要讲话，并亲自给学员作了"提高女教师能力 创造女性参与教育管理的良好环境"

的专题讲座；县实验中学校长蓝志标的“加强学校管理，彰显办学活力”、原地苏乡中心小学女校长，现任县教研室教研员黄妙存的“在学习中成长，在管理中收获”等演讲给女教师们留下了深刻印象。

2010 年 4、9 月和 2011 年 2 月，我县先后进行了四期女性领导力培训班。（见下表）

县级女性领导力培训情况统计表

活动名称	活动级别	活动时间	培训班数/人数	
			班数（个）	人数
校长、女性领导力	县级	2008 年 12 月	1	28
		2010 年 4 月、9 月	2	100
		2011 年 2 月	2	96
合　计			5	224

通过女性领导力培训，学员们受益匪浅，无论从教学理念、教学技巧还是人生观等方面都发生了巨大变化，提升了女性教师的相关的理论水平，同时领导力也得到了提高，促进了女性领导力的建设。教育公平倡导“促进性别平等”，要求学校从实际情况出发，为女性教师营造和谐的、民主的、平等的工作环境，维护女性教师的权利，帮扶她们实现展示自我的人生价值。第一期培训后兼任乡团委副书记的九渡小学黄秋念有这样的感想：作为一名女性领导，如何树立威信呢？应该从亲和力、感召力、影响力和凝聚力这四个方面去衡量。百旺中学韦燕燕参加第三期培训后，觉得“不虚此行！不仅提高了对提升女性领导力重要性的认识，而且开阔了眼界，加深对女性领导艺术和管理方法的理解”。

（二）借助载体，强化在岗练兵

教育行业是一个社会服务性行业，它不仅仅是对学生进行教育与培养，更是社会文明建设的窗口。女性领导的个人素质、工作技能决定着她所领导属下的发展水平。提升女性领导的素质，强化在岗建功是确保女性领导发挥作用的关键。在工作中，我们始终坚持以人为本，高标准严要求，以中英西南基础教育项目产出五为载体，着力在提高女性领导干部的整体素质上下工夫。第一，鼓励女性领导干部在岗接受继续教育。经过这几年的努力，通过函授、在职进修等方式，全县所有的女性领导干部 100％获得了大专以上的学历。第二，交流、访问、扩大交流与沟通。交流经验，分享信息，也是提高女性领导力的一种方式。几年来，县教育局组织女性领导赴防城、钦州、北海等地学习考察。通过考察学习，女性领导们开阔了视野，增长了见识，丰富了知识。我们还在本县内开展校际间女性领导轮岗换位交流活动，在轮岗换位过程中让女性领导加强自我学习，了解自己的兴趣和专长以及能力的欠缺，从自己的经验中学习，在自我总结的基础上提高。

（三）努力改变女性领导偏少的现象

针对我县女教职工较多，而女性领导偏少的现象。县教育局采取一系列措施为女性教师营造和谐的、民主的、平等的工作环境，为女性教师搭建自我展示的平台，帮扶她们实现展示自我人生价值的愿望。一是重视女性教师提拔任用前的培养；二是让女性教师展示自己的才能；三是在学习上、生活上和工作上优先考虑女教师。在选拔用人上做到：政策上给予优惠，用人上得到优先。

三、实施女性领导力建设取得的成效

几年来，我们凭借中英西南基础教育项目，更加关心女性教师的成长，加强女性领导力的建设，使女性领导在我们教育教学管理工作中，发挥了男性领导不可替代的作用，促进学校教育教学全面发展，取得了显著成效，主要表现于：

一是女性领导素质提升。全县各中小学在编的女性领导干部综合素质大幅度提升。在这几年里，所有的女性领导干部都接受了不同程度的培训和教育，学历层次也有了提高，全县各中小学的女性领导干部由当初的中师学历提高到了专科以上学历。同时鼓励女性教师多参加短期学习培训。如地苏乡地苏小学在促进女教师专业发展方面，相信女教师的工作能力，尽可能多给她们“压”担子；并且只要有外出培训的机会，就多倾斜给女教师；同时鼓励女教师参加专业进修学习，并提供方便。

二是女性领导人数增加。县教育局的管理者、项目管理人员和农村学校女教师、女领导比例得到增加，尤其是女校长人数明显增加，且后备力量资源充足。四年来，县教育局的管理者、项目管理人员的女性从无到有，如教育局新增 3 位中层领导，项目管理人员 2 位是女性；全县新任命的女性领导成员有 71 名，是原来的两倍多，其中女校长有 3 位，是原来的 3 倍。（见下表）

学校女领导人数对比表

	校长	副校长	教导主任	总务主任	政教主任	合计	备注
2006 年 12 月前(基线调研时)	1	6	16	4	1	28	
2007 年 1 月至 2011 年 2 月	3	15	28	19	6	71	新增的

三是女性领导崭露头角。一批女性领导迅速成长,女性领导队伍不断得到充实,能力也不断得到增强,调动了女性领导参与学校和本部门管理工作的积极性。如教育局提拔了潘国复等 3 位女教师担任局机关中层领导工作。潘国复管理的青少年活动中心,工作有声有色;学生资助管理中心在黄妙珠主任的带领下,2009 年荣获全区学生资助工作先进单位。又如新任都安初中副校长的陆灵园主管毕业班工作,一手抓学生思想教育和行为规范管理,一手抓课堂教学和学科研究,2010 年中考学校有 9 人获得 A+成绩,创下该校历史上的新纪录。

四是更多地关注女性教师。在生活和工作上优先考虑女教师,各个学校应给予女教师特别是处境不利的女教师更多地关心。如隆福乡上梅小学女代课教师黄久淞同志已有 17 年的教龄,但由于各种原因,一直没能转正。她十几年如一日默默奉献,工作非常出色,但生活十分拮据,学校领导看在眼里,疼在心上,曾发动全校教师为她捐款,并在生活福利上向她倾斜,消除她的后顾之忧,使她能安心生活,放心工作。

五是教育质量稳步提高。全县的教育教学发展迅速,群众满意,这里面有女性教师和女性领导默默无闻工作的一份功劳。在普及九年义务教育的验收中,我县的儿童入学率、学额巩固率、学生合格率均达到了国家的标准要求,顺利通过了自治区级和国家级的验收;在参加河池市教育局每年举行的中考和小学毕业班毕业测试中,我县的教学成绩名列前茅,全县中小学的教学质量稳中有升,形势喜人;再看看学校的建设,人们用这样一句话来概括,那就是:在我县,不管走到哪里,看到最漂亮的房子是校舍,感到最优雅的环境是校园。

四、对于加强女性领导力建设的期待

几年来,我县在女性领导力建设方面得益于中英西南基础教育项目在我县的实施，得益于“女性领导力”的培训，虽然能够充分发挥女性领导力在教育教学中的作用，促进了我县基础教育快速发展，取得一定成效；但与兄弟县和上级的要求相距甚远。对于今后加强女性领导力建设工作，我们殷切地希望：

(1)上级有关部门继续关注和加强女性领导力建设，只有继续从各方面清除妨碍女性进入学校领导层的障碍，并为女性教师进入领导层搭建平台，才能让能力绝不逊于男性同僚的女性在学校领导层中占据半边天。如果优秀的女性人才在事业晋升的道路上流失，无疑会对我们的教育事业发展造成影响。因此，我们要摈弃对女性领导权的抵触心理，在女性领导的提拔任用问题上多管齐下，营造激励女性有志当领导、当好领导者的社会氛围。

(2)县、乡级教育部门应继续开展一些针对提高女教师能力的活动，让女性教师得到充分锻炼，为女教师的健康成长营造良好的氛围。各教育部门应创造各种机会，通过各种渠道让女教师多走出去，到县内外兄弟学校“取经”、“镀金”，不断提升女教师的领导力。各学校还要掀起“关爱女教师，关注女性领导力”的热潮，让每个女教师都得到男教师的尊重，平等地参与到学校各种管理活动中去。

第五部分 凤山县女性领导力建设报告

执笔者 李淑灵

一、凤山县基本情况

凤山县位于广西壮族自治区西北部，河池市西部。东与东兰县毗邻，南和巴马瑶族自治县接壤，西与百色市的凌云、乐业县交界，北和天峨县相接。因“环山似凤，环凤皆山，翠屏丹嶂，凌霄欲飞”而得名。县城所在地凤城镇距广西壮族自治区首府南宁市333千米，距河池市市政府所在地河池市金城江镇180千米。土地总面积为1753平方千米。县辖1个镇、8个乡，现有总人口20.2万，其中农村人口17.96万。2009年，全县国民生产总值12.15亿元，财政收入7557万元。

这个以大石山为主的边远山区，却是红七军的摇篮，有红色文化的美誉。在2003年至2005年的革命老区基础设施建设大会战中，城乡面貌发生了巨变。随着地质公园的打造，这片青翠欲滴、婀娜多姿、风情万种的土地引来了世人的目光，现已成为桂西北旅游区的核心地带，是著名的喀斯特生态旅游城，素有“熔岩之冠、洞穴之城”“世界水上天坑”“美丽的喀斯特岩溶之城”“喀斯特世界岩溶地质公园”等美称。2005年成功申报国家地质公园，2010年成功申报世界地质公园。

二、项目进驻前，凤山县教情及学校女性领导力状况

全县有高级中学1所，职业中学1所，初级中学14所，村完小87所，公办幼儿园1所，民办幼儿园31所。全县有在职公办教职工2088人，其中高中教职工246人，初中教职工620人，小学教职工1222人，特岗教师47人。教师合格率100%。现有高中生2367人，初中生9190人，小学生21573人，在园幼儿童4276人。2009—2010学年度全县学前教育入园率51.2%，小学入学率99.88%，初中阶段入学率105.91%，高中阶段入学率62.5%。九年义务教育巩固率达到85%。

2003年至2005年的基础设施建设大会战中，学校的硬件设施也得到极大地改善，全县各中小学校容校貌焕然一新；2006年全县通过自治区级"普九"评估验收，成为普及九年义务教育达标合格县；2010年，通过自治区级"义务教育学校常规管理达标县(市、区)"评估验收。目前，全县上下正在加大力度继续抓好普及九年义务教育的各项工作，夯实基础教育，谋求教育的发展。

中英西南基础教育项目"女性领导力培训"模块启动前，凤山县教育系统有教师1720人，其中女教师458人，占教师总人数的26.6%。全县有学校领导273人，其中女性领导10人，占全县学校领导总人数的3.6%，占全县女教师总数的2.2%。由此可见，我县女教师比例偏低，女性领导更是凤毛麟角，这在很大程度上影响全县基础教育乃至教育未来的发展。因此，配备和培养女教师，提拔任用学校女领导，提升学校女性领导力，使女教师、女领导在教育工作中发挥更大作用，以此推进学校教育公平，成为凤山县教育系统师资培训的工作重点。

三、中英西南基础教育项目"女性领导力培训"在凤山县启动后开展的工作

中英西南基础教育项目是国际援助项目，是由英国政府提供援助资金、配合中国政府实施的各项教育发展项目，是我国政府至今与外国政府实施的规模最大的国外教育援助项目。本项目在西南地区27个贫困县实施。项目的核心目标是促进教育公平，从而让处境不利的女童和男童从教育中更好地获益。研究显示，女童入学状况的改善与教师的性别比有着显著的

关联，因此促进女教师的发展一直都是教育发展项目关注的重点内容。

“女性领导力培训”是中英西南基础教育项目产出五的重要内容之一，其本质是通过培训活动的开展来提高女教师的领导力，使更多的女教师成长为学校女领导。2008年，凤山县女性领导力培训正式启动，到2011年3月随着中英项目的关闭而结题。凤山县在实施女性领导力培训的三年间，结合本县基础教育发展较为薄弱，集山区、贫困为一体的实际情况开展了符合本县特点的工作。

1.成立相关机构，落实负责人

2006年，中英西南基础教育项目入驻凤山，凤山县教育局立即成立项目办公室，确定了各产出的负责人。其中，确定了教育局办公室主任李笃东为产出五的负责人，并确定了女性领导力培训专家团队。

2.县级专家团开展培训前的基线调研活动

开展培训工作前，凤山县女性领导力培训县级专家开展了针对本县教育基层女性领导力的调研活动，了解本县女教师和女领导的培养情况、女教师和女领导在实际工作中遇到的问题及需要的支持、制约学校女性领导力提升的各种因素、女教师和女领导的培训需求、优秀女教师和女领导的案例等，为下一步培训实践提供真实的资料。

3.县级专家接受培训

2010年3月，本县教育局副局长韦凤利，产出五专家黄达昌、李笃东、韦羽老师参加了在重庆举行的女性领导力培训者培训会，接受了国家级专家组织的女性领导力培训活动。

2010年3月14日至17日，县级专家团参加了在融水县举行的“广西女性领导力培训者培训会”。在培训活动中，经过省级专家的干预和支持、县级专家对培训内容的诠释和讨论，县级专家掌握了女性领导力建设的相关理论。培训活动还深入融水县级培训课堂进行现场观摩，为回到县内开展女性领导力培训工作指明了方向。

4.制订本县女性领导力培训工作计划

2010年3月，在县级专家参加了在融水举行的培训会后，项目办产出五负责人结合本县实际情况制订了凤山县女性领导力培训计划。计划包括：培训期班、参训人员、培训内容、时间安排等，为培训活动的开展提供可依的章法。

5.女性领导力培训工作的开展

在产出五负责人的筹划、布置下，2010年4月24日至26日，凤山县中英西南项目女性领导力第一期培训正式启动。本次培训开设两个班，参训对象为本县中小学优秀女教师，参训人数为 60 人。2011 年 3 月 6 日至 8 日，举行凤山县女性领导力第二期培训，本次培训开设两个班，参训人数为 100 人。两期培训活动中，县级专家以互动交流、全员参与的形式组织引导参训女教师和女领导对“领导力神话”“女性的自主表达”“构建女性支持网”等内容进行了诠释和讨论，以期唤醒基层女性教师的领导意识和发展自身的能力，推动本县学校女性领导力的提升和女性领导数量的增长。

2010 年 11 月 4 日至 5 日，县教育局牙祖天局长、产出五负责人李笃东主任及两位县级培训员参加了由广西中英西南基础教育项目产出五负责人刘立浩主任率队、由广西中英西南基础教育项目产出五省级专家——广西师范大学徐莉教授、龚婷教授及六个项目县教育局领导和产出五培训员组成的女性领导力考察团赴贵州省册亨县进行为期 2 天的考察活动。此次跨省考察活动中，我们学习到了贵州省册亨县女性领导力培养的先进做法。通过各项目县进行的经验交流和讨论项目结束后的可持续策略以及经验扩散策略，提升了我县女性领导力培训团队的分析和解决问题的能力，也进一步提升了县级专家研究和培训的能力，对我县女性领导力培养的可持续发展起到了很好的指导作用。

6. 女性领导力培训工作的经验总结和制订后续支持规划

2011 年 3 月底，中英西南基础教育项目关闭，凤山县女性领导力培训工作告一段落。4 月份，项目负责人李笃东主任具体布置了本县女性领导力培训专家团成员开始反思和总结经验，要求各位县级专家形成书面总结，以指导项目关闭后的后续常态化培训工作。此外，县项目办还根据本县教育发展实际情况，制订了项目关闭后对女教师的继续培训和对女领导的后续支持的工作计划，寻求实现本县女性领导力培训工作可持续发展的途径。

四、实施项目四年取得的阶段性成效

凤山县中英西南项目女性领导力培训实施四年间，项目负责人及县级专家团以高度负责的态度，灵活地开展适合本县发展实际的培训活动，挖掘了基层女性教育工作者的领导潜力，唤醒了女性教育工作者的自身发展意识。教育局领导班子高度重视，抓住项目实施的机遇，从实地调研、学习培训等方面狠抓学校女性领导干部的培养工作；并采取政策倾斜等措施，给予女教师更多的发展机会，给予已提拔任用学校女领导更多的后续支持。高效的培训加上政策的倾斜，使我县学校女性领导力得到了提升，学校女性领导干部队伍不断充实和壮大。

据教育局数据显示，中英西南基础教育项目女性领导力培训实施后，我县学校女性领导由原来的不足10名，增加到71名。正式开展培训活动后，仅就2011年1月而言，一次就任命了26位学校女性领导干部，使我县现有女性领导人数占全县女教师总数的13.9%，比项目实施前提高了22.4个百分点，占全县学校领导总数的26%。

开展女性领导力培训后，我县广大女教师、学校女领导在观念上发生了转变，有了展现自身领导力的意愿与行动，学校女性领导力得到了挖掘、提升。

如凤山县中学的牙丽春老师。牙老师是一位年轻女教师，2005年，在县政府、县教育局整合教学资源时，通过竞聘从平乐乡中学调入凤山县中学，并被任命为学校团委副书记。这位老师工作能力强，富有责任感，善于组织和管理，以其亲和力、感染力及较好的课堂艺术，深受学生喜爱。在同事当中，开朗而不骄横、随和却有主见、谦逊而又干练的她，受到同事们的认可和支持。教学成绩优秀，团工作干得有声有色，在学校里构建了自己的支持网。这样的优秀女教师本应该在得心应手的工作中充分发挥着自身的领导力，更好地发挥其在学校工作中的重要作用，但是，2006年10月，学校团委换届，牙老师是学校团委书记的最好人选，可她却没有如大家所愿去承担这份工作。2006年11月，学校在接受自治区级普九合格学校评估验收时，学校安排其作为迎检接待组组长，她出人意料地婉拒了这一工作任务。原因是家人不支持。她家人认为她是个女老师，只要把教学搞好就行，没必要去当领导或做抛头露面的工作，女人当了领导无暇顾家，就算干出好成绩，也容易因性别原因招来社会非议。家人不支持在很大程度上束缚了她的手脚，使她接受工作总有顾忌，开展工作不够大胆。2008年，项目女性领导培训模块在凤山正式启动后，县项目办负责人及县级专家团开始了基层调研和对女教师的领导力进行培训提升，牙老师被列为第一期培训对象，接受了为期三天的培训引导。培训过程中，县级专家组织参训教师通过互动交流、参与表演等形式共同探讨女教师工作中遇到的种种问题。牙老师在“认识自己的领导力”“我的沟通困难在哪里”“构建我的支持网”“农村女领导少的成因”等问题的讨论中均表达了自身发展需求和社会观念对自己发展的影响。通过县级专家给予的相关理论支持和跟参训教师讨论交流解惑后，牙老师在培训感悟中表达了自己观念意识上的改变和今后工作的设想。培训结束后，牙老师和家人做了很好的沟通，取得了家人的支持。回到工作岗位上，牙老师工作热情高了，方法更灵活，工作更大胆了。校内的教育教学工作和校外的各种专业比赛都出现她活跃的身影。2008 年，她参加全县青年教师课堂教学比赛，获得了一等奖；2010 年参加全市英语教师同题异构课比赛，获得一等奖。2009 年，牙老师以其出色的领导力成为凤山县人才库里的年轻后备女干部。目前，她已是凤山县中学的教学骨干和学校管理工作的后备军。

又如长洲中心校的韦励川老师。韦老师是个外刚内柔的女子，因为自小失去母亲，她有很强的独立性和解决问题的能力；得到后妈无微不至的关怀，使她从小就心怀一颗感恩之心。1999 年她从师范学校毕业回来就直接分配到长洲小学任教，工作兢兢业业，对学生格外关爱，对学校十分关心。学校离家不到 1000 米。作为土生土长的长洲人，她熟悉那里的一草一木，教的是熟悉的面孔，共事的是自己曾经的老师或同学、朋友，社区里的群众几乎都是自己的亲戚。学生听话，同事友好，邻里相敬。工作环境对她可谓得天独厚。尽管学校所在地仍存在着性别歧视，人们仍奉行“女子无才便是德”的观念，但是这并不影响韦老师的工作积极性，很快她就崭露头角，显示了一个女教师在工作中的柔性领导优势。2000 年，学校想给从校园穿行的村民们改道，解决校园没有围墙四通八达不方便管理这一问题，在学校和群众协商进入僵局时，韦老师以她当地人的身份和女子特有的沟通优势动员说服了乡亲们，使得事情圆满解决，也使原来对她并不认可的男同事改变了对她的看法。她以优秀的教学成绩、较强的协调沟通能力和影响力，成了学校里、乡里骨干教师。然而，直至 2010 年，韦老师仍然只是一名普通教师，只能在女教师岗位上发挥她的领导力。因为传统的农村学校领导提拔任用原则排资论辈，所以年轻有为的老师，尤其是面临着性别角色困惑的女教师，领导力实践机会更加匮乏，没有更高的锻炼平台。女性领导力培训启动后，局领导加入了“女性领导行为研究”领域，管理观念及用人指导思想发生了转变，在重新调整我县学校领导干部结构时，在政策上给予女教师一定的倾斜，为女教师提供了更多的发展机会。2011 年 1 月，县里新任命了一批学校女性领导。韦励川老师也在此次任命中被提拔为长洲小学教导主任。现在韦老师正在新平台上发挥着她的领导力。

总之，项目入驻我县后，通过开展实践培训、考察学习等活动，唤醒了我县女教师的自身发展意识，提升了我县女教师的领导力，使越来越多像牙丽春、韦励川这样的女教师走上了教育领导岗位。

五、存在的不足及今后的努力方向

(1)参训面不够广。我县现有女教师508人,只有180人接受到专业的女性领导力培训,培训比例仅为35.4%。

(2)辐射作用不够大。接受培训的女教师回到工作中,在短时间内不可能有立竿见影的成效,削弱了自然辐射作用。而由受训者主动去培训、去影响其他女教师的可能性不大,所以人为的辐射作用微乎其微。

(3)观念意识发生反弹。部分教师接受培训后,回到工作岗位上,受环境影响,培训中注入的新理念渐渐消失,旧观念又回来影响自己的行动。

(4)激励机制不到位,女教师上进心不够强。激励机制是创造有利于女教师成长的环境条件之一,女子相对于男子更需要激励。

(5)对已提拔任用的女领导后续支持不到位。学校女性领导被提拔任用后,在管理方法、管理艺术上比较缺乏,在领导岗位开展工作遇到的困惑也因性别而增多。因此构建联系网络、搭建互助平台、交换挂职、到管理名校考察学习等,是女性领导力发展急需的支持。

第六部分　西林县女性领导力建设报告

西林县中英西南基础教育项目办公室

西林县地处滇、黔、桂三省（区）边缘结合部，位于广西西端，是广西的西大门，具有“一肩挑三省”的区位特点，俗称广西“区尾”。全县总面积 3020 平方千米，辖 6 乡 2 镇，96 个村（居）民委员会。2006 年全县总人口 13.4718 万，中小学在校学生 23340 人。全县小学入学率 99.52%，其中女童入学率 99.34%；小学辍学率 0.98%，其中女童辍学率 1.01%；初中阶段入学率 96.02%，其中女童入学率 96.8%；初中阶段学生辍学率为 2.27%，其中女童辍学率为 2.43%。

一、女性领导力建设的背景

1. 女性教师人数相对较少

20 世纪 80 年代以前，由于文化教育相对落后，群众思想观念陈旧，西林县广大农村地区的村民普遍存在“传宗接代”“光宗耀祖”“嫁出去的女儿，泼出去的水”等重男轻女的残余封建思想，加上当时没有实行计划生育政策，农村家庭对节育知识一无所知，农村家庭普遍存在子女多、家庭经济非常困难等情况，西林县 90 年代前农村女童入学率相对较低，特别是初级中等义务教育阶段和高中阶段的女童入学率更加低，因此产生的结果是能到中等师范学校和高等师范学校学习的女性更是微乎其微，故西林县的女性教师相对较少。（2006 年基线调研时全县小学教师 786 人，其中女教师 256

人，占32.57%。全县初中教师300人，其中女教师100人，占33.33%。全县高中教师61人，其中女教师18人，占29.51%。教育局工作人员54人，其中女工作人员11人，占20.37%。）

2.教育系统内部成功女性榜样少

2006年基线调研时，西林县中小学女教师总数为385人，其中在县教育局和县城学校任职（教）171人，在乡村学校任教214人，中小学中层以上女性领导17人，占全县中小学教师的1.42%，占女性教师总数的4.42%，占在任领导总数的11.18%。而且在17位女性领导中，有3人在县教育局任职，占女性领导总数的17.65%。有9人在县城学校任职，占女性领导总数的52.94%。而在乡村学校任职的女性领导仅为5人，占女性领导总数的29.41%（其中任校长1人、副校长0人、主任1人、副主任3人）。绝大多数女教师身边缺乏现实的成功女性榜样。

3.女性教师的领导能力被严重压抑

由于受"男主外，女主内""女人要相夫教子""女人头发长，见识短"等封建思想的影响，西林县女性教师潜在的领导力被严重压抑。主要表现为：

一是在任的行政领导以男性居多，大多数男性领导的潜意识里认为女性教师小气、心胸比较狭小、目光短浅、缺乏领导魄力，无法很好地管理一所学校或独立完成一项工作，所以对女性教师极少提拔任用。

二是部分在任的男性领导认为提拔任用女性干部后，在工作（社交）中将会有较为频繁的接触，会招来一些不良的议论，从而对工作造成不同程度的影响，因而对在工作中崭露头角的女性教师视而不见，不敢放心大胆地提拔任用。

三是女性教师婚后既要很好地完成学校分配的教学任务，还要抚养子女，孝敬父母、公婆，做家务活，这些花去她们大量的时间和精力，使她们无心也无力参与学校的各种管理事务，缺少展现女性领导力的机会。

四是在学校教学资源、政策资源、基础设施资源等各种资源的分配和使用上女性教师和女童处于不利的境地。很多学校的女教师外出学习培训、获奖的机会均比男性教师少，女童在学校有限的运动场、体育设施等公共资源的使用机会比男童少得多。很多学校没有洗凉房，女性厕所的蹲位比男性厕所蹲位少。

4.大部分女性忽视各种支持网络的构建

由于受社会传统不良文化的影响，很多女教师错误理解了关系网的正确内涵，认为关系网的建立、维系和使用就是"搞关系"、"走后门"等，对于正面的、积极的关系网的构建、维系和使用望而却步。自己的发展得不到家庭、朋友、领导、团队合理有效的支持，使得自己的人生、事业发展缓慢甚至停滞不前。

二、加大培训力度，努力提高女性领导力

1. 培训人数多，参训率高

根据中英西南基础教育项目广西壮族自治区项目办的部署和要求，西林县项目办除了选派 26 名教师参加省级培训、省级培训者培训外，还分别于 2010 年、2011 年举办了四期女性领导力建设培训班，培训人数 154 人，全县女性领导和女骨干教师参训率达 45.69%。

2. 培训内容丰富多彩

通过认识自己的领导力、发挥自己的影响力、积极规划自己的生活、领导力提升等四个部分内容的培训来激发女性对自身领导力潜能的再认识，进一步思考如何在社会生活中与他人积极沟通，如何通过支持网络和合理的时间安排来应对事业与生活的双重挑战，促进女性的发展，为少数民族地区女童未来的发展树立鲜活的榜样，以此来激发少数民族女童健康、积极地发展。

3. 培训理论联系实际，方法新颖

女性领导力培训采用了参与式的培训方法。在培训过程中，培训者作为组织者和参与者，着眼于提升女性的参政意识，结合西林县女性领导、女性教师的发展现状，运用领导力神话、被压抑的领导力等新的观点、新的视角来激发女性对自身领导力潜能的认识。充分、有效地运用小组讨论、问题分析、雕塑、短剧、辩论、站立场等多种方法，努力创设合作交流的氛围，促进经验的分享与学习，激发参训者自我反思的意识，理清制约女性发展的一些现实问题，思考应对困难的对策与方法，帮助参训者了解有效沟通在生活、工作中以及个性发展上的重要性，自主表达的意义和重要性，增强女性自主表达的信心；使参训者意识到，个人的成功需要得到各种关系的支持，从而更加重视建设支持性关系网络的重要性，并且有意识地积极构建各种支持关系；了解女性生命周期的特点，学会有效地管理自己的时间，学会做周计划、月计划；参训者能够更加正确地理解女性领导的形象，对自己有更加清楚和正确的认识，从而对自己领导力的释放更加拥有信心。

4. 成功女性现身说法,发挥榜样力量

在培训过程中,培训者有意识的安排女性领导中的佼佼者讲述自己成功的经历、生活、工作、学习的心得体会,充分发挥榜样引领的作用。

三、视野得到开拓,领导力得到提升

经过学习培训,参训的女性领导、女性骨干教师的视野得到了开拓,领导能力得到了极大的提升。主要表现为以下几个方面:

1. 形成了独立的思维品格

参训者基本上能突破我国两千多年的封建道德规范和传统偏见的束缚,摒弃了随从性、依赖性的心理,形成了不人云亦云,鹦鹉学舌,凡事能有自己独到的看法和意见,时刻独立思考的思维品格。

2. 形成了乐观向上的心理品质

参训者基本上能突破女性易封闭、嫉妒心理较强等客观因素的束缚,形成了豁达开朗的性格,凡事能从大处着眼,严于律己、宽以待人;能虚心地以人之长补己之短;善于与人交流沟通,团结他人,宽容大度、积极的、乐观的、向上。

3. 形成了较为细腻的管理风格

参训的女性领导逐渐放弃了刚毅、冷峻的女强人的形象,以女性特有的温柔、细腻的感情、稳重温和的性格、耐心细致的心理特点和敏锐的洞察力去管理学校,形成了较为细腻的管理风格。

四、女性领导队伍建设得到加强

由于女性领导和女性骨干教师们能自主地打破领导力神话,解放自己被压抑的领导力,积极主动地参与到学校的管理事务中来,西林县教育局及时提拔任用了一大批女性领导。现在西林县中小学在职女性领导共有36人(其中教育局副局长1人,股长1人,初级中学校长1人,小学校长2人,小学副校长6人,中学主任2人,小学主任8人,中学副主任6人,小学副主任9人),占在职领导总数的13.64%,占女性教师总数的9.14%,占全县中小学教师的3.11%,女性领导总数比2006年基线调研时女性领导总数提高了111.76%。

五、女童入学情况得到极大改善

由于女性领导能力得到提高，女性领导队伍的建设得到加强，自信而富有活力和亲和力的女性领导群体的出现，对女童产生了潜移默化的影响。学校学习和生活条件得到改善，2010 至 2011 学年度全县小学入学率为 99.65%，其中女童入学率为 99.51%，比 2006 年基线调研时提高了0.17%；小学辍学率为 0.6%，其中女童辍学率为 0.18%，比 2006 年基线调研时降低了 0.83%；初中阶段入学率为 96.7%，其中女童入学率为 96.9%，比 2006 年基线调研时提高了 0.1%；初中阶段学生辍学率为 2.74%，其中女童辍学率为 0.68%，比 2006 年基线调研时降低了 1.75%。

第七部分　天等县女性领导力建设报告

执笔者　梁植标　何维贵

一、天等县2006年女性领导调查基本情况

天等县隶属广西崇左市，地处广西西南部，毗邻越南。全县总面积2159.23平方千米，其中石山地面积占总面积的85.45%；耕地面积占总面积的11.95%，可谓"九分石头一分土"，属典型的大石山区。全县辖4镇9乡，124个村(居)委会，1310个自然屯，居住着壮、汉、苗、瑶等民族；全县总人口43万，其中壮族人口占总人口的98.55%，是少数民族聚居县。2006年，全县地区生产总值达17.89亿元，财政收入1亿元，农民人均纯收入2686元，是新阶段国家扶贫开发工作重点县。2006年全县有村完小以上小学124所，教学点203个，在校小学生26566人；初级中学14所，在校初中生9580人，大部分的学生分布在边远山区。全县义务教育学校教职工共2782人，其中：小学教职工1813人；初中教职工969人。基线调查数据显示：女性教师891人，占义务教育阶段教职工的32%；学校中层以上女性领导49人，占义务教育阶段教职工的1.8%，担任校长、副校长职务的只有3人。由于是地道的少数民族聚居县，女性干部的人数比较少。

二、女性领导比例低的主要成因调查

(一)政策支持不够

自新中国成立以来，我国就提倡男女平等。随着民主法治建设的不断

完善，对女性领导干部的培养任用已经纳入法治管理："各级国家机关的女性领导成员不低于领导总数的三分之一。"然而，据对教育部门档案资料的查阅显示，到2006年为止，教育部门还没有对女性领导干部的培养任用作相关具体的要求。对于女性领导干部的选拔任用随意性较大，没有有意识地去培养、任用，而是遇到突出的女性才去考核任用，因此，女性走上领导岗位的机遇很少。

(二)来自传统思想的影响

1.世俗思想观念的禁锢

旧的心理定势一直困扰着女性教师的心理，在女性只占三分之一的教师队伍中，绝大多数人认为，男性当领导是理所当然的事情。这个根源来自我国根深蒂固的传统文化观念："男主外，女主内"。相夫教子是女性天职，担任领导则成了另类。据基线对教师、村民的750份调查问卷显示：认为女性应该担任领导的约占36.6%，认为女性当不当领导无所谓的约占21.3%，认为没有必要去当领导的约占42.1%。

2.来自女性本身思想认识的偏差

基线调查时，我们对100名还没有当上领导的女性教师问了一个相同的问题："你想(愿意)当领导吗？为什么？"有56人不愿意当领导，怕麻烦，影响照顾家庭和孩子；有28人认为当不当领导无所谓；有16人想(愿意)当领导，但没有机会。

以上数据显示，女性对担任领导的意识非常被动，很大程度上，是因为受传统思想观念的制约。

三、着眼提升女性的参政意识，为女性走上领导岗位铺路

针对女性领导比例偏低以及基线调查的情况，我们主要采取"一个常规，两个重点，一个扶持"的方式为更多女性走上领导岗位服务。

(一)"一个常规"就是按照《女性领导力建设培训教材》规定的培训内容进行系统培训

主要内容包括四大部分，即认识自己的领导力、发挥自己的影响力、积极规划自己的生活和领导力提升；七个单元即第一单元领导力神话、第二单元被压抑的领导力、第三单元和第四单元女性的自主表达与有效沟通、第五单元构建我的支持网、第六单元善待自己巧用时间、第七单元女性领导力提升。培训以提升女性的参政意识为着眼点，激发女性对自身领导力潜能的

再认识，进而思考如何在社会、生活中与他人积极沟通，通过支持网和合理地安排时间来应对事业与生活的双重挑战。

(二)“两个重点”就是重点在思想观念的改变上做文章和重点在如何提升领导力上做文章

1.重点在思想观念的改变上做文章

在第七单元女性领导力提升培训中，从国培到省培只用了一个课时的时间就过了。然而，我们通过对《我心目中的女性领导形象调查问卷》的综合分析发现，这一份调查问卷对于解除培训者的思想观念其实很有说服力。我们就是借助《我心目中的女性领导形象调查问卷》的调查结果分析，帮助参加培训者尤其是女性培训者从认识的误区中走出来，从社会的世俗偏见中走出来。例如：

问题1：个人觉得，女性当选领导的最佳年龄是(　　)。

A.25～35岁　　C.35～45岁　　C.45～50岁　　C.55岁以上

统计结果：

参加培训180人(仅对四期女教师干部的女性领导力培训进行统计)，实际收到问卷173份，问卷统计结果如下：

(1)25～35岁(31人，占18%)；(2)35～45岁(91人，占53%)；(3)45～50岁(35人，占20%)；(4)55岁以上(16人，占9%)。

主流形成和选择理由调查：

认为女性当选领导的最佳年龄在35～45岁之间的有91人，占被调查人数的一半还多。在对91人进行进一步调查时发现，其中有72%的女性选择了这个年龄段。无论男教师还是女教师，选择这个的理由惊人的相似：这个年龄段有了孩子，家庭稳定，有更多的时间和精力去当领导。

数据统计表露的思想意识分析：

(1)女性以家庭为主的思想意识相当的牢固。

(2)女性在以家庭为主的思想意识禁锢下，被动地等待走上领导岗位。

培训团队灌输的思想意识：

(1)摆脱女性以家庭为主的思想意识，女性要解放自己，男性要解放女性。

(2)虽然不是每个人都可以当领导，但是女性也要提早准备，随时积累影响力，等到35到45岁才有意去当领导，已经错过最佳时机。

又如：

问卷5：我觉得女性领导在家庭生活中是(　　)。

A.工作家庭两不误　　　　B.尽职尽责，贤妻良母
C.强势果断，掌控大局　　　D.忘我工作，无暇顾家

统计结果：

参加培训180人，实际收到问卷173份，问卷统计结果如下：

(1)工作家庭两不误(85个，占49%)；(2)尽职尽责，贤妻良母(50个，占29%)；(3)强势果断，掌控大局(20个，占12%)；(4)忘我工作，无暇顾家(17个，占10%)。

数据统计表露的思想意识分析：

选择“工作家庭两不误”和“尽职尽责，贤妻良母”的占78%。意思是女性领导无论你在单位工作多忙，回到家，为人妻、为人母的职责不能变。

培训团队灌输的思想意识：

女性领导压力太大，对女性领导的要求过高。我们常说，在一个成功男人的背后，一定有一个默默支持他的女人。为什么在一个成功女人的背后，就不能有一个默默支持她的男人呢？换位思考，找到平衡点。

通过这样的分析，让被培训者尤其是女性恍然大悟，明白问题的纠结所在，在思想认识上扫清障碍。

2.重点在如何提升领导力上做文章

《女性领导力建设培训教材》对女性领导力在哪些方面需要提升作了较为详细的阐述，在设计的活动中也安排了“支招”的内容。但是，在如何提升领导力上没有系统设计，没有可操作的例子。针对课程的这一缺陷，我们增加了三个课时的内容，专门探讨如何提升领导力的问题。

(1)温习领导力核心问题。

回顾女性领导力的培训过程，在受训者心中树立一个清晰的概念：领导力其实就是影响力。领导力的提升其实就是影响力的提升，是个人发展空间的不断扩展。

(2)支招。

第一招：成功永远属于早作准备的人。

实例：女性领导力培训专家团队成员之一，天等县龙茗镇中心小学校长农倩倩现身说法《我的成长历程》。

1998年7月，我踏上了三尺讲台，踌躇满志的我面对着课堂上大闹天宫的孩子们竟然束手无策，为此我还偷偷地哭过鼻子。于是，不服输的我常常站在老教师的课堂外面偷听他们的课。通过“偷师”，上课，反思，我渐渐找到了课堂教学的路子。当新课改忽如一夜春风来的时候，我积极投入新

课改的学习实践当中，不断充实自己的实力。功夫不负有心人，我多次参加全县小学课堂教学竞赛，都取得了不错的成绩，渐渐在全县的小学教学领域中崭露头角。2006 年 3 月，我代表天等县参加崇左市小学语文教学竞赛，我的课以崭新的教学理念、新颖多样的教学方法获得了一等奖。同年 4 月份，县教育局选派我参加了天等县小学送教下乡活动，将先进的教学理念推广到全县。同年 10 月份，我代表崇左市参加广西壮族自治区“参与式教学”专家研讨活动，所上的研讨课受到了自治区专家组的高度赞誉。

在这样的磨炼中，我不断成长，不断成熟起来，形成了自己的教学风格。于是，各种荣誉接踵而至：“自治区课改优秀教师”、“崇左市优秀教师、学科带头人”、“天等县优秀教师、教坛精英、专业技术拔尖人才”。

优异的成绩扩大了我在学生、教师、社会中的影响，更大的责任也落在了我的肩上，2007 年 5 月，县教育局任命我为天等县龙茗镇中心小学校长。就这样，我的人生又开始了新的征程。

互动分析：

通过农倩倩的个人成长过程，我们可以清楚地看到这样的轮廓：一般老师——优秀教师——领导岗位。尽管当初农倩倩老师根本没有冲着校长这个职位去努力，但她的成功，印证了“成功永远属于早作准备的人”这句话。“早作准备”其实不是准备当校长、当领导，而是一个积累的过程。如果农倩倩没有这么多成功的积累，最终她不一定能走上这个领导岗位。因此，要想成为一名领导，首先必须成为一名优秀教师，要想成为一名优秀教师，必须努力积累成功经验。

回归理论：

一个人的不断成长，一个人的不断成功，其实就是一个人影响力的不断积累；影响力积累的过程，就是领导力提升的过程。

第二招：谋划自主表达，提高沟通效率。

通过“我的一次成功的表达与有效地沟通”的故事，请各位学员对照约翰·布雷萧《沟通的技巧和策略》和《分享表达经验》，分析自己的这一次沟通符合了《沟通的技巧和策略》中的哪一条技巧策略；符合了《分享表达经验》中的哪一个沟通与表达原则，具体表现在哪一点上。

故事再现：

2009 年 6 月的一个星期五，我作为包乡镇组组长，来到天等县小山乡龙罗屯进行学校安全排查。一到村头，就看到坐落在村头的学校——一座三间的瓦房。走进教室，一看天面，因年久失修，横条腐烂，瓦片破烂；再看墙体，到处是裂缝，有三个窗框与砖墙的裂缝足够放进一个拳头；最后看看地板，也到处有裂痕。我的第一反应是，这是一座典型的D级危房，必须拆除。我问了一下随我检查的该乡中心小学校长，这样的危房为什么到现在还在使用。校长的回答是他们已经做了多次的思想工作，但是群众不同意。于是，我就叫该校的老师带我去找这个屯的经联社主任。以下是我和这个屯的经联社主任沟通交流的大概内容。

覃主任，您好！我是小山乡工作组组长，我姓梁。今天我们到这里主要是根据全国校园安全排查工作会议的统一部署，对学校安全进行一次全面的排查。刚才，我们已经到学校进行了检查。我们发现，学校最严重的问题是，这座教学房属于D级危房，按照规定，D级危房是不允许学生在里面上课的，必须拆除。①听说我们屯的群众为了保留这个教学点，想了好多办法(事先了解)。②有的想租用民房来上课，有的想集资建房。我们可以明确地告诉您，这些想法都行不通：第一，租用的民房没有经过权威部门的技术鉴定，安全系数没有保证，再说民房也不符合教学用房的要求；第二，现在我们这个教学点只有3个一年级学生和4个学前班学生，从投资效率来讲，国家也不可能在这里重新建一座教室，如果我们自己建房，没有经过建设部门的同意、鉴定，最终还是不能使用。因此，我们群众的想法是行不通的。怎么办呢？我们的建议是这样：这7个小孩并到中心校上课，由中心校安排为内宿生。因为这些小孩年纪还小，安全意识、生活自理能力还比较差，因此，我们安排这里的老师，星期一负责带学生到中心校，星期六负责带学生回家；近期不安排这个老师上课，主要管理这几个学生的日常生活，直到这些学生的日常生活能独立完成为止。③覃主任，我建议你今晚召集这些学生的家长，召开一个动员会，把我们的意思传达给家长们，送孩子们到中心校就读。④我们的责任是妥善安排孩子们的读书问题，你的责任是做好家长的思想工作。⑤覃主任，您看怎么样呀？我知道，这样的安排会给我们的家长增加一些负担、麻烦，但是，您看看，现在是6月雨季，说不定哪天的一场大雨，教室就会坍塌，如果我们的孩子就这样遭殃，谁来担当这个责任？⑥今天我们发现了问题的严重性，采取查封的办法，这是我们的责任；如果我们的家长一定要在这样的危房上课，发生事故的责任就在您这里。⑦我们宁愿听到你们的骂声，也不愿听到你们的哭声。⑧覃主任，您的意见怎样呀？

覃主任：你说得很在理，我一定做好群众思想工作，按照你们的工作思路去解决。

结果，下一周的星期一上午，我就接到了中心校校长的电话，汇报说，龙罗屯的学生已经全部到中心校上课，食宿已经安排妥当。

互动分析：

①⑧是负责地表达"我"的信息和态度；②是不回避冲突(保留与撤并的矛盾冲突)；③④避免说教，尽量说出具体而实际的内容；④提出要求；⑤⑦明确责任；⑥切中要害。

沟通成功分析：

因为"我"事先对将要沟通交流的工作作了较为详细的谋划，把覃主任可能的退路全部切断，尤其在明确责任上，"我"给他施加了合情合理、又不可推卸的重大责任。因此，沟通成功啦！

回归理论：

当你和别人沟通时，他认可你的观点，执行你的意图，就说明你的表达影响了他，你的沟通产生了效益，你的影响力在他身上发挥了作用。

第三招：构建我的支持网(关系网)。

我们送学员六张网：一是在家构建一个和谐的家庭关系网；二是在学生中建立一个相互良好的师生关系网；三是在教师中建立一个友好的同事网；四是和领导建立一个相互信任的上下级网；五是在朋友中建立一个相互支持的友情网；六是在社会中建立一个具有一定影响力的信誉、威望网。

互动分析：

这六张网涵盖了生活、工作、社交等方方面面的关系。建好这六张网，在什么地方你都可以左右逢源。

回归理论：

关系网的建立其实是影响力的建立；影响力的建立就是领导力的建立。

第四招：抓住机会，展现自我。

实例：女性领导力培训专家团队成员之一，天等县民族小学校长农桂合现身说法《我的成长历程》。

1992年7月，我从南宁地区第二师范学校毕业，分配到天等县宁干乡龙盛小学工作，18岁的我带着自己儿时的梦想走上了自己向往已久的三尺讲台，翻开了我教育教学生涯的第一页。

1998年9月，宁干中心小学面向全乡公开招聘教导主任一职，我通过上课、演讲、基本功展示等成功竞聘到了教导主任这个职位。

2003年8月，乡辅导站撤并后，全县的各乡镇中心小学常务副校长都是通过竞聘产生，当时未满30岁的我大胆地参加了竞聘，在组织考核谈话时，考核小组领导问我："你认为谁更适合担任副校长这个职务？"我当时就斗胆地回答了考核小组："恕我冒昧，我可以毛遂自荐吗？"就这样，我成功当上了宁干乡中心小学常务副校长。

2008年8月，县教育局公开面向全县招聘天等县民族小学校长，敢于挑战的我又参加了县民族小学校长职位的竞聘，在8个竞聘的选手中，我是唯一的女性。经过施政演讲、现场答辩、民主测评、组织考核，我又一次竞聘成功。现在又得到市教育局领导的信任，通过应聘，师院附小校长的位置基本尘埃落定。

回首一路走来，我感觉自己和竞聘有着不解之缘。我从一个普通的教师成长成为一个校长，除了我个人长期以来的努力奋斗之外，更重要的是我善于把握每一次有可能的机会。谢谢大家！

互动分析：

农桂合校长的成长过程和三次竞聘上岗有关，可以说，她的这一段历程和竞聘结了缘。她抓住了每一次展示自我的机会，让更多的人认识她、了解她、认可她。当别人认识你、了解你、认可你，就是你影响力培养的过程，就是你领导力的培养过程。

回归理论：

酒香也需要吆喝，成功属于善于把握机会的人。

我们通过安排这样的环节，为学员提供如何提升影响力的参考实例。因为现身说法，所以更具有说服力和鼓舞性。

（三）"一个扶持"就是政策扶持

天等县教育局把女性领导干部队伍的培养提高到教育公平的高度来认识，以文件的形式下发，确保在今后能够让更多的女性走上领导岗位。

1.从领导性别的比例上确保女性领导数量

（1）在中学、中心小学的校长、副校长等学校主要领导岗位上，要有意识地培养一名女性。

（2）在各中小学的中层领导中，女性领导的配置不少于三分之一。

2.有意识地培养女性领导

各中小学校可以通过竞聘上岗和组织推荐相结合的办法，动员学校教师队伍中的女性积极参与学校的管理，让更多的女性走上领导岗位。

3.严把考核关，确保女性领导队伍不断壮大

教育局人事股在对学校提交拟提拔的学校领导考核时，必须严格把关，在公平、公正、公开、择优的前提下，注意考虑提拔女性领导的比例，确保女

性领导的质量和数量。当然，这样做不是为了追求数量完成任务而已，更重要的是真正培养学校女干部，确实更好地为学生服务，惠及更多的弱势女童、女教师。

四、女性领导力建设效果

天等县举行了四期女教师干部的女性领导力培训，共 180 名；2010 年 8 月，产出五随产出三的校长培训也进行了女性领导力内容的培训，共 242 名（含校长助理）。

通过女性领导力的培训，女性参政的意识不断增强，加上政策的有效扶持，越来越多的女性走上了领导岗位。

历年来，上映中学中层以上领导没有一个女性，通过项目培训后，有意识地提拔了唐红华、农秋亮两位女教师分别担任学校办公室主任和科研处副主任。

天等镇现有 19 个中层以上女性领导，其中有 14 个是 2007 年以后新提拔或从低级别的领导岗位提拔到高级别的领导岗位上来的。全镇有 2 个女校长，都是 2007 年以后提拔任用的。天等镇是项目实施后，女性领导比例变化最大的乡镇。

据统计，截至脱稿，我县义务教育学校现有教职工 2669 个，中层以上女性领导 105 个，现在，全县女性校长、副校长 6 个，是项目实施前的两倍。女性干部的不断增加，给学校的教育教学工作增添了活力，帮助了最弱势的女童和女性教师，使她们的工作和生活更加绚丽多彩。

个案篇
农村学校女性领导成长个案

红烛闪闪洒烛泪，化作春雨润心田

那坡县坡荷中心小学　雷雨露

我，雷雨露，女，36岁，壮族，1993年7月毕业于中等师范学校，2005年大学专科自学考试毕业；2006年取得小学高级教师职务资格，2010年7月受聘；2010年9月起任学校教导处副主任，分管教学、女工、女生、幼儿教育工作，担任毕业班语文学科教学。

一、封建，让我险些与教师失之交臂

1974年，在青黄不接的4月，一个女婴呱呱坠地于桂北一个贫寒的农户，这个新生命就是我。那些年月，我的父老乡亲过着衣不蔽体食不果腹的贫苦生活。俗话说："穷人的孩子早当家。"我也不例外，从小就学会了坚强，学会了生存，学会了独立。几年后，弟弟妹妹相继出生，我便过早地担负起了边上学边照顾弟妹、干家务活的重担。尽管如此，我的学习从没有被耽误，成绩一直是响当当的，从小学到初中，我年年都是"三好学生""优秀班干部"。

天有不测风云，人有旦夕祸福。就在我上初中三年级那年，我的父亲患了肝病，这对本就贫寒的家庭无疑是雪上加霜。初中毕业，我以优异的成绩考取了市里的重点高中。我从小就喜欢教师这个职业，再考虑到家里的经济能力，我毫不犹豫地报读了师范学校。"屋漏偏遭连夜雨"，我进师范学校没到一年，父亲就永远地离开了我们……霎时间，我的整个家庭似乎都要垮了。母亲抹着眼泪，作出了痛苦的决定：我和妹妹是女孩子，反正长大了都要嫁人，让我们读书也是白白地为别人家培养，不读了，把读书的机会让给弟弟！也难怪，我的母亲是典型的农村妇女，重男轻女的封建观念根深蒂固。爷爷提着烟斗在墙角吧嗒吧嗒地抽了半天的旱烟，最后他决定：就算砸锅卖铁也要让我把书读完！爷爷呀，我的好爷爷，没有您，哪还有我的今天？

二、敬业，让我取得了辉煌的成绩

从教十七年来，我除了利用寒暑假进修学习之外，平时还充分利用业余时间阅读教育理论书籍，“倾听”苏霍姆林斯基的教诲，“接受”叶圣陶、朱永新的指导。在与大师“对话”、和教育家“交谈”中，我不断超越自我，力求使自己始终站在教改的前沿。我积极探讨教育教学规律，大胆进行改革创新，努力提高自身素质。我认真钻研教学大纲和教材，制订好教学计划，备好、上好每一堂课，课后及时进行教学反思，认真批改学生作业，并及时讲评、反馈，查漏补缺，把好质量关。我关爱后进生，对待后进生，我采取多鼓励、帮扶的办法，善于寻找、发现其闪光点，一旦他们有了进步，及时给予肯定，帮助其树立自信心。身为班主任，我除了认真完成学科教学任务外，还非常注重对学生进行人生观、世界观、价值观教育，帮助他们树立远大的理想和坚定的信念，使学生的身心都能得到健康发展。我自 2005 年 9 月起担任学校语文教研组组长，作为教研组长，我积极带领教师进行教学改革和课题研究，组织开展的教研活动有声有色，成效突出。我还经常指导、帮助青年教师，以求共同提高。

一分耕耘一分收获。由于精心治教，历年来我所任教的班级班风好、学风浓，学生的德、智、体、美、劳全面发展。我多年来均担任毕业班语文科教学工作，我的学生在每一回的期末考试和毕业水平测试中均名列全县之榜首，我也因此多次被评为市级、县级、乡级优秀教师、优秀班主任。

三、爱生，让我收获了学生的爱戴

热爱学生是教师的天职，是教师从事教育事业最起码的要求。我一贯关心爱护每一位学生，把他们当成我的孩子一样来对待。关爱学生，我主要以尊重学生为前提，尤其尊重学生的人格。我非常注重维护学生的自尊心，从不讥讽、挖苦学生。每当学生做错了事，我总是耐心地教育，动之以情晓之以理，以慈母般的温情来感化他们。我尽量与学生形成朋友式的关系，经常与学生谈心，深入了解学生的思想动态，了解学生在学习、生活中的困难，帮助他们排忧解难。学生生病了，我为他们买药，送他们上医院，给他们端水送饭，然后打电话通知其家长。学生生活上有困难，我尽可能想办法帮他们解决。学生有烦恼，我给他们进行心理辅导，引导他们走出困惑。我们学校现有80%的学生属于留守儿童，有400多个内宿生，他们缺少关爱，需要教师多多关照。

人心都是肉长的。我爱护我的学生，我的学生也很敬重我。我上的课，学生听得津津有味，很少有人开小差，因此我的学生语文科都学得很棒，上了初中文科也还是学得很不错。每天放学了，学生们总是来找我聊天，跟我说说心里话，尤其是女生，她们都把我当妈妈一样看待，有什么话都愿意跟我说。周末和节假日，已经毕业的学生仍会经常来看望我，向我汇报他们近来的学习情况。我的学生平时称我"老师"，私底下却都叫我"妈妈"。多么令人欣慰的称呼呀，我就是再苦再累，也都值了！

四、实力，让我走上了领导岗位

因为这几年来的教育教学成果显著，我得到了领导、老师、家长和孩子们的认可。在民主测评中，很多老师都在学校领导人选推荐表中写上了我的名字。领导们也信任我，把我推荐给了局领导。我想，我就是凭着我的实力，一步一个脚印地走上领导岗位的。

五、培训，让我认识了自身的领导潜力

一直以来，我都是默默无闻、勤勤恳恳地做着自己分内的事。我一心只想做个好老师，做个让群众满意、让家长满意、让学生满意的好老师。我把知识和做人的道理教给我的学生，把我所任教的班级管理得井然有序，却不知道我也具备领导能力。2008年7月，我有幸参加了中英西南基础教育项目女性领导力培训，经过专家的教导和点拨，我才意识到：每个人都具备领导能力，只是是否被挖掘而已；我们平时所做的管理学生等工作其实就是领导力的体现；女性领导具有自身的优势，比如：女性领导善于沟通和协调，有利于增强组织的凝聚力；女性领导具有较强的亲和力，善于激励；女性领导更加敏感，善于把握细节；女性领导注重合作，更倾向于民主决策……经过培训，我找到了自信，认识到自己其实也具备一定的领导能力。

六、犹豫,让我迟疑着不敢接受领导委以的重任

2010年9月开学初的一天上午,我正在教室里上课,新任校长突然打电话让我去办公室。我怀着忐忑不安的心情走进了办公室,小心翼翼地低声对校长说:"校长,您找我有什么事呢?"我看了看校长,不知为什么,校长的脸上也没有任何表情,这下我更紧张了,心想,我该不是做错了什么事吧?愣了几秒钟,校长才开口说:"我找你来,是想委你以重任。根据教师们的推荐,经过我们领导班子的讨论,我们想让你担任学校的教导处副主任,主管教学工作,你能同意吗?"我一听,吓了一大跳!这太出乎我的意料了,我怎么也想不到他找我来是要说这个事,更想不到他们要把这个重担子交给我。我语无伦次地说:"不不不,我不行的,我没有这个能力,真的,校长,您还是别考虑我了。"校长问我:"为什么呢?"我说:"校长,我这人太老实,也太胆小,我担任不了这个工作的。我只想好好听从你们的安排,认真完成教育教学工作。再说,我现在担任毕业班教学工作,教学任务不轻,我的孩子也还小,还需要我照顾,我没有办法处理好三者之间的关系……"校长摆摆手,把我的话截住了:"你别顾虑太多,我们相信你能行!你就算是帮帮我好吗?我刚刚上任校长职务,也没有什么经验,我不是师范学校毕业的,对课堂教学不是很懂,需要你的协助。你就同意接受这个任务吧。"

说真的,我不敢接受这个重任,我对我自己毫无信心,但是校长都把话说到这个份上了,我又不好意思拒绝。我说:"让我考虑考虑好吗?我还要回去跟我的家人商量商量。"校长的脸上终于现出了笑容:"好吧,考虑好了尽快答复,我希望你不要拒绝。"嘿嘿,原来校长也跟我一样紧张呢!

回到家里,我把这个事情跟丈夫说了,没想到他竟然全力支持我。他说:"既然领导和老师们信任你,那就说明你具备这个能力。你对班级管理不是很有一套吗?你历年来的教学成绩也很不错呀,你一定能行!至于家务事,我尽量多分担一些吧。"

考虑再三,我终于给了校长满意的答复。

七、支持,让我的领导工作得以顺利开展

自从担任学校教导处副主任这一职务以来,我得到了领导、同事、家人的大力支持。刚上任时,我的前任女校长杨菊芬以她个人的成长经历现身

说法,给我打气。杨校长不但一直指导我进行语文教改实验,而且总是在我受到非议的时候为我大声疾呼,并在很多场合宣传我的教研教改经验。我的计算机操作能力较差,工作中处理文件材料时经常遇到困难,每当这时候,领导班子里的其他同志总是耐心地教我,她们告诉我:“别丧气,不会就学,你能行!”领导的支持和帮助给了我莫大的鼓励。凭着一颗真诚的心,我的工作得到了同事们的认可和支持。每当有新的工作任务,同事们都积极地配合我,还会给我提出很多宝贵的意见和建议。

家人的支持是我最强大的后盾。我有两个孩子,老大 11 岁,老二 6 岁。大儿子知道妈妈升职了,工作比以前更辛苦了,他更加体谅妈妈了,每天放学回来就担当起照顾弟弟的责任,还做了一些力所能及的家务活。我工作忙经常要加班,丈夫担心我晚上一个人回家不安全,经常去学校接我。家务活和照顾孩子的重担,我的丈夫替我分担了很多,让我得以安心地工作。

我很感谢我的领导、家人和同事,我现在很开心,因为我的工作开展得很顺利。从这份工作中,我的自信心得到了很大的提高,我终于知道了:我们女人并不比男人差,男人能做的事,我们女人也能做,甚至做得更好!

八、努力,让我的工作有声有色

我现在担任学校教导处副主任,分管教学、女工、女生、幼儿教育工作,我深知自己任重道远。教学是学校的生命线,在学校工作中起着决定性的作用。我与分管教学的副校长和教导主任一起,带领教研组组长积极开展教研教改活动,以提高我校的教育教学水平。近几年来,我校在原任女校长杨菊芬和主管教学副校长、教导主任的领导下,教育教学水平一直居于全县之榜首,我不能辜负领导们的期望,让我们学校的美好声誉在我的手中损毁呀!我们学校有 14 位女职工,工作之余,我尽可能抽出时间与女同事们相处,倾听她们的心声,了解她们的需求。同时,我还通过组织女同事开展一些活动等途径,拉近同事之间的距离。女生工作也不好做,小学女生由于年纪太小,思想太单纯,辨明是非能力差,生活自理能力也差,所以,我得带领教师们多多关爱女生。我经常深入女生宿舍,了解女生生活上、思想上的需求,及时给予她们帮助。我还定期召开女生会议,给她们传授女生生理卫生和女生安全防范方面的相关知识。

九、打击，让我差点递交了辞职报告

就在我的工作稍微有点起色的时候，各种流言飞语也纷纷传来了，而且来势凶猛，让我猝不及防。有人说，我当上了领导，得意洋洋了，摆架子了，看不起人了。我偶尔外出参加培训、听课，学校里也经常有各级领导下来检查工作，要接待，所以我会比以前更注重衣着打扮，这样一来，人家又说闲话了，说我爱打扮，说不定是看上了外边的什么男人了……天呀，简直是天方夜谭！胡说八道！我听见了当然是十分生气，更觉得委屈，我哭了。

我决定不干了！我决定辞职了，这吃力不讨好的苦差事！

十、鼓励，让我的信心重新燃起

我把这事跟好友说了，她说："别理人家，嘴巴长在别人脸上，人家爱怎么说就怎么说，我们管不着，身正不怕影子歪。你要坚持，别让人家打趴了，我觉得你做得挺不错的，真的。"

就是这简短朴实的话语，让我重又燃起了自信。我想明白了，不管人家是妒忌也好，打击也好，就当做是给我敲警钟吧，也许我身上真的出现了不少毛病呢，以后我尽量完善自我吧。

我的工作虽然没有惊天动地的业绩，却在人生的长河中留下了一朵朵缤纷的浪花。十七年的教学生涯，使我真切地感受到了教师是太阳底下最光辉最神圣的职业，红领巾事业是最永恒最朝气的事业。今后，我将一如既往地努力工作，向更高的目标奋进，并为此奋斗一生。瞄准一流，才能在奔涌向前的教育洪流中奋勇向前；志存高远，方能在教育这块神圣的沃土上独领风骚。沐浴着 21 世纪灿烂的霞光，我相信，教育事业的明天必将底蕴更丰厚，风姿更迷人！

我愿做春蚕，愿做蜡烛，更愿做落红，化作春泥，滋润爱的种子生根发芽！

您看，这是我的手工作品，很棒吧？

现在的我，还够自信吧？

成长源于反思与执著

那坡县龙合乡定业村完小　吴重庆

我，吴重庆，女，汉族，1977 年 11 月出生于那坡县龙合乡，1997 年从那坡县教师进修学校毕业，同年 9 月被县教育局聘为小学代课教师，2005 年通过公开招考转为正式教师，2008 年获大专文凭，先后在那坡县龙合乡惠布村、品端村、定业村任教，2009 年 9 月任龙合乡定业村完小总务主任。

一、艰辛而漫长的求学路

回顾自己的人生，从一个贫困农村的穷家女子，到如今成为一名乡村教师，贫穷苦难的求学生涯酸甜苦辣不言而喻。想想自己的童年，日子过得很清贫，每年到了四五月间连饭都不能吃饱，最奢望的就是每到春节的时候才能吃上几顿美味的猪肉。我有五个兄弟姐妹，我排行老四，在“重男轻女”的落后山村我有机会上学，也许是我的父母比别人的思想较为开放吧。村子里仅有我一个女孩子同几个男孩子去上学。一、二年级的时候是在本屯上学，到了三年级就到十公里以外的村子去求学，而且我家住在高山上，因我是走读生，每天都要来回一次，要走一个多小时的山路才到学校，每天凌晨四点天还没亮就起床煮饭，然后打包好，就匆忙赶路了，到学校天刚亮，尤其是下雨天就更加难了，但我一个孤身女孩就是这样匆忙往返于家和学校这条漫长而又艰辛的求学之路。

我从小就知道生活的艰难和能够上学这一机会的难得，所以学习非常刻苦，由于学习成绩好，老师一直都让我担任班干部。为此，家里也付出了很多。由于家里困难，父母亲很多次都想让我在家劳动，但由于我能吃苦，又一直有一个念头：一定要好好学习，将来做一个人民教师，回到家乡教育那些小孩，让下一代不再那么贫穷，要用教育来改变家乡落后的面貌，因此，我坚持走下来了。

二、当山村老师苦中有乐

1997 年 7 月我从师范毕业，终于实现了我的理想，成为一名光荣的人民教师，到我们村任教。当时我们学校的环境很差，几间四壁都是用木头围成的透风的土瓦房，低矮破烂的课桌椅，一块小得可怜的土操场，这些差不多就是学校的全部家产了，而为我准备的宿舍也小得可怜，两块石头砌成的灶，三块木板搭成了床。虽然艰苦，但我也是从山村小学毕业的，一想到我的目标，哪怕条件再艰苦都觉得甜了。

第一堂课只上了不到一半的时间，我感觉很吃力。因为很多的原因，农村孩子接受不了、不理解，举的例子有的很简单，但他们从来都没有见过，这就是农村学生和城镇学生的最大差别，见识没有城市孩子那么广。当时，有很长的一段时间我一直被现实和理想的差距所困惑。在那段时间里，我曾想过放弃，也想过就那样混下去，但一想到我的目标，想到教过自己的那些小学和中学老师们，他们也曾经这样走过来，可老师们从来都没有放弃过。再看到那些小朋友如饥似渴的求知眼神，不正是当年自己的真实写照吗？正是因为老师那份无私的关爱，才使我立志当一名教师。于是，我重新振作起来，开始认真面对眼前的难题。农村学生对外界了解的渠道很窄，对与语文有关的事物接触得更少；为了能使学生把语文学好，我向有经验的教师求教，查阅资料，绞尽脑汁，设计教案，学习教育教学理论，精心备好每节课，上课尽量采用多种教学方法，平时关心爱护每个学生。我所带的班里有一个女学生叫农佳慧，由于家庭变故，父母离异后互相推诿不愿抚养教育她；爷爷、奶奶年纪大了，也无能为力，祖孙生活非常困难；再加上女孩因为怕被别人嘲笑，自卑心理导致她很自闭，她对一切人都抱着敌视的态度，不愿与同学们交往，因此一个朋友也没有，非常孤独，非常可怜。刚带她时，她连作业都不愿意交，更不愿意与老师交流。那时，我刚刚走上教师岗位兼班主任，得知情况后，就在其他同学的指引下到农佳慧家进行家访，她家只有一间用泥土和木板筑成的旧屋，屋内生活用品非常简单。在帮农佳慧整理好屋子之后，我拿出自己代课时仅有的 150 元工资，到街上买来一些生活用品，又烧了热水为农佳慧洗了又脏又乱的头发。在以后的生活中，我经常拉着农佳慧的手出现在同学们面前。上课时我鼓励她大胆发言,并不断地表扬她。渐渐地,农佳慧变了,变得敢与大家交流并愿与大家交流了,而且每次作业她都是积极主动地第一个上交。在农佳慧的日记里,她写下这样一句话:"吴老师关心我,比我的亲妈还亲,我有这样一个妈妈多好呀。"渐渐地,农佳慧的脸上也时常浮现出会心的笑容。

功夫不负有心人,一分耕耘一分收获。辛勤的付出终于得到了回报,学生们的语文水平也有了很大的提高,自己的教学水平也有了很大的提高,代课的年级从低年级转到了高年级。八年的代课老师经验,让我坚定了要做一名教师的信念,我也体会到快乐,无论遇到什么样的难题,都要积极地去面对,不能自暴自弃,要对学生负责,要对自己负责。

三、当山区领导是一种锻炼

正是靠勤奋与踏实,我所教的班级进步明显,而我善于与人沟通,化解矛盾的能力也显现出来。在师生们的支持和上级的肯定下,2009 年 9 月,我被任命为学校总务处主任,掌管学校的财务。

刚接到任命时,我很犹豫,担心自己不能胜任这份工作,也担心当了领导后,我的工作量会加大,特别是与爱人两地分居,家务和孩子没有人照顾,更重要的还是出于对传统观念"男主外,女主内"的考虑。正当我犹豫徘徊时,中英西南基础教育女性领导力项目的实施给了我前进的动力。我被抽去参加女性领导力的培训。培训后,我认识到女人也有做领导的优势,学校有女性领导的参与,才能更好地促进学生发展,特别是女童的身心发展。为了学生们的发展,我要好好干下去。于是,我承担起了这份责任。虽然心里早已经有心理准备,可是困难真正来临时,很多次都差点击败我坚强的内心。我校所在地在 2010 年春季遭受到了百年一遇的特大旱灾,虽然有地下水,但还是出现缺水的现象,为了保证学生能正常喝上水,我身体力行,主动与乡党委政府领导们联系解决供水问题,并联系车辆搬运生活用水,使全校师生喝上放心的生活饮用水,工作学习不受影响。抗旱工作非常辛苦,随着工作量的增加,我身心疲惫,尤其是与爱人两地分居,一周只能团聚两天,回家少,对孩子照顾更少,甚至有时候忙得一个星期都不能见到孩子,心里非常愧疚。但我最感谢的还是我的爱人,每当这时候,爱人就会第一个站出来支持我,工作忙的时候,他把孩子照顾好了,还主动承担家务,尽量不让我分心,让我有更多的时间和精力去搞好学校工作,爱人成了我坚强的后盾。当上总务主任后，我一个人要掌管学校的财政大权，对于没有系统学过财务知识的我，刚开始对这个业务很陌生，出现一些措手不及的情况，但在领导、家人和同事的支持下，一个个难题都迎刃而解了，我也从中得到了很大的收获，得到了锻炼。

四、妇女能顶半边天

英国前首相撒切尔夫人曾说过这样一句话："就领导而言，没有性别之分，只有能力之分。"参加了中英西南基础教育项目女性领导力培训会以后，我深深认识到，女性当领导具有自身独特的优势，具体来讲，主要体现在以下几个方面：女性领导善于沟通和协调，有利于增强组织的凝聚力，领导就是沟通；女性领导更注重伦理关怀，易于创造人性化的组织环境；女性领导具有较强的亲和力，善于激励；女性领导注重合作，更倾向于民主决策；女性领导更加敏感，善于把握细节。

在培训中，我不仅看到了女性担当领导的优势，在工作中更是了解到了学校女性领导的意义。学校行政配备女领导，其他女老师就以此为榜样，有利于调动教师工作的积极性，特别是提高女教师的工作热情，增强她们的工作责任感和自豪感；有利于形成竞争意识，有利于保障女教师的权益，使女教师拥有更多的话语权。女性领导更能深入了解女教师的生存发展状况和需求，及时、真实地反映校情民意和女性教师的呼声。中英西南基础教育项目实施之前，学校一直处于男性领导女教师的局面，女教师教学任务重，工作强度大，在这里女教师是弱者，我认为，如不改变这种局势，将会阻碍教育事业的发展。

学校行政配备女干部，对学生特别是对女学生会产生深远影响。女教师的内心充满了浓浓的爱，亲和力强，是学生的良师益友。女教师担任学校领导职位，会更注重服务妇女儿童，把“切实保护好妇女儿童权益”工作落到实处；会更注重服务基层，更能深入基层，把工作落实到基层；更善于团结、协调、凝聚各方力量来服务现行教育。担任学校领导职位的女教师也起到示范作用，让学生幼小的心灵懂得男女平等，女生同样很有能力。担任学校领导职位的女教师还可能成为学生模仿的对象、学习的榜样，特别是对女学生将来会产生深远影响。

培训后，我的思想有了很大的转变。对自己的思想、行为、理论、教育价值观有了新的认识，有了坚定继续走下去的信心。根据培训所学知识，在与人交流时，我采用以情动人的方式，改变了说话的语气，改变了做事的态度，尝试着用赏识的眼光看问题。在我的积极影响和带动下，越来越多的女教师敢于参与学校的行政管理了。

我参与　我快乐　我成长

那坡县坡荷乡中心小学　杨菊芬

我出生于“老少边山穷”边境县的一个农村教师家庭，22 年前怀着能够帮助山里的孩子有道德、有文化、健康成长的满腔热情走上了三尺讲台。我当过班主任、教研组长、教导主任、副校长、校长、党支部书记，2010 年 10 月被抽调到县教育局中英西南基础教育项目办协助项目工作。

回顾成长历程，有酸甜苦辣，也收获了信心和希望。我印象最深的是当全县唯一的一名乡镇中心校女校长的那五年，加上之前当副校长的三年，我称之为“八年抗战”。因为在这个大男子主义传统很深的国家，男人骨子里是不愿意女人指手画脚的，我要面对的困难和问题自然就很多。要彻底打破该观点，谈何容易？刚开始的那几年我的感悟是：“做领导难！做女领导更难！做一个优秀的女领导更是难上加难！”后来，我选择了参与中英西南基础教育项目试点和女性领导力行动研究工作，因为得到项目专家、项目理论和项目技术的支撑，之后的这几年，我的理解变成了："做领导不难！做女领导也不难！做一个优秀的女领导也不是很难！"

一、参与项目实施前的我——无奈 迷茫 退缩

2009年3月以前，我已经当了三年校长，管辖全乡1所中心校、12个村完小，服务于90多名教职工(其中16个女教师)、900多名在校生。因为受到"男尊女卑"、"男主外女主内"等传统思想和家庭不支持以及个人一些工作方式、方法的不妥导致工作成效不高等因素的影响，让我觉得校长工作很无奈又没有成果，前途渺茫，甚至有了退缩的念头。

记得在上任之初我的工作热情很高，很想轰轰烈烈地大干一番事业，连学校的五年发展规划我都做出来了。可是，事情并没有我想象的那么好。一开始，我主持的好几次会议，很多老师都迟到了，会上还开小会，布置的工作不听，会后不及时去完成，你问他"为什么不做"，他就说"没听到"，真的很气人。老师们的不理解和不支持，使我很难过。有一次，在一个没有月亮的寒冬夜晚，老师们都放学回家了，县领导急需我校第二天一早提供一份文字材料。我就打电话给分管这项工作的学校领导班子，但是他们互相推脱，谁也不愿意来加班。最后，我只好自己加班，直到凌晨两点多才弄好。我深深地叹了口气，独自一人迈着沉重的脚步，迎着寒风，踏上回家的小路。我望着漆黑的月空，听着远方传来的鸡啼声和狗叫声，我不敢多想，只是觉得身体很冷，我的心更冷。那段600米长的乡村小道，我走了很久很久。是什么原因导致这样的结果呢？我向几个好朋友打听，他们谁都不愿意说，只是一味地笑，"没什么，很好呀"，我急了。这样的情况在后来也时有发生，我实在忍不住了。在一次教师节晚宴上，我频频向老师们敬酒，很诚恳地跟他们说心里话，几杯小酒下肚，我有些醉了，一些老师也醉了，都说酒后吐真言，我开始借着"酒气"不停地发问：为什么？最后，一位年长一些的老师不得不道出了一句深藏很久的话："我们一大堆男老师，你一个女同志，又那么年轻，谁听你的呀?"他刚说完，那些老师就高兴地举起酒杯大叫一声"干"。我听了这句话，看到这举动，很是震惊，一点醉意也没有了，原以为自己正直的为人、认真负责的工作态度、雷厉风行的工作作风应该可以打动他们的，没想到竟是这样的情况。我的头脑一片空白。

学校领导班子成员中，没有其他女领导可以商量；学校的女老师也因为

我角色的转变不愿意多说心里话。在以后的两年时间里，我在校内很少发话，只管自己加班加点，早出晚归，拼命工作，慢慢地有人支持我了，学校也顺利通过了国家和自治区的“两基”评估验收。我不停地看书和向长者请教，希望能找到一条新的出路。2007 年，我终于把握住了参与中英西南基础教育项目试点学校这个机遇。苦口婆心之后，老师们同意去做了，我很高兴。但是老天爷也真会捉弄人。2008 年，临时合并各村校的小学毕业班学生到中心校学习，学生不适应，又是大班额，老师的管理效果不好，加上我校刚实施中英西南基础教育项目试点，经验不足，最后，综合成绩名列全县倒数一二名，我很惊讶，开始怀疑自己的能力有问题：“是我的方向不对，还是方法不对呢？”我很困惑和害怕。

在校外，全县就我一个女校长，每次外出学习、开会或是应酬，我自然成了男人们黄色笑话的被迫接受器，还不能表示厌恶。我很不情愿，但是又很无奈。更气人的是：县气象局在没有征得学校同意的情况下无条件地在我校学生宿舍楼旁安装了一套气象设备。学校从全县人民的利益着想多次教育师生不能破坏气象测量设备，但因其没有防护装置，气象部门管理不善，加上小学生的好奇心，学生有一两次在测量器上放了泥土，引起测量不准确，县气象局为推脱自己的责任不问青红皂白就向县主要领导报告说是我这个杨校长人为破坏的。当时，我很气愤：“我不干了，就地免职吧。”我感到很冤枉，不禁想到了杨白劳的故事。

工作上的不顺心，让我想到了家这个避风港。可是，当面对年迈的母亲，曾有几次，她躺在病榻上，路过家门的我却不能去问候一声；面对爱我和我深爱的老公，曾有几次，因我出没于酒席间给丈夫和家庭带来困扰，因我的繁忙而忽略了他；面对已经上中学的孩子，有几次我能和他一起共度六一儿童节或是五四青年节？可他却记得在母亲节的时候给我发短信……所有的事情都历历在目。生为人女，不能尽孝；嫁为人妻，不能尽责；身为人母，不能慈爱。我心如刀割。我对他们有着深深的歉疚。祸不单行，2008 年 5 月，我的堂兄，也是学校的副校长，突然因病逝世。一系列的困难和打击让我感到很彷徨，我不停地问自己：这样的人生值得吗？我产生了不想当校长的强烈念头。

二、参与项目实施后的我——自信、改变、前进

2009 年 3 月，自治区项目专家徐莉、龚婷老师和县项目办黄丽玲老师

等在我县开始了女性领导基线调研活动。我自然成了被访对象。这次调研活动犹如三月的及时雨，我把以上的困惑和心中的苦统统都倒了出来，心里感觉好受多了。但是在座谈会上，我还是发表了不少要当一名女校长需要具备的种种条件，我的观点还是：当领导难，当女领导更难，大家不要自讨苦吃。弄得大家感觉当女领导是那么的高深莫测。

同年 8 月，国家级专家郑欣蓉、郭歆、时惠敏和省级专家徐莉、龚婷以及自治区项目办领导又亲临我县指导并组织开展了为期 3 天的女性领导力培训，参训人员为各校选拔出来的 50 多位学校领导后备人选。我有幸参加了这次培训，聆听专家们的指导，倾听姐妹们的呼声，重新认识了自己，重新给自己的人生定位：我是谁？我来自哪里？我要到什么地方去？我将怎样做才能达到自己的目标？

通过培训，我知道了：女性在职场中的地位依然亟待提高。有调查显示，五成职场女性喜欢男性领导，四成职场男性希望领导是男性，而领导们也喜欢提拔男性员工。据调查显示，女性领导更愿意提拔男性员工，比例为 63.3％。男性领导依然更愿意提拔男性员工，比例为 76.4％。愿意提拔女性员工为女性领导人的比例为 36.7％，男性领导更愿意提拔女性员工的比例仅为 23.6％。可见，一般情况下职场女性的晋升机会小于男性。当时全县女教师领导比例仅为 8.8 ％，而且所有的村完小没有一位女性领导。身为职场领导的女性生存环境之恶劣可见一斑。为了自己和姐妹们的出路，我的无奈与迷茫是没有必要的，我的退缩不值得。工作中多年的摸爬滚打，磨炼了我坚强的意志。有一个强烈的声音在向我呼唤：要像父亲一样做一个合格的人民教师！要自信！我还要当校长！我要创造机会展示自己的才能！

2010 年 5 月，在产出五省级专家的支持下，我随县女性领导考察组赴北海、钦州市考察学习，通过与优秀女校长的交流和参观学校的发展，我的视野开阔了，管理学校的信心增强了。

我不停地改变心态。我矮，凝聚力强；眼睛小，聚光；我皮肤黑，但健康啊；我是全县的唯一，那就是万绿丛中一点红；没有人商量，那咱就来个创新吧。只要自信了就会真正地面对现实。

我在不断地改变思想。人的思维范例、观念的偏差决定了行为的不同。通过中英西南基础教育项目女性领导力的培训与行动研究，我重新树立了当女校长的信心，树立了当女校长不仅是个人能力的提高，还要为更多的女教师和女学生树立良好榜样和影响其成长的决心。当女校长是女老师在争取女性权利和提升社会地位，发挥女性老师作用的体现，其现实意义和历史意义是深远的。

我在逐步改变自己的行为。首先，在生活上，我尽量争取时间和家人进行沟通，利用外出考察旅行或“三八妇女节”外出活动的机会自费带上母亲或孩子外出游玩，有空的时候多为家人做一些家务，对他们进行思想上的开导，讲明自己的工作性质。

其次，在工作中，我选择参加了中英西南基础教育项目试点和女性领导行动研究工作。在项目专家、项目理论、项目目标、实施技术流程等支撑下，我严格实践，感觉自己的工作更加规范和有条理性。例如在项目实施前，我在工作方式上更多的还是以自我为中心，想怎么做就怎么做，想做什么就做什么，做了工作也没有留下太多的足迹，很少去考虑同事、学生的需求，所以成效不大。通过参与项目实施，我学会了用倾听和访谈的方法去了解师生们的心声；用画问题树和轻重缓急的排序法筛选来自群众的意见；用SWOT分析法和“SDP”理念规划学校的发展和完善学校的管理系统；用打破领导力的神话和被压抑的领导力鼓励和建设我的工作团队。

功夫不负有心人，学校的五年发展规划都一一实现了。在学校的硬件建设上，我充分利用全体教师良好的人际关系，先后多方筹集资金约300万元投入学校建设，征地建设学生宿舍楼200多平方米、综合教学楼600多平方米、球场2000多平方米、围墙300多米、购买教学设备等，大大改善了学校的基础设施条件。在学校的软件建设上，我提出了“以人为本，以德立校，以质强校”的办学理念，落实“抓队伍、强管理、重质量、促发展”的办学方针，积极开展各项校内外活动。仅两年时间，我校2009年和2010年连续两年小学毕业班综合测试成绩名列全县各乡镇第一名。学校党支部多次被评为那坡县先进党支部，学校被评为“百色市教育系统先进集体”、“全国优秀少先队大队”、“那坡县两基巩固先进集体”等。

当同事们得知我要到教育局工作的时候，很多人因为离别而流泪。一位平时很傲慢的年轻男同事说：“杨校长，其实，开始的时候，我真的不听您的指挥，可是，您都容忍了，而且心地善良，做事公平公正，效果明显，现在，我真的是敬佩您了。”刚提拔为教导副主任的雷雨露老师说：“校长，你是我们的榜样，谢谢你让我有机会提升自己，以后您还要多多指导我呀。”

我悄悄地离开工作岗位后不久，家长们见了我都说：“杨校长，你调到县里面了？什么时候回学校？我们希望你在学校。”“哎呀，你在县城也好，只是没有你的照顾，我不放心我的孙子……”有同学见了我就围了上来：“校长，您好！”“校长，我们想您！”……

工作得到了大家的认可，学校得以发展、孩子们能够健康成长，跟这些相比，以前自己吃的苦，受的累又算得了什么呢？喜悦的泪水充满了我的双眼：当一名女校长真的很好！

三、结束语

十几年来，我一直用心经营着自己的事业，在我所走过的地方留下了泪水、汗水和欢乐，也留下自己成长的脚步。我一直实实在在地体会着教书育人的快乐，也真真切切地感受到为教育事业奉献的幸福。当我脚踏实地地走到今天，再回头望望，欣喜地发现，一片山花烂漫……

用心去飞翔

那坡县百南初中教导副主任　杨小荻

教师，似乎与我结下了不解之缘。从小，身为教师的父母对我的耳濡目染，使我对教育产生了一种神奇的向往之情。我一直认为自己的身体里天生就流淌着教师的血液。2005 年 7 月，我从右江民族师专毕业后，通过了那坡县教师录用考试，于 2006 年 1 月分配到了百南初中。怀着对教育事业的无比崇敬，我坚定而从容地踏上了三尺讲台。我安心工作，认真钻研业务，虚心请教，教学成绩较好，于 2010 年 2 月被县教育局任命为学校教导处副主任，同年 6 月被县教育工委任命为学校党支部副书记。

从一名普通教师到学校领导班子成员，这一角色的转变，决定了自己肩上的责任更重。我没有渊博的知识，没有丰富的经验，但我有一颗爱岗敬业的心，在这颗红心的指导下，初任教导处副主任的我，已深深认识到自己责任的重大。在任职的半年多时间里，虽然没有什么惊天动地的业绩，但我尽自己最大的努力做好了自己的本职工作。

回想走过来的历程，每一个足迹，每一滴汗水，每一分收获，都是艰辛而快乐的。

一、初为人师

和所有的老师一样，初为人师的激动不已和忐忑不安是我全部的感受。终于迎来了我的第一堂课，为了摆脱学生气，我特意穿上了高跟鞋，努力装出一副严肃的样子。尽管课前我已将上课内容排练了好几次，但是面对着学生明亮而又透着些许怀疑的眼神时，我的心却禁不住微微颤动。于是，我的内心不禁有些后悔、有些内疚，懊悔自己应该将课备得更详细些，尽量多给学生一些东西，并且真正体会到了要给学生一杯水，自己就必须有一桶水的含义。从此，我开始不断地迷惘、疑惑、思索，但我的内心却非常充实。我知道我在成长，在教育生涯中不断探索，我在这样的充实中度过了每一天。

任教的第三年，承蒙学校领导的信任，我担任了九年级 28 班的班主任。第一次做班主任，对我来说既是一个挑战，又是一个很好的锻炼机会。我认为作为一名班主任，最起码必须以身作则。有句话说："其身正，不令而从；其身不正，虽令不从。"班主任首先要树立自己的形象，处处严格要求自己，时时检讨自己的言行。当时，28 班有 3 位男同学是出了名的"捣蛋鬼"，他们的个头比我还高，根本就不把我放在眼里。面对这样的状况，我试着与他们签订自我约束的条件、让他们"帮帮忙"、跟他们说"谢谢"、尽量让他们当"官"，用心去感化他们。经过一个学期的努力，他们完全变了模样，融入了班集体。这些变化和成绩学校领导都看在了眼里，并肯定了我的工作。2009 年暑假，经学校的推荐，我有幸参加了中英西南基础教育项目女性领导力培训；2010 年 5 月，我又有幸参加了女性领导力的考察学习活动。通过培训和考察，我的管理及协调能力有了很大的提高，懂得如何去建立一个合作的团队、如何作决策等。这次培训使我有了不小的进步，也改变了我的人生。

二、初领"军命"

2010 年 2 月 26 日，县教育局任命通知下来了，我被任命为学校教导处副主任。作为学校最年轻的一名女干部，有些时候难免会遭到其他同事的不理解，我时刻不忘提醒自己要学会容忍，用自己的实际行动去感化他们。在他们面前，我就像一个小妹妹；在他们面前，我又像一个小干部。从进入教导处的那一天起，我就意识到了自己责任的重大。教导处"教"什么？"导"什么？当走出自己的课堂后我便会虚心地踏入其他老师的课堂，从老师们的课堂走出后我又会带着问题步入自己的课堂，在这样周而复始的上课、听课、评课中，自己的业务水平在不断提升。课堂上不断会有创新的火花产生；听课中会为失败的课堂而深思，为精彩的课堂而激动；听课后与老师们的切磋交流，更是提升了彼此间的教学水平，增进了彼此的了解。

作为教导处副主任，我首先给自己一个定位：努力做好校长的助手、协调好教导处的工作，然后大胆地开展各项工作：

1. 和教导处主任研讨、制订好学校的教育教学工作计划、师培计划，并组织实施，使学校教育教学工作更有针对性、实效性。

2. 负责好教学工作的常规检查，为学校考评教师提供依据。

3. 组织学校教师参加中英西南基础教育项目的各种学习培训，积极组织学校参与式教学活动的开展。

4. 关心全体学生的全面发展，组织学生参加那坡县感恩作文比赛、中学生英语能力知识竞赛等。

5. 组织全体教师完成创建“义务教育学校常规管理达标学校”的资料整理、自查工作，并于 2010 年 10 月顺利通过百色市、自治区专家组的评估验收。

6. 负责好学校的课题研究工作。

7. 鼓励老师们积极参加各级各类论文评比活动，并做好登记和送评工作。

8. 真诚地团结老师。老师们完成自己的教学任务需要花不少工夫，还要挤出时间来搞教育科研，就已经增加了他们的工作量。所以，在需要老师配合开展工作时，我尽量避免用生硬的、命令式的口吻布置任务，而是向老师们讲清要求，争取他们的支持，让他们能愉快地参与到工作中来。总之，话对了，气顺了，心情喜悦了，工作效率也高了。

三、在感悟中成长

从步入教导处以来，我一直严格要求自己，努力工作，勇于承担责任，积极完成学校的各项任务。发挥干部的桥梁作用，深入关心同事，与同事和睦相处。平时同事遇到困难，只要我能做到的我便尽一切努力为他们解决困难。树立高度的责任和敬业精神，勤勤恳恳，求真务实，努力培养顾全大局、无私奉献、廉洁奉公的高尚品质和求真务实的优良作风。只要学校需要我，我总是乐于接受组织安排，为学校分忧解难，再苦再累我都加以克服，从不怨天尤人、不急功近利、不计较个人得失，在工作中力求“无愧于心”。正因为如此，我受学校的推荐，于今年 9 月被评为“那坡县 2010 年优秀教育工作者”。

担任教导处副主任职务半年多来，我都在虚心学习，踏实工作，探寻求索，不断反思，在工作中历练自己、在学习中提升自己。半年多的时间，我发现自己在不断地成熟，不断地进步，所以每当这时，我都想说一句："感谢领导对我的信任，感谢关心、帮助我的同事。"

因为深感肩上的责任之重，现在我更多关注的是教育的最新动态，想得更多的是老师们缺少什么，怎样能让老师们得到更多；学生们需要的是什么，怎样能让学生收获得更多；家长们想的是什么，怎样能让家长更满意。是的，在工作中我渐渐读懂了，这就是自己的责任。

半年多来，说心里话，工作确实很苦、很累，但更多的是欣慰和幸福，因为我不仅是一名普通的教师，而且也在干部这一行列中得到了充分的锻炼。在以后的日子里，我一定会扬长避短，因为我深知：没有最好，只有更好。我坚信自己一定会努力做得更好。

从"毛毛虫"到"美丽的蝴蝶"

西林县八达镇第一小学　李依娟

本人李依娟，女，小学里的中学高级教师，全国模范教师，广西乡镇中心校优秀校长。1986 年 7 月师范毕业到西林县八达镇第一小学任教，1996 年任学校教务处主任，1999 年任副校长、支部书记，2003 年至今任学校校长。1999 年至 2004 年主持字理识字教学课题实验，荣获自治区课题成果一等奖；2003 年至 2007 年主持《新理念下的小学语文课堂教学模式、策略及方式的研究》课题实验，荣获自治区课题成果二等奖；2010 年起主持市级《现代教育技术促进师生语文素养的提升》课题研究。由于工作业绩突出，2006 年、2009 年两度被评为百色市拔尖人才。

一、初出茅庐

2003 年初春的一天早上，下课铃刚响，老校长叫我到他办公室，告诉我他要调到局里工作了，校长工作将由我接管，他用信任的目光注视着我，直言："大家都相信你有这个能力把学校管理好。"听到这话，我心里不停地嘀咕：虽然从 1999 年起我一直担任学校副校长职务，可学校的诸多大事我这唯一的女性领导并没有独立担当，独当一面的经历对我来说是少之又少，现在学校这一大摊子的活完全交给我，我这弱女子如何承担得起，不行，肯定做不好，我没这能力。想到这，我不住地摇头说："校长，我不行，我太普通了，我没这能力，也没这胆量。不行，绝对不行，校长，您还是另选他人吧。""你要相信你有这能力，接任校长职务，你是唯一理想的人选。"老校长语气坚定。真是这样吗？我真有这能力？我从小有些娇生惯养，身体羸弱，我真的能担起这重任？在我脑海里满是问号。任个副校长、任个班主任什么的，对我来说不是难事，但面对一个要担起全校重担的校长，我一点心理准备也没有，我没一点自信。

过了几天，老校长再次找到我，问我考虑好了没有，我还是一个劲地摇头，管好上千名师生的学校谈何容易。尽管我一百个不乐意，但组织还是找我去进行了职前谈话，随后校长任命文到了我手中，文件中“经研究决定：任李依娟同志为八达一小校长”的字眼撞击着我的眼球，它让我眼晕，让我心慌……组织是怎样研究才得出这个结论的？一时间，众说纷纭，我成了人们议论的焦点，不信任的目光、怀疑的眼神一齐向我投来，不中听的话也偶能听到：“选谁不好，为何非选她？”“一个女人能挑得起这重任？”的确，在西林这个边远山区贫困县，在一所学校里任中层职务的女领导已是凤毛麟角，一所规模较大的全县窗口示范性学校由一个女人来当校长，那可是开天辟地第一回。面对着巨大的压力，怎么办？我这第一人如何当好？我很纠结，好长时间我才冷静下来，我知道此时的我是没有什么退路了，只有坚定信心，勇于面对，迎接挑战，团结师生，寻找学校发展新思路，才能打开学校工作新局面。

说来容易，可做起来却很艰难。初任校长的我常常为如何更好地打开工作局面而费尽苦心，辗转反侧，我有过苦恼，有过委屈，甚至也出现过辞职的念头，但上级领导的关心和帮助、老校长的鼓励、老师们的支持、亲人的理解以及许多励志故事，给予我无穷的力量，使我坚持了下来。

二、深受启发的故事

励志故事能激励一个人不断地挑战自我、超越自我，为成功提供动力。《把信送给加西亚》、《成长的阻力》等故事对我启发很大，我明白一个校长走向成熟要坚定信心，要奋斗，要努力。

《把信送给加西亚》里的罗文在接到送信任务时，没有人告诉他怎么做才能把信送给加西亚，他却成功地把信送给了加西亚，完全凭借他顽强的毅力和超人的能力。我是罗文吗？我能成为罗文一样的人吗？我不住地问自己。

《成长的阻力》故事中，没有用巨石压着的豆芽菜长得细细小小黄黄的，而被笨重的巨石压着的豆芽菜却长得又大又肥又白。这个故事道明了一个事理：不同的环境下成长的人，发展是不同的，养尊处优的环境可能对人就是一种伤害。人只有加倍地努力奋斗，方能脱颖而出。难道我连一棵豆芽菜都不如？我的脑海中不停地翻滚着豆芽菜为生长，为达成它的生长之意，不管巨石如何重，石块与石块之间缝隙如何狭小，总是曲曲折折地，顽强不屈地生长着的画面，它那不达目的不罢休的精神影响着我，激励着我。

有志者，事竟成。励志故事让我豁然开朗：成功的校长要不断地磨炼意志，努力奋斗，还要能屈能伸，执著追求和挖掘发展空间。这样，也只有这样，才能完善人格，练就本领，追求卓越，创出佳绩，成为一个优秀而富有弹力的校长。从那以后，我用心追求目标，努力成为心中的罗文。每当遇到困难，我就把面对困难、解决困难当做磨炼意志、考验能力的一次挑战，我藐视困难，战胜困难，我相信有了阻力才有磨炼，创造出校长职业生涯美丽的一瞬间。

三、爱不释手的书籍

书到用时方恨少。我自小喜欢阅读，文学历史、天文地理等书籍我都爱读。但自任校长后，我才发觉我的知识是如此的匮乏，阅读面有些狭窄，诸如人力资源及管理心理学等精英领导书籍我涉猎不足，于是，我的阅读面开始扩大，只要找到管理学、心理学等方面的书籍，便迫不及待地拿起来就"啃"，及时补充"营养"。我爱不释手的书是戴尔·卡耐基的《我努力，我成功》等成功教育系列丛书。《人力资源整合》、《论语》、《菜根谭》这些书让我受益匪浅，我的管理技能、管理艺术得到了提高，工作有了成效。

发生在七年前的一件事至今还深印在我的脑海中，它使我明白，一个优秀的校长要学会聆听、理解、宽容和关爱他人，在管理中体现人文关怀，才能赢得师生们的信任，顺利推进工作进程。

事情是这样的：自我上任之日起，为了加强教学行为的管理，提高教师的专业水平，促进教师完成继续教育，加快教师专业发展的进程，学校制定了《教师继续教育培训制度》，规定教师每年以自学的方式完成摘抄业务科研方面的文章及撰写教学反思各 10 篇以上，12 月底向校长汇报自学成果，学校将老师们自学成果张榜公示，并作为老师当年各种评优评先的参照条件之一。到了年底，大部分老师都能按要求在 12 月 31 日前把自学成果上交到我办公室接受检查。老师都是上进的，都是不甘落后的，我被老师们自觉遵守学校制度的精神感动着。但有一年年底，我检查老师自学成果时，发现有位老师没有按时上交学习笔记，我决定找这位老师了解原因。

李老师来了，我先是称赞他爱岗敬业，爱生如子，并提出希望，然后话锋突然一转，问道："您今年的自学成果没有完成啊？"但此时的我还是向李老师投去亲切的目光。

李老师有点不知所措，稍低着头，轻声回应："校长，真对不起，我家里老人生病了，我忙着照顾他把自学任务给耽误了。"

我又说："你真是太辛苦了，家里家外你都得操心，今后把手中的工作提早完成，多争取些时间回家照顾老人吧。"我同情李老师，没有过多地指责。

李老师犹豫了一下，说："嗯……校长，您放心吧，我会把工作安排好的。"

我微笑着说："今年的自学任务再给你些时间吧。能补上吗？"

李老师看着我，坚定地说："我会与我爱人商量商量，让她抽出点时间照顾照顾老人，这样我就可以在一个星期内把落下的部分给补上了。"

一个星期后，李老师把他的自学成果完整地交给了我。

卡耐基在《如何赢得朋友和影响他人》中写道："不要批评、责备或埋怨，表达你真诚、衷心的感激之情，唤起别人心中的热情。"专心倾听别人讲话可以使对方感到更有信心。处理李老师这件事时，我真正看清事情的本质：李老师落下的少量学习任务是因照顾家里生病的老人导致的，他不是在抵制学校的制度。处理事情时我巧用"三明治效应"，在指出李老师自学成果未完成之前，先称赞他的两个优点，批评他时又能做到专注地听他说话，给了他一个机会，让他在讲出来的过程中解除情绪的激动，缓和问题对他造成的压力，同时我把我对他的关心传达给他，间接的使他对自己更有信心，想出办法来解决问题。事实也是如此，我主动找李老师谈话，耐心地聆听他解释，细心地做他的思想工作，体谅他，关心他，理解他，给他改正的机会，最后李老师主动地完成了自学任务。

我的管理观念更多的是受戴尔·卡耐基成功教育思想的影响。在学校管理工作中，我清楚地认识到：有效地管理学校，需要把严格的管理制度与人文关怀完美结合，既要有硬性的制度管理，也要有柔性的人文管理，刚柔并济，不可或缺。为此，我的管理使用更多的是疏导评价式的管理，积极并善用表扬与鼓励，为师生的成长洒下阳光雨露。我呼吁倡导在全校教职员工中增强"四个意识"：学习意识、反思意识、合作意识、质量意识；倡导"三讲"：讲大气、讲品位、讲合作；弘扬"四种精神"：人文精神、团队精神、敬业精神、创新精神。在每周全体教职工例会上，我大力表扬工作积极肯干、尽职尽责的教师，树立教职工中身边的榜样，等等。有了校长的鼓励，老师们干劲更足了，校长的管理也就变得轻松而有效。

四、案例＋反思＝成长

一只毛毛虫只有经过数次蜕化才能变成美丽的蝴蝶。蜕变的过程是痛苦的，但痛并幸福着，只有经过疼痛的磨砺，才显现出美丽的真身。初出茅庐的校长犹如一只小毛毛虫，只有通过“案例＋反思”，不断地剖析、否定、变革和提升自我，实现毛毛虫的蜕变，成为美丽的蝴蝶，成为优秀的校长。

每当一项工作结束后，我常常思考其成功与不足之处，以便在今后的工作中加以改进。在工作推进的过程中，当我遇到障碍、听到反对声音时，我沉着面对、冷静思考，渐渐地我发现有些反对声音能警醒我，它让我反思、引领我变革。2008 年，我任校长已五年，此时正值收获季节，同时也是校长任职容易发生高原缺氧现象的时期，如何进一步自我补充能量有效开展学校管理，让学校再上新台阶是我深思的问题，更是我面临的考验。抓住机遇，与高人交往，与专家“零距离”接触能让我的困惑得以解决。为此，我积极参加 2009 年广西乡镇中心学校校长项目培训，“如何有效促使校长学校管理行动的改变”是我培训后时常思考的问题。按照远程指导与专家指导的工作原则，2009 年 10 月，我主动与指导专家组潘启富教授和班向红校长联系，通过召开“与专家面对面”座谈会，采取“借助专家，把脉开方”的办法，实地检查指导学校的教育教学管理工作，以点带面，科学诊断、剖析学校管理中成功之处和存在的主要问题，拟订和推进学校管理工作改进计划，形成高质量的分析检查报告《学校管理现状调研分析与初步的改进设想》。借助校长培训项目，我与专家共同探讨问题，分享成功与快乐，撰写的《支教，让我欢喜让我忧》管理故事入选到“广西乡镇中心学校校长培训项目”物化成果之一——《分享教育管理的实践智慧》一书。

“成功的校长是在经常反思中进步，通过思考，解剖自己日常教育实践而不断超越和提升自己教育工作的境界，即对自己教育行为乃至教育细节的一种追求、审视、推敲、质疑、批判、肯定、否定 ……”我永远记得于瑮教授的话，并努力践行着，我相信总有一天毛毛虫会蜕化成美丽的蝴蝶。

五、感悟与收获

回顾校长任职历程，我可谓是走一路，学一路，改一路，做一路，校长角色让我真正意识到“为政以德，譬如北辰，居其所而众星共之”，做事先做人，以德服人、以德治校的重要性，体味了“苦其心志，劳其筋骨，饿其体肤，空乏其身……所以动心忍性，增益其所不能”。八年的校长历程，我发现我变了，我变成熟了，我对问题的思考既有宽度也有深度，我办事也沉着老练起来，我主动与人沟通交流，我学会了聆听和反思，学会了理解他人，尊重他人和包容他人，协调能力和领导能力快速提高，我和我的学校都有了很大的收获。

我获得的荣誉：2004 年全国模范教师；2010 年广西乡镇中心校优秀校长；2006 年百色市拔尖人才；2009 年百色市规范管理十佳学校校长及百色市十大巾帼标兵；等等。

学校获得的荣誉：2009 年全国教育系统先进集体、全区教育系统先进集体并记集体二等功；2006 年自治区小学课改先进单位；2007 年百色市教育先进工会；2009 年百色市规范管理十佳学校；等等。

中英西南基础教育项目改变了我

西林县西平乡中心小学　冯青花

光阴似箭，岁月如梭。短短几年时间，我觉得自己变了，变得胆子越来越大，变得能说会道，不再是一个沉默寡言的人，变得越来越自信。而我的转变离不开中英西南基础教育项目。

记得2006年上学期的一天，学校举行全校性语文知识竞赛，由刚担任语文组组长的我来主持学生参赛。第一次登台的我心里怦怦直跳，说话哆哆嗦嗦，不知所措，就连笑起来也感觉到不自然。好不容易坚持到比赛结束才松了口气。回家当晚，同校的爱人就毫不留情地说我："你呀，怎么回事？教书都那么多年了，怎么在师生面前还那么紧张？说起话来吞吞吐吐的，真是差劲！"当时，我的心里虽然很不是滋味，但还是如实地承认了自己的不足。说心里话，参加工作的前五年，作为一名乡下普通女教师的我，外出学习和展现自我的机会不多，因此，见识少，胆子小，就连每一学期安排的校内公开课都提心吊胆，不知所措，何况是在那么多学生和老师面前。

然而，自从参加了中英西南基础教育项目，我的一切都变了！

2008年秋季学期，西平乡中心小学被确定为中英西南基础教育项目SDP学校，我被校长选任为技术助手，参加项目开展的有关培训。在培训过程中，我不仅领悟了许多理论知识，最重要的是锻炼了自己的胆量。培训回校后，校长对我非常信任，把学校发展计划(SDP)的许多工作都交给了我。"做不做是责任心问题，而做得好不好是能力问题。"我没有辜负领导对我的高度信任，在校领导的大力支持和鼓励下，我大胆地组织社区女性开展了SDP女性成员培训会、SDP学生培训会，SDP管理委员培训会，等等。按照实施学校发展计划的工作步骤，我精心组织全体教师认真地去完成每一项工作。在负责SDP工作中，我从实践中真正意识到了“有志者事竟成”的道理，更体会到带领更多人顺利完成某一项工作的成就感，觉得自己就是一个领导者。

自从走进中英西南基础教育项目后，我发现我的写作能力提高了很多，改掉了无话可说、无从下笔的毛病，每次写起文章来都感到得心应手。我所写的文章有：《她留下来了》、《她们的梦想实现了》、《浅谈对参与式教学的几点认识》、《她，需要一点关爱》、《学校发展计划培训、制定及实施过程经验教训》、《相信自己，就能成功》、《小学班级干部培养》，等等。其中，我撰写的《小学班级干部培养》一文在中华教育科研论文评优活动中获二等奖；《相信自己，就能成功》一文在百色教育网上发表。

我注重理论与实践相结合，积极探索参与式教学，大胆实践。2008年，我参加西林县教师基本功大赛获得鼓励奖；参加西林县中英西南基础教育项目“参与式教学”比赛获二等奖，并代表西林县到玉林市参加广西“参与式教学”比赛，获得“参与式教学”小学学习方式训练课二等奖和“参与式教学”教案设计二等奖，成为西平乡小学语文科学科带头人。由于工作出色，我于2008年荣获西林县委、县人民政府授予的“优秀班主任”，2009年获得百色市“优秀教师”和“优秀德育教师”，2010年被西林县委、县人民政府授予“优秀教师”的称号。

我的工作得到了学校和上级领导的认可。2009年5月，我被任命为西平乡中心小学教导副主任——学校中层领导，也是西平乡中心小学唯一的一位女领导。被任命后，我工作更加努力，事事更加严格要求自己。作为一个刚上任的中层领导，我除了处理好下属关系和领导班子的关系，按时按质的完成自己的工作任务，还事事为学校着想，为校长分忧，对有利于学校教育教学管理的建议，我都力争做到敢说敢承担。我的所作所为得到了下属和班子的认可，也越来越受到大家的信任。虽然我只是学校最新任命的中层领导，但是领导们都没有对我另眼相看，尤其是校长很喜欢征求我的意见，说我外出学习机会多，见识广，想问题比较周到。记得2010年12月，我校准备迎接区级验收常规管理工作。我到融水县考察学习回来的当晚，有位班子成员就有些“嫉妒”地对我说：“校长说你外出学习多，见识广，我们目光短浅，汇报材料在电脑桌面上，你自己看吧！”不知实情的我当时真感到有些莫名其妙。后来才知道，校长为了将学校常规工作汇报得更好、更全面，确实想征求一下我的意见。

我的工作不但得到了学校领导和老师的信任，而且受到了上级领导的特别关注。2010年11月，我曾经被派出到桂林市参加新提拔的女性领导力提高培训学习，同年12月又被派出去广西融水县参观学习。2011年3月，我有幸与县教育局黄副局长、师训股韦股长到北京参加了“农村教育公平与质量：理论与实践”的辩论会，“中英西南项目完成大会”及在北京进行的为期三天的考察学习。每一次学习，我都有不同的感受，不同的收获，都让我见多识广，提升了自己。

回想这三年多来，我真的变了，而我的变化是因为项目给我创造了机会。回想这三年多来，我有着深深的感受，那就是：我们这些弱势的女性得到了重视，得到了特别的关注，得到了享受公平教育的待遇。事实告诉我们：我们女性也有能力当领导，有能力管理好一所学校，甚至比男性做得更出色；我们女性同样可以享受成功的喜悦，同样……只要有机会，肯上进，女性不再是只会在家带孩子、洗衣、做饭的保姆。

感谢中英西南基础教育项目改变了我，感谢上级领导对我的关注，感谢所有关心和支持我的人，有了你们，我的明天将更加灿烂！

边远山区农村女教师领导能力的自我培养和提高

西林县西平乡中心小学　黄丽霞

随着时代的发展，越来越多的女性活跃在政治、经济、文化等各个领域的领导层，参与社会决策，促进社会发展。但由于各种因素的影响，在边远山区基础教育领域，虽然女教师在教职工中的比例越来越高，但很少有担任中小学校领导职务的。以笔者所在乡为例，全乡初中、小学教师 81 人，女教师 20 人，占 24.69%，可是，全乡中小学校中，校长级的女领导为 0，而在学校中层领导岗位的女性只有 3 人。女教师很少担任学校领导，即使有个别担任学校领导，也是自觉或不自觉地把自己定位在配角，甘当校长"助理"或主任"助理"。这是笔者所在乡的情况，其他条件一样的乡（镇）基本上也是这种状况。边远山区农村女教师领导力普遍较低，这是基本事实，究其原因，有客观原因，也有主观原因。笔者曾与周围的女同事作过交流，其中 90%以上的同事都表示"不愿当学校领导"。可见，边远山区农村女教师领导力的提高，关键还是得解决女教师领导力自我培养和提高的问题。那么如何解决边远山区农村女教师领导力的自我培养和提高问题呢？

一、要了解边远山区农村女教师"不愿当学校领导"的思想根源

当问及女教师为何不愿当学校领导的问题时，她们都会提出许多的具体问题，主要有：

1. 边远山区学校分散，环境恶劣，条件艰苦，女教师不宜当学校领导

除乡(镇)初中、中心小学外，其他学校都分布在乡下各村屯。边远山区农村地广人稀，一些村级学校离当地乡(镇)少则几公里，多则几十公里，而且，有些学校不在公路沿线，往往需要翻山越岭。有些学校虽然有村级公路，但缺少养护，一到雨季，车马不通。有些学校办在山头，缺电少水是普遍的情况。此外，村级学校办学条件简陋，有些事情需要校长亲力亲为，例如校舍、课桌的维修等。所有这些，由男同志担当比较顺理成章。

2. 女教师性格柔弱，很难管理好学校

目前在边远山区农村，学校教师还是男教师占大多数，如果由女教师担任学校领导，不好管理男教师，而且，学校工作涉及方方面面，有调皮的学生，有捣蛋的社会青年。偏远山区农村是男性主导的社会，村干、乡干、个体老板等社会强势人物大多是男性，由女教师担任学校领导，碰到棘手的问题，解决起来肯定比男性难。

3. 女教师有家庭拖累，无法集中精力管理学校

女教师除了教师工作外，还要在家庭中承担教养小孩子、照顾老人、洗衣做饭等家务。这些耗费了她们很大的精力，很难有精力来做学校管理工作，除非放弃自己的“天职”。如果放弃“本分”而去“追名逐利”，即使家庭支持，恐怕女教师自己也会承受不起他人的“风言风语”。

上列种种理由，看似客观困难，但究其真实根源，其实不是客观困难，而是女教师本身根深蒂固的封建思想——男尊女卑，女子不如男，是女教师本身缺乏自信和缺乏成就动机的心理的集中表现。因此，边远山区农村女教师要培养和提高自身领导力，首先要克服自身的思想问题和心理问题，形成自信心和积极的进取精神，要自觉地形成男女平等意识，不要一事当前，自己首先以弱女子来定位自己，只看到困难消极的一面，看不到积极的方面。

二、培养和提高领导力，女教师需要长期的学习和实践磨炼的过程

1. 要进一步解放思想，切实转变观念，养成男女平等的思维习惯

女教师不愿当学校领导，其思维方式是“男强女弱”。这明显是受到传统观念的影响，在这一思维定势的影响下，女性就只能做一些辅助性的次要的工作，那些需要担当、需要勇气、需要远大目光和宽广胸怀的工作，只有男性才能担当。这种思维定势显然严重阻碍了女性领导力的形成和提高，因

此，边远山区农村女教师要切实转变观念，克服定势思维，努力养成“男女平等”的思维习惯。虽然男女两性在生理、心理方面有所差别，但有差别并不等于有优劣之分，而是各有长短。一事当前，只要男人能做到，相信女人也能做到，甚至女人能做到，男人也不一定能做到，相信水能穿石、柔可克刚的道理，这是树立女性领导力自信心的思想基础。教师作为文明的先导，理应带头抛弃陈旧观念，接受民主新观念，身为女教师，更应自觉倡导男女平等。

2. 要与时俱进，努力学习，充实自信的基础

女性教师要努力学习，要用知识来支持和培育自己的自信心。信心源自力量，力量源自知识。知识可以给人力量，知识可以给人信心。边远山区农村女教师要志存高远，追求远大目标，不要囿于家庭小生活，甘当“小女人”，为了追求更高更远的人生目标，要与时俱进，努力学习，不断学习，努力掌握最新的教育教学理论知识，切实提高自身的专业知识水平，这也是形成和提高自身领导力的重要基础。

3. 要勇于担当，勤于实践，努力提升工作能力

树立自信心，还要敢于担当，勤于实践。边远山区农村女教师要培养和提高领导力，需要有勤于实践，勇于担当的精神。要克服畏难情结，不要动不动就想着：这事应该由男同志去担当。要自觉地在艰苦条件下磨炼自己。“苦其心志，劳其筋骨，饿其体肤……”的磨砺适用于男子汉大丈夫，也适用于女豪杰，特别是在农村教育艰苦的环境条件下，女教师要成就一番事业，要在事业上有所作为，就更应有正视现实、勇于实践、敢于担当的精神，要勤于思考，敢于创新，一心把工作做到一流，做到最好，不要自暴自弃。工作能力的提高是形成和提高领导力的基础条件。

总之，边远山区农村女教师领导力的培养和提高，需要她们自身的自觉和实践。值得欣喜的是，中英西南基础教育项目在我县的实施为广大偏远山区农村女教师领导力的觉悟和实践提供了很好的机遇，相信不久的将来，一定有越来越多的女教师走向学校领导岗位，为我县农村基础教育的发展发挥重要作用。

女性领导力的成长，泪水相伴

西林县八达镇土黄小学　黄燕群

每个人的成长经历不尽相同，有的一帆风顺，有的充满血泪和坎坷。一步一个脚印，或深或浅都留下痕迹。

琳琳是一位普普通通的人民教师，没有羞花闭月的外貌，也没有轰轰烈烈的创举，只是在平凡的工作岗位上做着自己分内的事情。也许琳琳与学校的各种验收结缘吧，一次次验收锻炼了她，使她在验收中不断成长，一步步走向成熟。

1998年是自治区扫除青壮年文盲验收年。1997年琳琳毕业于某大学，同年分配在某乡的教委办，任农技校教师。教委办的黄辅导是成教专干，在他的经心教导和带领下，琳琳渐渐熟悉了业务。琳琳白天跟随黄辅导下乡，走村串寨动员青壮年文盲进夜校，并采集相关资料；晚上在乡政府开办的农技校给青壮年文盲上课，采用《安子届》简易快速识字教材教学员识字，并讲授一些农村实用技术课程，让他们掌握一些种植、养殖技术，发家致富。农技校共举办了86期，扫除青年文盲300多人次，并于1998年顺利通过扫盲验收。

扫盲验收过后，琳琳下到中心校教书。2000年至2004年她连续任毕业班班主任，她那与众不同的新颖的教学法赢得学生的喜欢，所教班级每年的毕业会考成绩名列前茅。经过几年的工作实践，琳琳从一个无知腼腆的小姑娘锻炼成为一名骨干教师，在教学活动中，积极参加各种优质课比赛，对自己的教学工作充满信心。

2006年是国家“普九”验收年。琳琳多年来取得的优异成绩引起上级领导的高度重视。2004 年 9 月琳琳被任命为某村校教导主任。该校是进入乡镇政府的东大门，是普九验收的一个点。2004 年至 2005 年正值“普九”攻坚阶段，琳琳和校长上下奔波，带领全校师生建设学校基础设施，完善学校各种资料，一边上课一边忙于联系帮扶单位，争取资金建设学校。他们积极找县直挂点单位，筹到 6900 元帮助学校改善基础设施；为砌好学校花圃和围墙，找乡政府捐献水泥；为学校操场建设，联系县国土局捐资帮助；学校课桌椅不够，找县妇联、团委、直属工委等单位捐资帮助……晚上带领全校教职工整理软件资料。2006 年 6 月，当专家和上级领导到学校验收，看到学校旧貌换新貌，各功能室和各种资料齐全时，高度肯定了学校的工作，顺利通过“普九”验收。

多年的工作经历形成了琳琳雷厉风行的工作作风。

由于琳琳工作成绩突出，2007 年调回县城周边某村校。该校是一所县级示范性学校。琳琳在工作上春风得意，而在家却是一个极不称职的妻子和母亲。她有一个温馨的家，有个活泼可爱的女儿。她愧对自己的女儿和家庭，一想到女儿就潸然泪下。为了工作她把家里的一切都扔给了丈夫。女儿六个月大就断奶，寄养在另一个城市让老人帮照看，三岁才接到身边。由于丈夫工作忙，平时也无暇顾及女儿，小小年纪的女儿晚上独自一人守着一个空荡荡的大房子。爸爸值夜班的时候就自己洗脸洗脚，自己关门关灯睡觉。每晚 9 点半睡觉前就给远方的琳琳打电话：“妈妈，我睡觉了。”每每听到女儿那幼嫩的童音，琳琳禁不住泪流满面，她深深地自责：“孩子，妈妈对不起你。”她认为自己是一个不合格的母亲，没尽到做一个母亲的责任；也是一个不合格的妻子，没尽到做一个妻子的义务。

为了工作琳琳欠家里的很多很多，但她无怨无悔。她常常安慰自己：“有失必有得吧。”

2010 年是校园文化建设年，学校又面临义务教育常规管理的验收。上级经过多方考核，又任命琳琳为该示范学校校长。琳琳面临着更严峻的考验。

为了学校工作，琳琳更忙碌了，几乎不着家。打造校园文化长廊，绿化、美化、净化、硬化等一系列工程建设在等着她，要让校园成为“一草一木都说话，一砖一瓦皆育人”的优美育人环境；还有七大块四十二盒的软件资料，琳琳仿佛一颗转不停的螺丝钉，一边指导学校老师工作，一边马不停蹄地上下奔波。

县领导、局领导、镇领导和中心校领导常常到学校督促检查校园文化工程建设进度，当他们看到校园一天一大变，旧貌换新颜，处处洋溢着浓厚的文化气息时，高度肯定了学校的工作，琳琳疲惫的脸上也露出了欣慰的笑容。2010 年 12 月，学校顺利通过了自治区义务教育学校常规管理达标的验收。

通过常规管理验收后，校园校貌发生了日新月异的变化。学校工作得到上级领导的高度认可。琳琳笑了，她的努力付出终于得到了回报。当送领导走出校门时，她猛然想起自己的女儿："孩子，妈妈可以回家了，妈妈有时间陪你了。"想到女儿，她又流下了愧疚的泪水。

工作中的一点一滴锻炼了琳琳，使她在繁忙的日常工作中能够迎难而上，得心应手。

我的成长故事

凤山县袍里乡月里小学 潘花妙

我叫潘花妙，女，壮族，家住环江毛南族自治县洛阳镇。1998 年 7 月，我从河池巴马民族师范学校毕业后，分配在一个偏僻的乡村小学任教。我服从学校领导的安排，积极配合学校的工作，担任一年级的语文教育教学工作，并担任一年级的班主任。在工作中，我尽心尽力去做每一件事，得到当地群众的喜爱、学生的拥护和同行的认可。时间过得真快，转眼间，我所带的第一届学生毕业了。当时县里的民族中学指定在我所在乡镇小学招收 7 名品学兼优且家庭困难的学生，我班就被录取了 5 个，因此，我被镇政府评为优秀教师。

由于工作需要，2004 年 6 月我调到凤山县袍里乡月里小学任教。2005 年 8 月末，当我还在尽情享受最后几天的“轻松”时光时，有一天，一个同事告诉我说：“这学期你要当领导了。”我不信。新学期开始，我真的被任命为学校教导处副主任。当时，我思想压力很大，因为在我的潜意识里，只是凭着自己的能力认真做好每件事，从来没有想到自己要当学校领导，更谈不上有领导工作经验了。不过，学校领导也很理解我的难处，在工作分工时，没有给我特别重要的任务，只是让我协助教导处主任的教学工作。2006 年，我县准备迎接区级“普九”验收，中心校人手欠缺，又抽调我校教导主任到那边工作，同年 9 月，我又被任命为教导主任。在这几年间，我校教师的人事变动频繁，每学期开学，课程安排是我最头痛的事，既要考虑到学校的具体情况，又要考虑教师的专业特长和年龄特征，当基本符合了大家的意愿时，却苦了我自己。由于学校缺乏数学教师，又受到人事编制的限制，在不能有老师加入的情况下，参加工作 7 年来一直从事语文教学的我又被安排担任六年级数学科教学。我们都知道，数学知识的衔接是非常紧密的，多年不从事数学教学工作的我有时遇到难题，就用中学知识去解答，只有我懂，学生不懂。我感到非常困惑，但困难就在眼前，总要想办法去解决吧！因此，我经常翻阅教学参考书，同时向有经验的数学老师请教。经过半年的磨合，我才找到一点点感觉。还好，那一年小学毕业班的毕业测试成绩超过上级要求的标准，我悄悄地松了一口气。这期间的困难，只有经历过才有感触。就在我已经习惯了数学教学时，2010年秋季学期，由于我校有一语文老师因病请假，不能来校上课，我不得不再次“改行”。在迎接“普九”、“普实”、“小学合格学校验收”、“学校常规检查”中，我和同事们加班加点，每次都通过检查。在完成上级安排的各种数据表格的填写时，在没有影响正常的教学情况下，利用休息时间在规定的时间内完成。我深知，在这个知识竞争的时代，如果不主动学习，就会落伍，因此，我经常查阅教学资料，观看优秀教师的课堂教学录像，从中学习他们的教育教学方法，并积极参加各种教学培训，来充实自己的课堂教学，提高课堂有效度，提高了自己的业务水平。在教学研究方面，我认真组织教师做好教研活动，积极参加乡级、县级开展的各种教学竞赛活动，认真撰写教学论文，虽然成绩一般，但我不气馁。教育教学中，我非常注重学生道德品质的培养，经常找他们谈心，尊重他们，关心他们。不知是谁说的，学生像镜子，你对他笑，他就对你笑。我一直把这句话贯穿于我的日常教育教学当中，因此得到了学生的尊重和积极配合，教学成绩一直较突出：1999年到2004年每年都获得环江县教育局授予的教学质量合格证书：2007—2008学年、2008—2009学年度我被凤山县教育局评为教学质量优秀教师；2004年、2007年、2010年获得河池市教科室授予的小学毕业班教学质量超标荣誉；在年度考核中多次获得优秀等次。

月里小学校长因病一年多来不能正常主持学校工作。中心校领导找我谈话：“学校工作不能总是没人管啊，要不你就来挑挑这个重担吧。”我不假思索地摇摇头。我想：学校离家较远，我现在当个教导主任，有时忙起来都不能顾家，如果当了一把手，就更不用说了；再说，月里不是我的故乡，对这里的情况我也不很了解，我担心没有能力做好这份工作，会辜负了上级领导的期望。然而，事情总是不以我个人的意志为转移，我生活在一个组织中，要服从组织的安排。2007年，在英国有志人士的资助下，我国成立了国家中英基础教育项目办。中国的中西部地区是欠发达地区，国家项目办就把这个项目放在广西、贵州、云南、四川等中西部省份。我县是国家贫困县之一，有幸成为中英西南基础教育项目县。2008年开班以来，我基本上每期都参加学习培训，在参与式教学的教学方式上得到一定的提高，懂得了教育公平的理论知识、做法和作用。就在中英西南基础教育项目紧张有序地进行时，国家级项目专家多次在中西部省份进行调研指导，发现中西部农村学校的女性领导特别的少。于是，在项目即将关闭的时候，决定在中西部培养提拔一批女性领导。我县教育局积极响应上级的指示，下文指定在袍里乡范围内选拔一位女性同志为月里小学校长。袍里乡中心校在2010年11月紧急召开全乡教职工会议，公开选拔月里小学女校长。我在这次的选举中，得到多数老师的支持，赢得多数票。在接下来的考核中，我多次对中心校领导、教育局领导说自己的能力有限，还不够格当校长，并把我的顾虑都说出来，领导们都鼓励我说别担心，大胆去做吧！有事摆不平时就向领导反映，寻求上级领导帮忙。很多同事也说，放手去做吧，我们支持你。这事让我很纠结，回到家里还一直愁眉苦脸，爱人关心地问我发生了什么事。我如实地告诉他。他认真地思考了很久才说："同事们支持你，领导信任你，你就尝试一下，你不做，你怎么知道你就不行呢？至于家里的事，你就放心吧，有我呢！"要知道，我不是我一个人的，我是下属，是同事，是儿媳妇，是妻子，还是一个母亲，得到这么多人的全方位支持和理解，我没有理由再推辞了。

当我下决心尝试当领导了，接下来就是如何开展管理工作的问题了。对于从来没有进行全面管理工作的我来说，这确实是一个不小的挑战，我没有经验，也没有信心来接管这个工作。正在我踌躇时，国家中英西南基础教育项目办在北京师范大学开办了一期"女性·领导力·行动研究"学术论坛。在我县教育局的安排下，我于2010年12月23～28日前往北京师范大学培训。我在学习期间，有幸聆听了北京师范大学郑许蓉教授、张莉莉教授和广西师范大学徐莉教授等国家级专家就女性当领导的优越性的阐述，听了来自贵州、云南、四川、广西等中英西南基础教育项目县的女性们讲述了自己的成长经历及对未来的向往，中英西南基础教育项目办的负责人还建立了中西部农村女性领导力网络，方便我们在以后的工作中遇到困难时随时沟通，一起想办法解决问题。同是女性，人家对当女性领导就那么的雄心壮志，自己如果还是那么的徘徊不前，岂不太落伍了？我在想。后来，我县教育局结合我们的具体情况，于2011年3月初又进行了一期"女性·领导力"的培训，再一次得到县级专家何彩梅主任、覃秀玲校长、蒋照琪校长的指导。这真是一场及时雨啊，她们的经历都很坎坷，但她们都挺过来了；她们的领导艺术都很精彩，值得我借鉴。我眼前一亮，还怕什么，如果碰到困难，可以找她们帮忙呀，她们都是那么和蔼可亲，不会拒绝一个需要求助的人吧。

就这样，我有信心了。

我的副校长成长之路

都安瑶族自治县澄江乡八仙小学　蒙春萍

一个人的成长固然有赖于好的环境，但更重要的是取决于自己的心态和作为。一个人只要务实肯干、积极进取、开拓创新，就会在现实生存的土壤中找到自己的生长点，并以自己的成长影响周围，从而实现自己的人生价值。回想自己担任副校长以来的一些成长经历，原来也是那么的平凡而精彩。

一、把握机遇提升自己

2006 年 8 月，一纸调令，把我从一个平原小学的普通教师推到了一所山区小学副校长的位置。上任在即，面对绵绵青山，我踌躇满志，从教至今已是十载有余，也经历过几所学校，历届校长的领导风度与行事作风历历在目。我自认为以我对课改理念的熟稔以及对课堂教学技艺的熟练掌握，做个学术专业型领导应该没有问题；但对如何实现从教师到学校领导的角色转换，还是感到有些迷茫。值得庆幸的是，在交接班时，乡中心学校黄副校长再三叮嘱我：到了新的工作岗位，首先要摸清楚学校的财产、学生人数、教师任教等基本情况，以便更好地开展工作。他鼓励我要勇敢面对困难，以身作则，任劳任怨，积极配合校长做好学校的教育教学管理工作。我默默点头，带着简单的行囊，走在崎岖的山路上，扎进山里，践行我的人生梦想。在后来的教育教学工作中我才体会到，作为学校领导的一员，不仅要熟悉学校的一切情况，还要能统筹规划，指挥引导学校教育教学常规工作正常进行。

我非常感激能遇到这样一个“伯乐”，让我顺利地完成角色转换，升华了自己。同时，我积极承担上级主管部门的优质课赛任务，吸取以往示范课的经验与平时课堂教学的教训，更多从学生的学习活动出发进行教学设计，竟然从片区赛走到县级赛再到市级赛，并获得了奖励。虽然每一次结果都不那么令人满意，虽然每一次都有些许遗憾，我为自己能与领导一起风雨同舟，共同完成优质课赛任务，为教学研究贡献一份绵薄之力而感到欣慰，自己也从中学到不少知识，积累了教学研究的一些经验。

二、积极参加学习培训

一个好的学校领导，不仅要有精深的专业知识、开阔的人文视野，更要有深厚的教育理论功底，因此必须树立终身学习的理念，积极参加各种学习培训，要像永不干涸的海绵一样不断地吸收和纳取知识。2006 年 11 月，我参加了都安职教中心组织的校长任职培训。在培训中，我进一步明白了学校的发展要根据学校的实际情况、按照学校领导所规划的蓝图来进行。就算是优秀人才，没有了统一的组织规划和约定束缚，也是一盘散沙，无法发挥最大的效用。作为一名学校领导，情商更甚于智商。从此，我自觉地树立起领导就是公仆、领导就是服务的思想，与同事们一起运筹帷幄，商讨学校大事，规划学校的各项工作和远景发展战略，共同服务于教育教学。

三、热心于教学研究

2007 年 9 月，我受命调往澄江乡八仙小学继续担任副校长一职，分管毕业班教学和学校的教研工作。我充分发挥自己的专业特长，组织教师参加新课改教学研究活动，举行课赛、说课现场比赛和推门听课等活动，促进教师业务水平的提高。鼓励青年教师积极参加各种课堂教学竞赛，不断指导新选手在县、乡级课赛频频获奖。本校的韦艳琼、周艳丽、黄秋雷、韦理燕等老师分别荣获都安县小学 2008—2009 学年度教学研究工作总结现场会示范课一等奖；蓝梁枫老师荣获 2009 年度乡级参与式教学比赛语文组一等奖，并代表澄江乡参加县级参与式教学比赛，荣获二等奖；谭凤巧老师荣获数学组乡级二等奖。这些成就当然是参赛教师的大部分心血，也凝结了指导老师的心血和汗水。2010 年度，我配合乡中心学校指导澄江乡六柱小学韦雪花老师执教的六年级《解决问题》荣获县级课赛二等奖。一次次成功的研究与实践，让我逐渐走向了成熟。

四、树立远大目标，提高管理能力

“命运握在你手里，成功更要靠自己。”2008年5月和2010年11月，我先后参加了“中英西南基础教育项目都安县女性领导力培训班”和广西壮族自治区教师培训中心举办的“中英西南基础教育项目各县新提拔女干部领导力提高培训班”培训学习，受益匪浅。走出培训课堂，走在回家的路上，我为自己是个女性而感到幸福。其实，大多数女性受封建思想“男尊女卑”的影响，认为作为女人就应该蛰伏于家庭，依附于男人，满足于现状，而忽略自己“细腻、坚韧、执著、善于说服”等优势，放弃自己的理想与追求。在几天的培训时间里，指导教师引领我们做了一个又一个活动，充分挖掘我们作为一个女性的潜能，激发我们的兴趣，唤醒我们女人也要担当半边天的责任感。经过培训，我深深知道，作为学校领导，丰富的知识、矢志不渝的信念、科学可行的共同愿景、善于监控并改善的能力、收集信息并积极求得理解的沟通能力等是必不可少的能力。作为事业发展规划者与引导者之一，必须要建立良好的人际关系，建立起有效的团队，结合学校实际，制订切实可行的发展计划，引导所有的教师逐步走上教师专业化道路。回到学校，回到工作岗位上，我不再为自己是一名女性而自卑和退让，不再用“女性”这个名词作为阻止自己奋斗的挡箭牌。我自觉树立“干一行、爱一行；钻一行，精一行”的思想，立足本职，立志成才，大胆说出并践行自己的想法，将学校与教学当成自己的壮丽事业，与其他学校领导一道作为学校的主人，关注并推动学校教学不断向前发展，而不是被动地接受和完成任务；并不断调整心态，大胆与上级领导沟通交流，阐述自己的理念规划，听取别人的成功经验，寻求共同的发展蓝图；积极与本校同事协商探讨，争取最一致的意见进行学校建设，营建和谐工作氛围，提升教师的工作幸福指数。我的人生也因为我的自信、执著与敢作敢为而开始美丽，开始拥有令人神往的魅力。

一路走来，感慨良多。“把握生命里的每一分钟，全力以赴我们心中的梦，不经历风雨怎么见彩虹，没有人能随随便便成功……”成龙的《真心英雄》时常萦绕在我的耳边，激励着我勇敢前行。虽然我担任副校长一职至今只有短暂的几年，但前程漫漫，我将一如既往地跋涉下去。成长的路上，为自己的生命奠基，为学生的全面发展奠基，为学校的教育教学工作发展奠基，仍需要同志的关怀，领导的引领——而这将是我前进的动力。我相信，只要努力，只要善于思考，只要敢为人先，心怀教育，就可以实现自己的教育理想。

成长之路是心酸的也是快乐的

都安瑶族自治县九渡乡中心学校 黄燕

我出生在都安瑶族自治县九渡乡一个自然环境恶劣的边远贫困山村。村子里居住着十来户壮、瑶等少数民族。受封建思想影响,村民重男轻女思想严重,与我同龄的女孩大多读完小学就辍学在家。

我父亲是一位小学校长,受他的影响,我从小就立志当一名人民教师。

1991 年中师毕业后,正值乡里招聘代课教师,这一机遇使我的梦想终于变成了现实。

走上工作岗位后,我克服各种困难,潜心研究教学大纲和教材,大胆尝试符合农村少数民族学生特点的教学方法,所教的学生成绩稳步提高,所管理的班级年年被评为学校先进班级。由于管理工作和教学成绩突出,1995 年我调入乡政府所在地中心小学任教,2006 年被任命为学校副校长,成为我乡有史以来第一位女性领导。

上任的第一年,正值我乡迎接自治区"两基"达标验收之际,校长有意让我分管这一繁重的工作。我结合本校实际情况制订详细的"两基"攻坚工作实施方案,把任务落实到组,分配到人,并率领教师走家串户,动员辍学儿童返校完成学业。由于措施得力,方法有效,2007 年我校顺利通过自治区和国家"两基"达标验收。

中英西南基础教育项目在我县实施以后,我受聘为县级培训专家,参与培训全县小学教师 2820 人/次,授课深受学员欢迎。在项目实施的几年时间里,我和我的团队先后深入全县 19 个乡镇 80 多所学校进行课堂教学跟踪监测指导工作,并有机会到南宁、北京等地参加由自治区教育厅、国家教育部组织开展的各种培训，通过培训学习，提高了自己的文化知识、业务素养和管理水平，有力地促进了我校教育教学质量的提高。

由于工作成绩突出，2008 年我被任命为乡中心学校副校长，分管全乡语文教育教学等工作。

作为中心学校领导，我肩上的担子越来越重，顾家的时间越来越少，有时自感对不起家人，幸好我的丈夫也是一名教师，他并没有埋怨我，父母也理解和支持我，使我有信心和勇气开展工作。几年来，我通过狠抓学校常规管理、深化教学研究活动、构建教学资源中心等途径，抓教风，带学风，取得了很好的效果，全乡的教育教学质量有了明显的提高。三年来全乡有 6 所小学被县教育局评为“教学质量优秀学校”，有 6 所小学获得市级毕业班成绩超标奖，有 2 所小学获得市级毕业班成绩达标奖。

这几年，我注重对青年骨干教师的培养，积极搭建青年教师成长的平台，使一批青年教师尤其是女性教师尽快成长为全乡学科带头人。目前全乡有 5 位女性教师已被列为学校后备干部培养对象，有 1 位女性教师成为中共预备党员，有 2 位女性教师列为入党积极分子。

十几年的辛勤付出和取得的成绩，我得到了社会和上级部门的肯定，2010 年被评为“广州助学基金”八桂优秀乡村教师。

时间，记录着我的成长之路，当我在收获这些成功的硕果时，蓦然回首，欣喜地发现，不知何时起，同事们忘了对我的嘲笑和讥讽，有的只是佩服、尊重、支持和鼓励；丈夫是我幕后支持者，父母也在默默地为我呐喊，为我加油。我所取得的这些成绩无不凝结着全体同事及家人的功劳。

不经一番寒彻骨，怎得梅花扑鼻香。我深深地体会到，女性事业上的每一次拼搏，都要比男性多付出三分汗水，五分勇气，七分毅力，十二分艰辛。我制胜的“内功”是凡事以身作则，大事讲原则，小事讲风格，有容人、容言、容事之量，用宏大的气量有效控制自己的情绪，并且有足够的思想准备和心理承受能力去面对困难和来自各方面的压力。同时，正确处理好事业与家庭的关系，为自己营造一个良好宽松的工作和生活环境。

成长之路是快乐的，也是心酸的，但我决心把自己的一生献给教育事业，我将继续努力，把握角色，找准定位，在工作方法和领导艺术上更多地体现女性特点，发挥女性管理优势，从而形成独特的领导风格。

躬耕教苑志不悔 殚精竭虑谱青春

都安瑶族自治县高岭镇塘伦小学 黄巧美

我于20世纪80年代出生在一个农民家庭里，父母都是地道的庄稼人。在家里，我排行老四，前面有两个姐姐，一个哥哥，下面还有两个妹妹。在我和两个妹妹出生前，父母都希望我们是男儿身，结果不能如其所愿。由此，吃饭的人一下子多了而劳动的人少了，父亲长年在外打工，母亲每天起早贪黑下地干活，也才勉强让我们一家人吃得饱穿得暖，但要让我们几个姐妹全部上学，那就更难了。不得已，大姐、二姐辍学在家帮工，我和两个妹妹才得以上学。

自上小学的那天起，我就知道我能够上学读书是多么的不容易。每天看见两个姐姐跟着父母一起两头地干活，我的心里真不是滋味，暗暗下定决心：一定要好好读书，决不辜负父母和两个姐姐对我的期望。也就从那时起，我凡事都不甘落后，可以说是形成了一种争强好胜的个性，心想：爸爸、妈妈你们放心，我虽为女儿身，别人能做的，我经过努力，也一定能够做得好。靠着这种不甘人后的拼劲，我的学习成绩从小学到初中一直名列前茅。

随着年龄的增长以及自己的耳闻目睹，我心中坚定了一个奋斗目标——将来当一名律师，用自己所学为国家、为社会伸张正义，惩治罪恶。1996年7月初中毕业后，我毫不犹豫地选择了都安高中，这也是我的心愿，因为它是我实现愿望的最好平台。半个暑假，我都满怀豪情地描绘着自己前程的美好蓝图。一个月后，一张巴马民族师范学校的“录取通知书”莫名其妙而来，给我当头一棒。原来是老爸悄悄托人改了我的志愿，理由很简单：一是教师是铁饭碗；二是我是个女孩子，适合当老师；三是早出来工作，减轻家庭的负担。说真的,前两个理由对于争强好胜的我来说是万万不能接受的,但第三个理由,我看着父母慈祥而又憔悴的脸,又望着两个姐姐那充满期待的眼神,半个"不"字也吐不出口。背上行囊独自踏进巴马师范学校的大门,三年的学习生活未能泯灭我最初的梦想,直到毕业参加工作,我还在期待中,心中总有一种不甘。

一、入门初尝育人味,未把情意尽其中

1999年9月,我毕业后分配到离家不远的一个教学点任教,老师只有两个。一年的时间里,面对家长的重托,孩子们的求知欲望,我只尽自己表面的所能,未能真正从内心去热爱教师这一职业,虽说孩子们天真无邪的笑脸和一声声甜甜的"老师好"给我带来无穷的快乐,但律师梦却早已在我心中根深蒂固。因此,我始终生活在期待与寻找机会之中。

"有心人,天不负,破釜沉舟,百二秦关终属楚。"2000年7月,一个偶然的机会,我参加了成人高考,同年9月,我如愿到广西大学法学院脱产学习法律专业。我想,这可能就是孟子所说的"天将降大任于斯人也,必先苦其心志"吧,心中不禁荡起从未有过的快慰。在广西大学的两年时间里,我全心钻研法学,与同学、导师分析、探讨案例,各门功课成绩名列全班前茅。毕业之际,法学院成教部还推荐我免试参加本科函授两年,全班仅我一人获此待遇。

天有不测风云。2002年8月底,正当我背着行囊准备返回广西大学时,灾难却接二连三降临到了家里。先是奶奶不慎摔倒大腿骨折,相继而来的是大姐夫做心脏手术,巨额医药费对我家来说无疑是雪上加霜。想想姐姐当初为了我放下了她心爱的教科书,现在她有难,我怎能袖手旁观呢?我的学费自觉成了那巨额医药费的一小部分。9月份,我不得不又回到了两年前的起点线,只是地点稍微改变了一点点,这回是村完小——高岭镇塘伦小学。

二、思绪万千上三尺,情定教坛终不悔

回想自己苦读两年之后,与自己的理想近在咫尺之时二度走上三尺讲台,心中自然百般不甘,工作自然也就随随便便了。就在我最失落、最彷徨的时候,他出现了,并把我从失落、彷徨里拉了出来,他就是我的丈夫。我的丈夫出生于教师家庭,也是个小学教师,从小就酷爱教师这一职业。记得当

时他对我说："世间的许多都是如此，当你刻意去追逐时，成功就像蝴蝶一样振翅飞远，当你摒去凡尘杂念，专心致力于自己热爱的事业时，即使是你当初最不愿意做的事，意外的收获也会频频问候你。"他善解人意，说话语气随和，既像一位慈祥的长者，又像一个亲密的朋友，每次与他谈话之后我的心情都感觉好了很多，工作也顺心了很多。现在也一样，可以说我能够在教育教学工作岗位上逐渐成熟还真少不了他的功劳。

与他几次谈话之后，我明白了：我再也不能背着一个沉重的包袱在一条没有方向、没有尽头的道路上漫无目的地瞎跑，我必须重新考虑自己的理想。"既来之，则安之。"我暗自提醒自己，做好自己的本职工作，不能再有非分之想。从广西大学回来的那个学期，校长对我说："给你带一个比较特殊(就是基础差)的班，你要多多关爱他们。"当时我不明白"特殊"是什么意思，与这个班接触了一个多星期后，我发现这个班的确"特殊"：且不说成绩差，粗话脏话出口成章，班内什么"四大金刚"、"黑帮老大"的称呼都有；而且我还听到一个曾经带过这个班的男教师说："这个班我都放弃了，黄老师一个女的，刚毕业出来，没经验，能管好班里的那'四大金刚'吗……干脆趁早放弃吧！"一听到这，心中便感到害怕，于是我去找校长："我不想带这个班，你给我重新安排吧。"校长看看我说："我相信你能带好的，放心去做吧！"面对校长的信任，我无话可说了。"可我如何才能带好这个班呢？"校长笑了笑说："请你把他们当人看就行。"刚开始我不明白他说的话是什么意思，回来后细细一想，原来他是在告诉我：每个孩子都是有血有肉有感情的人，有着他们的喜怒哀乐，他们渴望得到别人的尊重，获得做人的快乐。学习不是学生的全部，而只是他们生活的一部分。他们不是为了分数而生存，而应该是学习为他们更好的生存服务。

于是我走到学生中间，与他们接触，用耐心、宽容、真情来感动他们。特别是班里自称"黑帮老大"的同学，个子比我还高，经常在班里欺负比他小、老实的同学，每一次他犯错，我都不会像其他老师一样马上通知家长，然后带回家教育，而是走到他旁边，静静地看着他，也不说话，一两分钟后对他微微笑就走开了。这样几次后，他觉得很不好意思，就写字条问我："老师，我犯错后你为什么不批评我，为什么每次看我之后就走开？"我给他的答复是："我在找你的可爱之处啊，经过几次观察，我发现你特别喜欢跟同学玩，只是你的方法有点不对而已，如果你从友好的方面去做的话，同学们都很喜欢和你玩的。"那次以后，再也没听到有同学反映他的坏毛病了。

经过两年的努力，付出终于获得回报，2004 年 6 月 30 日，我带的这个

“特殊班”参加河池市小学毕业班教学质量检测活动，成绩名列全镇前茅。更令我高兴的是，我交代他们7月12日早上8点到学校领取成绩单，那天我准时到校，当我推开教室门进去时，45位同学静静地坐在自己的座位上，眼圈红红的，我知道他们哭过。再看黑板上，上面写着：“老师：您辛苦了！我们到新的学校一定会努力学习的。我们想您。”下面是45个学生的签名。我哭了，哭出了声音，因为我从没有这样高兴过、激动过。我忽然间感受到了一个人民教师的伟大，此时的我已经深深地爱上了教师这个职业，发誓用我的青春在那三尺讲台上谱写人生的光辉历程。

三、立足本职练本领，困难面前展本色

磨砺使我的视野开阔，让我渐渐成熟起来。2004年9月，我成为学校培养骨干教师的对象，担任学校语文科教研组组长、学校少先队辅导员。一下子担上这么多的重任，很多方面的工作我都还很生疏，但个性好胜的我绝不会轻易放弃，心想：既然认定做了，就一定把它做好。于是我不断请教、学习，提高自己的认知水平，积累了丰富的经验，又大胆地付诸实践，并在实践中总结提高，最后把学校委任的工作一一完成得很出色。

特别是从2006年“两基”攻坚到2010年的学校常规管理验收，我充分发挥自己的电脑专长，做好学校材料员，当好学校“四化”建设的谋略者。在此期间，学校校长对我的工作已形成一种信任，大小事情都跟我商量。为此，学校里的一部分男老教师对我不满，在背后议论，说我一个头发长、见识短的年轻女教师，不安分守己，巴结领导，想往上爬，要当领导，论辈分、论资格，怎么也应当先轮到他们……面对这样的流言飞语，我哭过，也想过放弃，但一个女人的坚强让我重拾了自信：我不能让别人小看，别人能做的，我照样也能做。于是我不以为然，只认定这是我的责任，我应该做好。

2009年5月，学校接受县合格学校的评估验收，由于时间比较仓促，加上学校各方面的原因，从学校硬件建设到软件材料，都离要求很远。当时学校人手不够，就在离验收的前一周，镇内组织人员先进行模拟验收，当时各方面都差得很，被镇中心学校领导狠狠地批评了一顿。当时校长又委屈地找到我，说他不想干了……当时我想也不想，就跟校长说：“不要紧，还有一周的时间，我会在下周一评估时让他们刮目相看。”于是我白天在学校参加“四化”建设，从校长室到每一间教室的布置、各功能室的建设，我都组织老师们一一做好。晚上回到家，我就坐到电脑前整理材料，把漏掉的材料整理

归档，常常做到凌晨四、五点钟，六点半又从五竹匆匆赶往学校。回想那一周的工作，确实想象不出是一个女人做的。那时是怎样顶过来的呢？是责任心让我放下了一个女人的柔弱，担起了学校的重任，那一周我都忘记了我只是一个普通教师。经过一周的努力，学校面貌焕然一新，材料归档井井有条。当得知我校获得优秀后，我却哭出了声音，一个女人内心的柔弱一下子表现了出来。

在获得掌声的同时，烦恼也随之而来。打那以后，镇中心学校委任我为镇中心教研组成员、材料督查员，为此我就得经常跟随镇中心学校领导下到各学校检查工作。一些好朋友开始疏远我，挖苦说我一个女人想当领导，有野心。每当听到这些流言飞语，我的心真的痛苦不堪，曾多次下决心想跟镇中心校领导辞掉这些工作；但是丈夫却不断地安慰我、鼓励我，说走自己的路，只要问心无愧，让别人去说吧。他还说他以我为荣。面对丈夫的安慰和鼓励，我再也不在乎别人说些什么了。相反，我更加尽职尽责地去工作，完成上级交给的每一项工作任务。近十年来，我先后十五次荣获镇、县、市级优秀指导教师奖和优秀教师光荣称号。

四、奋发开拓创新路，展望未来有信心

2010 年 3 月，我有幸参加了“中英西南基础项目女性领导力”的培训，我更加清楚地认识到，作为一个女性，应该积极打破一些世俗的观念，要自立、自强、自信，不要被世俗所束缚，女人，也可以成就一番事业。2010 年 9 月，县教育局任命我为高岭镇塘伦小学教导主任。许多老师都向我投来羡慕的目光，并表示坚决支持我的工作，但其间也少不了一些冷嘲热讽。然而不同的是，我再也不会因为别人对我的误解而感到伤心痛苦了，而是用实际行动来证明：只要把工作做好，女人也可以成就一番事业。

从一个当初不想当教师到深深地热爱上教师这一职业的我，清楚地认识到：当一个教师容易，当一个好教师难，当一个有思想、有建树的教师更难，有时候需要一个人一生的努力。今后能否在教育教学领域取得好的成绩，关键就在于我们是否用心，是否做到了竭尽全力。一个学期多的教导工作让我明白学校教导工作任重道远，特别是作为一名女性领导，必须抛开世俗的目光，明确学校科学管理的意义、任务、特点和方法，要努力克服工作中遇到的困难和挫折，正确处理好各种关系，为教育事业作出新贡献。

中英西南基础教育项目助我成长

融水苗族自治县融水镇第一小学　江燕鸿

1990 年 9 月,年仅 18 岁的我怀着对教育事业无比崇敬的神圣情感,走上了三尺讲台。从走上讲台的第一天起,我就立下了"当园丁培育百花,做黄牛无私奉献"的誓言,并为自己定下了"干一行、爱一行、精一行"的工作准则。在那一方黑板前,用全部的深情和爱心浇灌着稚嫩的幼苗,用满腔的热忱谱写自己的人生乐章。十年前的我从来不敢想象,有一天我会成为和睦镇的骨干教师,更没有想到我能走上领导岗位。

2004 年秋季学期,我担任第一届振梅班语文科教师兼任班主任。肩承着这份沉甸甸的任务,我暗下决心:一定要好好干,绝不辜负领导的期望。我倾注全身心的爱投入班级管理与教育教学中。三年慈母般的呵护关怀,三年雨露般的滋润灌溉,使我收获了甜蜜的果实:2006 年,我荣获青年教师赛教课县级一等奖、市级三等奖;2007 年初考,我班以 17 名学生考取了县民族中学(全镇仅有 23 名学生考入县民族中学)、综合分名列全镇前茅的优异成绩喜获全县初考质量奖。此时的我沉浸在自己小小成功的喜悦中,也暗暗为自己在本校同年级中遥遥领先而沾沾自喜,全然没有为全校这个大集体连个县级初考鼓励奖都没拿到而有丝毫不安。

2008 年 3 月,历史的大潮将我推向和睦镇中心校副校长兼全镇语文辅导员的位置。手捧沉甸甸的任命书,那一刻,我想到自己肩上的担子不再只是振梅班 50 个孩子的身心健康与成绩,而是全镇 2000 多名学生、100 多位教师的发展前景。我开始重新定位自己,思考如何让更多孩子能够考入更好的中学就读,思考如何进一步提高教育教学质量,思考和睦镇教育发展的方向。

众所周知，教学质量是学校发展的生命线。如何提高教育教学质量成了我首先考虑的问题。在深入调研分析之后，学校班子确定了“以研促教”的办学方针。

第一，根据本镇课堂教学现状申报了市、县两级课题，开展各种送教下村和联片教研活动，让教师们在活动中不断成长。第二，制订并不断修改完善了《和睦镇中心校教科研制度》，使教育科研活动有章可循、有制度可依，保证了各项教研活动的顺利开展，推动了课程改革的步伐。第三，组织教师参加各级各类培训，以提高教师综合素质。我还根据和睦镇教师现状作了《如何听评研讨课》、《小学语文课堂中的有效提问》、《农村学校如何开展教研活动》等专题讲座，切实有效地指导教师们参与科研，促进教师专业化发展，提高课堂教学效率。第四，为青年教师搭建展示的平台，培养青年骨干教师，推动全镇教学教研。如举办“和睦镇小学青年教师赛教课”、教学开放日活动等。在活动中，我们不断反思、总结，定期出版《和睦镇小学教研简报》，将教师们的优秀教案、教学手记等汇编成册相互传阅，让上级领导、全体教师更加了解、支持我们的工作。

在三年的课程改革中，我们勇于创新，付出了艰辛的劳动，也取得了一些成果：形成了多篇优秀课例，培养了一批年轻骨干教师；2006 年、2008 年，我两次指导青年教师参加县级赛教课均获得县级一等奖的好成绩。

在改变和睦镇小学教科研现状的工作中，我积累了一些经验，也取得了一点点成绩。但对于学校常规管理、学校中长期发展规划，如何更好地发挥女性这一特殊领导在团队中的影响力，我却时常感到困惑不已；周围舆论的压力与亲戚朋友的不理解，也曾令我多次心生退缩的念头。

2010 年 3 月，中英西南基础项目女性领导力培训如冬日里的暖阳，驱散了我心头的阴霾；犹如一场及时雨，滋润了我的心田。这次培训，无论在思想上还是在行动上，对于我而言都是一种洗礼，同时也给我许多启迪。我深刻地体会到：学校的沧桑变迁、兴衰荣辱在很大程度上都取决于校长的“魂”。就像指挥战斗一样，校长就是学校的最高指挥官，教师们就像一个个将士，他们能不能英勇无畏地纵横驰骋，能不能义无反顾地奋力杀敌，打一场场漂亮战，就看校长能不能把他们的能量发挥出来，校长能不能把全校师生的目标统一在自己的办学理念上。正如培训课本里说的：校长必须能够清醒地认识到自己的价值与使命，具有奉献精神和人文关怀。

我把培训的收获与体会作为自己工作的指导思想，把建设一支作风正、业务精、能吃苦、肯奉献的师资队伍作为学校可持续发展的根本来抓，对不同层次的老师提出不同的要求，对教师的业务能力和教育科研能力有明确的目标管理。不断修改、完善学校的各项管理规章制度，使之更具科学性、人文性，强化教师在学校中的主人翁地位和学校行政为师生服务的意识。对老龄教师予以各种优惠政策，使之更加开心工作，乐于奉献；对中青年骨干教师，在委以重任的同时，在评优评先、外出学习培训等方面给予优先考虑，使之更加努力奋进，勇创辉煌。同时，充分发挥工会和教代会的作用，积极组织各种教研、文娱活动，增强教师体质，促进教师交流，增强团队凝聚力，使全体教师和谐发展。

树立服务意识，着力改善办学条件。为给广大师生创设一个更加优美、舒适的学习工作环境，我们每学期有计划的添置学生课桌，并先后投资一万多元改善食堂工作环境和条件，为配合上级部门实施免费午餐奠定了坚实的基础；添置了多媒体、一体机、校园广播、电脑等先进的办公和教学设备，提高了电教设备的使用率和有效率；改建了多媒体教室并添置了60套可调式学生课桌，修建了17米长的文化长廊，美化了20多米的学生宿舍通道，绿化了校园，使校园更具文化气息，让师生们在这里愉快地学习与生活。

2010年正月初八，当其他教师还沉浸在节日的喜庆当中时，当别人还在忙着走亲访友时，当别人正团聚在火锅前享受美味佳肴时，我却在为学校食堂改建而忙碌着：联系做灶的师傅、去砖厂买砖、到沙场拉沙子……为了赶在开学前竣工，我和后勤主任亲自协助做灶师傅递砖、拌浆，一直忙到元宵节那天下午，终于将食堂改建完工。当第二天开学时，看到食堂能正常开饭，我感到无比欣慰，一个多星期的辛苦劳累都荡然无存！这仅仅是我多次牺牲节假日为学校建设忙碌的一个小小镜头，学校的升旗台、多媒体教室的改建、文化长廊的设计、美化……就是在这样一个个休息日里改变了模样。

在培训理念的指导下，学校办学理念清晰，管理思路明确，各方面工作细致踏实。2008年至今，我校分别获"督导性评估二等奖"、"清洁卫生工程一等奖"、"讲文明，树新风"先进学校、"市级优秀红旗大队"，并两次荣获"县十佳常规管理优秀学校"，多次荣获"爱国主义教育读书活动优秀组织奖"等荣誉。2010年，由我主稿撰写研修报告、主要参与集体备课的"三年级美术团队研修"小组参加市级研修汇报荣获二等奖；同年，由我主持设计的教科研板报荣获市级评比二等奖；2009年、2010年，我镇连续两年喜获县级初考质量一等奖，改写了和睦镇初考冠军空白的历史。教育局组织的各种重要的现场会也多次在我校举行。2010年，在市、区两级学校常规管理验收工作中，我校两次代表融水县接受检查评估，并取得了良好的成绩，为全县顺利通过验收奠定了坚实的基础。

每次当我作为学校代表站上领奖台时，都会心潮起伏：如果没有女性领导力的培训，我的办学思想不会如此紧跟时代，也就做不好这个团队的指挥官。学校的每一点进步都让我格外欣慰、格外兴奋。我为有这样勤于付出的优秀教师们感到自豪，为有这样团结协作的团队感到幸福。

女性领导力培训活动让我的思维深受启迪，让我的观念得以更新，让我的思想更加成熟。它似一缕春风，令我的心潮澎湃；更像一座灯塔，照亮了我心中的迷惑，指引着我不断地努力前进！如果有机会，我还愿意继续当领导，让我的能力与智慧不再仅仅属于我自己！

中英西南基础教育项目让梦想飞得更高

融水苗族自治县汪洞乡中心校　卢凤艳

小时候我一直梦想着将来当一名教师，中学毕业后我带着梦想走进了师范的校园。1999年在一个炎热的夏日，我带着梦想飞进了教育的天空，我被分配到一所乡村学校，正式成了教师群体中的一员，我很激动，工作中充满了热情。2001年秋我被调到了中心校，工作有了一个新的起点，在新环境中，我很快进入了角色。工作中，任何事情我都积极对待，希望通过自己的努力，体现自己的价值。然而，由于急于求成，又缺乏工作经验，我经历了很多的失败。那时我多么渴望有专业的教育教学培训，让我们这些年轻的教师在专业理论的引领下通过实践快速的成长。

2006年11月中英西南基础教育项目在融水正式启动，随后我参加了各种培训。每一次培训都是一次智慧的盛宴，给我以思想的启迪、专业的引领。通过参加中英西南基础教育"参与式教学"培训，促使我迈上了正确的教学之路。"参与式教学"不但是教法的改变，更重要的是观念的更新，它为我打开了新的教学思路，让我走出以往的教学误区，以全新的理念、全新的模式、全新的教法去对待教育教学，通过理论与实践的结合，我的教育教学工作有了质的飞跃。

2008年5月，我代表本县前往柳州参加第八届小学青年教师教学比赛，上课的内容是《品德与生活》小学二年级下册《我在长大》。为了上好这节课，我做了充分的准备。在备课时我不仅备教材、备教法，还注意备学生。为了熟悉教学过程，我在本校同年级试教了一节，整堂课学生的参与、学生的主动性都得到了相当程度的调动，课堂上所解决的问题以及呈现问题的方式都比较适应新课标和“参与式教学”的要求。为了万无一失，在前往柳州比赛的前一天，我又到县民族小学试教了一节，结果上得不是很理想，听了民族小学骨干教师点评后，我好像被浇了一头冷水，差点临阵脱逃，想退出比赛，两次对学校领导说“不去了”。在何博、覃启祥两位指导老师的鼓励下，我鼓起勇气前往柳州，当我们来到柳州湾塘路小学时，恰逢该校扩建，整个二年级都在较远的分校上课，我们费了好大劲才找到我所上的班级。经过与学生短暂的接触后，吸取试教失败的教训，连夜修改了教案，重新制作教具。经过不懈努力，我获得了赛教课二等奖。虽然只是个二等奖，但对我来说意义重大，因为磨砺了自己的意志，提升、增强了自己的信心。

2007 年 9 月，我担任了学校大队辅导员。两年里，我在不断思考和摸索中前进。承蒙领导的厚爱和同事的信任，2009 年 9 月我被任命为学校副校长，分管学校安全卫生和财务工作。副校长的岗位，让我站在另一高度来思考教育，从学科教学到学校教育，教育的梦想有了更广阔的天空，但我清楚自身的管理水平，担心不能胜任，因此觉得忐忑不安，更多的时候觉得很茫然。作为一个女性领导，我在工作中常常会遇到很多的问题和困惑，但自从参加中英西南基础教育项目“女性领导力”培训以后，进一步启迪了思维，开阔了视野，工作能力和管理水平得到了提高，对自己工作充满了信心。

女性领导不仅要着重注意自己的言行举止，处理好各种利害关系，还必须视野宽，思路新，起点高，才能创造出一个有特色的自己，走出自己的特色之路。作为分管安全的副校长，我深知安全责任重于泰山。我校寄宿生占 2/3，学校安全工作压力很大。为了使学生在校平安快乐地学习和生活，让家长放心，在我的建议下，学校实行了半封闭式的管理，配备了两名宿舍管理员，24 小时轮流值班，制订了相关的寄宿生管理条例，特别制订了午休制度，既让学生养成了良好的休息习惯，也让学校的安全工作有了新的起点。为防止内宿生学生外出，学校进一步明确了值周领导和值日教师的工作职责，规定了学校大门的开关时间和家长来校探视时间。这一措施起到了较好的作用。

学校后勤工作是教育教学工作的保障，可近几年来，学生食堂的管理一直是我校分管后勤副校长工作中最棘手的问题，首先是人员的配备，除了两个工人外，其他的都是些无法胜任教学工作的老年教师，而且都是男职工，其次是工作人员不团结协作，服务意识差。针对这些问题，我和学校领导班子进行讨论研究，适当调整了人员，并与食堂人员交流沟通，完善了相关的管理制度，让每个人明确自己的工作任务，分工不分家，清洁卫生划分区域落实到人，而且规定了检查时间和进行随时抽查。如今食堂的饭菜可口了，食堂工作人员的服务意识提高了，脸上也有了灿烂的笑容。学生也快乐着，幸福着。

一分耕耘，一分收获。汪洞中心校近年来不断发展、前进，是全体教职工共同努力的结果。同时，我个人也获得了很多荣誉：2007、2008、2009 年年度考核被评为优秀，2008 年被评为县优秀班主任、2009 年被评为市优秀教师、2010 年被评为县优秀教师。一路走来，我衷心感谢所有帮助过我成长的人们，更要感谢中英西南基础教育项目。

回想这多年来的人生路程，自己是带着梦想在教育的天空里自由地飞翔，通过参加中英西南基础教育项目的各种培训，我的教育梦想飞得更高。在今后的教育教学工作中我将不断努力，加强学习，深刻地读懂教育，读懂管理，勇于创新，在平凡的岗位上，“认认真真做人，踏踏实实工作”，不求最好，但求更好。

我的成长故事

融水苗族自治县融水镇第一小学　吴谏虹

我从教整整20年了，从农村小学到乡镇中心校，再到县城学校，从普通的教师到教学副校长再到校长，深深浅浅的足迹记载着我成长的历程，也见证着我为人师的生命历程……

1990年7月至1991年8月，我在融水县三防镇拉川小学任教；1991年9月至1994年8月，在融水县三防镇中心小学任教。4年山村普通教师的工作经历，使我亲历了最基层、最艰苦的山区教育状况，让我明白了"教育是一种期待"，教育是"基于学生的实际而进行的心灵的润泽"，奠定了我朴素的、本真的教育教学观。凭着对工作的热情和责任感，我由一个初出校门毫无经验的中师生，开始了从灌输式教学到启发式教学的探索。从课堂的变化，从孩子们日益明亮的眼睛，我体会到了教育教学的艰辛和美好，我的意志也在其间被磨砺得更为坚韧。1994年9月至2003年10月，在县民族小学的9年时间里，我从少队辅导员、教导副主任到教学副校长，经历了成长为一名语文教学骨干和教育多面手的历程。参加教学基本功赛、课堂观摩活动、组织少先队活动、学校教育教学活动的策划实施等，我从一个单纯的语文教师转型为学校的管理者。

2003年11月，我调任融水镇第一小学校长。"对学校的领导，首先是教育思想的领导，其次才是行政的领导"的理念促使我把自己的工作定位为努力成为专家、学者、智慧型的校长，要用先进的教育思想凝聚人心，用高尚的人格魅力打动人心，用开放的心态对待人心，于是，在以人为本、以发展为本的信念指导下，在81%的学生为农民工子弟的一小，培养优秀的教师群体、打造鲜明的校园文化、开创富有特色的教育模式成为我努力的方向。扎实推进学科教育科研进程、努力创新德育形式，以成立少年军校、开办教师、学生刊物、凸显文艺、美术特色等为突破口形成一定的办学特色，使学校的教育教学工作呈现出良好的格局，学校的社会声誉也日益提高，成为县“文明学校”、县“中小学发展性评估试点学校”、县“普九”工作先进单位、县“读书活动”先进集体、市“平安校园”、市“示范小学”立项建设学校、2005—2006、2006—2007年度市“优秀学校”、2007—2008年度市“优美校园”、2009年市级“关心下一代工作先进单位”、2009年市“发展性评估优秀学校”、2010年柳州市示范家长学校等。同时，教师、学生的归属感也日益增强。

在为期4年的副校长、7年多的校长的学校管理过程中，我认为自己具有如下特点：

一、个性品质

性情温和、思维敏捷、感情丰富、胸怀坦荡——这是我对自己个性方面的评价。对于生活，我充满热情；对于人生，我能理性地认识。每当遇到棘手的事情时，我能沉着冷静地分析原因，积极寻找对策。我喜欢用欣赏的眼光看待他人，这样很容易在不同的人身上看到不同的色彩，我就可以博采众长有所收获。而我对自己却非常严格，我会在忘我的工作和学习中体会到幸福的滋味。

在思想上，我追求进步，具有敏锐的洞察力和较强的自我发展意识。我相信人格魅力的感召力和道德健全的震撼力，所以，我在努力修炼，希望不断完善自我，成为一个能够清晰认识自己价值与使命、具有奉献精神和人文关怀的大写的人。

所以，在管理过程中，我充分发挥自己个性品质上的特点，注重非权力影响力的塑造，把一个自然的、真诚的、具有人文关怀思想的学校领导形象呈现在教职员工和学生面前。通过亲切的话语、磊落的处事作风我赢得了师生的爱戴，学校的人际关系也体现出和谐的景象。

二、科研能力

做一个有文化内涵与精神底蕴的小学语文教师，是1999年之前作为普通教师的我最大的目标。但随着1999年进入广西21世纪园丁工程A类骨干教师培训班、国家级骨干教师培训班及在县民族小学升任教学副校长后，做一个有理想、有责任感的学校领导的信念又跃然于心。于是，我利用参加国家级、区级各类培训的机会，不断努力提升自己的教育教学品位，始终坚持“让每个学生都得到发展”“教育应该让每一个孩子都拥有自信人生”的教育理念，并把这样的思想贯穿在教学及管理工作的每个层面。带领教师们在专业化发展的道路上行进，促使我对教育教学有了更深层次的思考。立足于学校、立足于教师、立足于学生开展富有意义的教育活动需要领导者有一颗理性而明敏的心。于是，我们不断学习、不断思考，进行“小学语文探究性教学的研究”、“新课程背景下教师行为的研究”的课题研究，积极开展教育实验，在反思与实践中不断更新教育观念、规范教学行为，形成了以学习型教师群体营造学习型校园文化的格局，带动了整个学校教育教学的变革，取得了可喜的成绩。

我知道：“校长对学校的领导首先是教育思想的领导，其次才是行政的领导。所谓‘教育思想的领导’，主要就是引导、支持、鼓励、组织全校教师搞教育科研。凡是真正优秀的校长，同时一定是一个教育科研的追求者和成功者。”

可以说，我是从多年的一线教育教学工作一步步走到管理层面的。我热爱学习，勤于思考，勇于实践，具有一定的学术修养。在全面主持学校工作后，我十分重视教育科学研究，提倡开展学校教育科研工作并身体力行，带领教师们进行“关于培养学生形成良好行为习惯的研究”的市级课题研究，在全体学生当中实行“行为习惯考级制度”。虽然我主要担任语文学科教学，但我非常注重各学科间的融会贯通，所以我常走进不同学科教师的课堂，与他们一道探索学科教学的真谛；也亲自参与到指导教师参加赛教课的工作中，帮助我校青年教师提高教学水平，使他们在区、市、县赛教课活动中取得了较好的成绩。2007 年 5 月语文老师吴平获柳州市第四届中小学教学研究成果三等奖；2007 年 9 月学校被评为县科研常规管理先进单位；2008 年 4 月李静新老师参加柳州市第七届青年教师赛教课评比获语文学科一等奖；2008 年 9 月学校被评为县教学常规管理先进学校；2008 年 11 月语文老师陆锦嫦获县参与式课堂教学评比二等奖；2008 年 12 月四年级语文组获柳州市首届集体备课评比二等奖；2008 年 12 月语文老师胡荷婷获自治区参与式课堂教学“学习方式训练课”一等奖。

三、管理能力

我是个有阳光心态的校长，善于集思广益、博采众长。所以，在进行学生、教师的管理工作时，我能在真诚、友善的氛围中表达自己的思想，驾驭学校的各项工作。

首先，我具有换位思考的沟通理解能力。我爱护我的教职员工和学生，能站在他们的立场上给予他们肯定与关怀。即使在遇到问题的时候，我也能通观事态的全局，思路清晰的分析，善解人意的换位思考，进行有效的沟通，以取得理解与共识。

其次，我具有用人所长的统筹协调能力。我希望我的教职员工都能够在工作中体会到自身的价值，享受到工作带来的快乐。所以，我用心了解班子成员和每位教职员工的优点，尽可能在工作中发挥他们每个人的特长。当其间发生矛盾的时候，我也能统筹安排，及时协调各方面的关系。

我还有一定的指导与评价能力。从教以来，我担任过班主任、教研组长、教导主任、少先队辅导员、副校长等职务，对学校各方面的工作都比较了解。所以，在充分放权给各职能部门的情况下，我能在适当的时候对各方面的工作给予指导和评价，并有一定的针对性，力求使工作达到一定的高度。在大家的努力下，2004 年 9 月我校文艺队表演的舞蹈《超嘎声声》代表广西赴杭州参加全国第七届文化艺术节暨第十三届“群星奖”决赛获优秀奖。2005 年 8 月赖延叶同学代表广西选手赴北京参加全国“心系祖国，健康成长”读书活动讲故事比赛获二等奖。2008 年 1 月文艺队代表广西赴北京参加全国校园文艺会演获金奖并参加全国校园春节联欢晚会的录制。舞蹈《踏年》在央视少儿频道“快乐大巴”节目中全程播放，舞蹈《瓦亨哪列》代表融水县参加了 2010 年的柳州市庆六一文艺会演。

四、不足之处

融水镇第一小学是一所有 50 多年办学历史的学校，受社会关注度比较高。由于所处地域的特点及近几年教育经费投入等原因，学校目前的客观状况是：小学部学生 1332 人，农民工子弟、留守儿童占 81%，县城周边农村子弟占 15%，辖区单位人员子弟占 4%，学生的思想教育工作比较严峻。教职工 77 人，平均年龄 41.2 岁，教师专业素质参差不齐。学校教学条件欠佳，距离教育现代化的要求还较远。比较好的方面：学校教育教学研究氛围浓厚，教师爱岗敬业，凝聚力较强。学生积极上进，荣誉感强。校园环境优美，人际关系和谐。

在这么一所历史悠久，充满希望而又迫切需要迈大步向前发展的学校担任领导者，我觉得自身的缺陷也显得比较明晰：

(1)有学习的愿望，但时常因为忙于各种事务而缺乏主动学习的劲头，致使教育管理的前沿理论薄弱，理论指导实践不够，创新管理意识不强。

(2)决策能力不够果敢，遇事瞻前顾后，魄力不足，在重大事情面前，过于讲究民主，缺乏统领全局的气势。

(3)经营意识、宣传意识不强，不够注重学校公共关系的建立，对外联系、与上级沟通做得不够，总认为默默做事，自我不断提高就可以了，不太主动利用外界条件提升学校的知名度。

(4)缺乏对学校的整体规划能力，对学校的发展前景预见不足，缺乏战略管理思想，对学校的持续发展力提升不够。

(5)欠缺张扬的表现力，管理艺术有待提高。由于个性沉稳含蓄，有些时候显得不够自信。

总之，用思想提升管理的品质，用行动提升管理的品质，不断地学习、思考与实践。我会为此而努力！

一路走来　岁月如歌

融水苗族自治县融水镇民族小学　肖琳

我从小与父亲相依为命，是一个腼腆害羞的女孩。在家里，什么事都是父亲说了算。在我15岁那年中考填报志愿时，也是父亲给我填的桂林民族师范学校。尽管我从没想过要做老师，但父亲的一番解释让我默许。他说：这个学校是在山水甲天下的桂林，并且一毕业就有工资领，女孩子做教师旱涝保收又清闲。于是，我听话地去读了民师。可是，四年时间一晃而过，我对教师这个职业不但没有热爱，反而让我心生畏惧。那是实习期间，实习班级里有个智障学生，他不仅邋遢，而且经常抓打班上的同学和老师，吓得我上课时看到他就害怕，讲话都语无伦次，更别说上好课了。我想：也许我真不是做教师的料！

毕业了，我被分配到一个离家130多公里的村小做教师。当父亲陪我乘了4个小时的班车，再坐了半小时拖拉机来到那所村小时，我立刻就失声痛哭——那哪是一所学校呀？一座平房分为4间教室，门窗残破，根本挡不住什么，分明是一间年久失修的烂尾楼嘛！

我真想转身就走，但突然从教室里跑出一群师生，一下子全都站到我身边，脸上挂满了喜悦的笑容。原来他们得知我来，早已在教室等候我多时了。当晚我和父亲得到村民们的盛情招待，大家像看大熊猫似的轮流到村长家看我，因为我是该村第一位全日制师范毕业的老师。身为老党员的父亲感动得当即表态：让我一辈子为党的教育事业扎根农村。

于是，我在这座只有5个老师、70个学生的村小开始了我的教育事业。虽然学生们连普通话都说不好，但他们却是认认真真的，我说的每一句话对他们来说如同圣旨。这既让我感动又惭愧，面对如此纯洁而求知的目光，我怎能不尽职尽责地教好他们呢！

因为离家远，我几乎一个月都不回一次家，而每到星期六，只要我不回家，老师们总会请我到家里做客，要不就是被学生拉到家里吃饭。学校离乡里集市有十多公里，交通不方便，要买些东西真是不容易，但我却从来不缺吃的，因为早上一开门就会看见门口放着各种蔬菜、水果，甚至还有我从未吃过的野味。渐渐地，我与村民们熟悉起来，我也不再那么害羞了。我教村里的姑娘们跳舞；在村里开扫盲班，教村里的妇女们学写字。山里的孩子很纯朴，但是学习基础差，课外知识很贫乏。为了让他们拓展视野，我从家里拿了很多爸爸以前给我订的儿童读物，经常给他们讲故事。学生把我当偶像般崇拜，不管我走到哪里，后面都会跟着好几位学生。中午时间许多孩子因离家远都不回去，我就利用这个时间给基础差的学生辅导功课。

正当我热爱上这所学校时，年迈孤单的父亲患上了重症，而且除了我，再没有别的亲人可以照顾他了。为了让我可以兼顾父亲，上级领导把我调到民族小学任教直到今天。记得离开村小那天，学生们跟着我坐的班车哭喊着跑了几里路，让我也一路哭到了家。之后我不断地收到学生的来信，每一封信都情真意切，让我感动得热泪盈眶，也真正热爱上了教师这份职业。

调到民小以后，我尽心尽力、尽职尽责地上好每一堂课，教好每一位学生，赢得了师生和家长们的一致好评；同时我也收获了爱情，结识了一位志同道合的中学教师，步入了婚姻殿堂。几年后，我们的女儿出生了，而丈夫因为成绩突出，被上级领导任命为所在学校的校长。丈夫的工作更忙了，所有的家务几乎全落到了我身上。我忍不住抱怨丈夫：做一个好老师就可以了，当什么校长呀，吃力又不讨好，要是我才不干呢！话虽如此，我还是任劳任怨地当好老师、母亲、妻子的角色。

2005 年，“中英西南基础教育项目”在我县正式启动。我作为骨干教师被任命为学校教务处主任。我一下子傻了——因为我只想做一名好老师，从来就没想过要做领导。我极力推辞，校长却不答应，说教务主任一定得是教学能手，你是最佳人选。在校长的极力劝说下，我勉为其难地上任了，而且一任就是五年。其间学校教学工作开展得有声有色，取得了不少的荣誉，自己也得到了上级领导和学校教师的肯定，也是在此时，我才体会到与学校融为一体的感觉。以前我只管自己的教学，学校的其他事情似乎都与我无关，而现在，学校的任何事情似乎都是我的事情。

正当我刚适应教务处主任这份工作时，2010 年 3 月，我被任命为民小副校长。那一刻我手足无措、六神无主，只有一种想哭的冲动。我怎么能胜任副校长呢？回忆起丈夫当校长时的种种，我觉得无形的压力让我喘不过气，以至于我常常失眠。

正当我惶惑的时候，我县开办了“中英西南基础教育项目”女性领导力培训班，我参加了培训，这才有一点踏实的感觉。接着我又参加了自治区在桂林举办的女性领导力的培训，整个班里都是清一色的女同胞，当授课教师让我们列举女性领导的优势，让我们倍感自信：当今社会，柔性化领导方式成为适应现代领导实践要求的领导方式，而女性领导在这方面具有独特的优势。许多调查研究表明：作为一个领导者，女性具有许多男性无法比拟的优点。女性领导者的协调能力好，更注重体察员工的心理需求；女性领导者的韧性较强，在逆境中表现坚强；女性善于沟通，比较容易说服别人；女性感情细腻，决策慎重，组织发展比较稳定；女性有丰富的情感以及对他人情感的感知力，做法容易被理解和接受。随后我们还到上海、江苏、浙江等地参观了几所在当地甚至在全国都享有盛誉的学校，这些学校都是女校长，这些女校长更是把女性的独特优势表现得淋漓尽致。尤其让我感动的是上海市七宝外国语小学的校长吴瑞莲，她都 70 多岁了，可是她在介绍学校的情况时，不用讲稿，思路清晰，七宝外国语小学只开办了三年，但取得了很好的成绩及社会效应。吴校长讲到创办学校的艰辛，说到自己是如何面对，又如何积极解决，再说到如何进行学校的管理，她重点讲了师资培训和学生管理两个方面。两个小时过去了，吴校长还是那样的精神饱满。当我们来到荣誉室，看到那一张张奖状，吴校长脸上洋溢着幸福的笑容。看到她对教育事业的孜孜不倦和满腔热情，我们深深的折服了。当我们走出校门的时候好多个学员都在感叹，那么大的年纪怎么还有那么大的热情那么多的精力来工作，太令人感动了！

还有一个给我留下深刻印象的是桂林市育才小学的李白燕校长——一个从乡村学校走出的女校长。桂林市育才小学在践行“教、学、做合一”、“手脑并用”、促进学生各方面素质的全面发展方面做得颇有成效。李校长曾带领学生参加过中央电视台举办的学生知识竞赛节目，学生的优秀表现得到社会的高度评价。当我们问她怎么把学校办得如此好时，她笑呵呵地说：“我告诉我的老师把不要钱的事做好，要钱的事让政府去考虑。”这句话太在理了，每所学校都会碰到经费紧张的问题，但是许多学校就是没有把不需要钱的工作做好。

通过一段时间的学习，我忐忑不安的心变得敞亮起来，思路也清晰了：

校长作为学校管理者,可以说是学校教育教学管理中的“最高领导人”。校长的“管理”地位决定了校长的角色已经不能再停留在“教师”的角色上了,它要求校长必须具备先进的教育理念与管理理念,对学校变革的方向、学校的发展规划、新型学校的创建……进行科学的筹划,聚集发展的力量,推动学校教育不断发展,实现学校教育的价值。而要达到这个目标,校长必须是一个“研究者”,在不断地研究、探索、反思、重建中提升自己。

回到学校后,我觉得自己内心充满了力量。在校长的悉心指导及全体教职工的支持下,我把这一年多来学到的知识和经验运用到工作中。我认为一所学校如果没有科研就会原地踏步,办学质量就会大打折扣,学校就会失去生命力。为确保教研工作的正常开展,我建议学校成立了教科研领导小组,建立健全各种规章制度,坚持科研兴校、科研兴教、以教师发展促进学生发展、促进学校发展的策略。在教学工作中发现问题,确定了相应的研究课题,有计划的寻找解决问题的途径。2010 年 5 月我校加入了柳州市“基础教育教学亮点建设”项目组,作为我县唯一的一所项目小学,我们积极应对,经过商量我们定了“生本课堂,让学生亮起来”作为子课题。我作为主要负责人,为优化教学管理,提高教学质量,提升师生幸福指数,对学校的课题研究倾注大量心血:按照实施方案认真开展课题研究,并经常亲临课堂听课,及时与老师沟通探讨课堂教学改革试验中碰到的问题及解决的方法。领导重视、积极参与,教师也就有了积极性,教师们的业务水来不断提高,近年来教师们参加的各种比赛均能获得好的成绩,教学质量整体稳步提高,初考成绩连续十四年获全县一等奖。

同时我还建议学校开展了“民族文化进校园”活动:成立“苗娃合唱团”,专门练习演唱原汁原味的苗歌;组建学校芦笙队、年级芦笙队、班级芦笙队学习芦笙演奏和踩蹚舞,在每个学期的校园文化艺术节上,举行芦笙迎宾舞比赛和民族体育竞技比赛,获得各种奖励。其中民族舞蹈《达晶乐》参加全国宝贝星舞蹈比赛获得金奖;2009 年 9 月 23 日,我校“苗娃合唱团”参加了中央电视台少儿频道“快乐大巴”《为祖国绽放,花开柳州》节目组的拍摄,与央视少儿频道著名主持人鞠萍姐姐以及小鹿、月亮等主持人一同载歌载舞,其乐融融。

2010 年 7 月我校被柳州市文明办确定为自治区级“做一个有道德的人”的联系点学校,也是融水县唯一一所自治区级“做一个有道德的人”的联系点学校。学校以暑假为契机,带领学生开展一系列的活动,让道德之树在未成年人心中生根发芽、茁壮成长,并在人生的道路上结出累累硕果。假期中的一系列活动得到了社会的广泛好评，有些家长由衷地说："我的孩子长大了，懂事了。"

我还组织学校师生本着坚持"人人健康，健康第一"的指导思想，牢固树立"终身体育"的理念，为学生每天体育锻炼1小时创造条件，开展大课间阳光体育运动，这个创意吸引了所有的师生，也成为一道亮丽的风景。一年多来我校共接待300多人次观摩，为我县的特色教育开创了一个鲜活的例子，同时我校也在2010柳州市中小学素质教育评比中荣获"特色学校"称号。

回顾一年来的工作，虽然我获得了领导和教师们的好评，可作为校级领导我还很稚嫩，要学习的东西还很多；但是有上级领导的关心、有全体教职工的支持，我相信自己今后定能做得更好！

执著追求　用心抒写　成长自己

天等县民族小学　农桂合

我从教已经有整整20年了，一段不短的岁月，从农村小学到乡镇中心校，再到县城学校，从普通的教师到教导主任再到校长，深深浅浅的足迹记载着我成长的印记，也见证着我为人师的生命历程……

一、圆梦教育，扎实工作，定位自己

1992年，我从南地二师毕业，分配在天等县宁干乡龙盛小学任教，18岁的我带着自己儿时的梦想走上自己向往已久的工作岗位，翻开了教育教学生涯的第一页。初为人师，未脱稚气，课堂上谈笑风生，课间和学生们一起游戏，姐姐、老师的形象深入学生之心。6年村完小的工作经历，我亲历了最基层最艰苦的山区教育状况，让我明白了教育是一种期待，教育是基于学生实际而进行的心灵润泽，同时也奠定了我朴素的、本真的教育教学观。从孩子们日益明亮的目光中，我体会到了教育教学的艰辛与美好，我的意志也在这期间磨砺得更为坚韧。

1998年8月至2008年9月在宁干中心小学担任教师的10年时间里，我通过两次公开竞聘从一名普通的人民教师成长为教导主任再到校长，经历了从一个普通学科教师到学科教学骨干和教育多面手的历程。作为教导主任，我带头落实好常规，力求做到方法科学、规范有据、评价透明；对教学实行目标责任制、月总结汇报制、周五例会制，学校研讨之风越来越浓。在常规管理中，我努力提升自己的工作执行力，老师参加的各级各类赛课，捷报频频传来。2000年11月，我参加全县教导主任赛课评课活动荣获一等奖。2002年9月至2008年9月，作为乡镇中心小学的校长，我坚持以人为本，走“先成人后成才”的办学之路。为实现这一办学目标，我提出了“五育”人、“三解”工程和一个口号的工作要求，即“五三一”工程，具体是：“五育”人，指教书育人、管理育人、服务育人、活动育人、环境育人；“三解”工程是指解决学生学习困难、解决学生生活困难、解决学生心理困惑；一个口号是指农村学校城镇化。在管理过程中，我坚持以德育工作为突破口，以德育带教学，以改善办学条件来保障教育教学工作的顺利开展。看似文弱的我，为了让山里的孩子享受到高质量的教育，四处筹集资金，在建校劳动中，带领教师砌围墙，铺操场，挥汗如雨，连男老师都佩服。六年的时间对于我来说，既是辛苦忙碌的日子，更是成就我“巾帼英雄”的日子。

二、抓住机遇，发展学校，提升自我

2008年8月，敢于挑战的我又通过公开竞聘担任了县民族小学校长。竞聘成功，不仅让我感受到了领导的信任，同时也实现了我从农村走向县城的梦想。然而，在还没来得及分享这份意外的喜悦之时，紧接着开学了，怀疑的目光、流言飞语接踵而至。信箱里，有老师们的质疑；校门口，有家长的指指点点；中心小的校长会议，有兄弟校领导的冷嘲热讽。夜深了，当我拖着疲惫的身体回到家里时，看到的是孩子躺在沙发上已经睡着了，我只能悄悄地抱起孩子暗自流泪。为此，我曾经动摇过，辞职报告可以说写了又撕，撕了又写。2008年秋季学期，可以说苦闷和彷徨一直困扰着我，当时的我不知道何去何从。

“桂合，作为校长，你首先要修炼自己，把不花钱的事情做好，一切都会自然而来的。”就这么一句简单而又深沉的话语惊醒了梦中的我。从此，我重新定位，调整自我。“与人为善，待人以诚”是我的处世信条，从某种意义上讲这远比“思想水平”、“领导艺术”、“工作方法”更实在、更管用。我常常深入办公室、教室与教师促膝长谈，用心了解班子成员和每位教职工的优点，尽可能在工作中发挥他们的个人特长。对自己更是严格要求，以身作则。每天早晨，我坚持第一个站在校门口迎接师生；放学了，我总在检查完学校方方面面的工作之后才最晚下班。渐渐地，老师们开始接纳了我。偶尔外出学习，还经常收到他们问候的短信，让同行的校长羡慕不已。2009年10月，学校鼓号队参加全县检阅大赛，总成绩意外超越了县城关小学，这无形中为我树立了极大的威信，学校知名度也随之提升了，局领导更是刮目相看，家长、同行也暗自佩服。同时，我们还争取到区民教处的支持安装了校园广播系统，实现了班班通；所有的教室都安装上无尘书写板，从此告别了粉笔灰的年代。几年的摸索，“彰显民族教育魅力，打造山区教育品牌”的办学思路明显清晰，“民族文化熏陶人，学生活动民族化”的办学特色已初见成效。“营造快乐成长天地，真情关爱留守儿童”是我校未成年思想道德建设的一个亮点，学校通过各种渠道保障这一特殊群体健康快乐成长，让留守儿童走出心灵的荒漠，走进亲情的绿洲，以实现教育的均衡发展。为此，今年的 12 月学校还迎来了中央采访团的采访，并进行了为期一周的跟踪报道。2008 年到 2010 年，学校连续三年被评为“常规管理先进单位”。

今年 3 月，我有幸作为中英项目产出五的县级培训者到融水县参加“广西女性领导力县级培训者培训”，回来后又在县里作为县级专家连续组织两期的“女干部女教师教育理论与技能培训”，在与各位同行的交流与碰撞中，我的心灵受到了很大的震撼。学员们娓娓道来的故事以及她们的不懈追求更坚定了我的信念。尤其是在与她们剖析“女性之间恶意竞争和嫉妒”这一现象时，困扰了我多年的心结在她们的描述与表达中得到了释然。在大家的呵护中，如今的我变得更加成熟，更加稳重。

三、心怀感恩，坚定信念，无怨无悔

“当所有人都在关心你飞得高不高时，只有少数人在关心你飞得累不累，这就是姐妹。愿我的姐妹永远年轻漂亮！”这是今年的“三八”节，我收到我们的教育局梁多芳局长发给我的一条短信，我至今还收藏着，偶尔还翻出来细心品味。的确，一个人的成长离不开亲友的鼓励、领导的信任。回首一路走来，我感觉自己与竞聘有着不解之缘。竞聘为我搭建了平台，组织为我创造了机会，领导的信任更是我前进的动力，老师的支持是我坚强的后盾，亲友的理解是我心灵的港湾。我庆幸，一路走来，有领导、同事、老师、亲友，是他们一次次的支持、一次次的鼓励，让我对自己充满了信心。

苦涩酸甜终不悔，回眸一笑堪欣慰，如今的我仍旧毅然坚守着这方净土，执著着这份恬淡，固守着这盏希望之灯。我坚信，远方，一定有一幅书写着女人美丽灿烂的人生五彩画！

我的舞台

天等县龙茗镇中心小学　农倩倩

童话故事《红菱艳》里说有一种红舞鞋，只要穿上它，就能跳出最美的舞蹈，可是不能停下来，要一直跳下去，谁要是领略了这跳舞的快乐，谁就会一生一世都喜欢这双红舞鞋。而我，就这样深深地爱上了这双红舞鞋，深深地爱上了这三尺舞台……

1998 年，带着儿时的梦想，我踏上了三尺讲台，当我穿过了它表面的光环，才渐渐地理解了它的内涵。面对乡村教师艰难的处境、微薄的待遇、繁重的工作，我曾经彷徨，曾经困惑，曾经动摇，但是，最终我还是坚持下来了，因为和孩子们在一起，我很快乐，因为和孩子们在一起，我很幸福，孩子们一点一滴的进步、孩子们灿烂的笑容就是我前进的动力……记得刚毕业时，我们班多了个留级生，这小女孩小个儿很内向，成绩很差。我特别关注她，但是她从来都是一句话不说。渐渐的，我对她失去了耐心，同时也有些生气。

一天早上，早读课快下课了，她才慢吞吞地走进教室，我问她为什么迟到，她仍旧不回答，我不由得火冒三丈，严肃地批评了她。不料，她呜呜地哭着跑出教室，任凭谁劝都不进教室。

从那以后，她一见到我就低头，露出很惊慌的样子。后来我才了解到：在一年级分班的时候，没有一个班主任愿意要她，那天早上，她就站在走廊哭，从此，她就再也不愿意和老师说话。顿时，我后悔极了，我这不是在她的伤口上再撒一把盐吗？

于是，我尽量接近她，经常跟她打招呼，跟她聊学习以外的事。开始时她不理我。在我的坚持下，渐渐的，她对我不再有敌意，也和我说话了。接着，我又想方设法辅导她。从此，她的脸上渐渐有了笑容，话也渐渐多了起来，成绩也一天天地进步。期末素质检测，她的语文成绩得了83分，足足进步了57分。有一次，我在街上遇见她，她竟然主动和我打招呼："老师好！"那一刹那，她笑了，花开了，我感动了！其实，幸福就是那么简单，幸福就是花开的感动，幸福就是聆听花开的声音……

当新课改忽如一夜春风来的时候，当时担任教导主任的我积极学习新课改知识，订阅了很多课改书籍，深入研究教学光盘，积极在课堂中实践新课改理念，并坚持结合自己的教学活动和随堂听课撰写教学反思、教研论文，不断提高自己的业务水平。2003年，在天等县小学语文"口语交际"课堂教学竞赛中，我的课以崭新的教学理念、新颖多样的教学方法获得了第一名的好成绩。2006年，我接受了中英西南基础教育项目的"参与式教学培训"，感受到"参与式教学"的魅力，认识到"参与式教学"势在必行，于是，我有意地把"新课改理念"和"参与式教学理念"结合在一起，通过不断的实践和反思，我的教学水平有了很大的进步。2006年3月，在崇左市小学语文教学竞赛中，我所执教的新课标教材中的《识字四》荣获了一等奖。同年4月份，我参加了天等县小学送教下乡活动，我上的示范课得到了广大教师们的好评，推动了全县课改的步伐。10月，在广西壮族自治区"参与式教学"专家研讨活动中，我代表天等县上的研讨课也得到了区级专家、县级专家们的高度评价。同时，我积极参加校本教研，开展课题研究，不断充电，2006年，我加入到崇左市教坛明星候选人行列；2006年12月到2008年10月，我多次参加了市教育局、广西师范学院组织的各类培训，在培训中，在实践中，我勤奋好学，积极进取，不断反思、提高，使自己的业务水平不断得到了提升，撰写的多篇论文获区级论文评比一、二等奖，其中《校园文化的传承与创新》在《基础教育研究》上发表。由于我在教学、课改方面表现突出，2007年5月，教育部课程教材研究所、小学语文课程教材研究开发中心授予我"课改优秀教师"称号。2007年度，我被评为崇左市"优秀教师"、天等县"优秀教师"；2008年被评为天等县"教坛精英"；2009年被评为"崇左市首批学科带头人""天等县第四批专业技术拔尖人才"。

为了进一步提高学校教学质量，为了使孩子们享受更优质的教育，我带领全体教师积极投入到新课改行列之中，组织教师们进行理论学习，观看光碟等校本研修。开展参与式教学、新课改培训。通过培训，大家的收获很大，校本培训在教师队伍中掀起了一股"参与式""新课改"热潮，大家都参与到了"参与式教学"的实践中，和孩子们一同享受"参与式"的快乐。其实，幸福就是那么简单，幸福就是积极地参与，幸福就是快乐地成长！

后来，更大的责任压在我的肩头，我担任了龙茗中心小学常务副校长，主持中心小学本部的学校工作。我大胆创新、开拓进取，带领学校全体师生齐心合力，结合项目“学校发展计划”，不断规范管理，经常深入社区进行访谈，和社区群众共同为学校的发展出谋献策，使学校各项工作有条不紊地开展。学校2007年被评为“天等县两基先进单位”“天等县文明学校”，2009年被评为“未成年人思想道德建设先进单位”，2008、2009、2010连续三年被评为“天等县常规管理先进学校”。同时，在抓教学质量的基础上，走一条适合自己的特色之路。

主要体现在：

1. 打造名师品牌

组织全体教师建立教师成长记录袋，激励教师们不断学习新的教学理念，积极参加校本研修，不断提高业务水平。在新课程改革实验中，努力营造浓厚的学习、学术氛围，实现课堂开放，并组织开展经验交流会，实验教师共同参与研究，交流经验成果，提供案例，实现信息交流、资源共享的作用，带动全校实验良性发展。

在经验交流会中，老师们畅所欲言、教研氛围浓厚，教学水平在一次次唇枪舌剑的交锋、一次次思维的碰撞中得到了提高。这些经验交流会让大家不断收获着喜悦，老师们喜欢读书了，写教学随笔、教学反思成了老师们每天的作业，大家在反思中进步，在反思中成长。老师们写论文不再是无米之炊，喜报接踵而至，撰写的论文频频在县、市、区等各类比赛中获奖，黄小凤、冯丽华等老师的多篇教学随笔还在《左江日报》《今日天等》等报刊上发表。而教师们的教学水平有了很大的提高，农丽春、黄小凤、许丽芬、黄秋桃、农倩倩等老师在县级、市级课堂比赛课中崭露头角，分别荣获各类比赛课一等奖。

2. 打造文化品牌

通过丰富多彩的文化活动，如经典诵读活动、第二课堂活动、学校小社团活动、竞赛、实践活动等对孩子们进行道德品质、生理心理、文化专业和综合能力等方面的培养和训练，充分挖掘和发挥他们的天赋，让学生乐学、勤学，培养健康的情操，使学生各方面素质得到提高。在2007年全县中小学文艺会演中，我校的《团团圆圆》节目荣获一等奖，并代表天等县参加崇左市的文艺会演。2008年10月，学校合唱队参加天等县小学生合唱比赛荣获一等奖。2009年10月，学校鼓号队在全县少先队检阅大赛中获最高奖——金号奖、最佳创意奖。2010 年，经典诵读节目《秋月秋情》获全县经典诵读表演大赛一等奖并选送参加区级比赛，舞蹈《小伞下》参加崇左市表演大赛获铜奖。其实，幸福就是那么简单，幸福就是付出，幸福就是收获！

无法忘记担任校长以来忙碌、艰难的日子，那接二连三的紧急任务，无休止检查，永无止境的材料修改、整理……重重地压在我的肩头，压在我们的肩头，我根本无暇顾及家庭，一路走来，一路掌声，一路鲜花，但是，这鲜花、这掌声、这荣誉同时也压弯了我这个母亲的背，承载着我对女儿和丈夫深深的愧疚，浸满了无尽的不为人知的辛酸和泪水……工作的重压、家人的不理解、同事的误会，压得我气喘吁吁、筋疲力尽。庆幸的是，我有我亲爱的老师们，虽然有争执，虽然有不愉快，但是，我们的心紧紧连在一起。记得有一次在工作中，我和老师们意见有些分歧、有些冲突，我心灰意冷，很不冷静地踏上了去南宁的车，打算狠狠地躲起来，正当我心事重重的时候，手机响了，是老师们的短信，一声声亲切的问候，一句句真诚的话语，那一刹那，我潸然泪下，我怎么能就这样放弃我的老师们？刚到南宁，我又马上搭车回来了。其实，幸福就是那么简单，幸福就是理解的感动，幸福就是和我的老师们在一起！

无法忘记今年的 10 月 10 日，捧回沉甸甸的金号奖，我们热泪盈眶，多少个日日夜夜，多少心血和汗水，多少殷切的期望……三连冠终于花落我家，尘埃落定！就在那一刹那，没有任何的言语，只有感动的泪花：感动于孩子们的震撼演出，感动于全体老师们的呕心沥血，感动于赵鹏老校长已退休多年却还发挥余热，殚精竭虑、费尽心血。其实，幸福就是那么简单，幸福就是含泪的微笑，幸福就是对我们团队精神的那份感动！

2010 年，我很荣幸参加了“女性领导力”这样一个别开生面的培训。从 2010 年 3 月份起，我经历了学员、培训者这两个角色的转换。非常感谢项目及各位领导给我提供了这样的一个学习平台。一路走来，感动连连，收获多多，幸福满满。感动于区级专家的精彩传授，感动于县级专家这个“可爱的”团队：这个团队的成员有不同的年龄层次，不同的工作角色，但是，相同的是，他们的思想是鲜活的，他们的热情是火热的，更重要的是，他们是团结的，目标是一致的。在这个团队里，我得到了来自他们的热情帮助，使我这个初出茅庐的黄毛丫头在思想上、学习上、工作中我慢慢地成熟、提高。感动于学员们的真情流露：在培训过程中，我一直被学员们的真情震撼着、感动着……一直认为，这些年来，承担这样的重任，承受这样的压力，忍受这样那样的委屈退缩、抗拒一直没有停过，从他们身上 ，我感到自己的这些委屈、这些内伤是那么的微不足道；从他们身上，我知道了人生有太多的不美好，重要的是珍惜现在，珍惜一切，因为它正是被我们忽略的美好；从他们身上，我知道了，当老师是对学生的“小爱”，而当校长是对教育的“大爱”感动于自己对自己的思考：通过这一段时间来的学习生活、培训思考，受益多多，我对“校长”的这个职位有了更深一步认识，对自己的人生价值观有了更深一步思考，对自己以后的奋斗目标有了更成熟规划。“校长”这个职位给我带来的满肚子委屈、满身的不愉快烟消云散。其实，幸福就是那么简单，幸福就是不断地反思，幸福就是慢慢地长大！

2010 年 11 月，我有幸到江苏省泰州市实验小学跟班学习，在为期一个月的基地跟班学习过程中，在与泰州实小师生及学员们朝夕相处中，我提高了理论水平，丰富了实践经验，实验小学的管理科学化、规范化、精细化、人性化，让老师幸福的享受教育，让孩子享受快乐的学习，工作、学习的幸福指数高了，从而达到自觉自发，最后无为而治的目标。这些日子，我生活在这流淌着奶和蜜的地方，也被感动着，滋润着，触动着……我的管理理念有了质的飞跃，我的教育理想有了更高的追求。建成那流淌着奶和蜜的地方也成了我的教育梦想，我愿意为这个梦想努力拼搏，让我们的教师也享受幸福的教育，让我们的孩子也拥有七彩的童年，享受这浓浓的奶香和蜜甜。其实，幸福就是那么简单，幸福就是理想，幸福就是追求！

此时此刻，我知道，我已经深深爱上了教育这双永不停歇的红舞鞋，深深爱上了我的这个舞台……我愿意穿上红舞鞋，永不停歇的在我的舞台上旋转，和孩子们演绎那一部部生动的戏剧，期待那一朵朵花开的幸福，聆听那一朵朵花开的声音……

做一个幸福的校长！